동아시아
세계질서의 종막

동아시아
세계질서의 종막

조선·일본·청, 1860~1882

김기혁 지음   김범 옮김

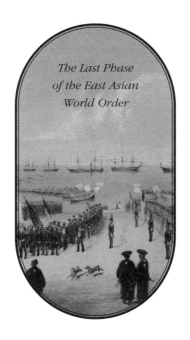

*The Last Phase
of the East Asian
World Order*

글항아리

나의 형 김기달을 추억하며

차례

추천사

　김기혁 교수의 이 책은 동아시아 세 나라의 언어에 모두 능통해 다양한 자료를 충분히 파악하면서 그 시대의 정책을 살펴본 외교사 연구의 전범이다. 저자의 목적은 동아시아 세 나라의 상호관계가 전개된 전통적 체제를 정확히 파악하는 것이라는 점에서 이 연구는 제도사이기도 한데, 그 세 나라의 세계질서라고 표현하는 것이 가장 적절할 그 체제는 이 책에서 다룬 20여 년 동안 근본적 변화를 겪었다. 저자는 매우 조심스럽게 주장을 펼쳤지만, 이 책은 한 나라의 외교정책이 입안되는 데 작용한 두 가지 기본적 고려사항을 구분했다―하나는 그 나라의 안보를 지키는 데 필요한 전략이고, 다른 하나는 문화적 요소라고 애매하게 표현되는 경우가 많지만 실제로는 정책 입안자들이 경쟁해야 하는 국내 정치세력의 정서는 물론 정책 입안자들 자신의 생각과 전망이다.

　김 교수의 공헌은 우선 이 책의 제목에서부터 시작된다. 그는 19세기 후반에 끝난 역사적 시대에 이 지역에서 나타난 몇몇 요인 사이의 관계를 서술하기 위해 동아시아 세계질서라는 표현을 선택했다. 명·청대 동아시아를 지배한 세계질서는 중국 중심의 조공체제였다. 권력과 무역의 실제가 어떠했든 아시아 전역에는 거대한 정치적 독립체가 여럿 있었으며, 그들은 간격이 길든 짧든 경의를 표시하는 조공사절을 베이징으로 보냈다. 동아시아의 지리적 국경 안에서 중국의 언어·문화·이념이 한국·베트남·류큐·일본에 퍼지면서 그들은 중국을 문명의 근원으로 보게 됐다. 중국은 자신이 문명세계의 종주라고 주장했지만, 거기에는 한계가 있었다. 일본은 아시카가足利시대 동안 명에 자주 조공사절을 보냈지만, 그것은 쇄국정책을 추진한 도쿠가와德川시대에 완전히 중단됐다. 실제의 권력이 어떠했든 일본의 천황은 중국의 황제와 똑같은 신성한 지위에 있다고 주장한 것은 신도神道의 사제들만이 아니었다. 일본이 베이징에 있는 황제의 권위를 무시한 것은 히데요시豊臣秀吉가 조선을 거쳐 중국 본토를 침공하려고 시도한 사례와 사쓰마薩摩 다이묘大名가 1609년(광해군 1, 명 만력 37, 일본 게이초 14) 이후 류큐琉球 국왕에게 가고시마鹿兒島와 에도江戶에 정기적으로 조공을 바치게 한 사례에서 보인다. 사쓰마는 류큐의 북부 섬들을 합병했으며, 오키나와에 수도를 두고 남부 섬들로 구성된 왕국은 엄격히 통제했다. "외교관계·해외무역·국방은 사쓰마번이 관리하고, 일반 법률과 국내 정책은 류큐 국왕과 그의 신하들이 계속 맡았다. 그러나 1624년(인조 2, 명 천계 4, 일본 겐나元和 10) 사쓰마는 사형이나 유배에 해당하는 사법사건은 자신들에게 알려 최종 결정을 받아야 한다고 규정했으며, 1627년에는 법률을 새로 만들거나 관세를 바꿀 때는 번의 승인을 얻어야 한다는 법령이 공포됐다."[1]

그 결과 청대의 동아시아 세계에는 종주권을 주장하는 두 나라가 있게 됐다. 그러나 일본과 류큐의 관계와 달리 청과 조선·베트남의 관계는 훨씬 느슨했다. 또한 청은 류큐를 조공국으로 간주했는데, 여러 섬으로 이뤄진 그 왕국은 일본에 충성했지만 베이징에 정기적으로 조공사절을 보냈기 때문이다. 중국은 이런 나라들의 의례적儀禮的인 복종—조공사절을 파견하고, 새로 즉위한 국왕의 책봉을 받으며, 적절한 형식을 준수해 공식적으로 연락하는—을 즐겼다. 그러나 이런 속국들은 국내문제는 물론 외교관계를 수행하는 데 실제로는 독립적이었다고 판단된다. 대체로 새 국왕이나 왕비를 책봉하기 위해 청의 사신이 짧게 방문한 것을 제외하면 청의 관원이 조선이나 류큐·베트남의 영토에 있던 적은 없었다—사쓰마의 관원이 오키나와에 "주재하면서 통치한" 것과는 반대였다.

물론 청이 조공국의 사무에 간섭하지 않기로 결정한 것은 자비심 때문만은 아니었다. 드물기는 하지만 1787~1790년 베트남의 타이손西山 반란Tayson Rebellion처럼 중국 국경의 안정을 위협할 수 있는 심각한 사건이 조공국에서 일어나는 경우 청이 군사적으로 개입할 가능성은 배제되지 않았다.[2] 그럼에도 조공국은 보호국과 달랐다. 조선과 베트남—류큐는 말할 것도 없고—은 당시 청 조정이 간접적으로라도 지배해야 할 필요가 있다고 생각하지 않은 지리적 영역에 있었다. 중국이 보기에 의례를 준수하고 무역을 통제하는 것은 그런 주변지역의 안정을 보장하는 데 꼭 필요했다. 그러나 이런 실제적 자치국과 중국의 관계는—일본과

---

1   Robert K. Sakai, "The Ryukyu (Liu-Ch'iu) Islands as a Fief of Satsuma," in John K. Fairbank, ed., *The Chinese World Order*, 120쪽.

2   1788년(정조 12, 청 건륭 53, 일본 덴메이天明 8) 청은 베트남 반란 세력이 레 왕조Le dynasty의 국왕을 수도에서 축출하자 소규모 군대를 하노이Hanoi로 파병했다. 청군은 참패했으며 1790년 청 조정은 당시 정식으로 즉위한 반란 세력의 국왕 은구엔 후에Nguyen Hue의 조공사절을 받아들였다.

류큐의 관계처럼—명백히 서열적이었다. 김 교수가 강조한 대로 이런 서열적 관계는, 대부분 의례적인 것이었을 뿐일지라도, 아시아에서 국가간 체제를 통합하는 원리였다. 19세기 중반부터 서양 국가들이 제국주의적 방식으로 물리력을 행사하면서도 대등한 주권국가의 집단이라는 매우 낯선 이념을 표방하면서 접근했을 때 동아시아 국가들이 버리기 매우 어려웠던 것은 이런 서열의 개념이었다.

　김 교수의 폭넓은 연구가 근본적으로 공헌한 측면은 다른 아시아 국가들보다 오랫동안 서양 열강과 접촉을 회피하거나 금지한 조선의 사례에 주목한 것이다. 중국의 종주권으로 볼 때 속국이었던 조선은 자율적 외교를 수행했지만 중국이 참여한 새로운 국제사회로부터 오랫동안 고립됐다. 메리 C. 라이트Mary Wright는 1860년대 중국과 조선의 외교기록을 비교하면서 이렇게 질문했다. "중국이 잘 적응하지 못했다고 지적한다면 조선은 어땠다고 말할 수 있는가?"[3] 김 교수는 "배외주의排外主義"라는 단어를 제시했는데, 도쿠가와 시대 일본의 쇄국보다 더욱 제한적인 외교정책을 펼쳤다는 뜻이다. 오랜 역사적 뿌리를 지닌 "배외주의"에 따라 조선은 일본인·만주인·유럽인을 포함한 외국인을 깊이 불신하게 됐다. 조선 지배층은 신유학에 깊이 침잠했고, 베이징의 천자에게 자신의 의례적儀禮的 의무를 수행하는 것이 합당하다고 생각했다. 그러나 1870년대 후반까지 조선은 중국을 제외한 다른 나라와 접촉하는 것을 꺼렸다. 결국 조선을 서양 국제사회에 소개한 나라가, 일본과 함께 중국이었다는 사실은 역설적이다.

3　Mary C. Wright, "The Adaptability of Ch'ing Diplomacy: The Case of Korea," 364쪽.

조선의 배외주의를 수호한 집단은 양반층이었다—그들은 세습적 지위를 누리고, 그것을 바탕으로 조정 관원으로 진출한 가문이었다. 조선의 양반사회에서는 왕권이 약했기 때문에 국왕은 유력한 양반 가문의 생각과 이해관계를 중시할 수밖에 없었다. 외국 무역은 경시됐으며, 그 때문에 조선은 일본과 외교관계를 맺는 데 적극성을 보이지 않았다. 조선은 1609년 교린정신에 입각한 합의에 따라 일본과 관계를 재개한 뒤 1811년(순조 11, 청 가경 16, 일본 분카文化 8)까지 막부에 12회의 "통신사"를 보냈지만 막부의 사신이 제 나라를 방문하는 것을 허용하지 않았다. 일본인은 쓰시마를 거쳐 조선과 무역할 수 있었지만, 쓰시마 번주는 조공국의 지위를 표시하는 인장을 조선 조정으로부터 받았고 부산만 방문할 수 있는 사신을 보낼 수 있었으며 그 사신이 부산에서 활동할 수 있는 공간도 제한됐다. 조선은 만주족도 불신했지만, 베이징의 청 조정에 해마다 정기적으로 조공 사절을 파견했다. 오랑캐로 생각한 청이 중국을 정복하기 전 자신을 침범한 사실을 조선 지배층은 잊지 않았다. 명의 충신들이 중국에서 모두 사라진 뒤인 18세기 전반 조선 국왕과 그 신하들은 명을 기리는 사당을 궁궐 안에 은밀히 세웠다. 이런 행동은 적어도 이념적으로는 만주족을 배척—중국을 지배하고 있는 왕조라는 그들의 역할을 숭고한 중국 문명의 유산과 분리시키면서—한다는 표시였다.

　　1830년대 유럽 선박들이 조선 해안에 처음 나타나기 오래 전부터 많은 조선인은 서양에 적의를 품었다. 현재 알려진 바에 따르면 18세기 조선에서는 예수회 선교사들이 출판한 중국어 책들의 영향으로 개종자가 나타났다. 중국인 천주교 사제가 한반도에 처음 잠입한 것으로 알려진 1795년(정조 19, 청 건륭 60, 일본 간세이寬政 7) 조선에는 천주교로 개종한 양인—권력에서 소외된 일부 양반도—이 이미 있었다. 1801년(순조 1, 청 가경 6, 일본 간세이 13) 천주교도의 학살이 시작됐지만, 천주교 공동체는 살아남았고 특히 프랑스인 사제가 몰래 입국한 1830년대 이후에는 성장하기까지 했다. 천주교는 빠르게 힘을 얻었고 이단의 위험한 근원으로 간주됐다. 대원군은 조선의 양반문화를 위협하는 이런 상황에 대응하면서 정치력을 처음 훈련받았다. 그는 1864~1873년의 중요한 기간에 실질적인 통치자로서 배외주의 정책을 지속하기로 결정했다.

대원군은 양반의 권력을 축소하고 왕실의 권위를 강화해 무너져가던 조선왕조를 다시 일으키려던 주목할 만한 보수적 개혁가였다. 그러나 1866년(고종 3, 청 동치 5, 일본 게이오慶應 2) 프랑스가 군함 몇 척으로 조선을 공격하고 1871년 미국도 그렇게 하자 그는 "양이洋夷"와 전쟁을 벌여 이단을 박멸하는 데 양반과 힘을 합쳤다. 조선의 천주교도는 유럽인·미국인과 동일시됐고, 침략자를 무찌르듯 학살됐다. 김 교수에 따르면 프랑스와 미국의 침입으로 1870년대 조선의 "군사적·문화적 국수주의"는 강화됐다. 또한 그가 적절히 관찰한 대로, 조선의 정책 입안자들은 더 넓은 세계에 관심을 갖기 시작했지만 정보가 빈약했던 결과, 이런 문화적 국수주의는 자신의 힘으로 서양의 위협에 맞설 수 있다는 지나친 자신감으로 이어졌다. 적어도 1870년 무렵 조선 조정은 위원魏源의 『해국도지海國圖志』(1844년 초간, 1847년과 1852년 증보 간행)에 나온 서양 국가들에 대해 알고 있던 것으로 보인다. 대원군은 통찰력 있는 인물이었지만 우수리강 동쪽에 나타난 러시아의 동향이나 막부 말기와 메이지 초기 일본의 발전을 충분히 파악하지 못한 것으로 여겨진다. 자부심 넘치고 자족적인 사회에서 프랑스와 미국의 소규모 원정에 쉽게 승리한 것은 자신의 군사력을 과신하게 만들었을 뿐이다. 그 자신감은 1875~1876년 일본이 가공할 해군력을 드러내 흔들 때까지 유지됐다. 한편 고종은 친정을 시작했으며 일본과 화해하는 방향으로 점차 나아갔다. 1876년 2월 조선은 강화도조약을 체결해 부산 이외의 두 항구를 개방해 일본과 무역하고 그곳에 일본의 영사재판권을 허용했다.

김 교수의 연구는 조선의 개항을 일본·청의 동일한 사건들과 비교하지 않았다. 그러나 1860년부터 1882년까지 20여 년 동안 일본과 청이 어떻게 자신의 안보를 지켰고 자신이 참여한 새로운 국제체제에서 위치를 강화하기 위해 어떤 외교를 펼쳤는지 살펴봤다. 새로운 일본이 서양의 사상과 기술을 받아들이려고 노력하면서도 고대부터 깊이 뿌리내린 문화적 우월성을 강력히 주장했다는 것은 흥미로운 지적이다. 저자는 그것을 "유신 외교"가 전개된 시대라고 표현했다. 왕정복고와 함께 고대에 일본이 조선을 지배했다는 신화가 다시 살아났기 때문이다. 일본의 목표는 서양 열강과 대등한 지위를 확보하는 데 머물지 않았다. 일본은 동아시아 인접국들과의 관계에서 우월한 지위를 추구했고, 그런 목표를 앞당기는 수단으로 조선과 조약을 체결했다.

김 교수도 강조한 대로 일본의 팽창주의적 충동은 그 나라의 전략적 필요―특히 1860년대부터 감지된 러시아의 잠재적 위협―때문이었다고 부분적으로 설명할 수 있다. 아울러 메이지시대 초기 정한론征韓論은 국내의 정치적 현안이 됐고, 군사적 모험을 열망하면서 불만을 품은 사무라이들이 특히 지지했다. 저자가 자료로 신중하게 뒷받침한 대로 그들은 행동을 주장했지만, 오쿠보 도시미치大久保利通 같은 이성적인 정치가는 그런 움직임을 자주 억제했다. 그러나 현실주의적 정치―오쿠보 같은 정치가가 활동한 국내의 정치적 환경―내부에도 이념적 요소가 있었음을 인식해야 한다. 역사학자는 이념이 메이지 초기의 정치적 상황에서 하나의 요인이 됐다는 사실을 인정한다고 해도 일본의 "팽창주의적" 음모에 동의할 필요는 없다.

물론 정한론의 배경에는 무사정신이 있었고, 그래서 조선의 양반이나 중국 지배층의 정신과는 달랐다. 일본이 조선을 "정벌"해야 한다고 가장 강력하게 주장한 집단은 사이고 다카모리西郷隆盛와 그를 따르는 사쓰마 출신 세력 같은 이전의 사무라이였는데, 무인의 경력을 추구한 그들은 메이지시대로 이행하는 과정에서 발생한 여러 전투를 거치면서 서양의 전쟁기술을 빠르게 습득했다. 1873년 초반 조선 침공을 지지한 그런 제국주의적 인물들이 실각해 정부에서 물러나기 전 일본에서는 징병법이 반포됐다. 무사정신은 더 널리 퍼졌다. 그 뒤 수십 년 동안 메이지 정부의 외교정책을 주도한 소수의 지배층은 일본의 군사적 요구를 중시한 이전의 무사들이 계속 지배했다. 신도神道가 천황에 대한 지지를 계속 보급하는 한편 방위성은 외국인 고문을 고용해 일본의 외교정책에 이빨이 될 군사 개혁을 추진했다. 1874년 타이완 침공부터 1880년(고종 17, 청 광서 6, 일본 메이지 13) 조선 한성에 공사관을 설치하기까지 일본이 동아시아에서 펼친 새로운 야망은 고대의 신화는 물론 서양 무기를 갖춘 무사들이 뒷받침했다.

페리Perry에 대한 일본의 대응은 결국 팽창주의였던 반면 몇 세기 동안 그 세계의 종주국을 자처한 중국은 서양이 시작한 조약체제에 따라 자신—적어도 청 왕조—의 안보를 겨우 유지할 수 있을 정도로 위축됐다.[4] 아울러 김 교수가 제시한 증거가 보여주듯 이르면 1867년 공친왕恭親王과 문상文祥 같은 정치가들은 청에게 전략적으로 중요한 속국에 대한 일본의 잠재적 위협을 이미 감지했다. 청은 이런 새로운 국제상황에 대응하기 위해 분명히 무엇인가 해야 했다. 여러 이유가 있었는데, 이 기간 청은 군사력을 증강하는 데 필요한 자원을 모으기 어려웠다. 그러나 외교적

전선前線에서 그런 노력을 완전히 어떻게 해볼 수 없는 것은 아니었다.[4]

메이지시대의 지도자들과 마찬가지로 1860년대와 1870년대 청의 정책 입안자들은 외국이 좀더 본격적으로 침략해올 가능성을 충분히 알고 있었다. 일본의 안보를 팽창의 필요와 연결시키기 시작한 일본인들과 달리 청의 주안점은 방어—앞으로 전쟁을 피할 수 있고 영토를 온전히 보존할 수 있으면 괜찮은—에 있었다. 이른바 협력정책을 설계한 공친왕과 문상은 전쟁을 피하려면 중국과 서양 국가들이 맺은 조약 규정을 준수하는 것보다 더 나은 방법이 없다고 판단했는데, 그것은 적어도 서양의 행동을 어느 정도까지는 억제할 수 있기 때문이었다. 톈진 교안敎案(1870)[5]이 일어난 무렵 순친왕醇親王과 새로 떠오른 몇몇 한족 관원은 제국 안에서 형성돼온 배외주의를 적극 지지했다. 그러나 공친왕의 영향력은 아직

---

4 아편전쟁 이후 서양과의 조약체제를 처음 받아들였을 때 청의 관원들은 제국의 제도에서 볼 때 조약 규정들은 수용할 만하다고 판단했다. 조셉 플레처Joseph Fletcher는 청이 중앙아시아의 코칸드Kokand와 맺은 무역협정이 1842~1844년 연안의 항구들을 개방하기로 허락한 난징 조약 규정의 선례가 됐다고 지적했다. *The Cambridge History of China*, vol.10, 375~385쪽 참조. 1858~1860년 연안 항구를 개방하기로 합의한 톈진 조약이 체결된 뒤 청의 정치가들은 그 조약에 매우 불리한 규정—이를테면 선교활동에 관련된—이 일부 있다는 사실을 발견했다. 그래도 청 조정은 그 조약들이 자신에게 이롭다고 생각했다. 1860년과 1862년 영국과 프랑스는 상하이를 침공해온 태평천국 세력을 격퇴하는 데 도움을 줬다. 아울러 청이 서양 열강과 조약 관계에 진입했다는 사실은 열강의 야망이 누그러졌음을 보여준다.

5 1870년 톈진에서 일어난 반기독교 폭동. 1870년 4~5월 톈진에서 유아가 실종되는 사건이 잇따라 일어났다. 6월 전염병이 돌아 로마 가톨릭 교회가 운영하던 고아원에서 30~40명의 아이들이 병사했다. 6월 20일 고아원의 수녀가 아이들을 살해해 약재로 쓴다는 소문이 퍼져 수천 명의 군중이 항의하는 과정에서 프랑스 영사의 발포로 부상자가 생기면서 폭동으로 번졌다. 교회는 물론 프랑스 영사관이 불타고 프랑스·영국 등 외국인 20여 명과 중국인 40여 명이 살해됐다. 6월 24일 프랑스를 중심으로 한 영국·미국·러시아 등 7개국 함대가 톈진에 도착해 총리아문에 항의했으며 청이 배상금을 지급하고 사과하면서 마무리됐다. 그러나 그 뒤 중국 전역에서 천주교·기독교를 둘러싼 충돌이 이어졌다.—옮긴이

추천사

강력했기 때문에 증국번曾國藩·리훙장李鴻章 같은 실용주의적 관원은 외교정책에서 중요한 목소리를 낼 수 있었다.

중국인—그들의 우월감은 세상에서 가장 강력할 것이다—은 자신들이 우월하다는 주장을 포기할 정도로 완전히 굴복하지는 않았다. 청일수호조규(1871)를 협상한 리훙장은 그 조약에 따라 청과 일본에게 대등한 지위가 부여된 것에 만족했다. 리훙장은 "원 왕조 이후" 일본은 중국의 속국이 아니었다고 말함으로써 자신의 생각을 정당화했으며, 중국 내륙의 무역권과 최혜국 조항에 대한 일본의 요구는 거부했지만 일본에 있는 중국인뿐 아니라 중국에 있는 일본인에게도 영사재판권을 허용하는 데 찬성했다. 1874년 일본이 타이완에서 살해된 선원들의 보상을 류큐 대신 받아내겠다는 명분을 내세우면서 타이완 원정을 시작하자 총리아문總理衙門과 리훙장은 그동안 중국이 류큐에게 행사했던 종주권을 포기했으며 이전의 조공체제도 주장하지 않았다.6 1879년(고종 16, 청 광서 5, 일본 메이지 12) 일본이 류큐를 공식 합병하자 청 정부의 소극적 태도에 비판적이던 베이징의 지배층은 분노했다. 그러나 중국의 "강력한 유교"를 보여줘야 할 진정한 장소는 아시아의 바다가 아니라 내륙 아시아의 고원과 사막이었다. 1870년대 청 왕조의 가장 큰 군사적 과제는 중국어와 튀르크어를 사용하면서 산시성陝西省부터 신장新疆자치구까지 거대하게 팽창한 이슬람교도에게 빼앗긴 영토를 회복하는 것이었다. 적대

---

6 1874년 10월 청과 일본의 협정에서는 배상을 요구한 일본의 주장에 따라 류큐를 분명히 언급하지 않았다. 그러나 1875년 류큐의 중국 조공 사절을 일본이 금지했어도 청 조정은 아무 조처도 하지 않았다. 그 뒤 1878~1881년 청 조정은 류큐에 대한 자신의 종주권을 다시 선언했는데, 부분적인 동기는 조선을 보호하기 위해 조공체제의 원리를 방어할 필요가 있었기 때문이다.

적인 세력들이 접근하자 청은 널리 인정되던 그 지역의 전략적 중요성을 고려해 그 지역을 먼저 방어하기로 결정했다.

이런 관점에서 보면 1870년대 후반 청이 조선에 관심을 둔 까닭을 이해할 수 있다. 조선은 만주·베이징과 가까운 거리에 있었기 때문에—러시아는 블라디보스토크로 세력을 확장했고 일본은 서양식 무기를 신속히 받아들였다—어느 때보다도 중국의 "방어벽"으로 기능했다. 당시 청이 시도한 전략은 조선을 설득해 서양에 외교적·상업적 문호를 열도록 하는 것이었다—김 교수는 이것을 "조약체제 정책treaty system policy"이라고 적절히 표현했다. 이것은 과거 중원에 자리잡은 왕조들이 자신의 국경을 위협하거나 침범한 내륙 아시아인을 다루는 데 사용했던 이이제이以夷制夷를 확대한 것과 비슷한 정책일 뿐이었다. 구체적으로 말하면 청의 새로운 전략은 조선이 일본뿐 아니라 서양 열강과도 조약관계를 맺도록 요구하는 것이었는데, 조약을 계기로 열강은 한반도에서 상업적 이익을 개발하려고 시도했다. 앞서 청도 열강과 조약을 체결하면서 그랬지만, 조선은 이런 조약체제로 보호받을 수 있을 것으로 기대했다. 1876년 후반 일본이 조선을 압박해 강화도조약을 체결한 해에 리훙장은 서양 열강과 조약을 체결하는 것의 타당성을 논의하기 위해 조선의 한 원로 정치가와 간헐적인 서신 교환을 다시 시작했다. 1879년 8월 일본이 류큐를 병합한 뒤 청 조정은 조선에 대한 책임을 리훙장에게 맡겼다. 1년이 조금 더 지난 뒤 조선 정부는 한성에 일본 공사관을 설립하도록 허용했는데, 부분적인 까닭은 고종의 몇몇 신하가 청의 조언을 듣기 시작한 데 있었다.

의도한 것은 아니었지만 미국은 조선과 조약을 체결한 첫 번째 서양 열강이 됐다. 그러나 이것은 페리의 위업과 견줄 만한 업적은 아니었는

데, 톈진에서 로버트 W. 슈펠트Robert Shufeldt 제독이 협상한 대상은 리 홍장이었기 때문이다. 1882년(고종 19, 청 광서 8, 일본 메이지 15) 5월 조선 전권대사가 인천에서 조미수호통상조약에 서명했을 때 슈펠트와 함께 중국인 관원도 그 자리에 있었다. 영국 제독은 리홍장의 재촉으로 겨우 닷새 뒤 인천에 들어왔고 독일 특사도 6월에 도착했다. 미국·영국·독일 과 맺은 조약은 동일한 내용이었는데, 조약 체결 당사국은 다른 조약국 이 제3자의 "부당한 대우나 공격을 받을 경우" 원조와 중재를 해야 한다 고 명시했다. 그렇지 않았다면 그 조약들은 그동안 자신이 서양과 체결 한 불평등조약을, 대리만족이기는 했지만, 바로잡으려고 청이 노력한 증 거로 간주됐을 것이다. 조선은 관세 자주권을 누렸고 아편무역은 금지됐 다. 치외법권은 허용됐지만 조선의 사법제도가 개혁되면 폐지하기로 협 약됐다.

이런 조약들의 장점이 무엇이었든 그것은 조선의 자치에 중국이 간섭 하면서 시작된 것이었다. 리홍장은 사실상 조선의 외교정책의 지휘권을 인수했다. 그러나 청은 조선 사안에 개입하지 않는다는 그동안의 전통 에서 가장 크게 벗어났다. 조미수호통상조약을 체결한 지 두 달도 못 돼 한성에서 임오군란이 일어났다. 그들은 대원군(당시 하야한 상태였다)에게 선동된 것으로 보이는데, 뛰어난 정치력을 지닌 왕비 민씨를 살해하려고 시도했다. 군인들은 일본 공사관도 불태웠으며, 8월 3일 주일 중국 공사 관은 일본이 1400명을 태운 전함을 조선으로 파견했다고 보고하는 전 신을 톈진으로 보냈다. 리홍장은 모친상을 치르느라 톈진을 떠나 있었는 데, 일시적으로 그를 대신한 장수성張樹聲은 즉시 북양 함대 사령관에게 경보를 보냈고 산둥반도(해로로 조선과 가장 가깝다)의 군사 지휘관에게는 2000명의 군사를 출전 대기시키라고 지시했다. 8월 7일 황제는 출전을 건의한 장수성의 상소를 윤허했으며, 이틀 뒤 제독 정여창丁汝昌과 마건충馬建忠(슈펠트와 함께 조선을 방문한 관원)은 유럽에서 건조된 전함 3척을 거느리고 즈푸芝罘7를 출발해 10일 밤 인천에 도착했다. 중국 증기선 5척에 탄 장군 오경장吳慶長과 군사 2000명은 8월 20일 조선에 도착했는데, 이미 도착한 일본군이 보복할 가능성에서 한성을 보호할 수 있는 시간이었다. 아울러 8월 20일 일본공사 하나부사花房義質는 고종을 알현해 가혹한 요구를 제시하면서 사흘 안에 수락하라고 요구했다. 일본에게 가로막힌 마건충은 평화적인 해결을 조언했다. 청이 보여준 군사력과 해군력에 흔들린 일본은 배상금과 추가적인 무역 이익만 얻어내고 미래의 기회를 기다리기로 결정했다.

이제 마건충과 오경장은 청의 종주권을 명목삼아 노골적으로 행동했다. 앞서 대원군은 대부분 새로운 조약에 반대하는 고종의 신하들에게 탄핵돼 실각했지만, 군란의 결과 다시 집권했다. 8월 26일 그는 전함에 태워져 톈진으로 납치됐다. 조선은 다시 국왕과 그의 왕비가 다스리게 됐다─그러나 장군 오경장과 청군 2000명은 한성에 계속 주둔했다.

청은 평소 서양 열강과 일본을 포용하는 정책을 점진적으로 추진해왔기 때문에, 조선의 안정과 안보가 위태롭게 된 상황에서 그처럼 과격하게 행동했다는 것은 여러모로 주목된다. 1880년대 초반엔 청의 군사력이 완전히 무능한 것이 아니었다. 서양 무기를 사용할 줄 몰랐던 것도 아니었다─청의 전함들은 조선의 여러 항구에 정박해 있었고 톈진과 주요 항구도시인 상하이는 전신망으로 연결돼 있었다. 북부 중국을

---

7 중국 산둥성 옌타이烟臺 부근의 항구.─옮긴이

추천사

방어하는 데 조선이 중요하다는 것을 충분히 알고 있었던 청 조정은 총독 장수성의 신속한 행동을 지지했으며, 3년 전 일본이 류큐를 공식 합병했을 때 개탄한 지배층은 특히 그러했다. 장군 오경장이 거느린 군사 2000명이 조선에 계속 주둔하기로 결정한 사실은 상황에 따라서 청도 팽창주의자가 될 수 있다는 것을 보여줬다―그동안 청은 조선에 의례적 儀禮的 종주권을 주장했지만, 이제는 자신을 방어하는 데 필요하다면 행동할 수 있다는 자세로 변모했다.

이 짧은 글은 이 탁월한 책에 바치는 헌사다. 이 글이 김 교수가 분석하려고 계획한 사항에 포함된 일정한 가설―특히 모든 국가가 갖고 있는 안보에 대한 관심과 어떤 사회도 자유로울 수 없는 문화적 편향―을 지적하는 데 기여하기를 희망한다. 이 책에서 다룬 사건과 정책의 배후에는 조선·일본·청의 정책 입안자들이 있었으며, 그들은 각자의 필요와 독특한 정신의 영감을 받았다.

세 나라의 정책이 서로 작용한 결과 동아시아 세계질서에서 뚜렷한 변화를 가져온 과정을 살펴보는 것이 김 교수의 주요한 목표다. 불행하게도 국제관계의 서열적 구조는 주권국끼리 서로 경쟁하는 새로운 세계로 조선이 안내된 뒤에도 계속 남아 있었다. 김 교수의 연구는 외교사와 제도사를 탁월하게 새로 종합했다. 이 책은 세 나라의 방대한 관련자료를 날카롭고 공정하게 다뤘다. 이 책은 어떤 때는 정치적으로 떨어져 있었지만 다른 때는 서로 맞물려 있던 동아시아의 몇몇 지리적·문화적 요소 안에 있는 명백히 다른 점과 비슷한 점의 범위를 탐구하도록 우리를 이끈다.

류광징劉廣京

머리말

19세기 중반 서양에서 팽창주의의 새로운 흐름이 일어난 결과 동아시아의 기존 세계질서에는 심각한 혼란이 발생했다. 그러나 북서태평양 지역에서 전개된 국제 환경의 변화가 서양의 외교·경제 또는 군사적 행동때문에만 나타난 것은 아니었다. 메이지 일본의 흥기는 부분적으로 서양의 영향에 자극 받은 것이었으며, 그들은 그동안 중국이 동아시아에서 장악한 패권적 지위에 즉시 도전하기 시작했다. 그 뒤 동아시아의 전통적 세계질서가 해체되고 궁극적으로 종말을 맞은 것은 동양과 서양의 문화가 거대하게 충돌한 결과이기도 했지만 그 시기에 청과 일본이 경쟁한 결과이기도 했다. 그런 결과를 가장 잘 보여주는 사건은 조선이 청제국의 조공국에서 근대 국제사회의 일원으로 변모한 것이다.

근대 동아시아의 국제관계에서 광범하고 혁명적인 변화가 시작된 계기는 중국과 일본의 "개항"이었지만 그런 변화의 형태와 과정을 결정한것은 대부분 토착적 유산과 전통이었다. 이것과 비슷하게 "은자의 왕국"

의 개항에 첫 추동력을 제공한 것은 프랑스·미국 같은 서양 열강이었지만 외부 세계와의 고립을 끝내는 데 결정적 역할을 한 것은 중국과 일본이었다. 그러므로 중국·일본·조선의 상호작용은 서양의 도래로 발생한 동아시아의 새로운 국제환경의 맥락 안에서 연구해야 하지만, 그들 자신의 정책과 활동은 각자의 국내적 배경의 맥락을 살펴봐야만 완전히 이해할 수 있다.

조선의 개항에 관련된 중국·일본·조선의 정책을 연구한 서양의 저작은 그동안 꾸준히 출판됐다. 선구적 업적 가운데 하나는 M. 프레더릭 넬슨Frederick Nelson의 『조선과 동아시아의 구질서Korea and the Old Orders in Eastern Asia』(1945)다. 넬슨의 연구는 19세기 조·청 조공관계의 본질을 처음 파고든 저작이다. 그것은 고대부터 전개된 한·중관계의 전체 역사를 광범하게 다뤘다. 힐러리 컨로이Hilary Conroy는 중요한 저서인 『일본의 조선 병합The Japanese Seizure of Korea, 1868-1919』(1960)을 발표해 국제관계에서 현실주의와 이상주의 사이의 충돌이라는 매우 중요한 보편적 문제의 구조에 입각해 메이지 일본의 조선 정책을 독창적으로 분석했다. C. I. 유진 김Eugene Kim과 김한교의 『조선과 제국주의의 정치Korea and the Politics of Imperialism, 1876-1919』(1967)는 같은 시기 조선의 이면적 정황을 설득력 있게 검토했다. 프레더릭 푸 첸Frederick Foo Chien의 『조선의 개항: 중국 외교에 대한 연구The Opening of Korea: A Study of Chinese Diplomacy, 1876-1885』(1967)는 조선이 서양 국가들에게 개항하는 수십 년의 과정 동안 전개된 중국의 조선 정책을 훌륭하게 분석했다. 마르티나 도이힐러Martina Deuchler의 『유교의 신사와 오랑캐의 사신: 조선의 개항Confucian Gentlemen and Barbarian Envoys: The Opening of Korea, 1875-1885』(1977)은 일본과 서양의 새로운 압력에 대한 조선의 반발과 대응을 탁월하게 검토한 저서다.

이 연구들은 모두 중요하지만 "조선을 국제 세계로 이끈 중국과 일본의 정책과 행동은 동아시아의 기존 세계질서에 어떤 영향을 줬는가?"라는 질문에 대답한 것은 없다. 이 책의 주요 관심은 바로 이 질문이다. 나는 우선 제도에 초점을 맞추고 여러 나라를 포괄적으로 검토했다. 나는 서양의 국제체제가 도입되면서 동아시아에서 형성된 이원적 세계질서— 전통적 세계질서의 마지막 국면—가 끝나는 과정을 대표하는 부분으로서 조선의 국제적 위치 변화를 살펴봤다.

청·일본·조선의 정책을 검토하는 과정에서 다음 세 가지 사항이 가장 중요하게 떠올랐다. 그것은 정책을 입안하는 데 작용한 전통의 역할, 국내 정치와 외교정책의 상호관계 그리고 세 나라의 정책과 행동의 상호작용이다. 언제나 전통은 다른 나라들보다 그 당사국에서 좀더 중요하겠지만, 그 영향은 보편적이고 지속적이었다. 개혁과 근대화를 열망했지만 메이지 일본이 동아시아 인접국에게 펼친 초기 정책은 청이나 조선이 시행한 정책 못지않게 전통적이었다.

나는 각국의 정책을 좀더 깊이 이해하려면 정책 입안에 작용한 국내의 문화·정치적 배경을 파악해야 한다고 생각했다. 일본과 관련해 나는 메이지 초기 조선 정책에는 현실주의와 이상주의가 대립했다는 컨로이의 논지를 전체적으로 지지한다. 그러나 막부 말기와 메이지시대 초기 일본의 끈질긴 팽창주의적 정서는 일본의 국내 문제와 좀더 관련됐다고 생각한다. 메이지 초기에 등장한 과두정부 안의 분립은, 서양이 제공한 영감과 함께 당시 일본이 조선·타이완에게 시도한 행동의 배후에 있던 주요 요인이었다.

끝으로 나는 동아시아의 전통적 세계질서의 궁극적 종말을 가져온 점진적이며 미묘한 변화를 보여주려면 관련된 주요국의 개별 정책뿐 아니라 그것들 사이의 상호작용도 연구해야 한다고 판단했다. 연구를 진행하면서 청의 정책은 일본과 조선에 관련된 조처를 신중하게 연대순으로 분석하지 않으면 완전히 이해할 수 없다는 것이 분명해졌다. 정책은 달마다 바뀌었지만 전체적인 기본 유형은 도전과 응전이었다.

이 연구는 원래 U. C. 데이비스University of California at Davis의 역사학과 박사논문으로 구상한 것이었다. 논문 심사위원인 U. C. 데이비스 역사학과의 류광징 교수, 고 리처드 J. 밀러Richard Miller 교수, 돈 C. 프라이스Don Price 교수, 펜실베이니아대학 역사학과의 힐러리 컨로이 교수께 진심으로 감사드리고 싶다. 위원장 류 교수는 처음부터 내게 영감과 지도를 줬으며 그것이 없었다면 이 연구는 마무리되지 않았을 것이다. 밀러 교수는 논문을 세심히 검토해줬을 뿐 아니라 따뜻하고 한결같은 마음으로 지원해줬으며, 나는 낙담할 때마다 거기 기댔다. 계속 후회되는 것은 이 책이 그가 볼 수 있기에는 너무 늦게 출판되리라는 사실이다. 프라이스 교수의 사려 깊은 조언과 논평에서도 큰 도움을 받았다. 컨로이 교수께는 특별히 감사드리고 싶은데, 그는 심사위원회에 참여하지 않았지만 초고를 준비하는 여러 단계에서 소중한 조언과 따뜻한 격려를 해줬다. 끝으로 날카로운 지적과 소중한 제안을 해준 U. C. 산타바바라University of California at Santa Barbara의 이매뉴얼 C. Y. 쉬Immanuel Hsu와 워싱턴대학의 제임스 B. 팔레James Palais 교수께도 감사드리고 싶다. 원고를 타자해준 U. C. 데이비스 인류학과의 게일 베이컨Gayle Bacon 씨와 바버라 베크먼Barbara Beckman 씨께도 따뜻한 감사의 말씀을 드린다.

U. C. 데이비스에서 김기혁

전통 동아시아의 조선

━━━

19세기 서양 열강의 대대적인 진출과 영향이 있기까지 동아시아는 자족적 세계였으며, 근대 서양의 역동적이고 팽창하는 문명에 거의 영향받지 않은 유서 깊은 중국 문명의 고향이었다. 처음부터 중국은 대륙의 중심, 광대한 크기, 부, 특히 우월한 문화를 보유한 이 세계의 중심이었다. 이런 역사적 사실은 보편적 왕권이라는 고대의 개념과 우주와 인간의 예정된 서열이라는 유교의 개념과 결합해 중심에 있는 국가中國의 천자가 다스리는 천하로서 세계를 보는 인식이 생겨났다. 중국의 문화적·정치적 영향력이 확산되면서 한국·일본·베트남 같은 인접국은 이런 중국 중심적 세계관을 받아들였다. 그들은 중국의 명목상의 우위와 문화적 지도력을 인정하면서 자신의 정치·사회·문화적 제도를 발전시키며 중국을 모방했다. 그 뒤 동아시아의 역사는 중국이 세계의 중심이고 세계의 모든 나라와 사람의 종주국이며, 문화와 계몽의 근원이라는 시각을 확인하는 역할을 했다.[1]

고대 중국인들이 상정한 유교적 세계질서에서는 인간·자연·사회가 긴밀히 통합돼 있었다. 개별 국가의 주권이라는 개념은 이론적으로 온 세계를 포괄하는 보편적 위계질서와 맞지 않았는데, 그 질서의 중심에는 가장 높은 도덕적 권위와 문화적 위엄을 지닌 중국이 있었다. 중심에 있는 국가라는 의미의 중국과 이론적으로 모두 중국의 조공국인 "그 하위" 국가의 관계는 중국 내부의 가족적·사회적 관계—아버지와 아들, 국왕과 신하, 남편과 아내, 형과 아우, 친구와 친구의 관계—를 통제한 유교의 이理라는 보편적 개념에 따라 통치된다고 상정됐다. 사람 사이의 관계와 국가 사이의 관계는 중화제국의 조공체제라는 국가 간 관계의 제도로 표현됐다. 조공체제는 19세기 후반 서양의 국제관계 체제가 대체할 때까지 한편으로는 중국과 그 밖의 국가 사이의, 다른 한편으로는 그 사람들 사이의 관계를 지배했다. 그것은 동아시아에서 중국 이외의 국가들이 서로의 관계를 처리하는 기반이 됐으며, 해당 국가 내부의 중앙과 주변 거주자의 관계를 체계화하는 데도 전범이 됐다. 요컨대 그 체제는 근대가 시작될 때까지 동아시아와 그 인접 지역에서 여러 세기 동안 번창한 중국 중심의 유교적 세계질서의 상징이자 제도적 구조였다.[2]

---

1 중국의 전통적 세계관은 John K. Fairbank, ed., *The Chinese World Order* ; *M. Frederick Nelson, Korea and the Old Orders in Eastern Asia*, 3~20쪽 ; 安部健夫, 『中國人の天下觀念』 참조.

2 중국 조공체제의 기원과 역사는 John K. Fairbank and S. Y. Teng, "On the Ch'ing Tributary System," 135~246쪽 ; Yu Ying-Shih, *Trade and Expansion in Han China*, 36~64쪽 참조. 동아시아에서 중국 이외의 국가와 그 주변 지역 사이의 조공 또는 반半조공관계의 보기는 Robert K. Sakai, "The Ryukyu Islands as a Fief of Satsuma," in Fairbank, ed., *The Chinese World Order*, 112~134쪽 ; Alexander B. Woodside, *Vietnam and the Chinese Model*, 235~294쪽 참조.

지리·문화·역사는 서로 결합돼 동아시아 세계질서 안에서 한국에 독특한 위상을 부여했다. 한국은 중국과 긴밀한 오랜 문화적·정치적 유대를 맺으면서 중국 본토 바깥의 동아시아 사회 가운데 가장 유교적인 사회가 됐다. 한국은 중국을 제외한 주요국 가운데 중국의 종주권을 공식적으로 처음으로 인정하고 마지막으로 포기한 국가였을 것이다. 한국은 중국 중심의 세계관을 진심으로 수용하면서 자신이 중국과 긴밀히 협력한 역사를 다른 나라와 차별되는 표시로 여겼으며 중국에 대한 충성과 순종을 끝까지 지켰다. 중국의 많은 통치자는 한반도의 국가를 모범적인 조공국으로 간주했으며 전통적으로 자신의 제국 안에서 가장 중요한 위상을 그 나라에 부여했다.[3]

또한 한국은 동아시아의 주요 권력체 가운데 문화·무역·전쟁의 중심 교차로에 걸쳐 있는 지리적 요충지라는 점에서도 중요했다. 중국 대륙을 지배하거나 동아시아에서 패권을 추구하려는 세력은 한반도를 장악하는 것을 매우 중요한 문제로 생각했다. 히데요시나 그를 계승한 현대 일본의 통치자들은 대륙으로 팽창하려는 자신들의 꿈을 실현하려면 한반도는 반드시 확보해야 하는 첫 번째 교두보라고 생각했다. 중국의 많은 왕조와 정권—특히 북부에 정치 또는 군사력의 거점을 둔 세력—은 한국이 자기 제국의 동쪽을 보호하는 방벽이라고 간주했고, 그것을 통제하거나 중국의 세력권 안에 두려고 했다.[4]

---

3 중국과 한국의 조공관계의 역사는 Nelson, *Korea and the Old Orders*, 21~297쪽 ; 전해종, 『한중관계사연구』, 26~58쪽 참조. 청과 조선의 조공관계는 김성칠, 「연행소고燕行小攷」, 『역사학보』 12, 1960, 1~79쪽 ; Chun, Hae-jong, "Sino-Korean Tributary Relations during the Ch'ing Period," in Fairbank, ed., *The Chinese World Order*, 90~111쪽 ; 張存武, 「淸韓朝貢關係, 1637~1894」 참조.

19세기 중반 동아시아에서 역사적으로 유지된 중국 중심의 세계질서는 외부와 내부에서 중대한 도전과 마주쳤다. 앞의 것은 서양 열강의 거대한 침범이었고 뒤의 것은 근대 일본의 흥기였다. 서양 열강은 무역·외교·전쟁·개종改宗을 수십 년 동안 진행한 뒤 1860년대 초반 청·일본과 동아시아의 나머지 나라에 모든 국가의 주권은 평등하다는 개념에 기초한 자신들의 국제관계 체제를 적용하는 데 성공했다. "동방의 은자"인 조선만 이런 새로 도입된 서양의 국제체제 바깥에 남아 있었다. 동아시아의 국제적 상황에서 이런 혁명적 변화가 이뤄진 직후에 나타난 현상은 동아시아 대륙에 더욱 큰 관심을 보이고 개혁과 서구화의 열망을 지닌 메이지 일본이 대두한 것이었다. 일본이 동아시아에서 새로운 관심과 외교의 목표로 삼은 대상은 조선이었다. 청과 일본이 개항한 뒤 수십 년 동안 조선은 중국이 지키려고 노력한 동아시아 세계질서 체제를 간직한 중심이 됐다. 또한 조선은 서양과 일본의 도전에 직면한 청이 유지하려고 했던 전통적 패권의 상징이 됐다. 1880년대 초반 조선이 끝내 서양의 국제체제에 편입되면서, 프랑스의 베트남 점령과 함께, 동아시아의 기존 세계질서와 중국의 패권은 사실상 종말을 맞았다.

이 연구는 1860년대 초부터 1880년대 초까지 동아시아 국제관계에서 일어난 격변 가운데 역사적으로 매우 중요한—동·서양의 광범한 문화적 충돌과 동아시아에서 중국과 일본의 경쟁이 나타나기 시작했음을 상징하는—사건, 곧 조선이 중국의 조공국에서 근대 국제사회의 일원으로 변화한 사건을 분석하는 데 초점을 맞췄다. 이런 분석은 서양의 침

---

4 David I. Steinberg, *Korea:Nexus of East Asia*, 1~5쪽.

범과 일본의 압력이 가져온 기회는 물론 위협에 대한 조선의 반응과 대응을 좀더 잘 살펴볼 수 있게 할 것이다.

중국과의 조공관계

한국은 그 역사가 시작된 초기부터 중국과 조공관계를 맺었다. 그러나 한국과 중국의 조공관계가 제도적으로 완전히 정착된 것은 명과 조선의 초기인 15세기 전반이었다. 조선(1392~1910)을 건국한 이성계는 불교를 숭상하고 부패한 친원親元 귀족이 지배해온 노쇠한 고려 왕조에 환멸을 느낀 유교적 사대부의 지지를 받아 왕위에 올랐다. 이성계는 고려 사회와 조정에서 지배적 영향력을 행사한 불교를 억누르면서 성리학을 자기 체제의 이념적 정통으로 선포했다. 그와 그의 후계자들은 송·명을 모범으로 삼아 새로운 정치·사회·문화적 제도를 만듦으로써 조선을 모범적인 유교국가로 변모시켜갔다. 철저히 유교적인 교육과 세계관에 입각한 조선의 지배층은 중국인들만큼이나 세계의 중심은 중화제국이라고 확신했다.

조선의 통치자들은 명의 흥기를 몽골의 "일탈" 이후 중국과 세계에서 올바른 유교적 질서가 회복된 것이라고 확신했다. 그들은 명의 종주권을 기꺼이 인정하면서 중국과 관계를 맺는 기본 원칙으로 사대事大를 채택했다.5 명과 조선의 관계를 손상시킨 의견 충돌과 불화도 있기는 했지만, 금방 조선은 명의 가장 모범적이고 중요한 조공국이 됐다. 17세기 전반에 진행된 명·청 교체는 조·중 관계에 깊은 정신적 충격을 줬다.6 그러나 명대에 걸쳐 조선이 명과 유지한 조화로운 관계는 만주족이 중국을 정복한 뒤 곧 회복됐다. 그때부터 조선은 청과 조공관계를 포기한 19세기 후반까지 변함없이 충성스럽고 순종적이었으며 모든 조공 의무를 성실하게 이행했다.

중국의 의례적儀禮的 종주권

조선과 청의 관계는 의례적 사행의 교환, 조선의 상징적 순종, 거기에 수반된 무역으로 이뤄졌다. 조공체제 아래서 조선의 가장 중요한 의무는 필요한 상황이 생길 때마다 중국에 조공 사절을 보내는 것이었다. 청대 대부분 기간 조선은 청에 해마다 대체로 동지에 한 번씩 정규 사행을 보냈다. 거기에 더해 조선은 다양한 사안―황제의 즉위나 훙거 또는 그 밖의 특별히 중요한 문제, 조선 국왕의 즉위나 붕어 또는 그 밖의 중요한 사건을 보고하거나 왕이나 왕비의 책봉을 요청하는 것 같은―마다 수많은 특사를 보냈다. 조선은 1637년(인조 15, 명 숭정 10, 일본 간에이 14)부터 1881년(고종 18, 청 광서 7, 일본 메이지 14)까지 245년 동안 모두 435차례의 특별 사행을 중국에 보냈다.[7]

정규 사행이든 특별 사행이든 조선은 청에 사신을 보낼 때마다 특산

---

5   명과 조선의 초기 관계는 Hugh D. Walker, "The Yi-Ming Rapprochement," Ph.D. dissert., University of California, Los Angeles, 1971 ; 신석호, 「조선왕조 개국 당시의 대명관계」, 93~134쪽 ; 김용기, 「조선초기의 대명조공관계고」, 131~182쪽 참조.

6   17세기 명·청·조선의 관계는 이병도, 「광해군의 대후금정책」, 135~175쪽 ; 稻葉岩吉, 『光海君時代の滿鮮關係』; 張存武, 「淸韓朝貢關係, 1637~1894」, 15~35쪽 참조.

7   김성칠, 「연행소고」, 7~13쪽 ; Chun, "Sino-Korean Tributary Relations," 90~96쪽.

물을 선물했다. 청은 답례로 조선 왕실과 조공 사행의 주요 구성원에게 선물을 줬다. 조선 국왕은 즉위하면 중국 황제에게 책봉을 요청했다. 황제는 그런 요청을 받으면 칙사를 조선에 파견해 국왕을 공식 임명했는데, 국왕은 직접 도성 밖으로 나와 칙사를 맞았고 칙서가 낭독되는 것을 엎드려 들었다. 왕비와 세자도 책봉을 받았다. 조선은 순종의 상징적 행동으로 중국의 역법을 사용했다. 청으로 가는 조선의 모든 문서는, 조선 국왕이 연락할 수 있는 청의 최고 관원인 예부상서에게 보내는 서신을 포함해, 재위하고 있는 황제의 연호로 날짜를 표기했다.[8]

조선의 사행은 조선 왕실과 조정에서 사용할 중국 물품을 사오기 위해 일정량의 은과 물건을 가지고 갔다. 사행의 구성원들도 개인적 무역을 위해 정해진 분량의 은과 물건을 가지고 갈 수 있었다. 베이징에 있는 동안 그들은 갖고 간 물건을 지정된 시장에서 팔고 중국 물건을 살 수 있었다. 조선과 중국의 국경지대 세 곳에도 정기적 간격으로 시장이 개설돼 중국과 조선 상인들은 정부의 감독 아래 물물교환을 했다.[9]

중국과 조선의 관계는 아버지와 아들이나 형과 아우의 관계와 비슷하다고 간주됐기 때문에 그들은 서로에게 법률적 의무보다는 도덕적 의무를 부과했다. 그런 의무는 한쪽이 다른 쪽에게 윗사람과 아랫사람의 적절한 행동규칙을 엄격히 준수하면 가장 잘 이행될 수 있다고 여겨졌다. 그래서 두 나라는 주로 그런 규칙을 구현한 의례와 상징적 행위를 수행

---

8 George M. McCune, "Korean Relations with China and Japan, 1800-1864," Ph.D. diss., University of California, Berkeley, 1941, 233~239쪽.

9 장춘우張存武의 『淸韓宗藩貿易(1637-1894)』은 청대의 조·중 무역의 가장 포괄적인 연구다. 김성칠, 「연행소고」, 27~46쪽 ; McCune, "Korean Relations," 96~123쪽 ; Chun, "Sino-Korean Tributary Relations," 107~109쪽도 참조.

하기 위해 사절을 교환했다. 두 나라 사이의 무역도 상당히 중요했지만, 본질적으로 그것은 부수적이라고 간주했다. 조선의 조공품과 중국의 하사품 같은 물질적 교환은 그것의 실제적 가치보다 거기에 담긴 도덕적 또는 상징적 중요성의 측면에서 주로 평가됐다.[10]

청대의 조·중관계가 주로 의례적儀禮的 사절 교환과 상징적 준수로 이뤄졌다는 사실은, 종주국으로서 중국의 명목상 우위와 권위는 이론상 절대적이었지만 실제로 종주권은 의례적 외교의 범위를 거의 넘지 않았음을 알려준다. 조선은 자신의 사안을 완전히 독립적으로 운영했다.

조공체제에서 조선의 자치권

청과 조선은 정기적으로 빈번하게 사절을 교환했지만 각자의 국내·국외 문제는 거의 논의하지 않았다. 조선의 정규 사절이 수행한 주요 기능은 청 조정에 조공품을 전달하고 동지와 새해에 베이징에서 거행하는 의례에 참여하는 것이었다. 조선의 특사는 황제의 즉위나 혼례 같은 행사에서 비슷한 의례적 기능을 수행했다. 이런 사신들이 외교적 협상이나 정치적 논의에 참여한 경우는 거의 없었다. 칙사는 조선에 발을 들여놓은 청의 유일한 관원이었다. 거의 언제나 그들의 임무는 조선의 국왕이나 왕비를 책봉한다는 황제의 승인을 전달하는 것이었다. 조선의 도성에 짧게 체류하는 동안 그들의 일정은 모두 의례와 오락으로 채워졌다.[11]

---

10 Fairbank and Teng, "On the Ch'ing Tributary System," 140~144쪽 ; McCune, "Korean Relations," 232~240쪽.

책봉제도는 정치적 영향력을 행사하는 도구로 쉽게 전환할 수 있던 조공체제의 한 특징이었지만 청은 그렇게 사용하지 않았다. 조선의 책봉 요청은 거의 예외 없이 관례대로 승인됐다. 황제의 책봉은 조선 국왕의 통치를 합법화하는 매우 중요한 마지막 단계로 간주됐지만, 통치자로서 그의 권위를 실제로 창출하거나 높이지는 않았다. 책봉을 받지 않았더라도 조선 국왕은 실제로나 명목으로나 통치자였다.[12] 황제에게 올리는 조선 국왕의 청원서는 늘 숭배의 마음이 넘치고 순종적인 어조였지만 국내 문제는 언급하지 않았다. 황제의 칙서도 늘 의례적인 내용이었으며, 조선의 국내 현안은 건드리지 않았다. 조선은 국내 문제처럼 외교에서도 완전히 자치적이어서 그런 관계가 청에 대한 조선의 조공 의무와 저촉되지 않는 한 어떤 나라와도 관계를 자유롭게 유지할 수 있었다. 청대 내내 조선은 청의 감독이나 간섭을 거의 받지 않고 도쿠가와 막부와 외교·무역 관계를 지속했다.[13]

국내 문제든 외교 사안이든 조선의 사무에 간섭하거나 책임을 떠맡는 것은 조공체제에서 청의 의도도 일반적 행동도 아니었다. 의례적으로 청에 복종하기는 했지만 조선도 마찬가지여서 자신의 사무에 청의 간섭을 받으려고 하지 않았다. 불간섭은 청대 조선 정책의 기본 원칙이자 표준이었다. 조선은 명목상으로는 아니었지만 실제로는 완전히 독립적으로

---

11 베이징에서 조선 사신들의 활동은 Gari Ledyard, "Korean Travelers in China over Four Hundred Years," 1~42쪽 참조. 서울에서 중국 사신들의 활동은 McCune, "Korean Relations," 58~68쪽 참조.
12 McCune, "Korean Relations," 237~238쪽.
13 청에 대한 조선의 항복에 따라 조선은 일본과의 무역을 승인 받았고 일본이 청에 조공하도록 설득하라는 지시를 받았다. 中村榮孝, 『日鮮關係史の硏究』, 3권, 500~502쪽 참조.

기능한 자기 나라의 주인이었다.

무역·문화·안보

이론적 기반이나 도덕적 정당화가 무엇이었든 조선과 중국의 관계는, 특히 반청 감정이 조선에서 지속된 청대에, 서로에게 충분한 실질적 이익이 없었다면 안정되지 않았을 것이다. 그런 이익 가운데 가장 분명한 원천은 두 나라 사이의 무역이었다.

앞서 말한 대로 조선의 모든 조공 사절은 왕실과 정부에 필요한 중국 물건을 구입하기 위해 일정한 분량—8000냥 정도—의 은과 물품을 중국으로 가지고 갔다. 표면적으로는 조정에서 받은 "충분치 않은" 여비를 보충한다는 명목이었지만, 사행 구성원들도 자신의 교역을 위해 은이나 물품으로 2000냥 정도를 가지고 갔다. 1787년(정조 11, 청 건륭 52, 일본 덴메이 7) 한 사행의 구성원들은 은과 물품(대부분 인삼)으로 모두 8만 냥을 가지고 갔다. 청대에 중국을 방문한 조선 사행은 해마다 평균 2~3회였기 때문에 적어도 조선에게 그 무역의 규모는 상당했다. 아울러 해마다 평균 4만5000냥 정도의 조선 물품이 정부의 감독 아래 조·청 국경에 개설된 시장에서 특정한 청의 물건과 교역됐다.[14]

청과의 무역은 일부 조선 관서에 중요한 세입 원천이 되었지만, 전체적으로 조선이나 청 정부 모두 거기서 큰 이익은 얻지 못한 것으로 보인다.

---

14   주 9 참조.

조선의 조공품과 청의 회사품의 교환은 전체적인 조·청 무역의 일부로 간주됐다고 해도 이것이 사실이었을 것이다. 조선 조공품의 전체 가치는 해마다 8만 냥 정도로 청의 회사품을 초과했지만, 그 수치가 그대로 청의 순수익은 아니었는데 청은 방문한 조선 사절을 부양하는 데 적어도 그와 동일한 금액을 썼기 때문이다.[15]

그러나 베이징에서 이뤄진 무역이 두 나라의 일부 관원과 상인—특히 조선 사행단의 구성원—에게 큰 이익이 됐다는 것은 분명한데, 사행단이 중국을 오가는 동안 사용한 비용은 모두 조선이나 청 정부가 댔다. 확실한 이익의 전망에 유혹된 많은 조선 상인과 심지어 밀수업자도 공식 사행단의 종자나 수행원으로 속여서 해마다 청에 갔다고 한다. 베이징의 일부 중국 상인도 조선과의 무역을 독점해 부를 쌓았다고 알려졌다. 청의 일부 관원과 서리—특히 베이징에서 만주인 감독 아래 조선 사신의 숙소를 관리한 부류—도 그 무역에서 함께 이익을 봤다.[16] 베이징에서 이뤄진 무역이 주로 조선인의 이익을 위한 것이었다면, 국경의 후시後市는 조선의 일용품을 사려는 만주 상인의 이익을 위해 열렸다. 조선인들은 그곳을 방문하는 중국 상인과 관원의 비용을 자신이 대야 하고 우수한 조선 물건과 조악한 만주의 생산품을 고정된 교환율로 교환해야 했기 때문에 해마다 손해를 보고 있다고 불평했다.[17]

---

15 김성칠, 「연행소고」, 76쪽 ; Chun, "Sino-Korean Tributary Relations," 107쪽. 중국과의 무역이 일부 조선 관서의 중요한 세입원이 된 것은 張存武, 『清韓宗藩貿易』, 87~89쪽 참조.
16 조·청 무역의 이익의 종합적 평가는 張存武, 『清韓宗藩貿易』, 223~235쪽 참조. McCune, "Korean Relations," 48~50쪽 ; Chun, "Sino-Korean Tributary Relations," 107쪽 ; Ledyard, "Korean Travelers," 11, 21~22쪽도 참조.
17 김종원, 「조청상민수륙무역장정朝清商民水陸貿易章程에 대하여」, 136쪽.

본질적으로는 부수적이고 이론적으로는 중요하지 않게 보여도 조공체제 아래서 조·청 무역은 두 나라의 기득권을 가진 관원과 상인이 이익을 교환하는 연결망을 발전시켰다. 이것은 청과 조선의 지속적이고 안정된 관계에 기여했다고 판단된다.

조공체제에서 두 나라에는 또 다른 중요한 실질적 이익이 있었다. 그저 의례적이고 상징적인 것으로 보인 관계는 상당한 정치적·문화적·안보적 가치를 지닌 유·무형의 현실적 이익을 제공했다. 조선은 중국 본토 바깥의 동아시아에서 가장 유교적인 사회였기 때문에 정치적으로 그 충성은, 어떤 방식으로 얻었든, 청대 초기 중국에서 통치를 강화하고 동아시아에서 황제의 권위를 높이려고 노력하던 만주족 지배자들에게 유용했다. 그 뒤 청과 관련된 조선의 정치적 또는 외교적 가치는 낮아졌지만, 19세기 중반 서양 열강과 일본이 중화제국의 전통적 권위에 도전하면서 다시 중요해졌다.

조선에게 안정적인 대청관계는 더없이 중요했다. 중국 황제처럼 "하늘의 아들天子"이라고 표현되는 엄청난 상징과 속성을 갖지 못한 조선의 국왕들은 정통성의 궁극적 상징으로 황제의 책봉이 필요했다. 통치자로서 그의 권력은 황제의 책봉에서 나오거나 그것에 힘입어 실제로 높아지는 것은 아니었지만, 책봉을 받지 못할 경우 조선 같은 유교사회에서 신하와 백성에 대한 그의 권위는 부정적인 영향을 받을 수밖에 없었다. 중국 황제의 신하라는 조선 국왕의 위상은 통치자로서 권위에 이론적으로는 일정한 한계를 부과했지만, 특히 국내 상황이 불안하거나 불확실할 때 그 지위에 권위를 주고 안정성을 높이기도 했다. 한국사의 왕조들이 상대적으로 오래 유지된 까닭은 중국과 조공관계를 맺은 데 있었다고 보는 학자들도 있다.[18]

중국과의 긴밀한 문화적 관계는 조선에게 소중했다. 역사적으로 한국인을 중국으로 이끈 것은 상업의 유혹이 아니라 찬란한 문화였다. 조공사절은 대체로 학문적 성취와 문학적 재능에 따라 임명됐는데, 영예로 받아들여졌다. 지식인과 문인이 오랫동안 자주 청을 방문하면서 최신 지식의 동향과 정보가 조선으로 끊임없이 흘러들어왔다. 중국 방문은 학문과 식견을 넓히는 기회가 됐기 때문에 조공 사절들은 자기 아들이나 조카를 자주 데리고 갔다. 그들은 청에 있는 동안 저명한 학자들을 열심히 만나고 교우관계를 맺었다.[19] 그들이 베이징에서 누린 가장 즐거운 취미는 그곳 서점을 샅샅이 뒤지는 것이었다―책은 그들이 청에서 조선으로 가지고 온 주요 품목이었다. 그들 대부분은 중국을 여행하는 동안 길고 상세한 일기를 썼으며, 그들의 가족·친척·친구들은 당연히 그것을 읽었다.

송대의 성리학이 조선 학계를 완전히 지배했을 때 이런 인물들 가운데 일부는 한대漢代의 학문을 조선에 소개했고, 그것은 18세기 실학으로 알려진 새로운 학문의 흥기로 이어졌다.[20] 좀더 주목할 만한 사실은 이런 사람들 가운데 일부가 들여온 천주교 서적이 18세기 후반 천주교의 성장과 전파로 이어진 것이다.[21] 19세기 중반 조선인들은 조공 사절이 청

---

18 한·중 조공관계가 한국 왕조들에 준 영향에 대한 연구는 전해종, 『동아문화의 비교사적 연구』, 2~20쪽 참조.

19 Ledyard, "Korean Travelers," 6~28쪽. 청대 중국과 조선 학자들 사이의 친교와 협력에 관련된 연구는 藤塚鄰, 『淸朝文化東傳の硏究』, 東京: 國書刊行會, 1975 참조. 청대 조선에 대한 중국의 문화적 영향은 張存武, 「淸代中國對朝鮮文化之影響」, 551~599쪽 참조.

20 姜在彦, 『朝鮮近代史硏究』, 1~61쪽 ; 藤塚鄰, 『淸朝文化東傳の硏究』, 61~79쪽 ; 전해종, 『동아문화의 비교사적 연구』, 65~72쪽.

21 기독교 서적이 조선에 소개된 것에 관련된 사항은 최석우, 「천주교의 수용」, 최영희 등, 『한국사』 14, 88~123쪽 ; 山口正之, 『朝鮮西敎史』, 37~69쪽 참조.

에서 들여온 책—위원魏源의 『해국도지海國圖志』 같은—으로 서양 세계를 처음 흐릿하게 잠깐 봤다.[22] 은둔한 몇 세기 동안 매년 천자의 도성이자 동아시아 세계의 문화적 성지인 베이징으로 가는 것은 조선의 지식인에게 필수적인 문화적·교육적 제도가 됐다.

잘 감지되지는 않지만 지극히 중요한 것은 조공체제 아래서 안전하게 보호되던 중국인과 조선인 모두 누린 이익이었다. 역사 내내 한국은 중국이나 일본에 위협이 되지 못했다. 그러나 실제적 또는 잠재적 적이 장악했을 경우 한반도는 중국과 일본 모두에게 심각한 위협이 될 수 있었다. 고려는 13세기 후반 불운 때문에 실패로 끝난 원의 일본 원정에서 중요한 역할을 했다. 1590년대 일본이 조선을 침략했을 때 명이 군사적·재정적 고갈을 감수하면서까지 조선을 도운 까닭은 일본의 한반도 지배를 두려워한 데 있었다. 청은 명에 대한 군사작전을 시작하기에 앞서 한반도를 통제해야 한다는 사실을 깨닫고 두 차례 침공했다. 조선의 군사력은 상대적으로 약했기 때문에 조선이 실제로 중국의 안보에 변수가될 수 있었는지 의문을 가질 수도 있다. 그러나 히데요시가 명을 침공하기 위해 일본군이 한반도를 자유롭게 거쳐갈 수 있도록 요구했을 때 조선이 저항하지 않고 협조했다면 어떤 일이 일어났을지 추측해보는 것만으로도 그런 의심은 간단히 사라질 것이다.[23] 조선의 전략적 중요성은 청이 중국을 정복한 직후 가혹한 착취에서 상대적인 관용으로 정책을 변경한 배경이 된 주요 요인이었다. 그것은 청이 서양과 일본의 위협에

---

22 이광린, 『한국개화사연구』, 26~34쪽.

23 히데요시가 침공하기 전 조선과 일본의 협상은 中村榮孝, 『日鮮關係史の硏究』 2권, 75~91쪽 참조.

직면한 19세기 후반 청의 정책 입안자들의 계산에서도 다시 주요한 요인이 됐다.

암시했든 그렇지 않든 중국의 보호를 확보하는 것은 외침이 있을 때 조선의 안보에 반드시 필요했다. 이런 측면은 명의 막대한 원조에 힘입어 조선이 히데요시의 침공을 물리친 사실에서 충분히 나타났다. 청대 대부분에 걸쳐 조공 의무는 조선에 계속 상당한 재정적 부담이 됐다. 그러나 의심할 바 없이 그것은 조선이 외침을 당했지만 중국의 적절한 보호를 받지 못했을 때 치러야 하는 국방의 더 큰 부담보다는 비용이 덜 드는 것이었다. 중국의 원조에 의존한 것은 1590년대 왜란 같은 국가적 위기를 겪은 뒤에도 조선이 충분한 국방력을 유지하는 데 실패한 까닭을 부분적으로 설명해주는 한 가지 요인으로 생각된다. 청의 군사적 보호 아래 조선은 두 세기 넘게 평화와 안전 속에서 살았다. 1860년대와 1870년대 청의 군사적 개입 가능성은 일본의 정한론 지지자와 반대자 모두 저울질해본 사항이었다.

도쿠가와 막부와의 "교린"

조선이 중국과 조공관계를 맺은 것과는 반대로 일본과의 전통적 관계는 "교린"이었다고 정의할 수 있다. 두 나라의 관계는 훨씬 이전으로 거슬러 올라가지만, 15세기에 관계의 확고한 유형이 확립된 뒤 도쿠가와 시대 내내 이어졌다. 1404년(태종 4, 명 영락 2, 일본 오에이應永 11)―조선 국왕이 처음으로 명의 공식적 책봉을 받은 이듬해―3대 아시카가 쇼군 요시미츠足利義滿는 "일본 국왕"으로 명의 책봉을 받았다. 명의 조공체제 아래서 조선 국왕과 아시카가 쇼군에게 동일한 지위가 배정됐다는 것은 동아시아의 "회복된" 유교적 세계질서 안에서 "평등"을 기반으로 두 인접국의 공식 관계를 확립시키려는 의도였다고 생각된다.[24] 왜구가 조선 해안을 간헐적으로 침범했지만 두 나라의 공식 관계는 1592년 일본의 침략으로 무너질 때까지 15~16세기 내내 지속됐다. 17세기에 접어들면서 일본에서 도쿠가와 막부가 수립된 직후 두 나라의 공식적 관계는 1609년 기유약조己酉約條가 체결되면서 회복됐다.[25] 이것은 1876년까지 조·일 관계의 유일한 법률적 근거였다. 약조에 따라 조선은 막부나 중앙 조정, 쓰시마의 번이라는 두 층위에서 일본과 관계를 이뤄나갔다.

의례적儀禮的 외교: 막부와의 관계

명목상 조선이 막부와 맺은 관계는 쓰시마와의 관계보다 상위에 있었다. 그러나 실제로 전자는 조선 사신이 막부가 있는 에도江戶(도쿄)를 드물게 방문하고 조선 국왕과 도쿠가와 쇼군이 의례적 행사에서 서신과 선물을 교환하는 것으로 제한됐다. 17~18세기 동안 모두 11회의 조선 통신사가 에도를 방문했다. 1811년 조선 통신사는 쓰시마로 가서 에도에서 온 쇼군의 특사를 만났다. 그 뒤 이런 행사는 중단됐는데 앞으로 조선 통신사가 일본을 방문할 때 어디서 어떻게 영접해야 하는지 조선 정

---

24 같은 책, 2권, 10~27쪽.
25 1609년 기유약조의 체결로 이끈 협상에 대해서는 같은 책, 3권 253~300쪽 ; 田中健夫, 『中世對外關係史』, 235~268쪽 ; 三宅英利, 「德川政權初回の朝鮮信使」, 101~132쪽 참조.

부와 막부가 합의하지 못했기 때문이다. 두 나라 사이의 직접 접촉도 완전히 중단됐다.[26]

조선은 비정기적으로 에도에 사절을 보냈는데, 주로 새 쇼군의 즉위를 축하하는 것이었다. 사절은 "통신사"라는 이름을 지닌 정사正使가 이끌었다. 그들의 주요 임무는 조선 국왕의 서신과 선물을 쇼군에게 전달하고 쇼군의 답신과 선물을 가지고 오는 것이었다. 앞서 아시카가 쇼군에게 했던 것처럼 조선에서는 쇼군을 일본의 최고 통치자로 간주해 그를 "일본 국왕"이라고 불렀다. 쇼군에게 특별한 칭호를 사용하는 것을 불편하게 생각한 막부는 조선의 주장에 따라 그 칭호를 조선과 연락할 때만 마지못해 사용했다.[27] 그 칭호는 그 뒤 일본의 요청으로 "대군大君"으로 바뀌었다. "국왕"이라는 칭호는 18세기 초 잠깐 다시 사용됐지만 그 뒤 쇼군은 늘 "대군"이라고 불렀다.[28] 어떤 칭호가 사용됐든 조선의 국왕과 도쿠가와 막부의 쇼군은 서로를 대등하게 대우했다. 그들이 교환한 선물은 분량이 정해져 있었고 동일한 가치라고 간주됐다. 조선 통신사가 일본에 체류하는 동안 소요된 비용은 모두 일본 정부가 부담했다.

도쿠가와 막부는 아시카가 막부처럼 한양으로 사절을 보내려고 했지

---

26 에도를 방문한 조선 통신사에 관련된 자세한 사항은 中村榮孝, 『日鮮關係史の硏究』 3권, 481~497쪽 ; George M. McCune, "The Exchange of Envoys between Korea and Japan during the Tokugawa Period," 308~325쪽 참조.

27 처음에 막부는 조선에 보내는 서신에서 쇼군에 대해 특정한 명칭을 사용하지 않았지만, 그 뒤 조선의 주장에 따라 "국왕"이라는 칭호를 받아들였다. 『해행총재海行摠載』 2권, 98~99, 156, 158~160, 167, 264쪽 참조. 이 책에는 에도를 방문한 초기의 조선 사절들이 쓴 일기가 실려 있다.

28 쇼군의 명칭을 둘러싼 조선과 일본의 논쟁은 Ronald P. Toby, "Korean-Japanese Diplomacy in 1711:Sukchong's Court and the Shogun's Title," 231~256쪽 ; 中村榮孝, 『日鮮關係史の硏究』 3권, 306~308쪽 참조.

만, 조선 조정은 어떤 일본의 대표자도 전통적으로 일본과 무역한 항구
인 부산 이북으로 오는 것을 허용하지 않았다. 아울러 조선 조정은 자국
과의 모든 사무는 아시카가 시대에 두 나라의 중개역할을 했던 쓰시마
를 거쳐 처리하라고 막부에게 고집했다. 그에 따라 도쿠가와 시대 내내
막부는 에도를 방문한 조선 통신사나 쓰시마를 거쳐 외교 사무를 처리
할 수밖에 없었다. 쓰시마의 다이묘(세습적 번주)는 조선 관련 사무를 처
리하는 쇼군의 중개인으로 지정됐다.29

그 결과 조선 조정과 막부의 관계는 제한적 범위에서 이뤄졌으며 본
질로나 실제로나 의례에 초점을 맞춘 것이었다. 두 나라 사이에 무역 같
은 실질적 교류는 이뤄지지 않았다. 무역의 부재는 19세기 초반 두 정부
가 직접적 접촉을 끝내도록 만든 부정적 요인이 됐다고 해도 지나치지
않다.

쓰시마: 도쿠가와 막부의 가신이자 조선의 반半조공국

대한해협의 작은 섬인 쓰시마는 역사적으로 한반도와 가까운 관계를
유지했다. 그 세습적 지배자는 서남 일본의 봉건영주 가운데 하나였으
며 조선 전기부터 조선 조정에게서 공식 직함이나 인장을 받아왔다. 그
런 직함이나 인장을 받은 부류는 조선 조정과 반半조공적 관계를 맺고
조선에서 일정한 외교적·상업적 특권을 대가로 받았다. 전통 동아시아

---

29   McCune, "The Exchange of Envoys," 316~317쪽.

에서 국가 사이의 일반적 관계였던 조공체제의 수정된 형태인 협정은 원래 왜구를 억제하기 위해 조선 조정이 만든 것이었다. 그것은 1609년 기유약조에서 약간 수정돼 다시 시행됐다. 그 뒤 조선의 직함과 인장을 받은 일본인들은, 쓰시마 번주와 일부 세습적 관원을 제외하면 조선과의 관계를 단절했다. 쓰시마의 요청으로 조선 조정은 그런 일본인들이 지녔던 특권 일부를 쓰시마에 이양했다. 18세기 후반 쓰시마는 조선과의 외교와 무역을 완전히 독점했다.[30]

조선은 번주의 승습을 축하하거나 현지 상황을 조사하려고 할 때 같은 경우 쓰시마에 비정기적으로 드물게 사절을 보냈다. 1800년(정조 24, 청 가경 5, 일본 간세이 12)부터 1864년까지 오직 8차례의 조선 사신이 쓰시마를 방문했다. 평균 40명 정도였던 이 사절단은 하위 관원이 이끌었으며 짧은 기간만 머물렀다. 그들은 체류하는 동안 무역에 참여하지 않았다.[31]

반면 쓰시마는 해마다 조선에 자주 사신을 보냈다. 그 범주는 세 가지였는데, (1)쇼군의 대리인으로서 쓰시마 번주가 보낸 부류 (2)쓰시마의 통치자로서 번주가 자신의 권한으로 보낸 부류 (3)조선의 직함과 인장을 지닌 쓰시마 번주와 그 밖의 세습적 관원이 보낸 부류였다. 쓰시마 번주가 어떤 권한을 동원했든 그가 접촉할 수 있던 가장 높은 조선 관원은 각조의 참판이었다. 번주는 조선과 연락할 때 — 재위하던 중국 황제의 연호로 날짜가 표기됐다 — 조선 조정이 하사한 공식 인장을 사용해야 했다.[32]

---

30 쓰시마가 조선과의 무역을 독점한 것은 中村榮孝, 『日鮮關係史の硏究』 3권, 228~240쪽 참조.
31 McCune, "The Exchange of Envoys," 318~319쪽.
32 같은 글, 319~320쪽.

1장 _ 전통 동아시아의 조선

쓰시마 번주나 그 밖의 세습적 관원은 조선에 사신을 보낼 때 조선 조정에 형식적인 조공품을 바쳤다. 그 대가로 그들은 곡물과 다양한 조선 물품을 넉넉히 받았다. 그들은 기유약조에 명시된 대로 무역품을 실은 일정한 숫자의 선박을 보낼 수도 있었다. 쓰시마는 기유약조에서 인가된 정규 사신 외에도 다양한 명목으로 특사와 연락원을 보냈다. 사실 쓰시마는 되도록 많은 사신과 무역선을 보내려고 모든 방법을 사용했고, 조선을 방문하는 관원·상인·선원은 1년에 1000명이 넘었다.

조선을 방문하는 쓰시마의 일본인은 부산 바깥으로는 여행할 수 없었다. 아울러 그들은 조선 정부가 운영하는 구역 안에 머물러야 했다. 왜관倭館이라고 불린 그 구역은 관사·주택·창고·시장 등이 설치되고 울타리로 격리된 장소였다. 조선 정부는 방문한 일본인에게 제공하기 위해 1년에 쌀 3000석을 썼다. 왜관의 건물과 보안은 조선 정부가 제공했지만 그곳에 상주하는 일본인들은 쓰시마 번에서 필요 경비를 받았다. 무역은 물물교환의 형태로 이뤄졌다. 인삼·쌀·콩 등의 조선 물품은 구리·납·염료목 등의 일본 물품과 고정된 교환비율로 거래됐다.[33]

그 결과 도쿠가와 시대의 조·일 관계는 쓰시마가 중개역할을 맡는 삼각형태로 이뤄졌다. 두 나라 사이에 있는 섬이라는 지리적 위치와 도쿠가와 막부의 가신이자 조선의 반조공국이라는 이중적 위상 덕분에 쓰시마는 여러 세기 동안 관련된 당사자를 모두 만족시키면서 그 역할을 수행할 수 있었다. 19세기 중반 일본에서 중앙집권이 이뤄지고 서양과의 국제관계를 이해하기 시작하면서 쓰시마의 역할은 시대에 뒤처지게 됐

---

33   中村榮孝, 『日鮮關係史の研究』 3권, 322~332쪽.

다. 그러나 조선과 쓰시마 모두 서로의 이유 때문에 전통적 관행을 유지하려고 했고, 그 결과 새로운 관계를 수립하는 것은 차질을 빚었다.

계약관계와 평등

본질적으로 가족적이며 의무적인 것으로 간주된 중국과의 관계와는 달리 조선이 일본과 맺은 관계는 본질과 기원에서 순전히 계약적인 것으로 간주됐다. 뿌리 깊은 유교적 시각을 지닌 조선의 국왕들은 자신의 나라가 어떤 상황에서도 깨뜨릴 수 없는 자연적 또는 가족적 유대로 중국과 연결돼 있다고 생각했다. 그러나 일본에 대해서는 그렇게 여기지 않았다. 조선은 일본과 가까운 관계를 유지할 긴요한 정치적 이유나 문화적 필요도 없었다. 반대로 역사적 경험에 따라 조선인은 일본인을 위험하고 믿을 수 없는 존재라고 확신했다. 그 결과 조선은 서로의 약속과 의무를 상세히 설명한 협정을 토대로 일본과 관계를 맺으려 했다. 도쿠가와 시대 내내 조선은 기유약조로 수립된 규칙과 절차를 바꾸거나 폐지하려는 일본의 시도에 반대했다. 19세기 초반 막부가 일본에서 조선 사절을 맞이하는 장소와 절차를 바꾸려고 하자 조선 정부는 그것을 약조 위반이며 통신사 파견을 중단할 충분한 근거라고 판단했다.[34]

조·중 관계에서 명칭의 차이가 뚜렷이 나타난 것과 반대로 조·일 관계에서 가장 중요한 원칙은 명칭의 평등이었다. 조선은 일본과 관계를

---

34 조선 사절의 영접을 둘러싼 일본과 조선의 논쟁에 관련된 자세한 연구는 田保橋潔, 『近代日鮮關係の研究』 2권, 639~894쪽 참조.

자율적으로 유지할 수 있었지만 중국에 대한 조공 의무에 비춰 일본은 중국과 대등한 지위를 가질 수도 가져서도 안 된다고 판단했다. 아울러 조선은 전통적으로 중국과 우호적인 관계에 있었고 역사적으로 중국의 문화를 일본에 전달해줬기 때문에 자신이 일본보다 문화적으로 우월하다고 여기는 경향이 있었다. 그 결과 중국 중심의 세계질서 안에서 일본이 자신보다 대등한 지위 이상을 차지할 수 있다는 것은 조선으로서 상상할 수 없는 일이었다. 도쿠가와 막부의 통치자들은 조선의 위상을 이해하고 받아들였다. 히데요시와 달리 그들은 대륙 정복이나 팽창의 야심이 없었다. 그들은 동아시아 세계에서 중국의 패권과 문화적 우위를 순순히 인정했다.[35]

정치적 위신과 무역, 그리고 안보

기유약조 아래 조직된 조·일 관계는 관련된 모든 당사자의 필요—막부에게는 정치적 위신, 쓰시마에게는 무역, 조선에게는 안보—를 감탄스러울 정도로 충족시켰다. 초기 도쿠가와 막부의 쇼군들은 조선과 공식 관계를 수립하면서 그런 관계가 자신의 새 체제에 가져올 정치적 위신에 주로 관심이 있었다. 화려한 의례가 수반된 조선 통신사의 방문은 국외에서 자신들의 위신을 보여주는 구체적 증거였으며, 그 결과 국내적 권위를 높이는 데 기여했다. 통신사의 접대에 얼마나 많은 비용이 들든 그

---

35 中村榮孝, 『日鮮關係史の研究』 3권, 476~479쪽 ; 田中健夫, 「鎖國成立期日朝關係の性格」, 55~56쪽.

상징적 가치는 훨씬 크다고 쇼군들은 생각했다. 특히 비용은 대부분 막부가 아니라 조선 통신사가 에도까지 오가는 경로에 있는 각번이 마련했기 때문이었다.[36] 그러나 도쿠가와 쇼군들의 지배를 강화하는 데 있어 통신사의 정치적·상징적 기여는 점차 낮아졌다. 19세기 초반 막부와 번 모두 커지는 재정적 어려움에 직면하면서 통신사가 부담으로 작용해 막부가 조선과의 직접 접촉을 중단하기로 결정한 주요 원인이 됐다.[37]

조선과 안정적인 관계를 지속하는 것은 쓰시마에게 더 없이 중요했다. 작은 번이 조선의 하사품이나 무역 이익 없이 경제적으로 생존하기는 사실상 불가능했다. 1598년 일본군이 철수한 직후 조선과 관계를 회복하려고 먼저 시도한 것은 쓰시마였다. 조선과 조속히 평화를 회복하고 무역을 재개해야 하는 절실한 필요가 있던 쓰시마는 그 뒤 이어진 협상에서 합의를 쉽게 이끌어내기 위해 조선 조정과 막부가 교환하는 서신을 조작하기에 이르렀다.[38] 2세기 반 정도 흘러 일본에서 메이지 유신이 일어난 뒤 쓰시마는 자신의 상업적 이익을 보호하기 위해 조선과 일본을 중개한 자신의 전통적 역할을 유지하려고 했지만 비슷한 곤경에 부딪쳤다.

1598년 한반도에서 일본이 철수한 뒤 불편한 평화가 지속된 기간 조선은 전쟁으로 황폐해져 지극히 허약해졌고 일본의 재침을 우려했다. 북방에서 가공할 군사력을 지닌 만주족이 흥기한 것은 명과 조선을 심각

---

36 조선 통신사를 접대하는 데 번에서는 어떤 준비가 필요했는지 보여주는 사례는 小林茂, 「德川時代の朝鮮通信使における助鄕問題―淀藩の場合」, 49~82쪽 참조.

37 田保橋潔, 『近代日鮮關係の硏究』 2권, 880~891쪽.

38 中村榮孝, 『日鮮關係史の硏究』 3권, 266~267쪽. 조선 조정은 쓰시마의 관원들이 막부의 서신을 조작했다는 것을 알고 있었다. 『해행총재』 2권, 49쪽.

1장 _ 전통 동아시아의 조선

하게 위협했다. 그런 상황은 일본이 다시 침략할 경우 명이 조선을 도울 수 있는 여지를 없애는 것이었다. 이런 상황—특히 명의 원군이 한반도에서 철수한 뒤—에 따라 조선은 아무리 불쾌해도 일본과 화해할 필요가 있었다. 조선 조정은 안보를 위한 이런 시급한 안보적 필요에 따라 일본과 어떤 합의—굴복처럼 보일 수도 있지만 에도에 사신을 보내는 것처럼 달갑지 않은 사항이 있더라도—를 해야 한다고 판단했다.[39] 그러나 현실적 조건에서 볼 때 완전히 불만스런 협정은 아니었는데, 조선이 일본의 의도와 앞으로의 계획을 알 수 있는 직접적 기회가 됐기 때문이다. 규모는 축소됐지만, 조선이 쓰시마와 무역을 재개하기로 동의한 거의 유일한 이유는 안보였다. 쓰시마 무역—조선에 계속 충성과 순종을 바치도록 할 수 있는 유일한 보상—에서는 거의 이익이 나지 않았지만 국방에는 유용했다.

도쿠가와 막부와 새로운 관계를 준비하면서 조선은 막부에게는 불리한 처지에 있었지만 쓰시마에게는 유리한 위치에 있었다. 그러므로 조선 조정이 반조공국이자 탄원하는 대상으로 지배할 수 있었던 쓰시마와 연락하기를 선호한 것은 자연스런 일이었다. 그 결과 도쿠가와 시대 내내 조선은 전체적으로 일본과의 관계를 우월하고 지배적인 위치에서 처리할 수 있었다. 막부가 조선 업무의 처리를 모두 쓰시마에 맡기고 조선과 직접 접촉을 중단하기로 결정했을 때 조선 조정은 그 결정이 쓰시마에 대한 자신의 지배적 지위를 강화했기 때문에 분명히 환영했을 것이다. 그 결정은 조선과의 외교와 무역 독점을 강화했기 때문에 쓰시마로서도

---

39 조선 조정이 일본과 공식 관계를 회복하기로 결정하게 만든 상황은 三宅英利,「德川政權初回の朝鮮信使」; 中村榮孝,『日鮮關係史の硏究』3권, 476~504쪽 참조.

나쁘지는 않았을 것이다.

일본의 천황제

도쿠가와 막부는 중국과 공식 관계를 유지하지 않고 중국의 조공체제 바깥에 계속 머물렀지만, 아시카가 막부가 그랬듯 실제로는 상당 부분 중국적 세계의 일부였다. 도쿠가와 막부의 쇼군들은 아시카가 막부의 쇼군들과 본질적으로 동일한 태도를 보였고, 그들 가운데 다수는 명에게서 "일본 국왕"으로 공식 책봉됐다. 막부는 나가사키長崎를 거점으로 중국과 무역을 지속했다. 제도적으로 일본은 조선과 류큐 왕국의 관계에 따라 간접적이고 비공식적으로 중국과 연결됐다. 도쿠가와 막부의 유명한 쇄국정책은 동아시아의 나머지 나라를 막으려는 것이 아니라 주로 기독교를 금지하고 막부의 해외무역 독점을 강화하려는 의도였다.[40]

일본에는 도쿠가와 막부가 중국의 조공체제 안에 공식적으로 편입되는 것을 저해한 매우 유명하고 중요한 제도가 있었다. 그것은 자체적인 천황제다. 천황은 여러 세기 동안 정치적으로 무력했지만 법제상 최고 통치자였다. 쇼군은 군사적 정복을 바탕으로 독재적 권력을 보유한 세습적 통치자였지만, 이론적으로는 천황이 위임한 권력에 힘입어 통치했다. 명의 책봉을 받은 아시카가 막부의 쇼군들은 황실의 공경公卿과 신도神

---

40 도쿠가와 막부의 중국에 대한 자세는 中村榮孝, 『日鮮關係史の研究』 3권, 477~478쪽 참조. 쇄국에 관련된 주요 연구는 和辻哲郎, 『鎖國』, 1951 ; 海老澤有道, 『日本キリシタン史』, 1966 ; 岩生成一, 『鎖國』, 1966 ; 小堀桂一郎, 『鎖國の思想』, 1974 ; 朝尾直弘, 『鎖國』, 1975 ; Ronald P. Toby, "Reopening the Question of Sakoku," 323~363쪽 참조.

1장 _ 전통 동아시아의 조선

道의 성직자, 천황을 지지하는 세력에게 비판받았다. 도쿠가와 막부의 쇼군들이 중국과 공식 관계를 추구하지 않기로 결정한 배후 요인 가운데 하나는 그런 비판을 받을까 하는 두려움이었다.[41]

일본의 토착적 천황제는 조선과의 외교에 훨씬 심각한 영향을 줬다. 일본에는 백제와 신라 같은 한국의 고대 국가들이 야마토大和 정권의 조공국이었다는 믿음이 널리 지속됐다.[42] 더욱 중요한 사실은 그렇다면 명청의 서열상 조선 국왕을 일본 천황 아래 두는 것인데, 그것은 관계를 유지해나가는 데 무엇보다 서열이 중요했던 전통 동아시아에서 심각한 문제였다. 도쿠가와 시대 동안 쇼군은 조선과의 관계에서 전권을 가졌기 때문에 이론상 그가 국내에서 가진 지위는 조·일 관계에서 문제를 야기하지 않았다. 그러나 조선은 일본의 토착적 천황제가 지닌 불온한 함의를 모르지 않았다. 일본의 문화와 사회를 뛰어나게 통찰한 18세기의 학자 이익李瀷은 천황제가 회복되면 일본과의 관계에서 조선에 난제를 야기할 수 있다고 우려했다.[43] 이익의 우려는 한 세기도 못돼 현실이 됐다. 두 나라 통치자의 명칭상 서열을 둘러싼 논쟁은 메이지 유신 이후 새로운 관계를 수립하는 데 주요한 걸림돌이 됐다.

---

41 아시카가 막부의 쇼군들에 대한 비판은 中村榮孝,『日鮮關係史の硏究』 2권, 32쪽 참조. 중국과의 공식 관계를 반대한 도쿠가와 막부의 관원들은 중국과 일본은 대등한 지위의 "황제"가 있기 때문에 일본은 중국과 조공관계를 맺을 수 없다고 주장했다.『해행총재』 2권, 55쪽 참조.

42 中村榮孝,『日鮮關係史の硏究』 2권, 318~319쪽.

43 이익,『성호사설』 1권, 602쪽 ; 中村榮孝,『日鮮關係史の硏究』 3권, 314~317쪽.

조선 배외주의의 뿌리

중국의 도덕적 모범과 문화적 통솔력, 그리고 "작은" 국가들과 그 국민의 자발적 복종에 따라 질서와 안정이 유지된 전통 동아시아의 유교적 세계에서도 이론과 실제, 이상과 현실의 일반적인 괴리는 늘 있었다. 중국 대륙을 지배하고 동아시아의 패권을 차지하려는 투쟁은 빈번하고 격렬했다. 그런 투쟁에 참여한 세력은 동아시아의 중심축인 한반도를 통제하는 것이 중요하다고—결정적인 것은 아니지만—판단했고, 그 결과 한반도는 그 격랑에 자주 휘말렸다. 한반도는 중국 대륙 남부와 북부의 대립 세력이나 동아시아의 대륙 세력과 해양 세력 사이에서 자신도 모르게 경쟁의 대상과 갈등의 초점이 되는 불운을 겪었다. 한반도는 기원전 2세기 말 북부 지방에 한漢 군현이 설치된 것을 시작으로 중국 대륙을 차지하려는 여러 대륙 세력의 침공과 정복의 목표가 됐다. 13세기 후반 원은 고려를 일본 침략의 출발지로 삼았지만 원정에 실패했다. 16세기의 마지막 10년 동안 조선은 도요토미 히데요시가 명을 정복하겠다는 목표를 내세워 침략하면서 다시 대륙 세력과 해양 세력이 충돌하는 무대가 됐다. 일본이 시작한 한반도 침공은 한 세대 뒤 만주족이 자행한 두 번의 호란으로 이어졌는데, 그것은 대륙의 남·북 세력의 고전적 경쟁에서 중국을 정복하기 위한 전초적 포석이었다.

깊은 상처를 입은 역사적 경험을 지닌 조선은 인접국들을 깊이 불신하게 됐고 17세기 중국·일본과의 접촉을 급격히 줄였다. 그 결과 도쿠가와 막부의 쇄국정책보다 더욱 철저하고 제한적인 쇄국이 실시됐다.

반청과 친청 감정의 공존

중국과 조선은 전반적으로 긴밀하고 우호적인 관계를 형성했지만 청에 대한 조선의 태도에는 일정한 반대 감정이 계속 공존했다. 중국과 친밀한 관계를 유지한 역사와 반대되는 이런 현상은 청대 초기에 입은 상처 때문에 나타났다.

17세기 초 통일된 나라를 세운 만주 동남부의 여진족은 여러 세기 동안 조선과 반半조공관계를 유지했다. 만주족은 1620년대 만주 남부에 청이라는 독자적 국가를 세운 데 이어 중국 정복을 준비하면서 먼저 한반도를 통제하려는 목적에서 1627년(인조 5, 명 천계 7, 후금 천총天聰 1, 일본 간에이 4)과 1636년 두 차례 조선을 침공했다. 침략자들은 나라를 유린했고, 몸값을 받으려고 여성과 아이들을 납치한 것을 포함해 잔혹한 행위를 자행했다. 청은 조선에 명과 조공관계를 끊고 자신과 군신관계를 맺으라고 강요했다. 명과 결전을 앞둔 청은 물질적 필요를 충족시키기 위해 한 세대 전 왜란의 엄청난 피해에서 아직 회복하지 못한 조선에게 조공 명목으로 가혹한 배상금도 요구했다. 승자인 만주족은 얼마 전까지 반半신하적 지위로 조선을 섬겼기 때문에 조선의 모욕감은 더 컸다. 조선은 왜란 동안 명이 제공한 원조를 아직 생생하게 기억하고 있었기 때문에 청에 대한 증오는 더욱 격화됐을 것이다.[44]

중국을 정복한 뒤 청의 조선 정책은 뚜렷이 전환됐는데, 두 나라의 조화로운 전통적 군신관계를 복원하려는 계산이 분명했다. 청은 1637년

44　청의 침공은 신기석, 『한말외교사연구』, 1~43쪽 ; 이상백, 『한국사 — 근세후기편』, 87~107쪽 참조.

이후 끌려온 두 왕자를 포함해 많은 조선인 인질을 석방했다. 조선이 해마다 보내야 했던 조공 사절도 3회에서 1회로 줄였으며, 조공품의 분량과 품목도 축소했다.[45] 그래도 조·청관계의 일부 측면에는 가혹한 착취가 남아 있었다.

조선이 매년 바쳐야 하는 고정된 조공품은 17세기 중반 이후 몇 차례 감축됐지만 19세기 후반까지도 상당한 분량으로 남아 있었다. 거기에는 종이 수천 통, 모피 수백 벌, 비단과 아마亞麻 수천 필, 면포 수천 필이 포함됐다. 조선이 해마다 청에 보낸 조공품의 총액은 청 황제가 조선 왕실에 보내는 회사품의 10배 정도였다. 두 세기 반 동안 조선은 가뭄·홍수나 반란 같은 국가적 비상사태가 일어났을 때도 조공을 한 번도 면제받지 못했다. 청 사신이 조선을 방문하는 횟수는 19세기에 줄었지만, 그들의 방문은 만성적인 세입 부족에 시달리고 있던 조선 조정에 계속적인 재정적 부담을 지웠다. 청 사절이 한 번 방문할 때 조선은 23만 냥 정도를 지출했는데, 중앙 관서에서 1년 동안 사용하는 총비용의 6분의 1 정도였다.[46]

이런 요소들은 아직도 청의 중국 지배를 이례적인 것으로 생각하던 조선인들 마음에 명에 대한 충성이 되살아나게 했다. 청에 8년 동안 볼모로 있었던 효종은 1649년 즉위해 1659년 붕어할 때까지 청에 대한 복수전을 계획했다. 1704년(숙종 30, 청 강희 43, 일본 겐로쿠元祿 17)―중국에서 명에 충성하던 사람들이 대부분 사망한 때―숙종은 명에 제사를 드리는 대보단大報壇을 궁궐에 은밀히 지었다. 1717년 효종의 스승이자 그가 은밀히 추진한 청에 대한 복수전을 도운 저명한 학자이자 관원인 송시열

---

45   김성칠, 「연행소고」, 30~32쪽 ; Chun, "Sino-Korean Tributary Relations," 102~103쪽.
46   Chun, "Sino-Korean Tributary Relations," 103~106쪽.

은 명을 기리는 사당인 만동묘萬東廟를 세웠다. 많은 조선인은 청의 연호를 사용하겠다는 약속을 무시하고 자신의 글에서 날짜를 표기할 때 명의 마지막 황제의 연호(숭정崇禎)를 계속 사용했다. 명대에는 "조천사朝天使"라고 부르던 중국 조공사절은 "연행燕行"이라고 간단히 불렀다. "숭명반청"은 조선의 관원과 지식인을 결집시킨 국가적 구호가 됐다.[47]

이런 조선의 끈질긴 반항을 알고 있던 청의 황제들은 조선과 청의 교류를 엄금했는데, 중국에 있던 명의 충신들과 친명 조선인이 접촉할 가능성을 막으려는 것이 분명했다. 의례적 사절의 교환과 수행원의 무역을 제외하고 두 나라 사이에서 공식적으로 허가된 접촉은 없었다. 청을 방문하는 동안 조선 사신은 조선 국경과 베이징 사이의 규정된 육로를 호위 받으면서 오갔고 다른 길로 우회하는 것은 허용되지 않았다. 그들은 베이징에 머무는 동안에도 엄격한 통제를 받았다. 한인 관원과 만나는 것은 금지되지는 않았지만 공식 업무가 아니면 단념할 수밖에 없었다. 불법적인 국경 왕래를 금지하기 위해 조선과 청의 국경에는 500킬로미터에 가까운 목책이 세워졌다. 청과 조선의 해상 왕래도 금지됐다.[48]

원래는 청이 부과한 것이었지만, 이런 제한에는 청과 되도록 멀어지려는 조선의 열망이 점차 더욱 많이 반영됐다. 청은 베이징을 방문한 조선인의 활동에 부과한 규제를 점차 완화했지만[49] 조선 조정은 청 사신이 한양에 머무는 동안 외부와 접촉하지 못하도록 계속 격리했다. 그 뒤 조

---

47   대보단과 만동묘는 James B. Palais, *Politics and Policy in Traditional Korea*, 119~120쪽 참조. 반청 감정은 같은 책, 124~125쪽 참조.
48   조·청 국경의 규제에 관련된 사항은 McCune, "Korean Relations," 69~72쪽 참조. 중국을 방문한 조선 사절의 활동에 대한 제한은 Ledyard, "Korean Travelers," 11~14쪽 참조.
49   Ledyard, "Korean Travelers," 13~14쪽.

선 조정은 공해公海의 불법 어로를 금지하고 조선인이 외국인에게 국내 사정을 누설하지 못하게 하는 새로운 규제를 추가했다.[50]

1860년대 청은 서양 열강과의 외교·무역 관계를 확대했다. 조선은 이런 움직임에 강한 반감과 의심을 품었다. 대부분의 조선 관원은 깊이 자리 잡은 반청 감정의 영향으로 청의 "개탄스러운" 상황은 공친왕 같은 지도자들의 부패 때문에 야기됐다고 믿었다. 조선은 서양 "오랑캐"와의 관계를 수립하는 데 청의 지도를 따르지 않기로 결정했다.

일본에 대한 불신

고립을 선호한 조선의 태도는 도쿠가와 막부에 대해 더욱 뚜렷이 표출됐다. 조선 조정은 에도로 사신을 보내는 것에 마지못해 동의했지만 막부의 사신은 받아들이지 않았다. 쓰시마와의 관계는 더욱 확대됐지만 엄격히 통제됐다. 방문한 일본인들은 부산의 감옥 같은 왜관 안에만 있어야 했고 그 구역을 벗어날 수 없었다. 도쿠가와 막부는 외부 세계에 대해 쇄국을 엄격히 고수했지만, 조선에는 그 정책을 적용하지도 적용할 의도도 없었다. 도쿠가와 시대 일본과 조선의 교류가 제한된 것은 일본과 접촉을 최소화하려는 조선의 의사가 주로 반영된 결과였다.

조선은 전통적으로 중국과는 긴밀한 관계를 유지하려고 했지만 일본에게는 냉담했다. 그렇게 된 주요한 까닭은 문화적으로나 물질적으로나

---

50 한우근, 『한국 개항기의 상업 연구』, 23쪽 ; Martina Deuchler, *Confucian Gentlemen and Barbarian Envoys*, 4쪽.

일본에게서 얻을 것이 거의 없다는 믿음에 있었다. 좀더 직접적인 원인은 일본에 대한 깊은 불신이었다. 한국인이 일본을 좋게 보도록 만들 수 있는 두 나라 사이의 역사는 드물었다. 14세기 중반부터 왜구는 한국의 해안을 끊임없이 약탈했다. 16세기 후반 히데요시가 일본을 통일한 것은 조선에 더 큰 재앙이었다. 한편으로는 부와 명예를 아직도 갈구하던 완고한 무사들을 만족시키고 다른 한편으로는 자신의 만족할 줄 모르는 정복욕을 채우기 위해 1592년 히데요시는 대규모 침공을 시작했으며, 그 뒤 1598년 히데요시가 죽고 철수할 때까지 7년 동안 침략자들은 한반도에서 살육과 파괴를 자행했다.[51] 곧 조선은 일본과 공식관계를 회복하는 데 동의했지만 그 뒤에도 계속 믿을 수 없고 되도록 적게 접촉해야 하는 약탈자로 여겼다.[52]

1860년대와 1870년대 일본은 조선과 인접한 아시아 대륙을 향해 관심과 공격성을 더욱 많이 보이기 시작했으며, 그에 따라 일본에 대한 조선의 불신도 더욱 커졌다. 고립된 기간에 문화적 국수주의를 더욱 강화한 조선은 서양의 생각과 제도를 채택하려는 일본의 노력을 타락과 야만성의 증거로 간주했다. 청에 대한 증오가 사라지지 않으면서 조선은 청의 서양 정책도 불만스러워하게 됐으며, 그것보다 더 깊이 일본을 불신하면서 일본의 서구화를 더욱 견결히 반대하게 됐다. 머지않아 조선의 은둔은 쉽게 폐기할 수 없는 전통의 존엄성을 얻었지만, 19세기 중반과 후반 조선에서 공격적인 배외주의가 일어난 데는 이런 두 가지 요인 외에도 다른 요인들이 있었다.

---

51 히데요시의 침략은 中村榮孝, 『日鮮關係史の研究』 2권, 71~288쪽 참조.
52 McCune, "Korean Relations," 259쪽.

국내의 불안과 천주교의 확산

조선은 왕권이 약한 양반사회였다. 중국 황제의 신하인 조선 국왕은 절대적 권력을 주장할 수 없었다. 그러나 국왕의 권력에 적용된 이런 이론적 한계는 조선의 유교적 지배층인 양반이 국왕에게 행사한 정치적 제약만큼 크지 않았다. 세습적 지배신분을 지닌 강력한 가문과 거기에 수반된 정치적·사회적 특권을 모두 지닌 양반은 문·무의 관직을 독점했다. 그들의 정치적 권력은 통치자가 도덕적인 신하를 존중해야 한다는 유교의 가르침에 힘입어 강화됐다. 이론적으로는 절대적 군주지만 일반적으로 조선의 국왕은 대신들의 동의 없이 독자적으로 행동할 수 없었다. 그들은 양반 권력을 지키려고 애쓰는 집단이었다. 제임스 B. 팔레가 정의한 대로 조선은 약한 국왕과 강한 양반이 함께 다스리는 사회였다. 그들은 적대적인 경우도 많았지만 전체적으로 공생하는 관계 속에서 서로 지원했다.[53]

허약한 왕권은 조선 사회와 정부를 가장 약화시킨 폐해인 당쟁을 번성하게 만든 주요 요인 가운데 하나로 생각된다. 16세기 후반부터 왕실과 정부는 복잡하게 분리된 당파들의 격렬한 권력투쟁에 끊임없이 휘말렸다. 그러나 18세기 후반 조선의 정치는 유능하고 계몽된 국왕인 정조가 통치하면서 어느 정도 안정됐다. 앙숙인 당파를 화해시키려는 국왕의 노력으로 당쟁은 억제됐으며 오랫동안 권력에서 소외된 당파, 특히 남인

---

[53] Palais, *Politics and Policy in Traditional Korea*, 9~12쪽. 양반이 왕권을 제약한 것은 Pow-key Sohn, "Power versus Status:The Role of Ideology in the Early Yi Dynasty," 209~253쪽 참조.

이 조정에 들어왔다.[54] 정조는 1800년 붕어했다.

새 국왕 순조는 11세였다. 영조비 정순왕후貞純王后 김씨의 수렴청정이 실시됐는데, 그녀의 인척은 "벽파僻派"라는 새 당파에 소속됐다. 왕후의 후원으로 벽파는 권력을 장악했고, 당쟁은 벽파와 또 다른 당파인 시파時派 사이에서 잠시 재개됐다. 그러나 정부의 통제력은 순조의 옛 스승이며 정조가 순조의 후견을 부탁한 김조순金祖淳에게 곧 넘어갔다. 영향력 있는 가문인 안동 김씨 출신인 김조순은 어린 국왕의 왕비로 자신의 딸을 들이고 제 친족을 요직에 앉혀 권력을 장악했다. 왕비의 인척이 왕실과 정부를 지배하는 "세도정치"의 시작이었다. 그 뒤 1863년까지 60년 동안 강력한 두 외척 가문인 안동 김씨와 풍양 조씨가 권력을 휘둘렀다.[55]

세도정치 시기는 실정과 관원들의 부패로 얼룩졌다. 가족과 가문에 대한 충성을 국가에 대한 충성보다 우선하는 것이 드물지 않던 사회에서 중요한 관직은 정실에 따라 임명됐다. 정실은 과거 급제에도 영향을 미쳤다. 중앙 정부도 부패하고 무능했지만 지방 행정은 더 심각했다. 지방의 관찰사·병마사·수령들은—다수가 개인적 또는 가문적 연고나 뇌물로 그 자리를 얻었는데—직무를 충실히 수행하는 것보다 자신들이 투자한 것을 회수하는 데 더 관심이 있었다. 그들은 지방 사무의 행정 기술과 지식을 보유한 지방의 하위 관원이나 서리의 도움을 받았으며,

54 Palais, *Politics and Policy in Traditional Korea*, 46~50쪽. 조선의 당쟁은 Edwin O. Reischauer and John K. Fairbank, *East Asia: The Great Tradition*, 437~444쪽 ; Han Woo-keun, *The History of Korea*, 298~303쪽 ; 성락훈, 「한국당쟁사」, 『한국민족 문화사대계』 2, 220~390쪽 참조.

55 외척은 이상백, 『한국사—근세후기편』, 43~46쪽 참조.

공금을 횡령하거나 유용하는 데 없어서는 안 될 동업자가 됐다.

실정과 관원의 부패는 악화된 사회·경제적 상황으로 야기된 백성의 고통을 가중시켰다. 가뭄·홍수 같은 잦은 자연재해와 전염병도 큰 피해를 줬다. 이런 모든 사태의 필연적인 결과는 백성이 체제에서 지속적으로 이탈한 것이었다. 불길한 징조는 19세기 초부터 나타나기 시작해 계속 뚜렷해졌다. 1812년(순조 12, 청 가경 17, 일본 분카 9) 불만을 품은 과거 낙방자가 이끈 대규모 반란이 평안도 서북부에서 터졌다. 정부는 반년 가까이 걸려 그것을 진압했다. 또 다른 소요와 봉기가 그 뒤에도 이어져 1860년대 초반 위기상황에 이르렀다.[56] 깊어지는 사회적 혼란과 경제적 고통은 19세기 중반 천주교가 확산되고 동학으로 불린 토착 종교가 흥기한 부분적인 원인이 됐다.[57]

천주교는 서적이나 문서 같은 문자언어를 매개로 조선에 퍼졌다. 17세기 중반 베이징을 방문한 조공 사신의 구성원들은 서양 종교와 과학에 관련된 중국 서적들을 가지고 왔다. 한 세기 동안 이 서적들은 순수한 학문적 관심을 지닌 소수 조선인 학자들의 연구 대상이 됐다. 그러나 18세기 중반 천주교는 소수지만 평민 가운데 신자를 얻기 시작했다. 정조(재위 1776~1800)의 치세 동안 일부 양반—대부분 권력에서 소외된 남인이었다—들이 교리를 받아들였다. 천주교는 1785년 공식적으로 금지됐지만 정조의 용인 아래 비교적 자유를 누렸다. 1795년 중국인 로마가톨릭 신부인 주문모周文謨는 조선 개종자들의 거듭된 요청에 따라 조

---

56 같은 책, 364~372쪽 ; 이선근,『한국사―최근세편』, 36~90쪽 ; Ching Young Choe, *The Rule of the Taewŏngun, 1864-1873*, 24~31쪽.

57 동학에 대해서는 Benjamin B. Weems, *Reform, Rebellion, and the Heavenly Way* ; 한우근,『동학란 기인에 관한 연구』참조.

1장 _ 전통 동아시아의 조선

선으로 몰래 들어왔다. 신도는 꾸준히 늘었다.[58]

정조가 붕어한 뒤 벽파가 잠깐 정권을 장악했을 때 천주교의 운명은 급변했다. 반대 세력인 시파의 일부 인사가 천주교 신자였기 때문에 벽파는 시파에게 이단이라는 혐의를 씌워 정치적 공격을 퍼부었다. 그 결과 갓 생겨난 조선의 천주교 교회는 자신도 모르게 국내정치의 소용돌이에 휘말렸다. 이런 상황은 그 종교적 자유의 종말로 이어졌다. 1년도 지나지 않은 1801년 첫 번째 대규모 박해가 일어났다. 이 사건은 조선의 천주교뿐 아니라 앞으로 서양과의 관계에도 엄청난 영향을 줬다.

1801년 10월 정부는 황사영黃嗣永이라는 중요한 천주교 신자를 체포했는데, 그의 소지품에서 베이징의 프랑스인 주교에게 보내는 편지가 나왔다. 그 편지는 그해 가을 조공 사신의 통역으로 베이징에 가기로 돼 있던 한 개종자가 전달할 예정이었다. 당국은 그 내용에 충격을 받았다. 황사영은 조선 교회에 닥칠 운명을 자세히 서술한 뒤 교황이 청 황제에게 서신을 보내는 것을 포함해 놀라운 방법을 제안했다. 거기에는 청 황제가 조선 국왕에게 조선에서 신앙의 자유를 허용하도록 명령하고, 조선 북부에 청의 감독기관을 설치해 청의 황자皇子가 주재하면서 조선 왕실과 조정을 감독하며, 5~6만 명을 서양 선박 100척에 태워 보내 조선에서 천주교인의 자유와 안전을 보장하도록 조선 국왕에게 지시하라는 내용이 들어 있었다. 황사영의 제안은 그저 조선 천주교인을 보호하는 것이 아니라 청이 서양의 군사적 지원을 받아 사실상 조선을 접수하라는 것이었다.[59]

---

58 조선 천주교 교회의 역사는 이능화, 『조선기독교와 외교사朝鮮基督教及外交史』; 유홍렬, 『한국천주교회사』; 山口正之, 『朝鮮西教史』 참조.

황사영의 제안을 본 조선 당국은 천주교에 대해 품고 있던 가장 나쁜 의심을 확신하게 됐다. 천주교는 조선의 사회·정치적 질서의 기반인 유교의 개념·원칙과 근본적으로 공존할 수 없는 이단적 신앙일 뿐 아니라 내부의 반란이나 무력으로 나라 전체를 차지하려는 사악한 음모에 가담하고 있다고 판단한 것이다. 황사영이 흠잡을 데 없는 자격을 지닌 명민한 지배층 출신 청년이라는 사실은 더욱 충격적이었다. 작은 사건일 수도 있었던 그 사건은 즉시 천주교도에 대한 전면적인 학살로 확대됐다. 300여 명의 개종자가 처형됐고, 수백 명이 투옥되거나 유배됐다.[60] 조선 정부가 그 사건을 얼마나 심각하게 생각했는지는 그 사건을 보고하기 위해 베이징에 특사를 보냈다는 사실에서 알 수 있다.[61]

큰 박해를 받은 조선의 천주교회는 서서히 재건됐다. 1831년(순조 31, 청 도광 11, 일본 덴포天保 2) 조선은 베이징 교구의 관할에서 분리돼 독자적인 교구가 됐다. 1836년 프랑스 신부 피에르 P. 모방Pierre Maubant은 조선으로 몰래 입국함으로써 조선 땅을 밟은 첫 번째 서양 선교사가 됐다. 1837년 프랑스 신부 자크 H. 샤스탕Jacques Chastand과 조제프 앵베르Joseph Imbert가 그 뒤를 따랐다. 이들의 노력으로 교인은 점차 늘었고, 1838년에는 9000명에 이르렀다고 한다.

당국은 나라 안에 외국인 신부들이 있다는 것을 곧 인지했다. 그 시기는 전통적으로 천주교에 적대적이던 풍양 조씨가 권력을 잡은 때였다. 1839년 10월 헌종은 천주교를 금지하고 그 교리의 "해악"을 다시 강조하

---

59   山口正之,『朝鮮西教史』, 233~260쪽.
60   같은 책, 82~125쪽 ; 이상백,『한국사 ― 근세후기편』, 320~325쪽.
61   『순조실록』 3, 41a~48a ; 山口正之,『朝鮮西教史』, 132~141쪽.

는 교서를 반포했다. 도성과 경기도 일대에서 프랑스인 신부 3명을 포함해 천주교인 78명이 처형된 큰 박해가 다시 일어났다.[62] 박해 소식은 바깥 세계에 천천히 알려졌다.

1845년(헌종 11, 청 도광 25, 일본 고카弘化 2) 마카오에서 수업한 최초의 조선인 천주교 신부 김대건金大建(안드레아Andreas)이 프랑스의 장 페레올Jean Ferreol 신부, 앙리 다블뤼Henri Daveluy 신부와 함께 입국했다. 1846년 6월 김대건은 중국과 해상으로 연락할 수 있는 경로를 물색하다가 당국에 체포됐다. 두 달 뒤인 8월 프랑스 해군 제독 세실Cecille이 1839년에 프랑스 신부들을 처형한 사건을 조사하기 위해 전함 세 척을 이끌고 서해안에 상륙했다. 그는 한성에 질의서—답변을 듣기 위해 이듬해에 다시 올 것이라는 내용이 들어 있었다—를 보낸 뒤 곧 조선을 떠났다.[63] 그러나 조선 당국은 김대건 신부의 활동과 프랑스 전함의 상륙이 서로 관련됐다고 확신했다. 그들은 즉시 김대건과 신자 8명을 처형했다.[64] 이듬해 여름 프랑스 전함이 다시 오자 조선 당국은 프랑스인들과 조선인 신자들이 음모를 꾸미고 있다는 판단을 더욱 굳혔다.

1849년(헌종 15, 청 도광 29, 일본 가에이嘉永 2) 헌종은 후사 없이 붕어했다. 그동안 반역죄로 밀려났던 방계에서 철종이 새 국왕으로 즉위했다. 그가 즉위할 수 있었던 큰 원인은 안동 김씨가 자신의 권력을 지속시키려는 데 있었다. 철종의 치세 동안 천주교에 대한 박해는 점차 그쳤다. 그러나 공식 정책이 변화된 것은 아니었다. 천주교 개종자를 공식적으로 묵인한

62　山口正之, 『朝鮮西敎史』, 144~145쪽.

63　『헌종실록』 13.9b~12b ; Wright, Mary C. "The Adaptability of Ch'ing Diplomacy," 375쪽 ; 이상백, 『한국사—근세후기편』, 405~408쪽.

64　山口正之, 『朝鮮西敎史』, 144쪽.

데는 두 가지 요인이 작용한 것 같다. 하나는 전통적으로 안동 김씨가 천주교를 관용했다는 사실이다. 다른 하나는 철종의 어머니와 할머니가 모두 천주교로 개종했다가 1801년 신유박해 때 처형됐다는 사실이다. 아무튼 천주교는 계속 금지됐지만 프랑스 신부들은 계속 더 많이 몰래 입국해 1860년대 초반에는 그 숫자가 12배로 늘었다. 그들은 상당히 공개적으로 활동했으며, 1865년 말 신자는 2만3000명에 이르렀다고 한다.[65]

사회적 불안과 백성의 불만이 증가하고 서양의 위협과 천주교의 확산이 진행되면서 조선의 관원과 학자들은 심각한 위기의식을 갖게 됐다. 그들은 천주교가 조선의 사회·정치적 질서에 도전하는 외부의 신앙이며, 천주교회는 내부의 반란이나 무력으로 조선을 장악하려고 하는 프랑스 정부의 도구라고 확신했다. 조선 당국의 의심은 프랑스 신부들이 조선인을 불법적으로 개종시키고, 조선인 신자들은 중국 교회와 연락해 프랑스의 도움을 거듭 요청했으며, 그 요청에 대한 응답이 분명한데 프랑스 군함이 도착한 사건 등을 겪으면서 확실해졌다. 그 결과 성리학의 문화적 국수주의와 외부 세계에 대한 무지가 결합돼 "위정척사衛正斥邪"라는 공격적인 배외주의가 나타났다.[66] 19세기 중반 조선의 지도층은 2세기 쯤 전 도쿠가와 막부의 통치자들이 기독교에 대응한 태도를 연상시키는 방법으로 나라를 지키고 동아시아의 문명을 보호하기 위해 천주교를 근절하고 서양 세력을 조선에서 완전히 몰아내기로 결정했다.

---

65 이능화, 『조선기독교와 외교사』, 180~182쪽 ; Han Woo-keun, *The History of Korea*, 348~349쪽.

66 위정척사론은 최창규, 「척사론과 그 성격」, 최영희 등, 『한국사』 16, 국사편찬위원회, 1975, 288~314쪽 참조.

조선에서 커지는
서양의 압력

———

　동아시아에서 서양의 팽창주의는 1860년대 초반 정점에 이르렀다. 그때 그 지역의 거의 모든 나라는 서양에 무역과 외교를 개방했다. 중국에서 조약체제는 아편전쟁 이후 1842년(헌종 8, 청 도광 22, 일본 덴포 13) 난징조약에 서명하면서 시작돼 1860년(철종 11, 청 함풍 10, 일본 안세이 7) 2차 아편전쟁으로 베이징조약이 체결되면서 완성됐다. 1854년 미국 해군의 매슈 C. 페리Matthew Perry 제독에 의해 개항된 일본은 1858년 미국·영국·프랑스·러시아 그리고 그동안 무역 상대국인 네덜란드와 수호통상조약을 체결했다. 러시아는 1860년 중국과 조약을 체결해 광대한 연해주를 획득했다. 프랑스는 인도차이나 반도의 베트남과 그 밖의 지역을 조금씩 식민지로 만들어갔다. 조선은 동아시아의 주요국 가운데 서양 세력이 접근하기 어려운 유일한 나라였다. "동방의 은자"는 몇 세기 동안 지켜온 고립을 고수했다.

　중국과 일본이 개항하고 러시아가 자국의 동북부 국경까지 팽창해

오자 은자의 왕국은 더 이상 방해받지 않은 채 있을 수 없었다. 과거에
도 드문드문 있던 외부의 개항 압력은 더 강해지고 집요해졌다. 1860년
대 러시아·프랑스·미국은 무역과 종교의 개방을 요구하기 시작했다. 이
런 서양의 첫 시도는 조선과 무력 충돌로 이어졌고 1866년 병인양요,
1871년 신미양요가 일어났다.

천주교 박해와 프랑스의 침략

조선에 무역을 요구하면서 접근한 최초의 서양 함선은 1832년(순조
32, 청 도광 12, 일본 덴포 3) 한반도의 서해안에 도착한 영국 동인도회사
의 로드 애머스트호Lord Amherst였다. 조선의 지방 관원들은 외국과 무역
하는 것은 불법이라고 말하면서 그들을 물리쳤다. 1845년 제독 에드워
드 벨처 경Sir Edward Belcher이 이끈 영국 전함 새머랭호Samarang가 탐사
를 목적으로 제주도와 남해안의 몇몇 항구를 방문했다. 벨처는 무역의
가능성을 타진했다. 그러나 그 또한 중국의 조공국인 조선은 외국과 무
역할 권한도 생각도 없다는 말을 들었다. 조선은 두 사건 모두 청 예부
에 보고했다. 뒤의 사건과 관련해 조선 조정은 청 당국이 홍콩의 영국인
들에게 더 이상 조선에 배를 보내지 말도록 "지시"해달라고 요청했다. 조
선의 요청을 받은 청은 그렇게 할 수밖에 없었다. 그에 따라 서양과의 무
역 업무를 맡은 흠차대신 기영耆英은 영국에게 조선의 독특한 입장을 설
명했다. "조선은 청의 일부가 아니기 때문에 그들이 무역을 개방하도록
지시할 수는 없지만, 그들은 독립국이 아니기 때문에 스스로 무역을 개
방할 수도 없습니다."[1]

1846~1847년 조선과 서양의 심각한 대립으로 이어질 수도 있던 사건이 일어났다. 앞서 말한 대로 프랑스의 세실 제독은 1839년 조선 당국이 프랑스 신부를 처형한 문제를 따지기 위해 1846년 8월 조선을 방문했다. 이듬해 8월에는 프랑스 해군의 라피에르Lapierre 대령이 프랑스 국민을 "살해"한 배상을 요구하기 위해 전함 두 척을 이끌고 왔다. 그는 1844년 청 황제가 중국 전역에서 기독교를 용인한 칙명을 조선에도 적용해야 한다고 주장했다. 그러나 조선은 프랑스 신부들이 불법적으로 조선에 들어왔고 금지된 이방 종교를 전파했기 때문에 처형은 정당하다면서 그의 주장을 받아들이지 않았다. 프랑스에게는 불운하게도 그들의 선박은 좌초해 침몰했다. 조선인들은 조난한 프랑스 선원들을 친절하게 대접하고 영국 선박에 태워 중국으로 송환했다.[2]

조선을 떠나기 전 라피에르는 조선의 대신에게 서신을 보냈다. 라피에르는 조선이 청의 선례를 따라 프랑스와 우호관계를 수립하고 천주교를 용인하기를 바란다는 희망을 표명하면서 프랑스와 조약을 체결하는 것은 조선이 제3국과 전쟁에 휘말릴 경우 이익이 될 것이라고 강조했다. 조선 정부는 프랑스가 다시 오지 않도록 선교사 박해, 세실과 라피에르의 방문을 청 예부에 자세히 보고했다. 조선은 프랑스가 조선을 다시 방문하지 않게 설득하도록 양광총독兩廣總督에게 지시해달라고 청 당국에 요청했다.[3]

---

1 로드 애머스트호의 방문은 『순조실록』 32, 27b~30b 참조. 새머랭호의 방문은 『헌종실록』 12, 5a~b 참조.

2 Mary C. Wright, "The Adaptability of Ch'ing Diplomacy," 375~376쪽 ; 이상백, 『한국사—근세후기편』, 408~410쪽.

3 『헌종실록』 14.8b. 조선에 보낸 조선의 보고는 『籌辦夷務始末—道光朝』, 78.24b~26a 참조.

1년 쯤 뒤 잘 알려지지 않은 한 사건은 프랑스가 계속 조선에 관심을 두고 있었음을 보여준다. 1856년 여름 프랑스 인도차이나 함대 사령관 게랭Guerin 제독은 프랑스 정부의 명령으로 조선의 서해안을 한 달 동안 정찰했다. 게랭은 조선이 곧 외국의 침공에 희생될 것이라고 보고했다. 그는 청의 쇠퇴를 틈타 러시아가 조선을 잠식하고 있으며 프랑스는 또 다른 세력이 그렇게 하기 전에 한반도를 장악해야 한다고 주장했다.[4]

1860년대는 청만큼이나 조선에도 충격을 준 사건과 함께 시작됐다. 1860년 10월 영·프 연합군은 청 제국의 수도인 베이징을 점령하고 약탈했다. 그 사건은 몇 세기 동안 청의 보호 아래 안전하게 살아온 조선에 큰 충격을 줬다. 청이 아편전쟁에서 패배하고 뒤이어 태평천국의 난이 일어났지만 청의 국력에 대한 조선의 믿음은, 충격을 받기는 했지만 크게 흔들리지 않았다. 그러나 영·프 연합군의 톈진 점령은 조선에 경보를 울렸다. 2년 뒤 베이징이 함락돼 황실이 러허熱河로 피란하고 그 직후 태평천국의 세력이 다시 강화되자 경보는 공황으로 변했다. 청 황실의 발상지인 만주를 향해 진격해오는 오랑캐에 맞서 방어할 수 없다면 청 황제는 조선으로 피란해야 한다고 경고하는 이들도 있었다. 그렇게 되면 필연적으로 청은 조선 사안에 개입하게 될 것이며 서양은 조선을 공격하게 될 것이라는 우려도 제기됐다.[5]

1861년 1월 조선 조정은 1년 전 가을 베이징을 떠난 정기 조공사절이 돌아오기를 기다리지 않고 러허로 특사를 파견했다. 표면적으로 그 사행의 임무는 함풍제咸豊帝의 안부를 묻는 것이었다. 그러나 좀더 중요한 임

---

4   최석우, 「병인양요 소고」, 109~110쪽.
5   이선근, 『한국사―최근세편』, 140~144쪽.

무는 중국의 상황에 대한 최신 정보를 직접 얻으려는 것이었다. 4월 정기 사절이 귀국해 전투는 끝났지만 황실은 아직 러허에 있다고 보고했다. 그 직후 특사는 청이 끝내 "양이"에게 항복했다는 소식을 가지고 돌아왔다.6 중국 북부의 평화가 회복되고 그 뒤 황실이 베이징으로 돌아가면서 공황에 휩싸였던 조선 왕실과 관원들은 진정됐다. 그러나 서양 "오랑캐"에게 최악의 모욕을 겪은 청의 충격적인 모습이 불러온 위기의식은 조선인들에게 계속 남았다. 서양이 군사적으로 침략해올 위협은 그때까지는 먼 가능성이었지만 이제는 크게 다가왔다.

한편 조선에서는 수십 년의 실정으로 사회 불안이 커지고 대중의 불만이 타오르면서 1860년대 자발적인 농민봉기로 폭발했다. 1862년 3월 하순 경상도 진주에서 농민 수천 명이 일으킨 봉기는 남부지방 전체에서 비슷한 소요의 파도를 일으켰다. 그 뒤 2년 동안 농민 폭동이나 봉기는, 몰락한 지방 양반이나 불만을 품은 전직 관원이 자주 이끌었는데, 여러 지역에서 일어났다. 참여한 사람은 모두 10만 명이 넘었다.7

조선이 국내의 혼란과 불안, 국외의 압력에 직면한 가운데 1863년 12월 철종은 후사 없이 붕어했다. 왕실의 남아 있던 세 대비 가운데 신정왕후神貞王后 조씨(순조의 세자로 즉위하기 전 세상을 떠난 익종翼宗의 왕비)가 가장 나이가 많고 서열이 높았다. 그 결과 전통에 따라 그녀는 다음 국왕을 지명할 수 있는 권한을 갖게 됐다. 안동 김씨의 주요한 정적인 풍양 조씨 출신인 대비는 왕실과 조정에서 자기 가문의 영향력을 강화하기로 결정했다. 그 결과 그녀는 안동 김씨와 전혀 무관한 인물을 새 국왕

---

6 『철종실록』 12.9b, 13.1b, 13.4a, 13.6a.
7 이상백, 『한국사 — 근세후기편』, 357~364쪽.

으로 선택했다. 그는 철종의 6촌으로 빈한한 흥선군興宣君(이하응李昰應)의 둘째 아들인 고종이었다. 아울러 대비는 새 국왕을 전 국왕인 철종이 아니라 별세한 자신의 부군인 익종의 양자라고 선언했다.

고종은 겨우 12세였기 때문에 대비 조씨는 수렴청정을 하면서 자신을 돕도록 흥선군을 초빙했다. 흥선군은 국왕의 즉위하지 못한 아버지에게 수여되는 명예직인 대원군이라는 칭호를 받았다. 대비는 1866년 3월까지 섭정했지만 권력 행사에는 관심이 없었다. 1873년 말까지 사실상 왕조의 통치자로 권력을 행사한 인물은 대원군이었다.[8]

그때까지 중요하지 않던 이 인물은 조선 역사에서 가장 강력한 사람 가운데 하나가 됐다. 1821년(순조 21, 청 도광 1, 일본 분세이文政 4) 잘 알려지지 않은 왕족인 남연군南延君의 넷째 아들로 태어난 대원군은 관직에 나아가는 것이 법률로 금지됐으며 가난과 강요된 실직 속에서 반생을 보냈다. 권력을 지닌 양반들에게 멸시받은 그는 외척이 왕실과 관직을 지배해 왕권이 점차 쇠퇴하는 상황을 지켜보면서 그것이 사회·경제적 폐단의 주요 원인이라고 확신하게 됐다. 강력한 의지를 지녔으며 왕실의 유산을 자랑스럽게 생각한 대원군은 이전의 왕권을 회복해 왕조를 되살리려고 계획했다.[9] 그러나 그는 방심하지 않는 안동 김씨 세력이 눈치 채지 못하도록 자신의 능력과 야심과 분노를 사려 깊게 숨겼다. 그러나 대원군은 어린 아들의 사실상 섭정으로 권력을 거머쥐자 즉시 평생의 꿈을

---

8 대원군의 통치는 James B. Palais, *Politics and Policy in Traditional Korea* ; Ching Young Choe, *The Rule of the Taewŏngun* 참조. Han Woo-keun, *The History of Korea*, 361~370쪽 ; 이상백, 『한국사—근세후기편』, 373~396쪽 ; 이선근, 『한국사—최근세편』, 151~223쪽도 참조.

9 Choe, *The Rule of the Taewŏngun*, 32~33쪽.

실천하기 시작했다.

같은 시대 사람들 대부분처럼 대원군도 외부 세계를 잘 알지 못했다. 그럼에도 그는 조선의 전통적 생활방식에 대한 서양의 위협이 가진 근본적 본질을 정확히 파악했다. 청과 일본은 서양 "오랑캐"가 자신들의 영토에 발판을 마련하도록 처음 허락했을 때 깨닫지 못한 채 재앙을 초래했다고 그는 확신했다. 그는 서양의 영향력에서 조선을 보호하기 위해 은둔을 지속하기로 결정했다. 서양 열강의 군사력을 낮게 평가한 대원군은 조선이 그들에 맞서 언제까지나 저항할 수 있는 충분한 군사력을 가졌다고 믿었다.[10]

영국과 프랑스의 침략에 대한 공포는 근거 없는 것으로 밝혀졌지만 북방에서 팽창하는 러시아는 1860년대 초반 실제적인 위협이 됐다. 러시아가 연해주를 식민지로 만들어가자 조선 조정은 동북 국경이 침식될까 두려워하기 시작했다. 특히 1863년 이후 조선은 농민들이 국경을 넘어 러시아 영토로 탈출하는 사태를 더욱 우려하기 시작했다. 이런 "변절한" 조선인이 러시아인과 공모할 가능성을 막기 위해 조정은 국경 경비를 강화하고 국경 관원들에게 외국인의 입국을 허용하지 말라고 명령했다. 그러나 1864~1865년 러시아인 수십 명이 국경 도시인 경흥慶興으로 와서 무역을 요청했다. 놀란 조선 관원들은 러시아인들과 대화를 거부하고, 불법 침입자들을 도왔다는 혐의를 받은 조선인들을 체포해 처형했다.[11] 중앙 조정은 조선의 북부 국경지대에서 러시아인의 활동을 규제해달라고 청 조정에 거듭 요청했다. 청 예부는 총리아문에서 러시아인 문

---

10   Palais, *Politics and Policy in Traditional Korea*, 252쪽.

11   Choe, *The Rule of the Taewŏngun*, 84~86쪽.

제를 맡아달라고 요청했지만 아문은 조선의 책임이라면서 거부했다. 그러나 조선은 이런 골치 아픈 문제를 청이 처리해주는 것을 선호했고, 그 문제를 계속 베이징에 맡겼다.[12]

1865년 조선의 주요한 천주교도 몇 사람이 러시아의 위협을 막는 수단으로 프랑스와 영국에 동맹을 제안하자는 의견을 들고 대원군을 만났다고 알려졌다. 그들은 1850년대 이후 자유를 누렸고 프랑스의 영향력이 중국에서 커지고 있으며 대원군이 천주교에 우호적이라고 판단했기 때문에 대담해졌다. 그들은 프랑스와 협상하는 데 프랑스 신부 몇 사람이 중재자로 활동할 것이라고 확언했으며, 자신들이 제공한 도움에 대한 대가로 천주교 금령을 해제해달라고 요구했다고 한다.[13]

대원군의 첫 반응은 알려져 있지 않다. 그러나 1864년 초반 조선의 지하 교구를 맡고 있던 시몬 프랑수아 베르뇌Simon-Francois Berneux 주교는 대원군의 특사로 활동한 대신을 만났다고 한다. 그 대신은 베르뇌가 조선 영토를 침입하는 러시아를 물리친다면 대원군이 천주교 금령을 해제할 것이라고 말했다. 자신은 조선을 돕기를 열망하지만 러시아에 영향을 줄 수 있는 위치에 있지 않다고 베르뇌는 대답했다. 제안을 거절한 베르뇌는 그 사건을 주중 프랑스 공사 베르테미Berthemy에게 보고하고 프랑스 전함의 파견을 요청했는데, 대원군이 자행할지도 모르는 보복에서 프랑스 신부들과 조선인 신자들을 보호하려는 의도였다. 그 요청은 받아들여지지 않았다. 베르테미는 파리의 프랑스 정부에 보고하면서 조선

---

12 Wright, "The Adaptability of Ch'ing Diplomacy," 373~374쪽.

13 유홍렬, 『고종 치하의 서학수난의 연구』, 169~172쪽 ; 이상백, 『한국사 ─ 근세후기편』, 385~388쪽.

조정은 천주교를 암묵적으로 용인하고 있으며 프랑스의 원정은, 성공하지 못한다면 쓸데없이 조선의 적대감만 불러올 것이라고 설명했다.[14]

위의 설명이 사실이라면 왜 조선의 천주교 지도자들이 자신의 말을 실천에 옮기지 못했는지 이해하기 어렵지 않다. 그들로부터 어떤 의견도 없이 여러 달이 흘렀고, 대원군은 그에 분노한 것이 분명했다. 1866년 2월 갑자기 그는 나라 안의 외국인 사제와 조선인 신자를 모두 체포하라고 명령했는데, 그 뒤 몇 년 동안 천주교인 수천 명이 처형된 피비린내 나는 박해의 격랑이 밀려왔다.[15]

대원군이 갑작스런 명령을 내린 배경에 어떤 이유가 있었는지 정확히 판단하기는 어렵다. 그의 동기는 당시 조선의 상황과 중국에서 전개된 사건에서 자신의 이념적·정치적 위치를 지키려던 것일 수도 있다. 몇몇 천주교인에게는 우호적이었다고 알려졌지만 대원군의 유교적 학식과 관점은 천주교와 결코 양립할 수 없었다. 그의 실용주의는 잘 알려졌지만, 사실상의 통치자로서 쇠퇴하는 유교적 군주제의 권위를 회복시키려고 결심한 그는 이념적 정통에 대한 천주교의 도전을 용인할 수 없었다. 조선은 한 세기 가까이 천주교를 이단적 신앙이자 공격적인 외세의 대리자로 두려워하고 의심했다. 왕실과 조정은 서양과 천주교에 확고히 반대했다. 특히 대비 조씨는 타협하지 않는 반대자였다. 그녀는 천주교에 강

---

14 최석우, 「병인양요 소고」, 111쪽.
15 Choe, *The Rule of the Taewŏngun*, 98쪽 ; 이상백, 『한국사 — 근세후기편』, 389~392쪽. 많은 연구자는 주로 선교사들의 자료를 근거로 8000명에서 1만 명 정도의 신자가 처형됐다고 추산했지만, 그 수치는 과장된 것으로 여겨진다. 신자가 가장 많이 집중됐을 수도와 경기도 지역에서 1866~1878년 체포된 사람은 여성 107명을 포함해 모두 407명이었다. 체포된 300명 가운데 131명만이 (천주교도라는 죄목으로) 유죄 판결을 받아 처형됐다. 山口正之, 『朝鮮西敎史』, 189~200쪽 참조.

력히 반대한 자기 가문의 성향을 이어받았으며, 수렴청정의 합법적 주체였기 때문에 조선에서 대원군의 권력을 박탈할 수 있는 권위를 지닌 유일한 인물이었다.[16]

자신의 개인적 견해나 조정의 공식적 입장과 상관없이 러시아가 조선을 위협하는 한 대원군은 겨우 몇 년 전 영국과 연합해 청을 제압한 프랑스를 가볍게 적대할 수 없었다. 그러나 1865년 말 러시아의 위협은 약해지는 것 같았다. 그래도 대원군은 천주교에 반대하는 자신의 조처에 청이 동참하지 않을 것으로 예상되면 행동하기를 주저했다. 이때 청은 그런 행동을 격려하지 않았지만, 청이 중국에서 천주교를 억압할 것이라는 조공 사신들의 전언은 대원군이 천주교 박해를 결정하는 한 가지 요인이 되었을 가능성이 있다.[17]

1866년 3월 말 조선에 있던 프랑스인 선교사 12명 가운데 9명과 조선인 신자 40여 명이 체포됐다. 선교사들은 조선을 떠나지 않겠다고 거부하고 조선인 신자들과 함께 처형됐다. 대원군이 소탕을 명령했지만 천주교에 대한 정부의 공세는 초기 국면 동안 비교적 제한적이었다.[18] 살아남은 선교사 3명 가운데 펠릭스 클레르 리델Felix-Clair Ridel 신부는 조선에서 탈출해 중국의 프랑스 관리들에게 사건의 전모를 보고했다. 보고를 받은 베이징의 프랑스 대리공사 앙리 드 벨로네Henri de Bellonet는 프랑스 본국 정부의 승인을 받지 않고 조선을 징벌하기로 결정했다. 7월 13일 벨로네는 조선이 청의 "조공국納貢之方"임을 고려해 총리아문의 공친왕에

---

16 이선근, 『한국사 — 최근세편』, 237~238쪽.

17 같은 책, 238쪽 ; Kang, W. J. "Early Korean Contact with Christianity and Korean Response," in Yung-hwan Jo, ed., *Korea's Response to the West*, 46쪽.

18 Choe, *The Rule of the Taewŏngun*, 96쪽.

게 서신을 보내 자신의 결정을 통보했다. 벨로네는 프랑스의 손쉬운 승리를 예상하면서 앞서 중국이 조선에 대한 책임을 포기했으며 톈진조약을 조선에 적용하는 것을 거부한 것을 볼 때 청은 프랑스와 조선의 전쟁에 개입할 수 없을 것이라고 확언했다.[19]

공친왕은 벨로네의 주장을 직접 반박하지도, 조선의 행위에 대한 책임을 떠맡겠다고 동의하지도 않으면서 중재를 제안해 벨로네를 진정시키려고 했다. 7월 16일자 회신에서 공친왕은 조선은 늘 예절을 지켜 행동했는데, 어떤 이유로 조선이 선교사와 신자들을 처형했는지 모르겠다고 말했다. 프랑스와 조선의 전쟁은 두 나라 민생에 영향을 줄 것이기에 그는 중재의 필요성을 느꼈다. "조선이 선교사와 신자들을 정말 죽였다면 그렇게 행동한 원인을 먼저 물어야 하며, 성급하게 무력을 사용할 필요는 없습니다."[20]

한편 청 당국은 프랑스의 의도를 주의하라고 조선 조정에 알려주기로 결정했다. 그에 따라 예부는 조선에 서신을 보냈고 그것은 8월 17일 한성에 도착했다. 조선 조정은 예부에 즉시 회신했다. 조선 조정은 처형 사실을 인정하면서 신부들이 불법적으로 조선에 들어왔고 금지된 신앙을 포교했기 때문에 그럴 수밖에 없었다고 말했다. 조선 조정은 자기 백성이 다른 나라에서 비슷한 이유로 처형돼도 분노하지 않을 것이라면서 프랑스의 항의를 이해할 수 없다고 규정했다. 조선 조정은 자신이 외교 문제에 무지하다면서 청의 지도와 보호를 요청했다.[21]

---

19 같은 책, 97~98쪽 ; 『籌辦夷務始末―同治朝』, 42.54a~b.

20 『籌辦夷務始末―同治朝』, 42.54b~55a.

21 같은 책, 42.54b~55a ; 『일성록』 고종편, 3년 7월 8일 ; 『고종실록』 3.37a~b.

프랑스에 대한 조선의 비타협적 태도를 누그러뜨리려는 청의 경고는 끝내 실패했다. 그것은 살아남은 조선의 천주교도들에게는 끔찍한 결과였다. 조선 당국은 프랑스가 선교사들의 처형에서 교훈을 얻었을 것이라고 결론지었는데, 조선인 신자들은 그들과 계속 몰래 연락했기 때문이다. 이런 사실은 천주교회가 프랑스 정부의 대리인이며 조선인 신자는 이단일 뿐 아니라 적대적인 외국에 봉사하는 반역자라는 오랜 의심을 되살렸다. 같은 날 조선 정부는 베이징으로 답신을 보냈으며, 국왕은 외국 선박과 접촉하려고 하거나 해안에서 의심스러운 행동을 하는 사람은 지방의 문무 관원들에게 모두 처형하도록 하라는 비변사의 건의를 승인했다.[22] 2주도 안 돼 셔먼호Sherman 사건이 일어났을 때 정부는 외국인과 조선인 신자들이 공모할 것을 우려해 천주교를 더욱 강력히 처벌하고 국경과 해안 경비를 강화했다. 9월 11일 천주교의 "해악"을 규탄한 교서가 다시 반포됐다.[23]

프랑스 극동함대 사령관 피에르 귀스타브 로즈Pierre-Gustave Roze 소장은 벨로네와 협의해 9월 말 조선 서해안을 10일 동안 정찰하기로 했다. 10월 초 로즈는 한강 어귀를 프랑스가 봉쇄하겠다고 발표했다. 10월 11일 그는 프랑스 정부의 승인을 받지 않고 함선 7척과 군사 600명을 이끌고 중국을 떠나 조선에 대한 "징벌적" 원정에 착수했다. 사흘 뒤 프랑스 함대는 강화도에 상륙했고, 그들은 방어군의 저항을 거의 받지 않은 채 주요 지점을 점령했다. 10월 19일 그 지역의 조선군 지휘관은 "정당한 이유 없는" 침공을 규탄하면서 곧 반격할 것임을 경고하는 서신을 로

---

22 『일성록』고종편, 3년 7월 30일.
23 같은 책, 3년 8월 3일.

즈에게 보냈다. 로즈는 선교사를 "학살한" 책임이 있는 관원을 처벌하고 조약 협상을 위해 자신의 본부에 전권대사를 파견할 것을 요구하는 서신을 보냈다. 그는 몇 년 전 청이 선교사에게 비슷한 만행을 저질렀을 때 중국에서 어떤 일이 일어났는지 조선인들에게 상기시키면서 자신의 요구를 거절할 경우 끔찍한 사태가 일어날 것이라고 경고했다.[24]

조선은 로즈의 요구를 분노하면서 거부했다. 조선은 그들이 "오만"하고 "청을 협박한다"고 규정하면서 그 문제를 청 예부에 보고했다.[25] 대원군의 지시로 2만 명의 군대가 몇 주 만에 강화도와 도성으로 향하는 해안과 섬 지역에 배치됐다. 11월 9일 프랑스의 파견대 160명은 강화도 남단 산의 요새를 확보하려고 했지만 매복에 걸려 전멸했다. 조선의 결연한 저항과 겨울이 다가오면서 힘의 열세를 깨달은 로즈는 원정을 중단하기로 결정했다. 그는 방화와 약탈을 더 자행한 뒤 11월 18일 조선에서 철수했다.[26] 그의 철수는 조선인들에게 승리의 환상을 심어줬다. 조선은 규모가 작고 군사력이 약하지만 백성이 단결하고 이치의 다스림을 굳게 믿은 덕분에 "오랑캐"로부터 자신을 지켰다고 청의 예부에 보고했다.[27]

조선 당국은 조선의 천주교인이 프랑스인과 결탁한 반역행위 때문에 프랑스의 침공이 일어났다고 확신했다. 11월 21일 "이단"을 가차 없이 색출하라는 지시가 전국에 내려졌다. 20명 이상의 이단을 체포한 사람은 좋은 지역의 변장邊將으로 임명될 것이라고 정부는 약속했다.[28] 프랑스

24 『고종실록』 3,61b~62a ; 田保橋潔, 『近代日鮮關係の硏究』 1권, 67~68쪽.

25 『일성록』 고종편, 3년 9월 12일.

26 프랑스의 원정은 Choe, *The Rule of the Taewŏngun*, 91~108쪽 ; 이선근, 『한국사 ─ 최근세편』, 246~274쪽 참조.

27 조선의 보고는 『籌辦夷務始末 ─ 同治朝』, 47,1a~3a 참조.

에 "승리"한 것을 쇄국정책의 정당성으로 간주한 정부는 규제를 더욱 강화했다. 서양인과 교류하는 것은 물론 서양 물건—중국이나 일본을 거쳐 들어온 것도 있었다—의 유통도 엄격히 금지했다.[29]

조선 정부는 국내에서 이런 조처를 강력하게 추진하는 한편 프랑스와 관련된 외교의 부담은 청에 넘겼다. 조선은 외교에 무지하다고 공언하면서 앞으로 "영원히 평화를 누리면서 조공 의무를 성실히 이행할 수 있도록" 더욱 잘 이끌어달라고 청에 요청했다.[30] 청은 외교로 조선을 보호하려고 노력하는 한편 조선에 직접 개입하는 것은 계속 거부했다. 그 사건 내내 총리아문은 청은 조선의 행동에 책임이 없으며 조선을 압박해 프랑스의 요구를 수용하게 할 수도 없다고 주장했다. 총리아문은 프랑스가 다시 오면 협상하는 것이 좋겠다고 조선 정부에 알려주도록 권고했지만, 예부는 거절했다.[31]

1871년 조선과 미국의 "작은 전쟁"

조선은 배외주의를 표방했지만 조난한 외국인 선원과 어부를 친절하게 대우했다. 일본인은 부산에 주재한 쓰시마 관원에게 인계했지만, 그 밖의 외국인은 만주의 청 당국으로 보내 본국으로 송환되도록 했다.

---

28 『일성록』 고종편, 3년 10월 15일 ; 『고종실록』 3.79b.

29 『일성록』 고종편, 3년 7월 30일 ; 『고종실록』 3.44b.

30 주 27 참조.

31 『籌辦夷務始末—同治朝』, 46.13b~14a, 47.8b~10a ; Wright, "The Adaptability of Ch'ing Diplomacy," 379쪽.

1866년 6월 평안도 해안에 좌초한 미국 상선 서프라이즈호Surprise의 선원들은 구조돼 따뜻한 대접을 받고 청 당국에 인계됐다. 그러나 두 달 뒤 이런 인도적 전통에서 크게 벗어난 사건이 일어났다.

1866년 8월 초―총리아문이 조선에서 프랑스 선교사들이 처형된 문제를 두고 프랑스와 외교적 협상을 하고 있을 때―무장한 미국 상선 제너럴 셔먼호General Sherman가 미국인·영국인·중국인·말레이시아인 선원을 태우고 중국 북부를 떠나 조선으로 출항했다. 로버트 토머스Robert Thomas라는 영국 성공회 신부도 함께 탔다. 8월 중순 셔먼호는 평안도 해안에 도착해 대동강을 거슬러 올라갔고, 그 지방의 관원들은 돌아가라고 거듭 경고했다. 외국과의 무역과 선교는 청 황실의 법률로 조선에서 금지돼 있으며 조선은 그 법률을 마음대로 바꿀 수 없다고 관원들은 답변했다. 셔먼호는 그런 답변을 무시한 채 계속 전진했고 8월 27일 평안도의 감영인 평양에 도착했다. 그날 오후 조사하러 온 조선 관원을 셔먼호 선원이 억류하자 분노한 군중은 강가에 집결했다. 겁먹은 선원은 군중에게 발포했고 가까이 있던 조선의 작은 배 몇 척이 불탔다. 평안도 관찰사 박규수朴珪壽는 분노했다. 박규수는 온화하고 관대한 성품이었지만 셔먼호를 파괴하라고 명령했다. 며칠 뒤 셔먼호가 썰물에 휘말려 좌초하자 조선인들은 그것을 불태웠으며, 뒤이어 벌어진 전투에서 선원 48명을 죽였다. 조선인 사상자는 13명이었다.[32]

셔먼호의 운명은 몇 년 동안 수수께끼로 남았다. 조선 당국은 그 배에 성공회 소속인 토머스 신부가 탔기 때문에 자신들이 영국 선박을 파

---

[32] 『일성록』 고종편, 3년 7월 27일 ; 『고종실록』 3.39a~41a ; 『籌辦夷務始末―同治朝』, 45.3a~4b.

괴했다고 믿었고 그렇게 청에 보고했다. 셔먼호가 파괴되고 선원들이 죽었다는 소문을 들은 미국 관료들은 그동안 조선이 조난한 미국인 선원들을 인도적으로 대우했다는 것을 믿지 않았다.[33] 주중 미국 공사관의 비서관 S. 웰스 윌리엄스Wells Williams는 1866년 10월 23일 총리아문에 그 문제를 질의했다. 윌리엄스는 서프라이즈호 선원들이 만주의 청 관원들에게 학대받은 것을 상기시키면서 조선이 셔먼호 선원들을 인도할 경우 선양瀋陽의 관원들이 그들을 학대하지 말도록 지시해달라고 아문에 분명히 요구했다. 아문은 승낙했다.

한편 아문은 평양에서 "영국" 선박을 파괴한 사건에 대한 조선의 보고서를 신중히 검토하면서 그 배가 셔먼호일 수도 있다고 추정했다. 아문은 영국의 관심을 고려할 때 조선이 프랑스 이외에 영국·미국과도 분규에 휘말릴 수 있다고 우려했다. 그 결과 공친왕과 그 밖의 아문 대신들은 그 문제를 황제에게 아뢰기로 결정했다. 그들은 10월 24일에 올린 상소에서 조선이 이 세 열강과 교전한다면 무역과 선교를 요구받을 것이며, 부담이 클 금액을 배상해야 할 가능성이 크다고 지적했다. 대신들은 예부가 조선 정부에 신중하게 행동하고 이 열강들과 문제를 일으키지 말도록 조언해야 한다고 주청했다. 황제의 명령을 받은 예부는 그런 의견을 보냈고, 그 서신은 12월 초 한성에 도착했다.[34]

얼마 전 프랑스에 큰 승리를 거뒀다고 생각한 대원군과 그의 조언자들은 청의 권고에 귀 기울일 생각이 없었다. 조선 정부는 12월 11일 예부에 보낸 답신에서 자신들은 평양에서 "영국" 선박이 파괴된 사건과 관

---

33 『고종실록』 3.87b ; 『籌辦夷務始末—同治朝』, 45.3a~4b.
34 『籌辦夷務始末—同治朝』, 45.10b~13b ; 『일성록』 고종편, 3년 11월 5일.

련된 자세한 보고서를 이미 갖고 있으며 미국인은 전혀 관련이 없다고 다시 확언했다. 윌리엄스의 질의는 "영국" 선박이 파괴된 사건을 잘못 보고한 것에 근거한 것으로 생각된다고 조선 정부는 말했다. 조선 정부는 무역·선교·배상 문제와 관련해 "우리 백성의 기질상 서양 오랑캐에게 아무리 오랫동안 괴롭힘을 당해도 그들을 절대 받아들이지 않을 것"이라고 확언했다. 답신은 청의 관심에 감사하고 지속적인 지도와 보호를 요청하는 의례적인 표현으로 끝났다.[35]

청 당국의 대응에 실망한 미국 관료들은 다른 방도를 찾기 시작했다. 조선에 개입하기를 꺼린 청과 반대로 일본은 매우 돕고 싶어했다. 1867년 막부는 조선의 반대를 무시한 채 조선과 두 서양 열강을 중재하기 위해 일방적으로 사절을 파견하기로 신속히 결정했다. 막부가 몰락하면서 그 파견도 무산됐지만 미국은 일본이 도와주기를 계속 바랐다. 막부가 이미 무너진 시점인 1868년 1월 미국 국무장관 윌리엄 H. 슈어드 William Seward는 "일본 공사관의 중재는 우리에게 도움이 될 것"이라고 말했다.[36]

미국 관료들도 직접 조사를 시작했다. 슈어드는 셔먼호가 실종되고 프랑스의 조선 원정이 실패했다는 보고를 받자 "프랑스인과 미국인의 살해자를 응징하기 위해" 조선을 공동으로 원정하자고 제안했다. 프랑스 정부는 미국과 협력할 의사가 거의 없었는데, 미국은 바로 얼마 전 멕시코에서 프랑스를 강제로 축출했기 때문이었다. 아울러 로즈가 정부의 승인을 받지 않고 행동했다가 실패하자 당황한 프랑스는 그 원정은 큰 성

---

35 『籌辦夷務始末—同治朝』, 47.3a~5a.

36 Dennett, *Americans in Eastern Asia*, 434쪽.

공이었으며 또 다른 원정은 필요 없다고 발표했다.[37] 그 뒤 슈어드는 조선에 군사행동을 전개하려는 생각을 포기했다. 그러나 그는 동아시아에서 미국의 영향력을 확대해야 한다고 확신하고 앞으로 조선에서 미국의 힘을 보여주기로 결심했다.

한편 중국에 있던 미국 관료들은 셔먼호의 운명을 알아내려고 노력하면서 1867년 1월 로버트 W. 슈펠트Robert Shufeldt 제독이 이끄는 전함 와추세트호Wachusett와 1868년 4월 존 C. 페비거John Febiger 제독이 이끄는 전함 셰넌도어호Shenandoah를 조선으로 파견했다. 두 번 모두 셔먼호의 행방을 알아내는 데 성공하지 못했다.[38] 1868년 여름 국무장관 슈어드의 조카로 상하이에서 미국 총영사로 재직하던 조지 F. 슈어드George Seward가 이끄는 세 번째 파견이 계획됐지만, 무력의 뒷받침 없이는 조선에서 어떤 임무도 성공하기 어렵다고 판단되자 취소됐다.[39]

프랑스의 침략과 셔먼호 사건으로 깊어진 조선의 서양인 혐오는 상하이에서 활동하던 독일 상인 에르네스트 J. 오페르트Ernest Oppert의 도굴로 더욱 악화됐다. 오페르트는 기이한 책략을 꾸몄는데, 대원군 아버지의 시신을 도굴한 뒤 그것을 이용해 서양과의 무역과 천주교를 허용하도록 조선 정부를 협박하려는 것이었다. 1868년 5월 오페르트는 100여 명의 중국인·필리핀인 선원과 함께 허가 받은 배를 타고 출발했다. 묘에 이르렀을 때 오페르트 일당은 도굴하기에는 묘의 규모가 너무 크고 단

---

37 같은 책, 419쪽.

38 슈펠트와 페비거의 파견은 Charles O. Paullin, *Diplomatic Negotiations of American Naval Officers*, 284~286쪽 참조.

39 Dennett, *Americans in Eastern Asia*, 419~420쪽 ; Choe, *The Rule of the Taewŏn-gun*, 121쪽.

단하다는 것을 깨달았다. 조선군이 현지에 도착하자 그들은 계획을 포기하고 인천만의 영종도로 도망쳤다. 놀란 지방 관원들에게 오페르트는 선교사를 "살해한 자"들에게 복수하기 위해 왕실 조상의 묘를 훼손하려고 했다고 말하고 서양과의 무역과 천주교를 허용하라고 요구했다. 분노한 관원들은 오페르트 일당을 쫓아냈다.[40] 돌이켜 생각하면 다소 우스꽝스럽기도 하지만, 그 사건은 19세기 유교를 엄격히 준수하던 조선인들의 도덕과 종교적 감정을 깊이 훼손했다. 그동안 셔먼호의 행방을 찾으려고 했지만 어려움을 겪던 미국의 노력은 이 사건으로 더욱 난관에 부딪쳤다.

한편 셔먼호의 선원을 구조하려는 희망을 버린 미국 관료들은 난파에 관련된 협약이나 조약을 조선과 체결하려는 원정 계획을 세우기 시작했다. 슈어드는 1869년 사직하고 같은 해 초 워싱턴의 행정부로 옮겨갔지만 후임 해밀턴 피시Hamilton Fish는 그 계획을 계속 추진했다. 원정은 1870년 초에 공식 결정됐다. 미국 극동함대 사령관 존 로저스John Rodgers 소장은 출정을 자원했다. 그러나 얼마 전 주중 미국 공사로 부임한 프레더릭 F. 로Frederick Low가 지휘관으로 임명됐다. 로저스가 아니라 로를 선택한 것은 "청과 조선의 정치적 관계를 처리하려면 먼저 청 정부의 호의와 중재가 필요하다"는 판단에 따른 결정이었다.[41]

1870년 3월 베이징에 부임한 뒤 로는 이 "반半야만적이고 적대적인"

---

40   Choe, *The Rule of the Taewŏngun*, 112~114쪽 ; Wright, "The Adaptability of Ch'ing Diplomacy," 371쪽 ; 田保橋潔, 『近代日鮮關係の研究』 1권, 76~80쪽.

41   미국의 원정에 관련된 자세한 사항은 Choe, *The Rule of the Taewŏngun*, 109~133쪽 ; Albert Castel and Andrew C. Nahm, "Our Little War with the Heathen," 19~23, 72~75쪽 참조.

나라에 대한 정보를 모으기 시작했다. 로는 중국과의 관계에 비춰볼 때 조선은 사실상 "독립국"이라는 결론에 이르렀다. 1870년 7월 16일자 워싱턴으로 보낸 공문에서 그는 이렇게 말했다. "조선은 해마다 중국에 조공했지만 제가 얻을 수 있었던 최상의 정보로 볼 때 그것은 정부의 조공이라기보다는 중국과의 무역에서 특혜를 얻은 보상으로 보낸 것입니다. (…) 중국은 어떤 방식으로든 조선에 대해 통제권을 주장하거나 시행하지 않았습니다."[42]

로는 자신의 평화적 의사를 조선인들에게 확신시키기 위해 자신이 간다는 사실을 그들에게 미리 알리려고 했다. 1871년 2월 11일 그는 총리아문에 자신의 조선 방문을 통보하고 도움을 요청했다. 그러나 아문은 예부가 조선 사무를 관할하고 있다면서 그의 요청을 거절했다. 아울러 아문은 로가 계획을 단념하도록 설득하려고 했다. 며칠 뒤 로가 다시 요청하자 아문은 다시 거부했다. 3월 7일 로는 자신이 조선 특사로 임명돼 로저스 제독과 함께 조선으로 갈 것이라고 아문에 통보했다. 아문은 조선은 청의 조공국이지만 "정치·종교·금령禁令·법률은 완전히 자치적이며 청은 그들의 사무에 간섭하지 않았다"고 회답했다.[43]

로의 의지에 깊은 인상을 받은 아문은 이번에는 그의 요청을 따랐다. 아문은 로의 서신을 조선에 전달하도록 예부에 요청하는 문서에서 생각이 바뀐 이유를 설명했다. "우리는 미국이 전함을 조선에 보내는 것을 막으려고 모든 방법을 동원했지만 그들은 끝내 거부했습니다. 미국의 확고한 결의를 볼 때 그들이 전함을 조선에 보낼지 보내지 않을지는 이 서신

42   Choe, *The Rule of the Taewŏngun*, 123쪽.
43   같은 책, 124쪽.

의 전달 여부에 전적으로 달려 있습니다. 우리가 서신을 전달하지 않는다면 조선은 미국인들이 왜 왔는지는 모른 채 잘못된 방침을 추진할 것이 분명합니다." 황제는 아문의 요청을 윤허했다. 그에 따라 3월 12일 예부는 자신의 서신과 함께 로의 서신을 조선에 전달했는데, 조선은 "적절하다고 판단하는 결정을 자유롭게 내릴 수 있다"고 강조하는 내용이었다.[44] 아울러 억지로 중재 역할을 하는 것이 못마땅했던 예부는 황제에게 상소를 올려 조선에 서신을 전달하는 것은 황제의 위엄을 손상시킬 수 있으므로 앞으로는 그러지 않을 것이라고 설명했다. 황제는 허락했다.[45]

로의 서신은 4월 10일 한성에 전달됐다. 서신에서 그는 셔먼호의 행방을 확인하고 조선의 해안에서 조난할 수도 있는 미국인 상인과 선원을 보호하는 데 필요한 방침을 마련하기 위해 조선에 갈 것이라고 말했다. 그는 자신이 전함을 이끌고 가도 조선 당국이 놀라지 않기를 바란다면서 자신은 평화와 우호를 위해 방문하는 것이므로 그렇게 맞아주기를 희망한다고 썼다. 끝으로 로는 앞으로 석 달 안에 조선에 도착할 것이라면서 자신과 협상할 사신을 임명해달라고 국왕에게 요청했다.[46]

조선 조정은 로의 서신을 보고 당황했다. 그러나 프랑스의 침공을 물리친 적이 있으므로 미국의 침략도 격퇴시킬 수 있을 것이라고 대원군은 자신했다. 그는 조선의 국방력이 지난 5년 동안 자신의 지도 아래 강화돼왔다고 생각했다. 그런 판단에 따라 그는 미국의 요청을 거절하기로 결정했다. 아울러 그는 바람직하지 않은 선례가 될 수 있다는 판단에서

---

44 『籌辦夷務始末—同治朝』, 80.12a~13b.
45 같은 책, 80.19b~20b.
46 로의 서신 한문본은 같은 책, 80.14a~15a 참조.

그런 결정을 로에게 직접 알리지 않기로 했다. 그 결과 조선은 청 예부에 서신을 보내 미국에 전달해달라고 요청했다. 서신의 내용은 조선이 조난한 외국인을 늘 잘 대우했고 조선은 어떤 나라와도 무역해 얻을 수 있는 이익이 거의 없는 작은 나라이므로 조선과 미국은 난파에 관련된 회담이나 통상을 위한 조약이 필요하지 않다는 것이었다. 셔먼호와 관련해서는 해적 행위를 자행해 파괴를 자초했다고 말했다. 그 서신에서는 예부가 그 문제에 관련된 모든 사실을 황제에게 아뢰어 황제가 미국 공사에게 "의심을 풀고 걱정을 떨쳐버리도록" 타일러달라고 요청했다.[47] 한편 대원군은 미국과 발생할지도 모르는 무력 충돌에 대비해 전국 해안의 경비를 강화하라고 지시했다.

로와 로저스는 3월 9일 선박 5척과 1200명을 이끌고 상하이를 떠났다. 앞서 말한 대로 그들의 주요한 임무는 조선 조정으로부터 난파에 관련된 회담을 이끌어내는 것이었다. 기회가 닿는다면 그들은 미국을 위한 상업적 이익도 추구할 것이라고 말했다. 그들은 적대행위가 일어난다면 군사적 행동이나 평화적 방법 가운데 어느 것을 사용할지 결정해달라고 워싱턴에 문의할 예정이었다.[48] 미국의 소규모 함대는 나가사키에 잠깐 들른 뒤 3월 말 강화도 근처에 이르렀다. 우호적인 것으로 보이는 지방 관원이 그들을 만났다. 그러나 로는 실질적인 협상을 시작하기에 충분한 품계를 지닌 관원과 접촉할 수 없었다.

조선 당국의 암묵적 승인이 있었다고 여겨지는데, 6월 1일 함대의 탐사단이 승인받지 않은 배가 들어올 수 있는 한계 지역인 한강 어귀까지

---

47 같은 책, 81.8b~12a ;『일성록』고종편, 8년 2월 21일 ;『고종실록』8.12b~13a.

48 Choe, *The Rule of the Taewŏngun*, 122쪽.

들어오자 해안 포대는 포격을 시작했다. 미국도 대포로 응수했고 해안 포대를 파괴했다. 이때 로의 의도는 조선 정부와 접촉하고 철수한 뒤 요구사항에 대한 회답을 듣기 위해 다시 오려는 것이었다. 첫 대응이 적대적이지 않았기 때문에 그와 로저스는 갑작스러운 조선의 공격에 놀랐다. 그러나 지방 지휘관들의 오해 때문일 수도 있다고 생각한 그들은 조선 정부가 사과하고 협상을 시작할 것을 기대하며 그 뒤 며칠을 보냈다.[49]

그 사건을 보고 받자 대원군은 즉시 강화도 진무사鎭撫使 정기원鄭岐源으로 하여금 미국인들에게 단호한 서신을 보내라고 명령했다. 그는 강화도와 그 인접 지역의 경비를 강화하라는 지시도 내렸다. 정기원의 서신은 6월 6일 로에게 전달됐다. 서신은 진입이 금지된 내륙 수로 안까지 미국인들이 침범한 것을 비난하면서 외국과 교류하지 않는 것은 조선에서 대대로 이어진 법률이며 청 황제의 승인을 얻은 것이라고 분명히 밝혔다. 아울러 미국인들이 협상하려는 문제는 근본적으로 협상할 수 없는 것이며, 조선 관원을 만나야 할 이유는 없다고 말했다. 정기원은 미국인들이 조선의 입장을 잘 모를 경우에 대비해 앞서 청이 미국의 요구를 거부해달라고 요청하면서 청 예부에 보낸 서신의 사본을 첨부했다.[50] 로는 중국을 출발하기 전 그 서신을 보지 못했다.

처음에 로는 조선의 의도를 잘 몰랐지만 이제는 분명히 알게 됐다. 조선의 분명한 비타협적 태도와 마주친 그와 로저스는 추가적 군사행동을 할 것인지, 철수할 것인지 어려운 선택에 직면했다. 그들은 성급한 철수

---

49 Castel and Nahm, "Our Little War with the Heathen," 72쪽 ; 田保橋潔, 『近代日鮮關係の 研究』 1권, 92~93쪽.

50 『고종실록』 8.26b~27a.

가 조선뿐 아니라 청에 줄 영향을 고려했다. 로는 피시에게 다음과 같이 보고했다. "지금 함대가 철수한다면 앞으로 조선과 청에서 우리의 입지에 엄청난 영향은 아니더라도 유해한 영향을 줄 것으로 우려됩니다. 조선은 특정한 서양 국가나 서양 전체라도 혼자 물리칠 만큼 강력하다고 굳게 믿고 있으며, 이런 생각은 중국에 전달돼 모든 외세를 무력으로 몰아낼 수 있다고 주장하는 부류의 영향력을 강화할 것으로 보입니다. 저는 우리 선박에 대한 잘못된 행동과 모욕을 보상하도록 좀더 시도하지 않고 현장을 포기하라고 제독에게 조언할 수 없습니다." 그 결과 로와 로저스는 무력을 사용해 보복하기로 결정했으며, 그러면 협상이 진전될 것이라고 판단했다.[51] 정기원과 직접 대화할 경우 자신의 위신이 떨어질 수도 있다고 우려한 로는 부관 에드워드 드루Edward Drew에게 회신하라고 지시했다. 드루는 조선 정부가 협상하려는 의지를 3~4일 안에 보이지 않으면 자신들은 필요하다고 판단한 모든 행동을 할 것이라고 정기원에게 경고했다.[52]

며칠 더 기다렸지만 조선 정부가 태도를 바꿀 기색이 없자 6월 10일 로저스는 병사들에게 행동하라고 명령했고, 그 다음 며칠 동안 미군은 강화도를 포격해 요새 몇 개를 무너뜨리고 100여 명을 사상시켰으며 일부는 사로잡았다. 그 뒤 로는 조선군이 미군의 압도적인 화력에도 흔들리지 않고 "비교할 수 없이 필사적으로 싸웠으며, 본부의 군사는 대부분 제자리를 지키다가 죽었다"고 보고했다. 6월 11일 본격적인 교전에서 조

---

51 Castel and Nahm, "Our Little War with the Heathen," 72쪽 ; Choe, *The Rule of the Taewŏngun*, 130~131쪽.
52 드루가 보낸 서신의 한문본은 『고종실록』 8.27a.

선군은 완강하게 저항해 10여 명의 미군을 사상시켰다.[53]

미국의 공격은 조선 정부의 태도를 누그러뜨리기보다 더욱 완강하게 만들었다. 미국의 행동에 분노한 고종은 조선이 "저런 개와 양 같은 무리와 평화를 맺는 것은" 상상할 수도 없는 일이라고 단언했다. 대원군은 전국의 주요 도시에 "洋夷侵犯, 非戰則和, 主和賣國(양이가 침범했는데 싸우지 않으면 화친하자는 것이니, 화친을 주장하는 것은 나라를 파는 것이다)"라는 문구가 새겨진 척화비를 세우라고 명령했다.[54]

조선의 결연한 저항에 마주치자 로와 로저스는 추가적인 군사행동을 할 권한이나 수단이 없다는 것을 깨달았다. 게다가 그런 행동이 "국왕에게 적절한 타협을 하도록 만들" 희망도 거의 없었다. 그 결과 미국은 군사작전을 그만 두고 회유책을 채택하기로 결정했다. 3주 동안 로는 미국의 호의와 평화적 의사를 조선 왕실에 전달해달라고 부탁하면서 지방 관원과 서신을 주고받았다. 한 편지에서 로는 관원들이 자신의 요청을 거부하면 "다른 경로"로 그것을 전달할 것이라고 말했다. 이런 의사가 전달되자 고종은 "다른 경로"라는 표현은 청을 가리키는 것 같지만 그 문제와 관련해 청은 조선에 연락할 까닭이 없으며 연락한다고 해도 조선은 따를 수도 없고 따르지도 않을 것이라고 선언했다.[55] 생산적인 협상을 할 수 있는 전망이 더 이상 없다고 확신한 로와 로저스는 7월 3일 병력을 이끌고 중국으로 떠났다.

---

53 Castel and Nahm, "Our Little War with the Heathen," 72~74쪽 ; Choe, *The Rule of the Taewŏngun*, 131~132쪽 ; 田保橋潔, 『近代日鮮關係の硏究』 1권, 93~95쪽.

54 『고종실록』 8.28b~29a.

55 로가 보낸 서신의 한문본은 『籌辦夷務始末―同治朝』, 83.12a~b 참조. 고종의 발언은 『일성록』 고종편, 8년 5월 15일 참조.

미국은 압도적인 무력으로 조선에 큰 타격을 줬지만 그들이 철수하자 조선은 자신들이 서양 세력을 물리쳤다고 다시 한 번 확신하게 됐다. 조선 정부는 청 예부에 "승리"를 보고하면서 조선은 "부와 군사력이 부족한 작은 나라지만 명성과 문화는 넉넉하다"고 자랑스럽게 말했다. 조선은 청 황제의 보호 덕분에 그럴 수 있다고 감사하면서 미국은 난파한 미국인들에 대한 관심과 그 밖의 문제를 협상하려는 계획을 포기하고 더 이상 문제를 일으키지 말도록 청 황제가 미국 외교관들을 설득해달라고 예부에 요청했다.[56] 1871년 10월 2일 공친왕은 황제의 지시로 로에게 서신을 보내 조선의 입장을 설명했다. 조난한 외국인은 모두 보호하고 외국과 무역하지 않는 것이 조선의 국법이며 청은 그 법률의 운영에 간섭하지 않는다고 말했다. 청과 미국은 우방이며, 청의 조공국인 조선은 미국이 자신과 우호를 증진시키는 최선의 방법은 청이 조선을 대우하는 것처럼 하는 것이라고 생각한다고 그는 덧붙였다.[57]

뉴욕의 한 신문이 표현한 대로 그 원정은 미국이 "이교도와 싸운 작은 전쟁"이었지만, 공언한 목표를 하나도 이루지 못하고 끝났다. 원정은 조선에 서양의 힘이나 대미 무역의 이점을 확신시키는 대신, 로가 우려한 대로, 서양 열강은 약탈하는 세력이며 마음을 군게 먹고 단결해 도덕을 군게 지킨다면 그들을 물리칠 수 있다는 조선의 믿음을 강화했을 뿐이었다. 몇 세기에 걸쳐 조선이 거주해온 은둔의 장벽은 견고하게 유지됐다.

---

56 『고종실록』 8.32b~34a ; 『籌辦夷務始末─同治朝』, 83.4a~8a.

57 『籌辦夷務始末─同治朝』, 83.29b~30a.

청과 조선의 대응

메리 C. 라이트는 1860년대 "청의 외교는 융통성을 보였지만" "조선의 정책은 극도로 경직됐다"고 강조하면서 "1867년 총리아문은 전통적 조·청관계가 더 이상 유지될 수 없으며, 조공관계는 근대 세계에서 논리적으로 불가능하다는 것을 깨달았다"고 파악했다.[58] 앞서 본 대로 1860년대 서양 세계에 대한 조선의 완고한 자세는 더 이상 증거를 제시할 필요가 없다. 그러나 어떤 역사적 상황과 배경에서 그런 완고함이 형성됐는지 검토하는 것은 유용할 것이다.

청·일본과 제한적으로 교류한 것을 제외하면 조선은 완고하고 철저한 고립의 시간을 보내면서 외부 세계에 절망적일 정도로 무지하게 됐다. 1860년대 후반과 1870년대 전반 청과 일본은 서양 세계에 대해 상당한 지식을 보유했지만, 조선의 관련 지식은 아편전쟁 직후 중국인들이 쓴 한 줌의 저작들에서 얻은 것에 머물러 있었다. 뛰어난 학자였던 영의정 김병학金炳學은 신미양요가 일어나자 미국은 잡다한 이민자의 무리일 뿐이라고 고종에게 말했다. 김병학이 참고한 것은 위원의 『해국도지』였다. 또한 미국은 해적과 다를 바 없으며 그들의 이동은 빠르고 예측할 수 없지만 지나치게 경계할 필요는 없다고 김병학은 젊은 국왕에게 말했다.[59] 서양 무기의 우월성은 충분히 입증됐지만 이 시기 서양 열강의 힘을 정확히 파악하는 데 필요한 지식이나 정보를 지닌 조선인은, 대원군을 포함해 거의 없었다.[60] 로가 국무부에 보낸 보고서에서 서술한 대로 "그동

---

58 Wright, "The Adaptability of Ch'ing Diplomacy," 369쪽.
59 『일성록』 고종편, 8년 4월 20일.

안 미국 해군은 다른 나라에 심대한 영향을 줬지만" 조선 정부에는 "영향을 주지 못했거나 아주 조금만 줬다."[61]

조선은 외부 세계에 무지하면서 성리학을 더욱 엄격히 준수했고, 청·일본에서도 그랬듯 그런 태도는 문화적 국수주의의 공격적 형태로 발현돼 다시 전통적 배외주의를 강화했다. 이런 경향은 청이나 일본보다 훨씬 더 완강하고 실제적인 고립을 지속한 조선에서 더욱 뚜렷이 나타났다. 조선은 서양에 대한 지속적 관심이 상대적으로 부족했기 때문에 이 시기 전통적 고립을 유지할 수 있었다. 그러나 대부분의 조선인은 자신들의 우월한 "도덕성" 덕분에 서양의 압력을 견딜 수 있었다고 믿었다. 아울러 중국은 서양의 공격으로 무너져가고 일본은 서양의 문화적 유혹에 굴복하고 있는 이 시기에 조선만이 서양 열강에 꿋꿋이 맞서고 있다는 믿음은 조선인에게 민족적 자부심과 사명감을 준 것이 분명했다. 조선의 지식인과 관원은 대부분 중국과 일본이 서양 오랑캐의 "해로운" 영향에 이미 "오염"됐으며 문명을 보존하려면 조선은 그런 영향에 휘둘리지 않고 동양(중국)의 전통을 유지하는 것이 가장 중요하다고 믿었다.[62]

프랑스가 강화도를 공격하기 시작하자 대원군은 의정부에 서신을 보냈다. "몇 년 전 중국이 화친을 허락한 뒤 양이는 더욱 제멋대로 날뛰어 가는 곳마다 악행을 저지르고 있다. 모든 곳이 그 피해를 입고 있지만 우리나라만 그렇지 않은 것은 기자箕子의 성스러운 덕이 하늘에서 돕기 때문이다. 지금 이런 상황에서 우리가 아는 것은 예의일 뿐이며 우리

60 최창규,『한국인의 정치의식』, 16~17쪽.
61 Choe, *The Rule of the Taewŏngun*, 133쪽.
62 최창규,『한국인의 정치의식』, 42~44쪽 ; 姜在彦,『近代朝鮮の思想』, 44~45쪽.

가 믿는 것은 한마음으로 적에 맞서는 것이다."[63] 그의 서신은 과장됐다고 생각되지만, 대원군은 자신의 발언을 확신하는 이상주의자라기보다는 매우 실용적인 인물이었다. 조선의 대표적 학자이자 위정척사의 주요 인물인 이항로李恒老는 병인양요가 일어나자 재야에서 조정으로 불려나와 국왕에게 자문했는데, 국왕에게 올린 상소에서 침략자와 싸우면 "나라의 문화를 보전할 수 있으며, 화친하면 짐승의 구역으로 들어가게 될 것"이라고 주장했다.[64] 신미양요 때 고종은 개탄했다. "수천 년 동안 예의를 지킨 우리나라가 어떻게 개나 양 같은 무리와 화친할 수 있는가?" 우의정 홍순목洪淳穆은 대답했다. "지금 어둡고 사악한 기운이 온 세상에 해독을 끼치고 있지만 우리나라만이 정결한 것은 예의를 지키기 때문입니다."[65] 다른 사례에서 고종은 명백한 자신감을 갖고 말했다. "우리 동방은 아직도 천도를 지키고 있다. 양이와 화친한다면 천도는 사라질 것이다!"[66] 조선의 도덕적 정결을 절대적으로 확신한 고종은 미국의 무역 요구를 수락하라고 청이 명령한다고 해도 따르지 않는 것이 최고의 의무라고 선언했다.[67]

프랑스의 침략이 조선에게 서양의 침략을 물리칠 수 있다는 믿음을 남겨줬다면 미국의 원정은 그런 믿음을 강화했다. 비슷하게 프랑스의 행동으로 조선 지식인들이 천주교에 대한 반감을 굳혀 1860년대 후반 서양 혐오로 나아갔다면, 미국의 행동을 겪으면서 그런 혐오는 1870년대

---

63 『고종실록』 3,62a~b.

64 같은 책, 3,62b~63b ; 『일성록』 고종편, 3년 9월 12일.

65 『일성록』 고종편, 8년 4월 25일.

66 같은 책, 8년 5월 7일.

67 주 55 참조.

서양의 모든 것을 배격하는 위정척사라는 공격적인 문화적 국수주의로 변모했다. 이 국수주의적 신조의 주요 특징은 그 제창자―숭명반청을 지향했다―들이 자신을 동양(중국) 문화의 진정한 계승자이자 보존자로 간주한다는 것이었다. 병인양요 때 행호군行護軍에 임명되자 이항로가 한 공식적 행동 가운데 하나는 앞서 대원군이 대비 조씨의 승인을 받아 철폐한 만동묘를 복구하자는 상소를 올린 것이었다. 이항로는 명과 조선의 조화로운 군신관계를 찬미하면서 임진왜란 때 조선을 도와준 명 만력제萬曆帝의 덕보다 고귀한 것은 없다고 확언했다. 이항로는 "지금 온 세상이 오랑캐의 땅이 되었다"고 진단하면서 왕이 철폐된 그 사당을 즉시 복구하라고 명하면 "나라 사람들은 오랑캐를 물리치는 뜻을 알고 서양 오랑캐들도 두려워할 것"이라고 탄원했다.68

조선 정부는 서양의 군사적 위협에 대항할 수 있는 자신의 능력에 대한 자신감이 커지고 자신의 도덕적 우위를 확신하게 되면서 서양 열강과 협력하는 청의 정책을 점차 비판적으로 보게 됐다. 그들은 그런 정책을 한족이 아니라 만주족이 추진하고 있다고 보면서 공친왕을 비판과 공격의 대상으로 선택했다. 신미양요 동안 고종은 경연에서 서양 "오랑캐"가 어떻게 그렇게 쉽게 청과 우호를 맺을 수 있었는지 궁금해 했다. 얼마 전 조공사절로 베이징을 방문한 바 있는 병조판서 강로姜㳣는 공친왕의 도움으로 그렇게 된 것이라고 대답했다. 계속해서 강로는 예부가 계속 거부했지만 미국(로)의 서신을 조선에 전달하라고 압력을 넣은 인물은 공친왕이었다고 말했다. 국왕은 강로에게 예부상서 만청려萬靑藜는 한

---

68 『일성록』 고종편, 3년 10월 7일 ; 『고종실록』 3.77b.

족이냐고 물었다. 강로는 그렇다고 대답하면서 청 조정에서 한족과 만주족 관원 모두 조선 사신들을 우호적으로 대우하지만 서로 어울리는 부류는 한족뿐이라고 덧붙였다. 국왕은 우리가 만동묘를 유지하는 것을 청이 아느냐고 다시 물었다. 강로는 만주족을 포함해 중국인이 모두 알고 있다고 대답했다.[69]

다른 사람들은 공친왕을 좀더 격렬히 비난했다. 가장 높은 신하인 영의정 김병학은 공친왕이 서양인의 뇌물을 받고 그들을 돕는 것이라고 고종에게 아뢰었다. 김병학은 예부가 미국의 서신을 조선에 전달하기를 주저하자 공친왕이 압력을 행사했다는 혐의를 지지하면서 공친왕이 이단에 "물들어" 그 영향이 "우리나라에까지 퍼지고 있다"고 개탄했다. 경연관들은 그를 오랑캐인 금과 화친을 주장해 송을 멸망으로 이끌었다고 지목되는 12세기의 간신 진회秦檜에 비교하기까지 했다.[70]

반청감정에 영향 받은 것이 분명한데, 대부분의 조선 관원은 이 시기 청이 서양 열강과 합의한 것을 좋지 않게 봤으며, 공친왕과 그 세력이 청의 외교정책을 도덕적으로 타락시키고 불신하게 만들었다고 생각했다. 그들은 서양 국가들과 관계를 수립하는 데 청의 지도를 따를 의향이 거의 없었다. 사실 그들은 이 문제에서 청의 지도를 따르지 않는 것이 조선의 가장 중요한 도덕적 책무라고 여겼다. 그러나 그들이 청에 불충했다는 뜻은 아니다. 만주족에 대한 개인적 감정이나 조선의 국내 정책에 대한 입장이 어떠했든 국왕과 대원군과 모든 신하는 청에 순종했고 절대적으로 충성했다. 그들이나 청 모두 조선의 정치적 독립과 청에 대한 조

---

69 『일성록』 고종편, 8년 4월 17일.
70 같은 책, 8년 4월 20일.

선의 의례적儀禮的 복종 사이에서 어떤 충돌도 발견하지 못했다.

조선 정부는 자신의 정치적 독립과 자유를 지키려고 애썼지만, 곤란한 서양인들을 처리하는 책임은 청에 돌리려고 했다. 무역이나 선교를 목적으로 접근한 외국인이 나타날 때마다 조선은 조공국이 외국과 허가받지 않은 관계를 수립하는 것은 청이 금지했다고 그들에게 알려줬다. 조선 정부는 외교의 기술을 잘 모른다고 해명하고 청에 "완전히 의지"하고 있다는 것을 강조하면서 그들에게 지도를 요청했지만 사실은 독립적인 경로를 추구하기로 결심한 것이었다.

이런 정책 아래 대원군은 고전적 형태와 방법으로 청과 조공관계를 수행했다. 그는 서양 국가들과 관계를 수립하면서 청의 지도를 따를 의사가 전혀 없었음에도 청에 영원한 헌신을 공언했다. 대원군은 조선이 계속 청의 지도를 받으면 자력으로 서양의 위협을 물리칠 수 있다고 확신하면서 조선의 고립을 유지하는 목표를 추구했다. 서양 세계에 대한 그의 완고한 자세는 근시안적이고 무모했지만, 프랑스와 미국의 침입을 방어하는 데는 대단한 지도력을 발휘했다. 그러나 앞서 본 대로 신하들과 군사들의 사기를 유지시킨 것은 그의 인격이나 지도력의 힘만은 아니었다. 대원군의 여러 국내 정책과 계획은 논란이 많았고 양반의 강력한 반대를 불러왔지만 그의 가차 없는 천주교 박해와 서양의 압력에 대한 단호한 저항은 그들의 전폭적 지지를 받았다. 그의 결심은 청이 서양 열강과 협력하거나 그들의 요구를 수용한 것은 도덕적으로 잘못됐을 뿐 아니라 공친왕의 협력 외교―중국인들이 정말 혐오했다―를 반영하는 것이라는 믿음에 따라 강화된 것으로 생각된다. 이런 믿음은 중국에서 "협력 정책"―서양 열강과 갈등을 증폭시켰으며 1870년 톈진 교안으로 극점에 이르렀다―이 분명히 무너진 뒤 조선에서 널리 통용됐다. 이 시기 중국의 지배적인 상황과 대중의 감정에 비춰 그런 믿음이 완전히 부당한 것은 아니었다.

조선이 서양 세계에 대해 완고하고 비현실적 자세를 보인 것과 비교할 때 이 시기 청의 외교가 적응력을 지녔다는 사실은 부인하기 어렵다. 그러나 어느 정도까지 적응할 수 있었는지 의문은 남아 있다. 정말 총리아문은 근대 세계에서 청과 조선의 조공관계는 "논리적으로 불가능하다"고 생각했는가? 라이트가 말한 대로 정말 총리아문은 조선을 청의 조공체제에서 벗어나게 하려고 했는가? 아니면 일시적인 방편으로 조선에게 서양 국가와 조약관계를 수용하라고 촉구했는가?[71] 요컨대 청의 외교적 적응성은 내키지 않지만 진정한 마음의 변화를 나타낸 것인가? 아니면 현실과 일시적으로 타협한 것이었는가?

1860년대 후반 청 정부는 그 세기 중반 국내를 휩쓴 거대한 반란에서 승리한 것처럼 보였지만 반란 이후의 재건과 서양 열강과의 관계에서 불거진 수많은 난제에 아직도 직면해 있었다. 조선―전통적으로 제국의 동쪽 방벽―이 개방적이고 안정된 교류를 추구하던 서양 열강과 일본의 커지는 압력에 직면하고 있다는 사실을 청이 깨달은 것은 자신의 국력과 자원이 극한까지 고갈돼가던 이 어려운 시기였다. 그러나 몇 세기 동안 지속된 고립이 만든 꿈속의 세계에서 살고 있던 조선은 이런 세력들을 수용하는 것을 단호하게 거부했다. 라이트가 분석한 대로 그 결과 청은 손쓸 수 없는 것은 아니라도 곤란한 처지로 몰렸다. "한편으로는 청 자신이 국내의 재건에 열중하느라 국제적 문제에 휘말리는 것을 피할

---

71   Wright, "The Adaptability of Ch'ing Diplomacy," 369쪽.

수밖에 없던 시기에 모든 세계에 맞선 조선의 극단적 자세를 청이 옹호하는 것은 물리적으로 불가능했다. 다른 한편으로 청이 조선에 대한 종주권을 포기하거나 자신도 아직 버리지 않은 유교적 전통을 조선이 버리라고 강요하는 것은 도덕적으로 불가능했다."[72] 이런 상황에서 청이 혁신적이거나 적극적인 태도로 조선과의 관계를 수행하는 것은 기대하기 어려웠다. 그 결과 이 시기 청의 조선 정책은 현실적이었지만 그만큼 전통적인 상태로 남아 있었다.

무엇보다 조약체제 아래서 외교적 혁신을 시작했지만, 청 정부의 지도자들은 조선·베트남 같은 전통적 조공국과의 관계가 근본적으로 변할 것이라고 예상하거나 그런 상황을 고려하지 않았다.[73] 청의 많은 관원은 청이 제국의 권력을 다시 발휘할 수 있을 정도로 회복되면 조약체제는 즉시 폐기될 일시적 방편이라고 생각했다. 공친왕이나 문상 같은 청의 주요 지도자들이 모든 국가의 평등한 주권―조약체제의 기본 원리―이라는 개념을 진정으로 또는 완전히 받아들일 가능성은 거의 없었다. 청에서 서양 국가들과의 관계에는 조약체제가 적용됐지만 서양 이외의 국가들과의 관계는 조공체제가 계속 지배했다. 청은 조약체제가 완전히 시작된 뒤 이런 이중적 개념에 입각해 전통적 조공체제에 따라 조선·베트남 같은 동아시아 국가들과의 관계를 계속 수행했다.

청은 모범적 조공국인 조선을 서양 국가들과 분명히 구별했다. 조선 문제에 자주 그리고 거의 어쩔 수 없이 개입했지만 총리아문은 조선 문제를

---

72 같은 책, 369쪽.

73 증국번과 리훙장 모두 조선이나 베트남과 달리 일본은 원대 이후 중국에 조공하지 않았다는 것을 부분적인 근거로 삼아 1871년 동아시아 국가인 일본과의 조약 체결을 지지했다. 자세한 사항은 4장 3절 참조.

처리하거나 조선과 직접 연락하는 권한을 가지려고 노력하지 않았다. 이전처럼 조선과의 관계는 예부가 처리했다. 청 정부의 지도자들은 군신관계인 전통적 조·중 관계를 근대 세계에서 "논리적으로 불가능한" 것으로 보기보다는 서양 국가들과 맺은 조약체제와 양립할 수 있다고 판단했다.[74] 총리아문은 조선이 즉각적인 침공을 피하려면 어느 정도 서양 열강을 수용하기를 바랐지만 그렇게 하라고 명확히 조언하지는 않았다. 조선이 프랑스나 미국과 조약을 협상하도록 바랐다고 해서 청이 자신의 조공체제나 영향권에서 조선이 벗어나기를 바랐다는 뜻은 아니었다. 조선은 중국에 대한 조공 의무와 충돌하거나 그것을 방해하지 않는 한 어떤 외국과도 자유롭게 관계를 유지해왔다는 사실을 기억해야 한다. 청의 법률이 외국과의 관계를 금지하고 있다고 조선이 자주 들먹인 것은 서양의 요구를 거절하려는 구실이었을 뿐이며 청의 법률을 근거로 한 것은 아니었다.

조선에 대한 명목적 종주권을 유지한다는 이런 청의 기본 정책은 조·청 관계의 전통과 일치하는 것이었다. 과거에 그랬듯 이 시기 청은 조선의 행위에 자신은 어떤 책임도 없다고 거듭 부인했으며 그 사안에 개입하기를 거부했다. 앞서 지적한 대로 청이 수많은 국내 문제에 직면한 이 시기에 자신의 국경을 넘어 책임을 떠맡는 것은 어리석은 행위였을 것이다. 청이 다르게 행동한다면 좀더 근본적으로 그것은 전통과 위배되는 것이었다. 중국은 조선에 의례적 권위와 도덕적 지도력을 행사했으며, 정치적으로 지배하거나 통제하지는 않았다. 조선은 중국의 명목적 우위를 인정하고 존중했으며 유교적 예절을 시행했지만 중국의 선례나 의도

---

74 T. F. Tsiang, "Sino-Japanese Diplomatic Relations, 1870~1894," *Chinese Social and Political Science Review* 17.1 (April, 1933), 55쪽.

를 모두 따를 필요는 없었다. 사실 조선에서 만주족에 대한 반감이 지속된 청대에 두 나라 사이의 조화로운 관계를 보장한 기본 조건 가운데 하나는 청이 조선 사안에 간섭하지 않는다는 정책이었다. 17세기 중반 이후 청이 조선에 정치적으로 간섭한 적은 한 번도 없었다. 이 시기에 그런 현상이 나타난 것은 완전히 전통을 따랐기 때문이었다. 당시 서양인들이 관찰한 대로 그것은 중국의 권위 결여나 조선에 대한 책임 방기를 보여주는 것이 아니었다.[75]

끝으로 조·청 관계의 이념적·제도적 전통 외에도 이 시기 청이 조선의 안보에 점차 큰 관심을 가졌지만 적극 개입하지 않기로 한 데는 매우 중요한 현실적 이유가 있었다. 공친왕과 그 세력은 서양이 중국에 대해 품은 의도를 경험한 결과 프랑스와 미국은 조선에서 영토를 확대하려는 것이 아니라 무역과 선교를 하는 데만 관심이 있다고 확신했다. 그들은 서양과의 무역이나 천주교를 크게 걱정하지 않았으며, 무역이나 선교가 조선의 국가적 생존을 즉각 위협하지 않는다는 것을 알고 있었다. 잘 알려지지 않았지만 대단히 흥미로운 한 사건은 총리아문의 이런 견해와 조선 정책을 보여준다.

1867년 초반 상하이와 홍콩의 신문들은 일본의 조선 계획과 목적에 대한 하치노부 준슈쿠八戶順叔라는 일본인의 발언을 보도했다. 1867년 1월 18일 홍콩의 『중외신문中外新聞』은 일본이 서양의 무기와 기술을 도입하는 데 큰 진전을 이뤘으며 80척이 넘는 근대적 전함을 보유했다고 자랑하는 하치노부의 발언을 실었다. 그는 "조선 국왕이 쇼군에게 보내

---

75 조선과 관련해 벨로네와 로가 총리아문과 교환한 견해는 이 시기 서양인들이 조·중 관계를 어떻게 해석했는지 보여주는 대표적 사례다.

야 하는 조공을 하지 않는 것을 응징"하기 위해 막부가 조선을 원정할 계획이라고 말했다. 하치노부는 한국의 고대 왕국들이 일본에 조공했다는 확언을 포함해 일본과 조선의 역사적 관계를 왜곡한 다른 발언도 했다. 지방 관원들은 이런 발언이 실린 신문 기사를 총리아문에 전달했다.

선교 문제를 둘러싼 프랑스와 조선의 무력 충돌과 제너럴 셔먼호에 관련된 미국의 질의로 이미 곤란한 상태였던 공친왕·문상과 그 밖의 아문 대신들은 일본이 조선을 원정할 가능성이 있다는 보고를 받고 불안해했다. 1867년 3월 20일 그들은 황제에게 비밀 상소를 올려 우려를 표명했다. 첫머리에서 그들은 일본이 중국을 "약탈"한 역사와 그들의 "오만한" 성품을 짧게 언급한 뒤 일본은 청과 매우 인접해 "그들의 승리나 패배는 청에도 큰 영향을 줄 가능성이 많기 때문에" 일본이 영국·프랑스와 벌인 "전쟁"을 주의 깊게 관찰했다고 말했다. 그들은 일본이 최근 군사적으로 패배했지만 "매우 노력해 강해졌다"고 언급했다. 상소자들은 일본의 무장 확대와 근대화의 진전을 지적하면서 "일본의 야망은 작지 않으며" "이제 조선과의 분쟁을 추구하고 있다"고 말했다. 영국과 프랑스는 조선과 충돌했지만 무역과 선교만 추구했을 뿐이며 영토적 확대를 시도하지는 않았다고 그들은 분석했다. 반면 "일본이 조선을 점령하면" 청의 어려움은 "훨씬 심각해질 것이며 그들에게 무역과 선교는 부차적 문제"라고 지적했다. 상소자들은 일본의 조선 침략은 프랑스가 조선을 공격했을 때보다 청에 훨씬 심각한 영향을 줄 것이라고 경고하면서 예부가 조선에 밀서를 보내도록 명령하라고 건의했다.[76] 황제의 명령을 받은

---

76 신문 기사의 발췌와 공친왕의 비밀 상소는 『籌辦夷務始末―同治朝』, 47.20a~23b 참조.

예부는 조선에서 온 조공사절에게 서신을 전달했고, 그들은 4월 10일 한성으로 돌아가 조선 정부에 그것을 바쳤다.

밀서를 보고 놀란 조선 정부는 즉시 예부에 답신을 보내 하치노부의 발언에 있는 오류를 지적했다. 조선은 오랫동안 일본과 평화로운 관계를 유지했으며 자신과 일본 사이에 일어난 이례적 사건은 모두 늘 청에 성실히 보고했다고 확언했다. 서신에서는 조선을 걱정하고 보호해주는 것에 영원히 감사하는 마음을 황제께 전달해달라고 예부에 요청했다.[77] 동시에 조선 정부는 조선 국왕이 쇼군에게 조공을 바쳐야 한다는 하치노부의 도발적 주장을 엄중히 반박하는 서신을 쓰시마에 보냈다. 조선 정부는 두 세기 넘게 지속된 양국의 평화관계의 기반이 된 조약과 상호 신뢰의 불가침성을 강조하면서 하치노부의 발언을 충분하고 만족스럽게 해명하라고 요구했다.[78]

막부는 하치노부의 발언을 전혀 몰랐다. 조선에 외교 사절을 보내려는 계획은 있었지만 군사 원정을 할 계획은 없었다. 6월 중순 쓰시마가 조선의 서신을 전달하자 막부는 즉시 조선에 답신을 보내 하치노부의 주장을 부인하라고 쓰시마에 지시했다. 10월 하순 쓰시마는 그런 답신을 조선에 보냈다. 쓰시마는 하치노부의 발언이 완전히 잘못되고 근거 없는 것이라고 규정하면서 막부는 조선에 대해 적대적인 계획이나 의도가 전혀 없다고 말했다. 최근 선박과 총기를 구입한 것은 일본의 자체적 강화와 방어를 위한 것이라고 해명했다. 쓰시마도 조선에 대한 막부의 우호와 선의를 다시 확언했다. 쓰시마는 답신과 함께 따로 서신을 보내

77 『고종실록』 4.15b~16a ; 『籌辦夷務始末―同治朝』, 48.25b~27a.
78 『고종실록』 4.16a. 田保橋潔, 『近代日鮮關係の研究』 1권, 124~126쪽도 참조.

막부는 조선과 프랑스·미국의 분쟁을 중재하기 위해 외교사절을 조선에 보내기로 결정했다고 조선 정부에 알렸다.[79] 앞서 조선 정부는 그런 사절을 받지 않겠다고 거부했지만, 막부는 일방적으로 결정했다.

막부는 하치노부 사건을 상당히 정중하게 부인했지만 조선 정부는 그렇지 않았다. 막부는 부인하고 안심시켰지만, 조선 관원들은 하치노부의 발언에서 3세기 전 히데요시의 침공을 불편하게 떠올렸으며 일본의 침공이 임박했다고 두려워하는 사람도 있었다. 막부는 조선을 공격할 계획이나 의도가 전혀 없다고 부인했지만, 바라지 않는 사절을 보내겠다고 일방적으로 결정한 사실을 보면서 조선은 의심을 키우게 됐다. 프랑스와 미국을 "도우려는" 막부의 열망은 조선이 보기에 더욱 의심스러웠다. 1868년 초 조선은 쓰시마에 두 번째 서신을 전달하면서 이런 태도를 분명히 표출했다. 조선은 막부의 중재 제안을 앞서도 거절했다고 무뚝뚝하게 다시 말한 뒤 조선은 해안 경비를 강화해 인접국이 걱정할 사항이 전혀 없으니 막부가 먼 외국의 문제까지 신경 쓸 필요는 없다고 단언했다. 그 서신은 두 나라의 모든 사무는 쓰시마를 거쳐 처리해야 한다는 "불변의 법률"이 있음을 막부에 다시 일깨워줬다.[80]

청·일본·조선이 관련된 하치노부 사건은 이 시기 이 나라들이 서로에 대해 어떤 시각과 태도를 갖고 있었는지 보여준다. 하치노부는 막부와 공식 관계가 없던 인물이었지만 학자로 알려져 있었다. 조선에 대한 그의 시각은 같은 시대 일본인들을 대표하지는 않더라도 전형을 보여줬

---

79 田保橋潔, 『近代日鮮關係の硏究』 1권, 112, 127~128쪽. 쓰시마의 서신은 『일성록』 고종편, 4년 10월 1일 ; 『고종실록』 4.~44b~45a 참조.

80 田保橋潔, 『近代日鮮關係の硏究』 1권, 119~120쪽.

다. 조선과 일본의 역사적 관계에 대한 그의 지식은 정확하지 않았다. 그러나 그는 그런 측면에서 예외가 아니었는데, 당시 일본인들은 대부분 그처럼 고대에 한국이 일본에 조공했다고 믿었다. 그처럼 조선과 도쿠가와 막부의 관계도 본질적으로는 조공관계라고 여기는 사람도 많았다. 이런 오해에 내재한 추정, 곧 일본이 조선보다 명목상 우위에 있다는 생각은 메이지 유신 이후 조선에 대한 일본의 "유신" 외교에 깔린 기본적 개념의 하나가 됐다. 막부가 조선 원정을 계획하고 있다는 하치노부의 주장은 근거 없는 것이었지만, 조선을 복속시키거나 정복해야 한다는 요구는 막부 말기 많은 사람이 제기했다. 메이지 초기 그런 주장은 더욱 집요하고 광신적이기까지 한 지지자들을 불러모았다.

조선에게 하치노부 사건은 인접한 두 강국이 지배했고 이제는 약탈적인 서양 열강이 점차 위협하고 있는 세계에서 자신의 위태로운 위치를 두렵게 일깨워줬다. 조선 정부는 하치노부의 발언에 대한 청의 질의에 대답하면서 고조되는 외부의 위협으로부터 조선이 청의 보호를 필요로 하게 될 때 청이 조선의 충성을 의심하지 않도록 하려고 주의를 기울였다. 조선은 그 사건으로 일본에 대해 오랫동안 잊고 있던 불신을 되살렸으며 일본과 서양이 조선을 놓고 협력하지 않을까 하는 의심을 품게 됐다. 일본이 서양 "오랑캐"를 "우호적으로" 대우하는 것을 좋지 않게 보던 대원군과 조선의 지도층은 더 이상 일본과 교류할 필요가 전혀 없다는 결심을 더욱 굳혔다.

끝으로 이 일화는 서양이 조선을 위협하고 일본도 그럴 가능성이 있다는 사실을 청이 알고 있었음을 분명히 보여준다. 프랑스가 다시 조선에 보복할 수 있고 미국도 침략할 가능성이 있었지만 공친왕과 그 세력은 프랑스나 미국이 조선에 진정한 위협이라고 여기지 않았다. 이것은 청이 조선에 직접 또는 적극 개입하기를 거부한 까닭을, 적어도 부분적으로는 설명해준다. 반면 일본을 주요 열강으로 거의 생각하지 않던 이 초기 국면에도 일본은 조선에 그러므로 청에 위협으로 간주됐으며, 그 위협은 어떤 서양 열강보다 잠재적으로 더욱 위험했다.

청에서 서양 열강과의 협력정책이 무너진 뒤인 1860년대 후반과 1870년대 초반 청과 서양의 불화는 점차 커졌다. 아울러 리훙장 같은 청의 지도자들은 러시아와 일본의 위협이 커지고 있다고 판단했다. 그 결과 청은 세계에서 중국의 전통적 지위에 대해 교조적인 태도를 갖지는 않았지만, 자신의 안보에 매우 중요하다고 판단된 지역인 조선에 대한 종주권을 포기할 가능성은 적었다. 실제로 청의 종주권은 의례적 사안에 국한돼 있었지만, 이론적으로 조공체제에서 그 권위는 절대적이었다. 군사적으로 약세인 기간에 종주국의 권위는 청이 한반도를 계속 통제하고 외국의 지배 아래 들어가는 것을 막을 수 있는 최선의, 그리고 아마 유일한 수단이었을 것이다.

일본의
초기 팽창주의

———

1590년대 도요토미 히데요시의 조선 침략은 대륙 팽창에 대한 일본의 열망이 처음 폭발적으로 발현한 사건이었다. 그런 대담한 시도에 실패한 일본은 한 세기 동안 국내외에서 끊임없는 전쟁과 파괴를 겪은 뒤 국내 질서와 안정의 재건이라는 과제로 눈길을 돌렸다. 17세기 초반 대부분의 일본 국민이 파괴적인 내전과 소모적인 해외 원정으로 지쳤을 때 도쿠가와 막부의 설립자들은 자신의 국내 통치를 강화하는 데 노력과 자원을 투입했다. 체제를 수립한 지 몇 년 만에 막부는 조선과 공식 관계를 회복했지만, 그 주요 동기는 국내의 정치적 고려에 있었다. 막부는 중국과 공식관계를 수립하려고 했지만 구체적인 행동은 하지 않았다. 한편 막부는 천주교를 국내의 사회·정치적 질서에 대한 위협으로 간주해 점차 억압했으며, 번창하는 유럽과 동남아시아의 무역을 독점하려는 열망이 있었는지도 모르지만, 나가사키에서 중국인·네덜란드인과 했던 엄격히 규제된 제한적 무역을 제외하고는 1639년(인조 17, 청 숭덕 4, 일본

간에이 16) 외부 세계와 접촉을 금지했다. 조선과의 관계는 이런 쇄국정책의 영향을 받지 않았으며 대부분 쓰시마에 위임됐다.

국내의 안정과 해외의 평화는 도쿠가와 막부의 쇄국정책이 성공하는데 작용한 두 가지 주요 조건이었다. 그러나 이런 조건은 19세기 초반 사라졌다. 도쿠가와 막부의 봉건질서는 커져가는 내부의 사회·경제적 어려움으로 약화됐으며, 안보와 독립은 외부의 서양 팽창주의 때문에 위협받기 시작했다. 안팎의 위협이 결합되면서 일본의 위기의식은 커졌으며, 무엇보다 동아시아 대륙에 대한 관심을 다시 자극했다. 19세기 중반 정부 안팎의 주요 인물들은 서양의 팽창으로 위협받고 있는 세계에서 일본의 안보와 부흥을 보장할 수 있는 대상으로 동아시아 대륙을 보기 시작했다. 그들이 일본의 미래에 대해 품은 희망과 두려움, 중국·조선 같은 대륙의 인접국을 보는 시각과 태도는 여러 측면에서 메이지 초기 지도자들의 그것을 미리 보여주면서 초기 팽창주의의 모습을 띠었으며, 그 뒤 20년 동안 동아시아의 전통적 세계질서와 중국의 패권에 본격적으로 도전했다.

대륙에 대한 관심의 재출현

동아시아 대륙에 대한 일본의 적극적 관심은 16세기 말 이후 잠들어 있었는데, 동아시아에서 서양 세력이 팽창하면서 다시 깨어나 성장하기 시작했다. 사실 그런 변화는 서양의 침략과 팽창에 대한 두려움에 크게 자극된 것이었으며, 그러므로 서양이 일본을 위협하기 시작한 상황과 긴밀히 연관된 것이었다. 그 과정은 세 가지 주요 단계를 거치면서 점진적이지만 꾸준히 빨라졌다. 첫 번째 단계는 일본의 북부 국경에서 러시아가 팽창한 18세기 후반부터 페리의 흑선黑船에 의해 개항된 1850년대 중반까지다. 두 번째 단계는 그 뒤 10년이 안 되는 1860년대 초반까지인데, "양이攘夷-개국"의 거대한 논쟁이 일본을 뒤흔든 기간이었다. 세 번째 단계는 1860년대 중반부터 1868년 막부가 몰락할 때까지 생존하기 위해 싸운 시기였다. 단계마다 일본 국내와 해외에서 일어난 중요한 사건과 변화가 반영돼 있다.

첫 번째 단계 동안 동아시아 대륙에 대한 관심은 소수의 학자, 특히 난학자蘭學者들 사이에서 지속됐으며, 서양에 대한 그들의 지식에 힘입어 일본은 서양 열강이 자신과 동아시아에 겨눈 위협의 본질과 심각성을 이해하게 됐다. 아시아 대륙에 대한 국민의 관심을 다시 일으키려고 노력한 첫 번째 일본인은 초기의 대표적 난학자 하야시 시헤이林子平였다. 하야시는 18세기 후반 일본의 북부 국경을 위협하기 시작한 러시아의 동진에 관심을 갖게 되면서 중국과 조선에도 주목하게 됐다.[1] 1781년(정조 5, 청 건륭 46, 일본 안에이安永 10) 그는 조선·류큐·에조蝦夷(홋카이도北海道와 그 인접 섬들)의 지리를 조사한 『삼국도설통람三國圖說通覽』을 썼다. 하야시는 한반도가 서양(러시아)의 잠식에서 일본을 지키는 데 반드시 필요한 전략적 요지라고 지적했다.[2] 1791년 그는 자신의 대표적 저서인 『해국병담海國兵談』을 완성했는데, 만주는 그 자체로든 서양의 주도로든 일본의 안보와 독립을 심각하게 위협할 수 있는 군사 거점으로 변모

---

[1] 하야시의 시각은 Donald Keene, *The Japanese Discovery of Europe, 1720-1830*, 39~46쪽 참조.

[2] 旗田巍, 『日本人の朝鮮觀』, 16쪽.

할 수 있다고 경고했다.[3]

중국과 조선에 대한 하야시의 관심은 본질적으로 팽창적 성격보다는 러시아의 침략에서 일본을 보호할 방법에 주로 관심을 둔 방어적 내용이었다. 그는 당시 세계에서 일본의 상황을 합리적으로 평가하면서, 현상에 안주해서는 안 되며 서양의 침략에서 일본을 방어하는 데 중요한 중국과 조선에 관심을 갖고 연구해야 한다고 촉구했다. 그는 조선과 중국을 침략하거나 그쪽으로 팽창해야 한다고 노골적으로 주장하지는 않았지만 적어도 조선에 대해서는 그런 행동의 가능성을 완전히 부정하지 않았다. 그는 『해국병담』에서 조선과 두 인접 지역의 지리를 연구했는데, 부분적으로는 그 지역에 대한 군사작전이 필요할 수도 있다는 가능성에 부응하려는 의도였다.[4]

그 밖의 일본 지식인들도 러시아의 팽창과 침략을 우려했다. 저명한 난학자 혼다 도시아키本田利明는 에조는 물론 사할린·쿠릴열도·캄차카로 팽창하려는 러시아에 맞서려면 그 지역을 일본의 식민지로 만들어야 한다고 주장했다.[5] 그러나 팽창주의자들의 관심을 대륙으로 돌린 사람은 다양한 분야와 서양에 관심을 지닌 학자 사토 노부히로佐藤信淵였다. 1808년(순조 8, 청 가경 13, 일본 분카 5) 사토는 러시아는 강국이지만 청이 더 강해질 잠재력이 있으므로 일본은 청과 우호관계를 구축하고 이익은 크지 않더라도 청과 무역을 확대해야 한다고 주장했다.[6] 그 뒤 사토는 신도神道의 영향으로 종교적 국수주의의 색채를 띠게 됐다. 1823년

---

3 Keene, *The Japanese Discovery of Europe*, 41~42쪽.

4 林子平, 『林子平全集』 1권, 388쪽.

5 Keene, *The Japanese Discovery of Europe*, 115~122쪽.

6 向井淳郎, 「幕末に於ける支那經略論の發展とその性質」(上), 20쪽.

에 쓴 『우내혼동비책宇內混同秘策』이라는 책에서 그는 일본은 지구가 만들어질 때 가장 먼저 창조된 땅이므로 온 세계를 다스릴 운명이라고 주장했다. 그는 일본이 그런 임무를 이루려면 중국을 정복해야 하지만, 그에 앞서 만주를 먼저 점령해야 한다고 썼다.[7] 아편전쟁 이후 사토는 종교적 팽창주의에서 어느 정도 벗어나 대체로 이전의 생각으로 돌아갔다. 1849년에 쓴 글에서 그는 청의 부흥을 바라면서 그것은 중국의 손상된 위상을 회복하고 오랑캐(서양)의 흥기와 광란에 맞서 일본과 그 밖의 동양 국가들의 안보를 지키는 데 핵심이라고 말했다.[8]

사토는 중국과 조선을 정벌하자고 제안함으로써 일본의 대륙 팽창을 가장 먼저 지지한 인물이 됐으며, 20세기 일본의 팽창주의자들은 그의 생각을 더욱 정교하게 다듬고 활용했다.[9] 사토는 국수주의를 지향했지만, 도쿠가와 시대 대부분의 학자가 품었던 중국에 대한 존경을 일부 간직했다. 서양의 위협이 커져가자 하야시·사토와 그의 동시대인들은 중국으로 팽창하거나 정복하는 것이 아니라 서로 협력해 서양에 대처하는 방향으로 전환하는 경향을 보였다.

일본인들은 페리의 흑선을 보면서 자신에게 닥친 서양의 위협이 얼마나 엄중한지 절실히 느꼈으며 국가적 위기를 깊이 인식했다. 그 결과 일본은 동아시아 대륙에 다시 관심을 두게 됐고, 그런 관심은 두 번째 과정으로 발전하고 성장했다. 이 단계에서는 두 가지 중요한 변화가 나타났다. 하나는 대체로 양적인 것이었는데, 페리의 내항 이후 대륙에 대한

---

7 Ryusaku Tsunoda, et al., eds., *Sources of Japanese*, vol. 2, 70~73쪽 ; Hilary Conroy, "Government versus 'Patriot' : The Background of Japan's Asiatic Expansion," 38쪽.

8 向井淳郎, 「幕末に於ける支那經略論の發展とその性質」(上), 21~22쪽.

9 같은 글, (上), 20쪽 ; Conroy, "Japan's Asiatic Expansion," 38쪽.

관심은 더 이상 소수의 학자나 정부의 정책 입안에서 제외돼 공담만 늘어놓는 탁자 위의 전략가들에게 국한되지 않았다. 많은 사람이 그 관심을 공유했으며, 특히 정치적 행동을 추구하는 인물들이 거기에 집중했다. 두 번째는 관심 자체의 질적 변화였는데, 그동안 대체로 방어적 성격을 띠면서 서양의 침략에서 일본을 방어하는 데 동아시아 대륙이 지닌 전략적 중요성에 주로 주목했지만 이제는 일본의 대륙 팽창을 주장하는 공격적 형태로 변모한 것이다. 일본의 대륙 팽창을 지지한 초기 세력은 크게 세 부류로 국내의 다양한 정치세력과 이해를 대표했는데, 막부 타도와 왕정복고를 주장하는 유신파, 막부를 지지하고 현상 유지에 노력하는 보수파, 당시 도쿠가와 막부의 변화와 혁신을 추구하는 개혁파였다.

유신파 가운데 선도적 인물은 조슈長州의 유명한 존왕론자 요시다 쇼인吉田松陰이었다. 요시다는 서양 국가에게 교류와 무역을 개방해 일본이 입은 손실은 조선과 만주 같은 인접 지역을 점령해 보충해야 한다고 주장했다. 특히 조선과 관련해 요시다는 "엄중히 책망해 고대에 그랬던 것처럼 조공을 보내도록 명령해야 한다"고 말했다.[10] 그는 한반도를 "다시 정복"하는 첫 작업으로 자신이 거주하던 조슈에서 조선 방향으로 동남쪽에 있는 울릉도를 점령할 것을 제안했다.[11] 다른 급진적 존왕파도 요시다의 견해에 공감했다. 마키 야스오미(이즈미)眞木保臣(和泉)는 "헤이조平城(나라奈良) 시대 이전 천황의 권위를 복원"하기 위해 조선·만주 등의 인접 지역을 점령해야 한다고 주장했다. 1860년대 초반 히라노 구니오미平

---

10 吉田松陰, 『吉田松陰全集』 1권, 122, 350~351쪽 ; Yoshi S. Kuno, *Japanese Expansion on the Asiatic Continent*, vol. 2, 354~355쪽.

11 吉田松陰, 『吉田松陰全集』 6권, 11, 50쪽 ; 菊田貞雄, 『征韓論の眞相とその影響』, 18~19쪽.

野國臣는 일본은 세계 패권으로 나아가는 첫 단계로 조선을 정복하고 한 반도에 "임나任那를 다시 건설해야 한다"고 썼다.[12]

요시다 같은 유신파는 "존왕양이"를 설파한 성리학의 미토학파水戶學派와 일본 민족의 신성한 기원과 우월성을 주장한 국학파의 영향을 받았다. 국내와 해외의 위기가 커져가던 기간에 요시다와 동료 존왕파는 고대 일본─신성한 천황의 통치 아래 국내뿐 아니라 해외까지 지배했다는 신화의 황금시대─의 전통으로 돌아가야 한다고 주장했다. 정치적으로 요시다는 일본 전역의 존왕파 사무라이를 대표했는데, 그들의 명분은 이 시기 조슈 세력이 주로 지지했다. 그들이 대륙으로 팽창해야 한다고 주장한 것은 일본 국내에서 천황의 통치를 복구해야 한다는 주장의 필연적 귀결이었다.

대륙 팽창을 지지하는 보수파 가운데 중요한 인물은 빗추備中(지금의 오카야마현 서부) 출신의 저명한 유학자이자 행정가인 야마다 호코쿠山田方谷였다. 1850년대 후반 야마다는 막부의 철저한 감독을 받던 사쓰마·조슈 같은 주요 번들이 주도하는 조선·만주·타이완에 대한 군사 원정을 지지했다. 1860년 가을 중국에서 태평천국의 난이 다시 일어나고 영국과 프랑스가 베이징을 점령했다는 소식을 듣자 이듬해 야마다는 중국에서 새로운 정복자가 나타나기 전 중국과 조선을 세 경로로 침공해야 한다고 주장했다. 원정군의 북군과 남군이 조선과 대만을 장악하는 동안 중군은 산둥반도에서 중국 본토를 침공해야 한다고 야마다는 말했다. 그는 여러 번에서 온 부대로 원정군을 조직하고 막부는 군사 감독

---

12 向井淳郎, 「幕末に於ける支那經略論の發展とその性質」(上), 24쪽.

관만 파견하며, 점령한 영토 가운데 3분의 1은 막부에 넘겨야 한다고 생각했다.[13] 이듬해 막부는 사쓰마 세력이 국내 정치에서 두각을 나타내는 것을 불안하게 보기 시작했는데, 야마다는 사쓰마에게 타이완과 그 밖의 남부 섬들을 정벌하도록 명령해 이런 잠재적 위험 상황을 해결하라고 막부에 제안했다.[14] 후다이譜代[15]에게 내려진 오미近江의 작은 봉지인 제제번膳所藩에서 전통적인 군사학을 가르치던 모리 스케노부森祐信는 1860년대 초반 막부는 중국을 침공하는 방안을 "외국을 공격해 국내를 구원하는 전략攻外內救之術"으로 추진해야 한다고 썼다. 모리는 일본이 독립적으로 그런 작전을 시작할 만큼 강력하지 않기 때문에 막부는 영국에게 거짓 복종해 그 계획을 영국이 지원하게 한 뒤 일본이 충분히 강성해지면 태도를 바꿔야 한다는 주목할 만한 제안을 했다![16]

이들의 이념적 배경은 대부분 유교였다. 그들은 전통적으로 막부 관직의 최고층을 충원한 후다이 다이묘가 다스리는 중소 번과 영지 출신이었다. 서양의 침략이 임박했음을 일본이 모르던 시기 이들은 막부가 세력을 회복해 현재 상태를 유지하는 데 관심을 기울였다. 그들은 당시의 정황상 서양 국가들과 합의할 수밖에 없다고 판단했으며, 확신하지는 못했지만, 그런 합의로부터 모든 이점을 이끌어내 국내의 적대세력에 맞서 막부를 강화하는 데 이용하려고 했다. 대륙 팽창—변함없이 막부의 잠재적 반대자나 적대세력에게 맡겨질 것이었다—에 대한 그들의 주장은 국내의 위협을 회피하거나 대처하는 방법으로 해외 원정을 추진하던 도

---

13 山田方曲, 『山田方曲全集』 3권, 222~223쪽.

14 같은 책, 223~224쪽.

15 에도시대에 대대로 같은 주군이나 집안을 섬긴 사람이나 그런 일.—옮긴이

16 向井淳郎, 「幕末に於ける支那經略論の發展とその性質」(下), 106쪽.

쿠가와 체제의 보수적 기득권 세력의 입장을 대표했다.

뛰어난 양학자洋學者이자 에치젠越前 출신의 정치가인 하시모토 사나이橋本左內는 개혁파 가운데 대륙 팽창을 주장한 대표적 인물이었다. 1857년(철종 8, 청 함풍 7, 일본 안세이 4) 하시모토는 친구에게 보낸 편지에서 일본은 조선·만주 일부·연해주, 나아가 북미와 인도 일부까지 합병해 국력을 강화하지 않으면 근대 세계에서 독립국으로 살아남지 못할 것이라고 썼다. 일본은 서양 열강에 군사적으로 도전하기에는 너무 약하기 때문에 선도적 두 강국인 영국·러시아 가운데 하나와 동맹을 맺지 않으면 그런 목적을 이룰 수 없다고 그는 판단했다. 하시모토는 동아시아에서 결국 영국과 러시아가 충돌할 것이라고 예측하면서 러시아는 인접국이며 영국보다 "신뢰할 수 있기" 때문에 일본은 러시아와 연합해야 한다고 주장했다.[17]

하시모토는 막부 타도와 왕정복고를 추구하는 급진적 존왕파도, 현상을 유지해야 한다는 보수파도 아니었다. 학문적으로 그는 도쿠가와 후기의 양학洋學(요가쿠)의 영향을 받아 일본이 서양의 과학과 기술을 받아들여 근대화와 자강을 이뤄야 한다고 확신했다. 정치적으로는 막부를 좀 더 대표적이고 효율적인 국가적 연합체로 재건해 쇼군이 전국의 주요 다이묘와 권력을 공유해야 한다고 주장한 계몽된 막부 관원과 "개혁적 번주"들이 내세운 명분을 지지했다.[18] 하시모토를 포함해 비슷한 생각을

---

17 橋本左內, 『橋本景岳全集』 1권, 552~554쪽 ; Conroy, "Japan's Asiatic Expansion," 33~34쪽 ; George M. Wilson, "The Bakumatsu Intellectual in Action: Hashimoto Sanai and the Political Crisis of 1858," in Albert M. Craig and Donald H. Shively, eds., *Personality in Japanese History*, 245~246쪽.

18 하시모토의 경력과 사상은 Wilson, "The Bakumatsu Intellectual," 234~263쪽 참조.

3장 _ 일본의 초기 팽창주의

지닌 개혁파는 변화하는 세계에서 고립은 위험하고 불가능할 뿐 아니라 터무니없고 어리석은 정책이라는 것을 깨달았기 때문에 개항을 지지했다. 대륙으로 팽창해야 한다는 그들의 주장은 당시 예지력 있는 것처럼 보였지만 "고대 일본의 영광"을 복구하려는 꿈이나 막부를 유지하려는 협소한 열망 때문에 제기된 것은 아니었다. 대륙 팽창은 일본의 국력을 강화하는 데 핵심적인 과업이며 약탈적인 열강이 지배하는 세계에서 생존하는 데 필요하다는 믿음에서 나온 것이었다. 이것은 메이지 시대 일본의 지상 목표가 된 "부국강병"이라는 명제의 초기 형태였다.

야마다는 예외일 수도 있지만 이들 가운데 막부 정책을 입안하는 데 직접 책임을 지거나 관여한 사람은 없었다. 그들의 제안이나 구상이 공식적 정책에 즉시 반영된 것도 없었다. 그럼에도 그들의 시각은 중요한 역사적 의미를 지녔다. 그들은 영향력 있는 인물이었고, 자기 지역이나 단체뿐 아니라 전국적으로 널리 알려지고 존경 받았다. 요시다는 왕정복고 운동의 초기 단계에서 가장 영향력 있는 인물 가운데 하나였다. 그는 29세 때인 1859년 안세이 대옥安政大獄으로 막부에 의해 처형됐지만, 구사카 겐즈이久坂玄瑞·다카스기 신사쿠高杉晋作·가쓰라 코고로桂小五郎(기도 다카요시木戸孝允)·이토 히로부미伊藤博文·야마가타 아리토모山縣有朋·이노우에 가오루井上馨 같은 조슈 출신의 유명한 제자들에게 지워지지 않는 각인을 남겼다. 구사카와 다카스기는 왕정복고 직전에 죽었지만, 다른 사람들은 모두 새 체제의 최고 지도자이자 메이지 시대를 이끈 과두정부의 일원이 됐다.[19]

---

19 요시다의 정치사상과 왕정복고 운동에서의 역할은 Albert M. Craig, *Chōshū in the Meiji Restoration*, 156~164쪽 ; H. D. Harootunian, *Toward Restoration*, 184~245쪽 참조.

하시모토는 급진적인 도막파倒幕派가 아니었다. 그러나 개혁적 활동 때문에 그도 25세라는 젊은 나이로 안세이 대옥 때 희생됐다. 하시모토는 젊은 나이에 혜성처럼 화려하게 나타났다가 사라졌지만 에치젠 번주 마쓰다이라 요시나가松平慶永의 중요한 정치적 중개자로 영향력을 행사했다. 도쿠가와 가문의 방계로 주요한 다이묘였던 요시나가는 막부 말기 개혁파를 대표하는 주요 인물이었으며 1862~1863년 쇼군의 정사총재政事總裁로 활동했다.[20] 사망한 뒤 하시모토의 영향력은 요시나가를 포함한 에치젠 출신의 주요 인물들의 활동으로 지속됐다. 아울러 그가 앞으로 일본이 동맹을 맺을 대상으로 러시아를 선택한 것을 제외하면, 메이지 시대 일본 정부가 추구한 대륙 팽창의 정신과 방법은 하시모토가 제시한 것이었다고 말할 수 있다.

야마다는 막부의 정책 입안자들에게 큰 영향을 줬다. 역사에서 요시다나 하시모토보다 덜 알려졌지만 야마다는 자신의 주군인 빗추 번주 이타쿠라 가쓰키요板倉勝淸의 신임 받는 신하이자 조언자로서 막부 지도자들에게 직접 접근했다. 1850년대 후반부터 1868년 막부가 무너질 때까지 이타쿠라는 계속 막부 행정의 요직—1862년 4월부터 1864년 9월, 1865년 4월부터 1868년 2월까지 최고직인 로주老中를 두 번 역임한 것을 포함해—에 있었다. 그 기간 야마다는 이타쿠라의 보좌관이자 신임 받는 조언자로 활동했다.[21] 1861년 막부의 사사봉행寺社奉行이었을 때 이타쿠라는 "국내의 불만을 외국 원정으로 돌리기"위해 야마다가

---

20 이 시기 마쓰다이라 요시나가의 정치적 역할은 W. G. Beasley, *The Meiji Restoration*, 129~139쪽 ; Wilson, "The Bakumatsu Intellectual," 234~263쪽 참조.
21 야마다의 경력은 山田方曲, 『山田方曲全集』 1권, 1~136쪽 참조.

제안한 방안대로 중국과 조선 원정을 제안했다.[22] 앞으로 보듯 이타쿠라는 그 뒤 조선 관련 사안에 관여했다.

아시아 대륙에 대한 일본의 관심이 증폭된 상황과 관련해 1850년대 후반과 1860년대 초반의 중요한 역사적 의미는 그 기간 대륙 팽창의 주요 학파가 나타나고 확립됐다는 사실에 있다. 대륙 팽창을 지지한 초기 인물들은 다양한 지적·이념적 배경을 지녔고 국내 정치를 보는 시각도 서로 달랐지만, 흥미롭게도 외부 세계에 대해서는 같거나 비슷한 시각과 태도를 보였다. 서양에 대한 그들의 기본 태도는 서로 달랐지만 모두 그 힘의 우월성을 인정했으며 서양과 협력까지는 아니더라도 타협해야 한다는 것은 수용했다. 그들은 중국에 대한 전통적 경의를 어느 정도 유지했고 중국과 일정하게 협력해 서양의 위협에 대처하고자 했지만, 중국은 전체적으로 뚜렷이 몰락하고 있다고 평가했다. 그들은 조선·만주·타이완 등을 일본이 당장 또는 앞으로 팽창해나가야 할 지역이라고 생각했다.

개혁파를 제외하고 서양의 침략에 대한 두려움은, 다급하기는 했지만 이 시기 일본인에게 팽창주의적 감정을 일으킨 유일하거나 주요한 요인이 아니었다는 것은 중요하게 지적할 필요가 있다. 유신파나 보수파가 중국과 조선에 관심을 둔 것은—그들의 시각은 여전히 대체로 편협했다—논리를 갖춘 팽창주의라기보다는 국내의 불안을 타개하기 위한 해외 모험주의의 성격이 강했다고 판단된다. 앞서 본대로 그 논리는 중국이나 조선을 침략해 자신의 국내 경쟁세력을 희생시키고, 주로 국내에서 자신들의 특별한 정치적 이해관계를 보호하거나 증진시키려는 의도에서

---

22   家永三郎, 『近代日本の爭點』 1권, 205쪽.

발원했다. 그러나 서양의 침략에 대한 두려움은 개혁파에게 주요한 요인이 분명했다. 그들은 서양을 좀더 깊이 이해하게 되면서 외국을 점령하는 것은 서양의 위협에 맞서 국내에서 민족적 통합을 이룰 수 있는 기회가 될 것이라고 확신했다. 그것 이외에도 그들은 인접한 아시아 대륙으로 팽창하는 것은 서양 열강이 지배하는 위험하고 새로운 국제 환경에서 일본이 살아남기 위한 부와 힘을 얻는 데 매우 중요하다고 믿었다. 팽창주의의 이런 두 가지 이유—서양의 침략에 대한 두려움과 국내의 정치적 고려—는 그 뒤 수십 년 동안 일본의 중국·조선 정책에 계속 영향을 줬다.

막부 말기의 정한론

1860년대 초반은 동아시아의 다른 지역과 마찬가지로 일본에서도 격동의 시간이었다. 그 시기는 1860년 3월 그 전해 일어난 안세이 대옥에 대한 보복으로 이이 나오스케井伊直弼가 암살되면서 불길하게 시작됐다. 가장 강력한 후다이 다이묘 가운데 하나였던 이이는 국가적 위기 때만 임명되던 막부 행정의 최고직인 다이로大老를 역임하면서 서양 열강과 개항 조약을 체결하는 데 격렬히 반대하는 움직임을 뚫고 나라를 이끌었다. 위축된 막부 권력을 강화하고 전통적으로 막부 행정부가 후다이를 통제해온 관행을 유지하기로 결심한 이이는 막부 정책에 반대하는 세력—개항에 반대하는 급진적 존왕파와 후계 쇼군으로 어린 도쿠가와 요시토미德川慶福를 선택한 막부에 맞서 히토츠바시 요시노부一橋慶喜를 지지한 개혁파도 포함됐다—을 가차 없이 투옥하고 처형하고 처벌했다. 이

이가 암살된 뒤 반막부·반외세 시위가 격화돼 마침내 조약 열강과 무력 충돌을 빚는 상황까지 이르렀다. 이런 국내 사건들과 영국과 프랑스가 중국 북부를 침공하는 등 해외 사건들이 결합되면서 일본의 위기감은 깊어졌으며, 대륙에 대한 관심은 두 번째 단계에서 세 번째 단계로 이행했다.

세 번째 단계에서 나타난 중요한 변화는 1863년부터 시작됐다. 하나는 더 이상 중국과 조선은 공식적 책임이 없는 인물들의 추상적 생각이나 소박한 추측의 대상이 아니라는 것이었다. 막부와 번을 책임진 인물들은 중국과 조선을 놓고 진지한 정책 토론을 벌였다. 이런저런 방법이 제안됐고, 조선과 관련해서는 구체적인 결정이 내려지기도 했다. 가장 주목되는 것은 조선 정부와 직접 접촉하려는 막부의 노력인데, 그것은 전통적으로 쓰시마를 거쳐 조선과 관계를 유지하는 방법에서 본격적으로 벗어났다는 뜻이었다. "정한론"이라는 표현은 1873년(고종 10, 청 동치 12, 일본 메이지 6) 메이지 정부에서 벌어진 유명한 조선 관련 논쟁에서 자주 동원됐지만, 이 책에서는 이 시기 조선과 관련해 일본에서 전개된 논쟁과 제안된 방법을 의미하는 것으로 사용했는데 그 시각과 동기는 1873년 정한 논쟁과 대체로 비슷했다.

1861년 영국과 프랑스가 베이징을 점령했다는 소식을 들은 야마다와 이타쿠라는 조선 침공을 포함해 대륙 원정을 더욱 서둘렀다. 같은 해 또 다른 사건이 일어나면서 조선에 대한 일본의 관심은 훨씬 더 증폭됐다. 1861년 3월 13일 비리레프Birileff 선장이 이끈 러시아 전함 포사도닉호Possadonick가 경고 없이 쓰시마에 들어왔다. 비리레프는 지방 관원에게 배를 수리해야 하니 정박하게 해달라고 요청했다. 쓰시마 당국은 그 요구의 수락을 주저하면서 즉시 사건을 막부에 보고했다. 그동안 러시아는 계속 사용할 수 있는 항구시설을 쓰시마에 만들었으며 러시아 선박이 몇 척 더 들어왔다. 러시아인들은 해군기지 부지를 영구히 임대해달라는 요구도 해왔다. 쓰시마가 도움과 지시를 거듭 요청하자 막부는 외국봉행外國奉行 오구리 다다마사小栗忠順를 쓰시마로 파견해 사건을 조사하고 러시아인을 물러가게 하라고 지시했다. 오구리 일행은 6월 14일 쓰시마에 도착해 2주 동안 지방 관원들과 상의하고 러시아인들과 협상했지만 소득이 없었다.23

사건을 질질 끄는 동안 영국—쓰시마를 조차하려고 생각한 적이 있었다—이 개입했다. 8월 14~15일 주일 영국 공사 러더퍼드 올콕 경Sir Rutherford Alcock은 동인도·중국 함대 사령관인 해군소장 제임스 호프 경Sir James Hope과 함께 막부 로주 안도 노부마사安藤信正와 상의한 뒤 러시아를 쓰시마에서 몰아내는 일을 영국이 돕겠다고 공식 제안했다.24 영국의 도움을 공식 요청하거나 수락하면 러시아가 반발할 것을 우려한 안도는 영국의 제안을 "묵인"했다.25 8월 말 영국 군함 두 척이 쓰시마에 왔다. 그 함선의 지휘관들은 쓰시마 관원들과 상의하고 선물을 교환했다. 영국과 일본이 이렇게 연대를 과시하자 러시아는 깊은 인상을 받고 계획을 포기한 뒤 9월 쓰시마에서 철수했다.

포사도닉호 사건은 쓰시마를 공황에 빠뜨렸고 막부에 충격을 줬다. 그들은 서양의 본격적인 해상 도전은 막을 능력이 없음을 절감했다. 즉각적인 위협은 물러갔지만 러시아를 물리칠 때 영국에 의존해야 했다는

---

23 포사도닉호 사건에 관련된 자세한 사항은 日野清三郎, 「幕末における對馬と英露」 참조.

24 Grace Fox, *Britain and Japan, 1858-1883*, 219~232쪽.

25 國分胤之, 『魚水實錄』 1권, 99~100쪽.

3장 _ 일본의 초기 팽창주의

사실은 불안했다. 쓰시마가 러시아나 영국에게 언제든 점령될 수 있다는 위험은 계속 남아 있었다. 쓰시마 당국에게 그런 상황은 더욱 걱정스러운 것이었는데, 당시 심각한 경제적 어려움에 직면했기 때문이다. 쓰시마의 주요 산업인 조선 무역은 19세기 초반 이후 계속 줄었고 경제도 악화됐다. 일본이 개항한 뒤 쓰시마와 인접한 나가사키에서 해외무역이 증가하면서 일본의 나머지 지역은 조선과의 무역을 경시하게 됐으며, 쓰시마의 경제적 어려움은 가중됐다. 결국 쓰시마는 서양의 해상 침범에 대응할 수 있는 방어력을 구축할 수 없었는데, 그것은 최상의 상황에서도 그들의 작은 능력에 부치는 일이었을 것이다.

쓰시마 정부는 이런 이중의 위기에 대처할 방법을 놓고 의견이 첨예하게 갈라졌다. 번의 주요 인물이자 에도 가이로江戸家老를 맡고 있던 사스 이오리佐須伊織는 쓰시마가 서양의 해군 침략에 대항하는 등의 문제는 국가적 현안이며 자체적 능력으로는 해결할 수 없으므로 막부가 쓰시마를 접수하고 쓰시마 번주인 소宗 가문에는 다른 영지를 하사해 보상해야 한다는 의견을 오랫동안 견지해왔다. 포사도닉호 사건으로 자극받은 사스는 자신의 제안을 거듭 강조했다. 1861년 9월 그는 막부가 쓰시마를 접수하고 소 가문과 그의 신하들은 규슈九州에 동일한 규모의 영지를 하사해 옮길 것을 막부에 요청하는 상소를 자신의 번주 명의로 올렸다. 그 상소는 수락되지 않았지만 많은 사람이 쓰시마는 에조처럼 막부 행정에 직속시키고 조약에 따른 개항장을 설치하는—서양 열강에게 점령되는 것보다 덜 해로운—방안을 지지했다.[26]

---

26   日野清三郎, 「幕末における對馬と英露」, 91~92, 198~200쪽.

젊은 소 요시사토宗重正가 차기 번주로 지명됐지만 사스의 계략으로 철회된 것을 포함해 사스의 행동과 건의는 쓰시마에서 많은 논란과 거센 반대를 불러왔다. 반대를 이끈 사람은 번의 고위 관원이자 쓰시마의 주도적 존왕파인 오시마 도모노조大島友之允였다. 오시마는 사스 세력이 6세기 동안 조상들의 고향이었던 쓰시마를 없애려고 한다고 비난하면서 쓰시마는 막부와 조슈 같은 강력한 번의 도움을 받아 지켜야 하고 지킬 수 있다고 주장했다. 경제 상황은 조선과 무역을 확대하고 중국과 무역을 시작해 회복할 수 있다고 그는 주장했다. 이런 목표를 이루려면 오시마와 그의 지지자들은 사스 세력에게서 번의 통제권을 빼앗아야 했다. 쓰시마 내부의 권력투쟁을 지원하기 위해 오시마 세력은 쓰시마의 강력한 이웃인 조슈에 도움을 요청했는데, 조슈 번주 가문은 소 가문과 혼인관계를 맺고 있었다.[27]

조슈는 조선과 지리적으로 가깝기 때문에 서로 오랜 역사적 관계를 맺어왔다. 직접적 교류는 18세기에 끝났지만 조슈는 한반도에 계속 관심을 뒀고 19세기 중반 다시 주목하기 시작했다. 울릉도를 식민지로 만들어야 한다는 주장에서 증명되듯 일본이 한반도와 그 너머로 팽창하는 데 조슈가 주도적 역할을 해야 한다는 것은 요시다 쇼인의 구상이었다. 1858년 요시다는―이때 페리 함대에 승선해 미국으로 밀항하려고 시도했다가 막부의 명령으로 조슈에 투옥됐다―에도에 있던 자신의 제자 기도 다카요시(당시는 가쓰라 고로로라는 이름을 썼다)에게 두 차례 서신을 보내 조슈가 그 계획을 맡도록 막부에서 승인하는 방법을 찾아달라

---

27 大江志乃夫, 『木戸孝允』, 106~107쪽 ; 木戸孝允, 『木戸孝允遺文集』, 9~10쪽.

고 부탁했다. 기도는 친구 오무라 마스지로大村益次郎(당시는 무라타 조로쿠村田藏六라는 이름을 썼다)와 협력해 조슈와 막부의 핵심 관원들로부터 그 계획의 지지를 얻는 데 성공했다. 그러나 기도가 공식적 승인을 받기 위해 막부에 접근한 것은 1860년 8월—요시다가 처형되고 9개월 쯤 뒤—이었다. 기도는 막부 로주 구제 히로치카久世廣親에게 올린 상소에서 울릉도는 조선이 아니라 일본의 영토이며 그것을 즉시 탐사해 개발해야 그것이 "어느 서양 열강의 손에 넘어가 조슈뿐 아니라 일본 전체에 심각한 위협이 되는 것을" 막을 수 있다고 주장했다.[28] 막부는 기도의 건의를 받아들이지 않았고 그 계획은 무기한 보류됐지만, 조선에 대한 그의 관심은 그 뒤에도 줄지 않았다.

오시마와 그 세력은 같은 존왕파이자 조슈 출신으로 왕정복고를 주도하고 있는 기도가 자신들의 명분에 공감한다는 사실을 깨달았다. 포사도닉호 사건이 전개되는 동안 기도는 쓰시마의 운명을 걱정해 거기에 무기와 식량을 지원해야 한다고 조슈 당국에 탄원했다. 오시마와 그 세력의 원조 요청에 화답해 1862년 기도는 오시마 세력이 원조를 요청하자 조슈 번주 모리 다카치카毛利敬親가 적극 도울 것이라고 그들에게 알렸으며, 모리는 쓰시마 내부의 권력투쟁에서 막부가 오시마 세력을 돕기 위해 결정적으로 개입하는 데 중요한 역할을 했다. 1863년 초반 막부는 소 요시카즈宗義和에게 쓰시마 번주에서 물러나고 그의 아들 요시사토重正가 뒤를 이으라고 지시했다. 사스에게는 자살하라는 명령이 내려졌고 그의 세력은 쓰시마 정부에서 축출됐다.[29] 이 과정에서 기도와 오시마는

---

28 菊田貞雄, 『征韓論の眞相とその影響』, 19쪽.
29 『松菊木戶公傳』 1권, 162~176쪽.

평생의 동지가 됐다. 두 사람은 그 뒤 일본의 조선 관련 정책 입안에서 긴밀히 협력했다.

쓰시마의 권력을 장악한 오시마와 그 세력은 서양의 위협에 맞서 쓰시마의 방어를 강화하고 경제적 문제를 해결하는 다음 목표로 나아갔다. 그들은 다시 기도와 긴밀히 협력했다. 기도와 오시마는 막부가 쓰시마 방어의 모든 부담을 떠맡기를 바란 것 같다. 그렇게 되지 않자 그들은 사실상 전무한 쓰시마의 국방을 구축하는 데 막부가 대규모 군사적·경제적 원조를 해주기를 희망했다. 오시마는 쓰시마의 경제 문제를 해결하는 방안으로 조선과 무역을 확대하려고 했는데, 그러려면 조선과 새로운 무역 협정을 협상해야 했다. 그러나 그것은 반조공국으로 조선에 의존하고 있던—특히 조선의 쇄국세력이 현존하는 일본과의 관계를 바꿀 의사를 보이지 않던 때—쓰시마의 능력을 크게 뛰어넘는 것이었다. 이번에도 쓰시마는 막부나 강력한 일부 번의 적극적인 지원이 필요했다. 이 무렵 기도와 오시마가 조선에 대해 어떤 행동을 구상했는지는 분명히 알 수 없다. 아무튼 1863년 초반 그들은 자신의 계획에 막부의 승인과 지원을 얻기 위해 적극 노력하기 시작했다.[30]

그들이 처음 접근한 인물들 가운데 하나는 로주 이타쿠라의 보좌관 야마다 호코쿠였다. 앞서 본 대로 야마다는 조선을 침략해야 한다고 거듭 건의했다. 그는 쓰시마가 사쓰마와 조슈의 도움을 받아 조선을 침공해야 한다는 자신의 지론을 기도와 요시마에게도 밝혔다. 야마다는 조선 침공의 자세한 계획을 다시 작성해 기도와 오시마에게 확신시키려고

---

30 菊田貞雄, 『征韓論の眞相とその影響』, 22쪽.

했다.[31] 막부 최고층과 긴밀한 관계에 있는 인물의 이런 열정적 반응과 그의 조언에 감화된 오시마는 조선 원정을 주장하는 상소를 자기 번주 대신 막부에 올렸다. 오시마는 막부가 오랜 우호의 명분 아래 조선이 서양 오랑캐의 침략을 받기 전 도와야 한다고 주장하면서 그렇게 하면 "조선은 분명히 순종할 것이며, 순종하지 않을 경우 막부가 무력을 사용해도 히데요시의 사례와는 달리 비판받지 않을 것"이라고 주장했다.[32]

기도와 오시마는 막부의 군함봉행軍艦奉行 가쓰 야스요시勝安芳와 접촉했다. 중간 정도의 신분인 하타모토旗本 가문에서 태어났으며 서양 해군에 풍부한 지식을 지닌 가쓰는 당시 일본 해군의 주요 인물이었다. 가쓰는 자신의 지능과 능력으로 그때까지는 명문 출신만 맡을 수 있던 막부 최고직에 올랐다. 1860년 그는 워싱턴으로 부임하는 최초의 주미대사를 호위한 막부의 전함 간린호咸臨丸의 함장으로 미국을 방문했다. 1860년대 가쓰는 일본에서 서양을 가장 잘 아는 사람이었을 것이다. 막부에 충성한 그는 개화된 관료였고, 세상을 떠난 하시모토 사나이와 자신의 번주 마쓰다이라 요시나가 같은 개혁파에게 공감했다. 가쓰는 일본이 서양의 과학과 기술을 받아들여 근대화하고 국력을 강화하지 않으면 독립국으로 생존할 수 없다고 확신했다. 그리고 그 관건은 해군력 확대에 있다고 믿었다.[33]

가쓰는 포사도닉호 사건을 매우 심각하게 생각했다. 그는 영국이나 러시아가 쓰시마를 점령하는 것은 물론 하나 또는 그 이상의 서양 열강

---

31 山田方曲, 『山田方曲全集』 1권, 79쪽.
32 같은 책, 3권, 233~241쪽.
33 勝安芳, 『勝海舟全集』 18권, 3~4쪽.

이 조선을 점령하면 일본의 안보와 독립을 심각하게 위협할 것으로 우려했다. 그와 로주 이타쿠라 같은 관료들은 영국·러시아가 앞으로 조선에 대한 작전을 펼치는 기지로 쓰시마를 사용하려고 한다고 의심했다. 러시아가 쓰시마를 점령한 동안 조선 원정을 계획하고 있다고 위협하자 그는 더욱 우려했다. 러시아는 쓰시마를 떠나기 전 쓰시마 당국에 조선어 통역자를 요구했다.[34] 군함봉행에 임명된 사흘 뒤인 1862년 10월 8일 가쓰는 마쓰다이라 요시나가―당시 쇼군의 정사총재―를 포함한 막부의 최고 지도자들이 참석한 고위 회의에서 가쓰는 해군 확대에 대한 자신의 견해를 자세히 설명했다. 영국과 러시아가 쓰시마를 해군 기지로 탐내고 있으므로 두 열강 가운데 어느 한쪽이 점령하는 것을 방지하기 위해 막부는 그 섬을 접수해 무역항을 건설해야 한다는 것이었다. 그러면 조선·중국과 관계를 개방하고 일본의 해군력을 강화하는 데도 기여할 것이라고 그는 설명했다.[35] 새 관직에 임명된 가쓰는 해상 무역시설을 확충하고 쓰시마에 해군기지를 신설하자고 막부에 건의했다. 앞으로 조선과 중국에도 해군기지를 건설하자고 제안했다.[36]

1863년 6월 13일 기도와 오시마는 자신들의 계획에 가쓰의 지원을 얻으려고 그를 방문했다. 가쓰는 설득할 필요가 없었다. 그 대신 가쓰는 쓰시마·조선과 관련된 자신의 견해를 자세히 설명했다. 아시아 국가들은 계획과 행동의 규모가 작고 어떤 나라도 장기계획을 갖고 있지 않기 때문에 유럽에 저항할 수 없다고 그는 방문자들에게 말했다. 일본이 먼

---

34   勝安芳, 『開國起原』 2권, 100쪽.

35   주 32 참조.

36   勝安芳, 『勝海舟全集』 11권 316쪽.

저 그 나라들에 선박을 보내 "그 지도자들에게 동맹을 맺고 해군을 확대하며 서로 돕고 배우도록 설득하지 않는다면 그 나라들은 유럽의 지배를 피하지 못할 것"이라고 그는 말했다. 가쓰는 먼저 조선과 해군 동맹을 맺은 뒤 그것을 확대해 중국까지 포함시키는 계획을 제시했다. 기도와 오시마는 완전히 동의했다.[37]

사흘 뒤인 6월 16일 가쓰는 이타쿠라 가쓰기요를 포함한 막부 로주들에게 자신의 제안을 올리면서 즉시 검토해달라고 요청했다. 첫 반응은 우호적이었지만 점차 반대가 많아져 가쓰의 제안은 신속히 승인되지 못했다.[38] 한편 가쓰는 군사적·경제적 지원을 요청하는 쓰시마의 의견을 활발히 알렸다. 가쓰와 야마다 등이 노력한 결과로 생각되는데, 7월 19일 막부는 해마다 쓰시마에 경제적 원조로 쌀 3만 곡斛을 제공하겠다고 발표했다. 앞으로 전함도 빌려주겠다고 약속했다. 표면적으로 그 지원은 쓰시마의 조선 원정 준비를 돕기 위해 이뤄진 것이었다. 이튿날 로주 이타쿠라는 "준비를 마치는 대로 쓰시마로 가서 조선의 상황을 자세히 조사해 보고하라"고 가쓰에게 지시했다.[39]

가쓰는 여러 공식적 업무를 처리하느라 쓰시마를 방문할 겨를이 없었다. 그러나 그는 기도·오시마와 계속 긴밀히 연락했는데, 그들은 그에게 행동하라고 압박했다. 가쓰는 자신의 계획을 추진하기 위해 모든 기회를 사용했으며, 조선에 파견되는 사절을 이끌라는 허락을 받기도 했다. 1864년 6월 그는 해군을 총괄 감독하는 지위로 승진했다. 그러나

---

37 같은 책, 18권 50쪽.
38 같은 책, 51, 58~59쪽.
39 같은 책, 68~69쪽.

7월 말 그의 주요한 후원자 로주 이타쿠라가 관직에서 물러나면서 그의 계획은 큰 차질을 빚었다. 오시마는 가쓰와 계속 연락했지만, 8월 말 막부와 조슈의 전쟁이 일어나면서 그 계획은 사실상 무산됐다. 마지막 타격은 그해 말에 가해졌는데, 가쓰가 맡고 있던 고베의 해군조련소가 도사土佐 출신의 사카모토 료마坂本龍馬 같은 급진적 도막파의 도피처가 됐다는 혐의로 가쓰가 파직된 것이었다.[40] 막부는 자신의 군사적·경제적 문제가 커진 결과 쓰시마에 약속한 군사적·경제적 원조를 모두 이행할 수 없었다. 1865년 3월 가쓰는 좌절과 실망을 일기에 적었다. "조선과 먼저 관계를 발전시킨 뒤 중국과 그렇게 하려는 것이 내 계획이었다. 나는 3~4년 전 이 계획을 제안했다. 지난해에는 조선에 사신으로 가라는 명령을 받았지만 로주가 교체돼 이뤄지지 않았다."[41] 이것은 이타쿠라의 사직을 말한 것으로 생각된다.

그 결과 가쓰와 그 협력자들이 추진한 조선 계획은 충분히 추진되지 못했으며, 그들의 의도가 조선과 관련되었는지도 정확히 판단하기 어렵다. 그러나 그들의 동기에서 어느 정도 추론할 수는 있다. 그 계획에 직접 관여했거나 적극 지원한 사람들 가운데 기도와 오시마는 존왕파의 대표적 인물이었다. 두 사람은 조선을 정복하거나 복속하는 것이 왕정복고의 필연적 결과라고 생각했다. 그들은 일본이 한반도에 영향력을 확립하거나 장악할 수 있을 때까지 조선이 서양 열강에 점령되는 것을 반드시 막아야 한다고 판단했다. 그 밖에도 그들은 자기 번의 이익을 위해 행동했다. 기도는 조선 원정에서 조슈가 주도적 역할을 할 것이라고 확신했으

40　山路愛山, 『勝海舟』, 171~172쪽.
41　勝安芳, 『勝海舟全集』 18권, 256쪽.

며, 그것은 국내의 양이攘夷운동과 도막 투쟁에서 조슈의 영향력과 위신을 높이고 지위를 강화할 수 있는 기회라고 생각했다.[42] 그 계획은 막부와 그 밖의 번에서 대규모 물량을 지원받을 수 있다는 측면에서 더욱 매력적이었다. 외부의 서양 침략 위협과 내부의 경제적 붕괴에 직면한 오시마의 쓰시마로서는 조선 침략 같은 국가적 중요 사업을 떠맡아야만 자신의 수많은 문제를 해결하고 경제를 다시 일으킬 수 있었다.

이타쿠라와 야마다는 현재의 상황을 유지하기 위해 애쓰던 막부의 보수적 관료를 대표했다. 그들은 조선과 관련해 어떤 일을 도모하든 막부가 아니라 사쓰마나 조슈의 자원을 동원하려고 했다. 그런 사업은 막부가 조약 열강과 맺은 관계를 어렵게 만들 배외세력의 만연한 시위를 위축시킬 것이기 때문이었다. 좀더 중요한 사항은 조선 원정이 가장 강력한 잠재적 두 적대세력의 관심과 힘을 전환시켜 막부가 직면한 국내의 심각한 위협을 줄이거나 없앨 수 있다는 데 있었다. 조선 원정은 성공하지 못해도 조슈와 사쓰마를 군사적·물질적으로 고갈시키고 막부에 도전할 수 있는 능력을 감소시키거나 무너뜨릴 수 있었다.[43]

가쓰의 동기는 개혁적인 일본의 미래를 구상하려는 원대한 것이었다. 현재 남아 있는 증거 가운데 그가 일본과 조선의 관계에서 존왕파의 광신적 애국주의에 동의했음을 보여주는 것은 없다. 막부의 충성스러운 관료였던 그가 막부에 대한 국내의 정치적 반대를 약화시킬 수 있는 사업을 환영했을 것은 분명했다. 저명한 양학자였던 그는 개항에 반대하는 배외세력의 시위를 위축시킬 수 있는 모든 방법에 찬성했을 것으로 생

42　大江志乃夫, 『木戸孝允』, 107쪽.
43　向井淳郎, 「幕末に於ける支那經略論の發展とその性質」(下), 106~107쪽.

각된다. 그러나 자신이 제안한 조선 계획으로 그가 추구한 가장 중요한 목표는 외부의 위협에서 일본을 방어하는 가장 중요한 방패라고 확신한 막부 해군의 확대였다고 여겨진다. 가쓰는 자신의 조선 계획을 언급하면서 "정한" 같은 표현을 자유롭게 사용했지만, 그것은 "정복"이나 "복속"이 아니라 조선과 동맹을 맺으려는 의도였다고 판단된다. 그러나 동시에 그런 동맹—궁극적으로는 중국도 포함하는—에서 일본을 지도적이거나 높은 위치에 둔 것도 분명했다. 동기와 의도가 얼마나 개명한 것이었든 가쓰의 계획은, 시행됐다면 조선과 중국에 대한 팽창주의적 행동으로 귀결됐을 가능성이 매우 컸다.

충분히 입안되거나 추진되지는 않았지만 가쓰의 계획은 여러 측면에서 매우 중요했다. 그것은 아시아 대륙에 대한 일본의 관심이 정부의 정책 결정에 참여하지 않은 인물들의 추상적 의견이나 한가한 논의의 단계를 넘어섰음을 보여줬다. 가쓰는 조선에 관련된 행동을 구체적으로 제안했고, 막부 최고 지도부는 그것을 진지하게 논의했다. 그런 결정을 실행하기 위한 몇 가지 예비 조치도 시행됐다. 이것은 근대 일본의 중국·조선 정책에서 중앙 당국이 행동을 승인하거나 직접 추진한 첫 사례였다. 또 하나 중요한 측면은 그 계획이 이 시기 일본에서 대륙 침략주의를 둘러싸고 나타난 여러 파벌의 다양한 대립적 이해관계를 결합시켰다는 것이다. 유신파·보수파·개혁파는 서로 다른 꿈을 지녔지만 여기서는 동료였다.

대륙 팽창에서 나타난 이 초기의 동반자 관계는 막부와 조슈의 내전이 벌어지면서 무너졌지만, 기본적으로 상정된 상황은 변하지 않은 채 유지됐다. 전쟁이 마무리되자 막부는 약화된 국내 위상을 강화하기 위해 조선을 이용하려고 다시 그리고 더욱 본격적으로 시도했다.

무산된 막부의 조선 개입

1864년부터 1866년까지 일본에서는 내부와 외부의 혼란이 계속 소용돌이쳤다. 1850년대 후반 이후 존왕양이 운동은 가속도를 얻어 격렬해졌고 1864년 여름 정점에 이르렀다. 1864년 8월 그 운동을 이끈 조슈는 온건파가 장악하고 있던 정부에서 다시 영향력을 넓히기 위해 교토에서 반란을 시도했다. 그 시도는 지난해 영국과 짧은 전쟁을 치르면서 배외주의의 어리석음을 깨달은 사쓰마를 포함한 주요 번들의 지원을 받은 막부에게 철저히 패배했다. 그 뒤 조슈는 지난해 동맹국의 선박을 공격한 행위에 대한 영국·프랑스·미국·네덜란드 함대의 보복으로 큰 곤경을 겪었다.

약화된 막부는 조슈의 "도전"으로 상실한 권력과 권위를 회복하기 위해 1864년 가을 저항하는 번들을 징벌하기 위한 원정을 시작했다. 원정은 어느 정도 성공했지만, 조슈에서는 혁명적 지도부가 수립됐다. 그들은 조슈 영지의 일부를 넘겨주는 것을 포함해 막부와 합의하기를 거부했다. 한편 막부는 반半봉건적 통제를 다시 확립하려고 시도했지만 주요 번들은 반대했다. 그 결과 1866년 3월 조슈와 사쓰마의 비밀 동맹이 체결되는 중대한 사건이 일어났다. 그동안 국내 정치에서 서로 대립해온 가장 강력한 외부(도자마外樣[44]) 번들의 동맹으로 사실상 막부의 운명은 확정됐다. 이처럼 상황이 변했지만 같은 달 막부는 조슈 원정을 다시 시작했다. 결과는 막부의 참패였다. 궁지에 몰린 막부에 행운이 찾아왔는데,

---

44 중세 이래 사용된 용어로 후다이譜代 관계가 없이 주종관계를 맺은 무가武家를 이른다.—옮긴이

1866년 8월 쇼군 도쿠가와 이에모치德川家茂가 젊은 나이로 사망한 것이다. 막부는 쇼군의 사망으로 국가적 위기가 발생했다는 명목으로 전쟁을 즉시 중단하라는 천황의 특별 칙서를 받았다. 뛰어난 능력으로 당시 다시 관직에 있던 가쓰는 칙서에 따라 조슈와 조건 없는 휴전을 협상했고, 막부는 적어도 당분간 더 큰 재앙을 간신히 피했다.[45]

한편 1866년 조선은 국내의 혼란과 외국과의 분규에 휘말렸다. 그해 조선 당국이 프랑스 천주교 신부 9명을 처형하면서 10월 프랑스는 강화도를 보복 침공했다. 1866년 8월에 일어난 제너럴 셔먼호 사건으로 미국과 지루한 논쟁이 이어졌으며 영국과도 그렇게 될 가능성이 있었다. 막부는 일본에 있는 외국 정보원들의 보고로 프랑스의 침략과 셔먼호 사건을 알고 있었다. 프랑스의 침략이 실패하고 셔먼호의 행방을 확인하려는 미국의 노력이 무산된 결과 돌아오는 봄 프랑스와 미국이 새로 원정에 착수할 것이며 영국도 동참할 것이라는 소문이 청과 일본에 퍼졌다.[46]

이런 사건들이 벌어지는 동안 쇼군직은 이에모치가 사망한 뒤 넉 달 동안 비어 있었다. 개혁파가 지지한 쇼군 후보였던 히토쓰바시 요시노부一橋慶喜는 즉시 도쿠가와 종가로 이에모치를 계승했지만 처음에는 쇼군직을 사양했다. 1867년 1월에야 요시노부는 새 쇼군으로 공식 책봉되는 것을 수락했다.

책봉된 지 몇 주 만에 요시노부는 막부가 수립된 이후 일본과 조선의 관계에서 선례가 없던 결정을 내렸다. 그것은 막부가 조선으로 고위 사신을 보내는 것이었다. 표면적으로 이 사신의 목적은 프랑스·미국과 조선

---

45 막부의 조슈 원정은 Craig, *Chōshū in the Meiji Restoration*, 236~250쪽 참조.

46 田保橋潔, 『近代日鮮關係の研究』 1권, 104~106쪽.

의 분쟁을 중재하려는 것이었다. 요시노부는 3월 12일 오사카에서 프랑스 공사 레옹 로슈Leon Roches를 만난 자리에서 그 결정을 직접 밝혔다. 로슈는 반대하지 않았다. 그러나 다음 날 막부의 로주가 추가 협의를 위해 방문했을 때 로슈는 생각을 바꿨다고 밝혔다. 로슈는 조선과 청의 조공관계를 언급하면서 베이징의 프랑스 공사가 조선 문제에 대해 청 당국과 논의하고 있다고 말했다. 청이 이 문제에 개입하기로 결정하면 프랑스와 조선의 분쟁은 청과 베이징의 프랑스 공사가 해결해야 할 문제가 되는 것이었다. 그렇게 되면 일본의 중재는 필요치 않다고 그는 덧붙였다.[47]

로슈의 실망스런 반응에도 막부는 계획을 밀고나가기로 결정했다. 3월 15일 외국총봉행外國總奉行 히라야마 다카타다平山敬忠를 조선에 파견할 사절단의 정사로 임명했다. 한 달 뒤 메쓰케目付[48] 고가 긴이치로古賀謹一郎가 히라야마의 부사副使로 지명되고, 하위 관원 9명이 사절단에 배속됐다.[49] 이 무렵 막부는 지난 10월 프랑스의 강화도 침공을 설명하는 조선 정부의 서신을 쓰시마로부터 받았다. 조선 정부는 서양의 비슷한 무력 침공의 가능성을 일본에 알렸지만 원조나 중재는 요청하지 않았다.[50] 그래도 실망하지 않고 막부의 로주는 주일 미국 공사 로버트 B. 반 발켄버그Robert Van Valkenburg에게 서신을 보내 조선과 미국을 중재하겠다는 막부의 결정을 알렸다. 쇼군은 이웃 나라인 조선이 일본의 우방

---

47 같은 책, 107~108쪽.

48 하타모토旗本·고케닌御家人을 감시하고 야쿠닌役人의 근무를 감독하는 등 정무 전반을 담당하던 막부와 번의 직명. 다보하시 기요시田保橋潔 지음, 김종학 옮김, 『근대일선관계의 연구』상, 일조각, 2013, 137쪽 참조. ─ 옮긴이

49 같은 책, 107~108쪽 ; Choe, *The Rule of the Taewŏngun*, 139~142쪽.

50 조선이 보낸 서신의 본문은 『일성록』 고종편, 3년 10월 15일 ; 『고종실록』 3,80a~81b ; 田保橋潔, 『近代日鮮關係の硏究』 1권, 114쪽 참조.

인 미국 시민에게 저지른 "만행"을 듣고 무척 개탄했다면서 미국 공사에게 말했다. "일본의 영향력으로 조선이 잘못된 길을 버리고 평화를 요청하면 미국은 원한을 풀고 조선과 우호관계를 수립하기 바랍니다." 미국 공사는 긍정적으로 회신했지만, 그 제안을 받아들인다는 미국 국무장관 슈어드의 공식 서신은 그해 말에야 도착했다.[51]

히라야마는 임명되자마자 자신의 임무를 완수하기 위해 부산만이 아니라 필요하다면 조선의 수도까지도 가겠다는 의사를 표명했다. 히라야마는 막부가 호의는 물론 힘을 과시하지 않는다면 조선에서 목적을 이룰 수 없을 것이라고 예측하면서 자신의 사행을 호위할 여러 척의 전함과 2개 대대를 요청했다. 또한 그는 자신의 사행이 성공하면 답방할 조선 사신들을 위해 효고兵庫와 에도에 적절한 숙박시설을 준비할 것도 요청했다. 부대의 호위를 제외하고 그의 요청은 모두 승인됐다.[52]

한편 8월 쓰시마는 막부의 지시로 조선 정부에 서신을 보내 막부의 결정을 알렸다. 번주 소가 조선 예조참판에게 보낸 그 서신에서는 조선이 평화로운 상태로 있기를 진심으로 바라는 마음에서 쇼군은 사절을 보내 "세계의 현재 정세"를 설명하려고 한다고 말했다.[53] 사절 파견은 순조롭게 준비됐지만, 히라야마가 다른 공무에 관여하느라 출발이 지연됐다.

처음에 부산의 조선 관원들은 막부가 조선에 사절을 보낸 선례가 없다는 이유로 소의 서신을 거부했지만, 태도를 누그러뜨려 그 서신을 도성에 전달했다. 9월 조선은 쓰시마에 서신을 보내 막부의 호의에 감사하

---

51 Tyler Dennett, *Americans in Eastern Asia*, 433~434쪽 ; 田保橋潔, 『近代日鮮關係の研究』 1권, 108~109쪽.

52 田保橋潔, 『近代日鮮關係の研究』 1권, 110~111쪽.

53 같은 책, 112쪽 ; 『일성록』 고종편, 4년 10월 1일 ; 『고종실록』 4.44b~45a.

지만 "가뭄과 전염병, 양이의 침범으로 야기된 시급한 국내 문제"를 먼저 처리해야 하기 때문에 히라야마 사절단은 수용할 수 없다고 알렸다. 서신은 즉시 로주 이타쿠라에게 전달됐다. 막부는 곤란한 처지에 놓였지만 단념하지 않았다. 그들은 "이 문제와 관련해 미국 정부와 이미 공식 합의했으므로 조선 정부의 서신 때문에 계획을 취소할 수는 없다"고 발표했다. 그러나 히라야마는 앞서의 계획을 수정했다. 그는 부산의 조선 관원들이 자신을 맞이하기를 거부하면 억지로 한성으로 가는 대신 쓰시마로 철수해 한반도에서 발생할지도 모르는 적대적 행위로부터 쓰시마를 보호할 적절한 방법을 시행하기로 결정했다. 사절은 11월 말이나 12월 초에 출발할 예정이었다.[54]

그러나 11월 9일 갑자기 요시노부는 쇼군으로서 자신의 정치적·행정적 권한을 천황에게 넘겼고, 이튿날 천황은 그의 사임을 수락했다. 황실은 막부의 권력을 즉시 인수할 능력이 없었기 때문에 천황은 요시노부에게 당분간 이전처럼 그의 모든 임무를 수행하라고 명령했다. 히라야마의 사행은 취소될 것처럼 보였다. 그러나 오시마 도모노조는 쓰시마를 위해 황실에 상소를 올려 사행은 조선에 통보했기 때문에 국내의 정치적 변화 때문에 취소해서는 안 된다고 주장했다. 요시노부는 계획을 진행하도록 허락해달라는 상소를 천황에게 올렸고 11월 29일 윤허를 받았다.[55] 그에 따라 히라야마와 그 일행은 12월 20일 에도를 출발해 12월 26일 오사카에 도착했다. 이튿날 히라야마는 교토로 가서 앞으로의 지시를 받기 위해 요시노부를 만났다. 이 시점에서 옛 막부와 유신파

---

54 田保橋潔, 『近代日鮮關係の硏究』 1권, 115쪽.

55 『日本外交文書』 1권, 67~69, 104~105쪽.

사이에서 내전이 터졌고, 사행의 출발은 막혔다. 잇따른 군사적·정치적 격변 속에서 불운한 사행은 잊혀졌다.

막부의 무산된 조선 사행은 역사에서 흥미로운 일화 정도였을 뿐이다. 그러나 국내의 위기가 고조되던 기간에 좌절과 지연에 맞서 막부가 그 결정을 실행하려고 많은 노력을 기울인 데는 조선에 표시한 호의 이외에도 중요한 원인이 있었음을 알려준다. 막부는 서양 열강과 부딪치면서 자신들의 노력이 성공하려면 조선이 프랑스와 미국을 최소한이라도 수용해야 한다는 것을 알게 됐다. 구체적으로 말해서 이것은 당면한 분쟁을 해결하는 것만이 아니라 적어도 부분적으로라도 서양에 무역을 개방해야 한다는 뜻이었다. 당시 조선이 그런 일을 받아들일 가능성은 거의 없었다. 그렇다면 성공할 가망이 희박한 전례 없는 외교사절을 보내려고 막부가 그렇게 끈질기게 노력한 까닭은 무엇인가?

당시 분명히 일본은 조선이 어느 서양 열강에게 점령되지 않을까 우려했다. 조슈와 쓰시마처럼 조선과 인접한 번들은 특히 그랬는데, 서양이 조선을 점령하거나 통제할 경우 자신들의 안보가 즉시 위험해질 수 있기 때문이었다. 포사도닉호 사건 동안 러시아가 조선에 대한 자신의 의도를 시사한 것은 이런 잠재적 위험을 다시 일깨워줬다. 성공하지는 못했지만 프랑스의 원정은 잠재적 가능성이 현실로 바뀔 수 있다는 위협을 줬다. 오사마는 히라야마의 사행을 옹호한 상소에서 간결하게 말했다. "조선은 우리와 흥망을 함께 할 나라라는 사실을 고려하면 우리는 조선이 지금처럼 심각한 위험에 직면했을 때 한가하게 있을 수는 없습니다. 이 세 열강(프랑스·미국·영국)이 함께 조선을 원정한다면 조선은 몇 주 만에 무너져 온 나라가 양이에게 점령될 것입니다. 그렇게 되면 신성한 우리나라가 얼마나 위험하게 될지 헤아리기 어렵습니다."[56]

막부는 조선의 상황이 심각하지만 즉각적인 위협이 아니라 먼 위험일 뿐이라고 판단했다. 국내의 상황이 훨씬 위중했다. 2차 조슈 정벌의 참담한 결과로 막부는 형편없는 허약함을 드러냈고 권력과 권위는 돌이킬 수 없이 손상됐다. 2세기 넘게 전국의 모든 다이묘에게 즉각적인 굴복과 순종을 명령했던 막부의 군사력은 사라졌다. 조약 열강 가운데 가장 선도적인 국가인 영국은 일본의 국내 권력투쟁에서 공식적으로 중립을 지켰지만, 점차 사쓰마와 조슈가 이끈 도막파에 동조하는 색채를 띠어갔다. 반면 프랑스는 막부를 적극 지지했으며 미국은 우호를 유지했다. 1867년 1월 요시노부가 쇼군에 오른 것은 막부가 국내의 권력과 해외의 권위에서 최악의 상태에 있던 이런 결정적인 시기였다.

1837년(헌종 3, 청 도광 27, 일본 덴포 8) 미토 번주인 유명한 도쿠가와 나리아키德川齊昭의 아들로 태어난 요시노부는 총명한 인물이었다. 젊은 쇼군은 자신의 전임자 이에모치의 후견자로 있으면서 상당한 정치적 경험을 쌓았다. 그는 막부가 생존할 가능성에 환상을 품지 않은 것이 분명하며 매우 주저하면서 쇼군직을 수락했다. 그러나 쇼군이 된 요시노부는 막부를 강화하고 그 권력을 복구하는 데 자신의 모든 권력을 쏟기로 결심했다. 즉위한 지 몇 주 만에 조선에 전례 없는 사행을 보내기로 결정한 것은 깊어지는 일본 국내의 권력 투쟁에서 적대세력에 맞서 막부를 강화하려는 전체적 계획의 일부가 분명했다. 적어도 부분적으로 쇼군의 책임은 개혁의 옹호자에서 막부의 보수적 지도부의 수장으로 변화한 것으로 여겨진다. 조선에 대한 전례 없는 외교적 사안을 추진하면서 요시노

---

56 같은 책, 69~71쪽.

부는 로주 이타쿠라 등의 도움을 받았다.

조선에서 외교적 중재가 성공하면 나라 안팎에서 새 쇼군의 권력과 권위는 높아질 것이었다. 막부에 대한 프랑스와 미국의 호의와 지원도 커질 수 있었다. 막부가 조선과 분쟁에 휘말릴 수도 있었지만, 점차 짙은 회의적 태도를 보인 영국은 중재에 참여하지 않을 가능성이 컸다. 그러나 막부가 조선에서 외교적 성공을 거둔다면 영국은 태도를 바꿔 막부를 지원할 것이며, 그럴 경우 앞으로 오랫동안 국내에서 막부의 위상은 견고해질 것이었다. 이 시기 조선을 대상으로 한 공격적인 외교적 모험은 막부 지지 세력과 반대 세력을 아우른 국내의 모든 세력의 찬성과 지원을 얻을 것이 거의 확실해 보였다. 그 모험이 조선과의 분쟁으로 이어져도―조선의 공격적인 배외주의를 생각하면 그럴 가능성이 컸다― 막부는 쓰시마·조슈 등 주요 번들의 자원을 외부의 위기에 맞서기 위해 국가적 단결이 필요하다는 명목으로 동원해 그들의 야심과 힘을 해외로 돌릴 수 있었다. 국내의 정치적 위기가 격화되고 조선이 중재 제안을 거부한 뒤에도 막부가 그 계획을 포기하지 않은 주요 이유는 이것이었다. 그러나 막부가 몰락하면서 이런 상황은 끝났다. 그 계획은 쓰시마가 잠깐 다시 추진했지만, 국내의 격변이 가로막지 않았더라도 쓰시마는 그것을 시행할 수 있을 만한 힘이나 영향력이 없었다.

유신파·보수파·개혁파를 융합한 가쓰의 계획과 달리 히라야마 사절단은, 일시적인 조직이었다고 해도, 보수적 막부 지도층의 정치적 이익을 거의 완전히 대표했다. 요시노부와 그의 조언자들은 그 계획을 추진하면서 조선에 대해 뚜렷이 적대적이거나 팽창주의적 의도를 갖지 않았다. 그들의 동기는, 대륙 팽창을 지지한 보수파와 동일하게, 막부를 존속시키려는 정치적 고려에 있었다. 그러나 그들의 계획은 실행됐다면 조선에 대한 적대적 행동으로 귀결됐을 것이다. 그러므로 부분적으로 히라야마 사절단은 도쿠가와 후기의 대륙 팽창주의가 보수적 형태로 나타난 것이었다.

가쓰의 계획과 히라야마 사절단은 무산됐지만 막부 말기 일본의 모든 주요 정치세력이, 국내의 정치적 이해관계나 태도와 무관하게, 일본이 서양의 침략에서 안전해지려면 조선을 일본의 영향이나 통제 아래 둬야 한다는 믿음을 공유했다는 것을 보여줬다. 더욱 흥미로운 측면은 이 시기―그리고 그 뒤에도―서로 대립하고 있던 정치세력은 국내의 권력투쟁에서 조선을 자신의 문제나 필요에 대한 해결책을 제공할 수 있는 지역으로 간주하는 경향을 보였다는 것이다. 일본의 국내 문제에 투여할 "조선이라는 만병통치약"을 얻기 위해 대부분의 일본 지도자는 조선의 이해관계나 바람은 완전히 무시하고 일방적으로 행동하려고 했다. 반대 세력은 비판을 제기했지만, 원론에서 반대한 것이 아니라 시점과 그것이 자신의 국내의 정치적 이해관계에 반대되는 영향을 줄 수 있다는 이유―이것이 좀더 중요했다―에서 반대한 것이었다. 이런 경향은 그 뒤 수십 년 동안 일본이 추진한 조선 정책의 특징이 됐다.

끝으로 히라야마 사절단의 국제적 중요성을 간단히 언급할 필요가 있다. 무산된 막부 사절단은 일본 정부가 아시아의 인접국들보다 서양 열강과 자신을 동일시하려는 노력이나 의지를 보여준 첫 사례였다―이런 태도는 그 뒤 국제 관계에서 일본 행동의 한 유형이 됐다. 그 사행과 관련해 영국·프랑스·미국이 보인 입장도 동일하게 흥미롭다. 막부와 영국이 그 문제를 공식적으로 논의하지 않았다는 사실은 영국이 이 특별한 막부의 사업과 이 시기 조선에 대한 일본의 전체적 태도에 회의적이거나 부정적인 시각을 가졌음을 알려주는 것 같다. 프랑스는 일본의 국내 권력투쟁에서 막부를 적극 지지했지만, 조선에서 중재하겠다는 일본의 제안은 탐탁해하지 않거나 선뜻 받아들이지 않았다. 영국과 마찬가지로 프랑스도 조선에 대한 청의 종주권을 인정하고 조선과 분쟁을 해결하는데 일본보다 청에 의지하는 것을 선호했다. 반면 미국은 일본의 중재 제안을 선뜻 받아들였다. 그들은 청보다 일본에 의지하기를 선호했다. 미국은 조선에 대한 청의 종주권 주장을 거의 믿지 않았으며, 근대적 국제관계에서 그것은 시대에 뒤떨어지거나 받아들일 수 없는 것으로 치부하려고 했던 것 같다. 이것은 다가오는 수십 년 동안 조선에서 청과 일본이 벌인 경쟁에서 이 나라들이 보인 태도를 분명히 예고하는 것이었다.

유신 외교
1868~1871년 일본의 청·조선 정책

—

1868년 메이지 유신으로 7세기에 걸친 일본의 막부체제가 끝나고 천황의 통치가 복원됐다. 도쿠가와 시대 동안 쇼군은 국내를 정치적·군사적으로 통제하고 외교의 전권을 행사했기 때문에 천황의 통치가 복원되자 외국과 맺은 관계를 조정할 필요가 있었다. 그에 따라 1868년 2월 3일 황실은 앞으로 천황이 국내 문제는 물론 외교 문제도 직접 처리할 것이라고 선포했다. 닷새 뒤 황실은 막부에서 쇼군의 이름으로 체결한 외국과의 조약은 존중할 것이지만 불만스런 부분은 개정의 대상이 될 것이라고 발표했다. 같은 날 외교 관계를 처리할 새 관서가 설치됐다는 사실이 조약 열강의 대표들에게 통보됐다.[1] 그 결과 쇼군이 권력을 이양한 석 달 뒤 황실은 외교 사안의 관리를 공식적으로 인수했다.

---

1 『日本外交文書』 1권, 227~228, 229~236쪽.

한 가지 예외는 도쿠가와 막부가 공식 관계를 유지한 유일한 나라인 조선과의 관계를 관리하는 것이었다. 좀더 시급한 국내외의 문제를 처리해야 했던 새 체제는 조선 관계를 중개한 쓰시마의 전통적 역할을 당분간 유지하기로 결정했다. 이런 변칙적 방식을 도입하면서 조선 관계를 다시 조정하는 데는 8년의 외교적 공백이 발생할 정도로 어렵고 오랜 시간이 걸렸다. 그 기간 일본의 새 천황 정부는 국내외의 중대한 변화와 극적인 사건들 속에서 청·조선 정책을 한 걸음씩 진전시켰다.

일본의 청·조선 정책이 진행되면서 세 단계의 공백이 나타났다. 첫 단계는 1868년 초반 천황제가 복원되면서 시작돼 일본이 청과 최초의 근대적 조약을 맺은 1871년 말까지 이어졌다. 두 번째 단계는 1872~1873년인데, 격렬한 정한론이 새로 출범한 메이지 정부를 뒤흔들고 그 최고 지도부를 분열시킨 기간이다. 세 번째 단계는 1874년 봄 타이완 원정과 함께 시작돼 1876년 2월 조선과 강화도조약을 맺으면서 끝났다.

첫 단계 동안 일본의 새 정부는 왕정복고의 정신과 원칙에 따라 조선과의 기존 관계를 다시 조정하고 청과 공식관계를 수립하려고 했다.

조선에 명목상의 우위를 주장하다

1868년 막부가 무너진 뒤 당분간 일본의 어느 세력도 조선에 적극적 또는 직접적 이해관계가 있던 쓰시마를 보호하려고 하지 않았다. 문무 관원, 황실 공경公卿, 주요 다이묘와 그들이 거느린 사무라이의 느슨한 연합체였던 천황의 새 정부는 실질적 권력보다는 상징적 권위가 더 컸으며 실질적인 국가 정부로서 기능하기에는 매우 부족했다. 천황 정부는 국내의 막부 지지 세력의 무력 저항을 진압하기 위한 군사작전 외에도 새로운 정치구조와 통치기구를 만들어야 한다는 엄청난 임무와 마주쳤다. 주로 국수주의적 배외세력의 지원으로 권력을 잡게 된 천황 정부는 조약을 맺은 서양 열강들의 신임을 얻어야 한다는 중대한 외교 문제에도 직면했다. 이런 상황에서 새 체제는 조선이나 청과의 관계에서 외교적 주도권을 잡는 데 필요한 자원도, 그래야 할 시급한 이유도 없었다.

그러나 쓰시마는 그렇지 않았다. 왕정복고는 쓰시마에게 곧바로 이익을 주지 않았다. 그것은 쓰시마의 오랜 경제적 어려움을 완화하거나 섬의 먼 해역을 위협하는 서양의 군사적 침입의 위험을 줄여주지도 않았다. 반면 막부의 몰락과 왕정복고에 수반된 정치적·군사적 격변은 쓰시마 번에 혼란과 불안을 야기했다. 경제적 어려움을 해결하기 위해 조선 무역을 확대하는 것은 여전히 절실했다. 그 결과 유신 직후 쓰시마는 무산된 히라야마 사절단과 비슷한 외교사절을 조선에 파견하도록 새 체제에 탄원하기로 결정했다. 다행히도 새 정부에는 쓰시마를 지지하는 영향력 있는 인물이 있었다.[2]

쓰시마번 정부의 지도자 오시마 도모노조는 저명한 존왕파였는데, 왕정복고 운동에 참여해 새 체제에서 요직을 맡은 동료가 많았다. 가장 중요한 사람은 조슈 출신의 기도 다카요시였다. 조슈 출신 인물들은 유신으로 권력과 권위를 차지했다. 그들의 공인된 지도자인 기도는 새 체제에서 가장 유력한 인물 가운데 한 사람이었다. 1868년 2월 말 그는 참예

2　田保橋潔, 『近代日鮮關係の研究』 1권, 135~137쪽.

　4장 _ 유신 외교

參預에 임명돼 외교 사안을 책임지게 됐다.[3] 기도가 조선에 오랫동안 적극적인 관심을 보였다는 것은 앞서 충분히 말했다. 막부와 조슈의 전쟁 때문에 그는 히라야마 사절단에 포함되지 못했다. 상황이 달랐다면 그가 거기에 적극 지원했을 것은 거의 확실하다. 유신이 일어나면서 기도는 새 체제에서 적극적인 조선 정책을 가장 앞장서 옹호한 인물이 됐다.

전통적으로 조선에 대해 가진 권한과 특권을 새 체제에서도 유지하기를 열망하던 쓰시마 번주 소는 세습적으로 맡아온 일본과 조선의 중개 역할을 지속할 수 있도록 천황에게 요청하기로 했다. 1868년 3월 오시마는 교토로 가서 기도의 도움으로 황실의 승인을 받으려고 했다.[4] 기도가 도와준 결과 황실은 4월 15일 일본과 조선 관계를 맺는 데 있어 소의 전통적 역할을 확인해줬다. 동시에 조선과 관계를 수행하면서 "일본의 행정절차를 훼손할 수 있는 옛 관행을 중단하라"고 소에게 명령했다.[5]

새로운 승인을 받자 5월 27일 소는 정부에 상소를 올려 새 체제에서 추구해야 한다고 생각하는 조선 정책의 개요를 설명했다. 그는 조·일 관계의 역사를 간단히 언급하면서 시작했다. 삼국이 일본 황실에 "조공한 관계"가 끝난 뒤 중세의 막부와 조선의 관계는 평등을 기초로 이뤄졌다고 소는 말했다. 그 결과 일본 황실의 행정과 권력을 약화시킨 여러 오류가 발생했다. 도쿠가와 시대 막부와 조선의 공식관계는 조선과 쓰시마의 관계일 뿐이었다. 조선과 쓰시마의 관계는 본질적으로 "사적"인 것이었기 때문에 미래의 조·일 관계의 영구적인 모범이 될 수 없다고 소는 단

---

3 『松菊木戶公傳』 1권, 135~137쪽.

4 木戶孝允, 『木戶孝允遺文集』, 42~44쪽.

5 『日本外交文書』 1권, 573~574쪽 ; 田保橋潔, 『近代日鮮關係の硏究』 1권, 136쪽.

언했다. 소는 함께 올린 제안서에서 현재의 조선 관계를 "개혁"하는 데 필요한 구체적 방법을 제시했다. (1)경제적으로 취약한 쓰시마 혼자 조선을 상대해야 하는 현재 협약의 불리한 측면을 제거하기 위해 중앙 정부가 조선 무역을 관장해야 한다. (2)쓰시마가 조선에 경제적으로 의존했기 때문에 어쩔 수 없이 유지해온 "굴욕적인" 반半조공관계를 종결해야 한다. (3)왕정복고의 정신과 부합하는 조선 관계를 수행할 새로운 규정과 절차를 마련해야 한다. (4)이런 변화의 제안에 조선이 반응하지 않을 경우 징벌해야 한다. 소는 조선 문제가 에조를 식민화하는 것만큼 시급하지는 않지만 "사실상 일본 영토나 마찬가지인" 한반도가 서양 열강과의 분쟁에 휘말렸을 때 계속 무관심해서는 안 된다고 강조했다. 황실이 주도권을 잡고 "자비와 힘"을 결합한 정책을 적절히 추진한다면 조선은 몇 년 안에 "해외의 행정구역外府"이 될 수 있었다.[6]

오시마가 그 상소의 주요한 작성자였다는 것은 의심의 여지가 없다. 그는 소가 4월 하순 교토에 도착한 뒤 그것을 준비한 것으로 여겨진다. 오시마는 그 초안을 작성하면서 기도와 긴밀히 상의한 것이 분명하다. 그들은 이전에도 자주 만났지만 5월 26일—상소를 정부에 공식 제출하기 하루 전—오시마는 상소의 내용을 논의하기 위해 기도를 방문했다.[7] 며칠 뒤 기도는 새로 설치된 태정관太政官의 최고직 두 공경인 산조 사네토미三条実美와 이와쿠라 도모미岩倉具視에게 서신을 보내 소의 제안을 승인해달라고 역설했다.[8]

---

6 『日本外交文書』1권, 657~666쪽 ; 田保橋潔, 『近代日鮮關係の研究』1권, 137~143쪽.

7 木戶孝允, 『木戶孝允遺文集』, 44쪽.

8 기도가 산조와 이와쿠라에게 보낸 서신은 『日本外交文書』3권, 205~208쪽 ; 『木戶孝允文書』 3권, 72~75쪽 참조.

당연한 일이지만 쓰시마는 자신의 관심사를 제출하는 데 주로 관심이 있었다. 이를테면 정부가 조선 무역을 전담해야 한다는 제안은 천황의 권력을 존중하려는 의도라기보다는 만성적인 무역적자로 쓰시마가 조선에 진 많은 부채를 정부에게 떠맡기려는 포석이었다. 천황을 존중하는 표현을 사용했지만 다른 번들과 마찬가지로 쓰시마는 자신의 봉건적 특권과 전통권 권리—특히 조선 사무의 운영에 관련된—를 포기할 의향이 없었다. 소의 제안에서 명백히 드러난 것처럼, 그들이 추구한 목표는 왕정복고를 이용해 조선 사무를 수행하는 데 쓰시마 자신의 위상을 높이고 지위를 강화하려는 것이었다. 소의 상소는 쓰시마의 이익과 새 체제를 장악한 유신파의 구상—막부 말기 존왕파가 주장한 대륙 팽창론에서 예상된 조선 정책—을 담은 것이었다.

왕정복고로 권력을 장악한 기도·오시마 등 존왕파는 조선과의 관계는 더 이상 대등한 기반에서 수행될 수 없으며 "적절한" 형태—조선이 일본의 "조공국"이던 고대에 존재했다고 믿은—로 "복원"돼야 한다고 생각했다. 1869년 1월 초 기도는 이와쿠라와 나눈 대화에서 조선이 일본에게 "무례"하다고 지적하면서 이런 근본주의적 시각을 드러냈다. 조선은 일본의 왕정복고를 아직 모르고 있었기 때문에 기도가 "무례"하다고 지적한 것은 그동안 조선이 일본 황실에 대한 "조공 의무를 방기"한 사실을 가리킨 것으로 생각된다.9 소의 상소에서 기도와 오시마는 일본의 새 체제가 조선에 대해 추진할 "유신" 외교의 기본적 이념구조를 제시했다.

---

9 조선이 일본의 왕정복고를 쓰시마로부터 공식적으로 통보받은 것은 1869년 2월이었는데, 이 것은 기도가 "조선의 무례"를 언급한 한 달쯤 뒤다. 기도와 이와쿠라의 대화는 木戸孝允, 『木戸孝允日記』 1권, 159~161쪽 참조.

쓰시마는 지침을 달라고 거듭 요청했지만, 새로 설치된 외무성은 몇 달 동안 조선과 관련된 행동에 착수하지 않았다. 1868년 6월 말 외무성은 쓰시마에게 앞으로 조선과 관련된 모든 사안은 오사카의 지부에 문의하라고 지시했다. 그에 따라 7월 첫째 주 동안 오시마는 오사카로 가서 조선 관계를 다시 조정하는 문제를 외무성 관료들과 논의했다. 그 논의에서 가장 중요한 사항은 앞으로 쓰시마는 조선과 공식적으로 연락할 때 조선 정부가 하사한 인장을 사용하지 말아야 한다는 것이었는데, 그것은 "일본의 국가적 행정절차와 공존할 수 없는 의심스러운 관행"이기 때문이었다. 나아가 앞으로 천황의 명의로 보낼 서신에서 조선 국왕은 "청 황실의 신하인 지위에 부합하도록" "조금 낮은" 지위에 둬야 한다고 규정했다. 끝으로 오시마는 소의 관등과 직함을 높여 조선에 대해 그의 권위를 높여줄 것을 요청했다.

그들이 나눈 대화의 핵심 사안은 쓰시마에 대한 경제 원조였다. 오시마는 쓰시마가 조선에서 받은 인장을 사용하지 않으면 조선은 쓰시마의 사절과 무역선을 거부해 보복할 것이 분명해 쓰시마의 경제적 생명은 큰 위협을 받을 것이라고 경고했다. 제안한 외교적 개혁을 추진하는 첫 방법은 쓰시마가 조선에서 물자를 공급받지 않고도 경제적으로 생존할 수 있도록 충분한 원조를 제공하는 것이라고 오시마는 강조했다. 오시마는 쓰시마가 조선에 변제하지 못한 부채를 갚을 수 있도록 천황 정부의 대규모 융자를 요청했다. 외무성 관료들은 쓰시마의 상황과 필요를 이해했지만, 그런 원조는 새 체제의 능력을 넘는 것이 분명했다. 당분간 그들이 할 수 있는 일은 쓰시마의 요청을 호의적으로 검토하겠다고 오시마에게 확약하는 것이었다.[10] 천황 정부는 화려한 수사를 내세웠지만 국내에서 권력을 강화할 때까지 조선에 대한 "유신" 외교를 실질적으로 시작할 수 없었다. 존왕파가 강력히 항의했지만, 쓰시마가 조선과 관계를 "개혁하려는" 열의는 주로 경제적 이해관계에서 나왔다.

8월 오시마의 요청에 따라 황실은 소의 품계를 올려주고 새 직함을 줬다. 그런 뒤 일본에서 왕정복고가 이뤄졌음을 조선에 공식 통보하라고 그에게 지시했다.[11] 소는 9월 교토를 떠나 10월 초 쓰시마로 돌아왔다. 그는 일본의 왕정복고를 알리는 특사를 조선에 보내려고 즉시 준비했다. 이 절차로 쓰시마가 몇 세기 동안 조선과 맺은 반조공관계가 끝날 것이라고 판단한 소는 11월 21일 특별 선언을 발표했다. 그는 "오래 전부터 잘못된 일을 바로잡고" "일본의 국가적 위신을 높이려는" 자신의 노력은 번의 경제를 위태롭게 만들 조선의 보복을 불러올지도 모른다고 백성에게 경고했다. 그러나 황실은 그런 사태가 일어나 쓰시마가 곤경에 빠지도록 내버려두지 않을 것이라고 확언했다. 끝으로 소는 어떤 어려움이나 곤경이 닥쳐도 자신의 옆을 충성스럽게 지키라고 그들에게 촉구했다.[12]

1869년 1월 31일 쓰시마의 특사 히구치 데스시로樋口鐵四郎는 조선의 예조참판과 동래부사에게 막부 폐지와 왕정복고를 알리는 소의 서신을 갖고 부산에 도착했다. 내용도 동일했지만 그 서신은 단일한 계보로 이어진 천황이 "2000년 넘게 일본을 다스렸다"는 변함없는 짧은 문장으로 시작됐다. 서신에 따르면 중세 동안 국방과 외교는 쇼군에게 위임됐다. 도쿠가와 막부가 수립된 뒤 10여 세대가 넘도록 평화가 유지됐지만 끝내 부패가 확산됐다. 천황은 즉위한 뒤 국가의 규율을 강화하고 국가의 사

---

10   田保橋潔, 『近代日鮮關係の研究』 1권, 143~146쪽.

11   『日本外交文書』 1권, 931~932쪽.

12   田保橋潔, 『近代日鮮關係の研究』 1권, 152~153쪽.

무를 직접 처리하기로 결정했다. "귀국과의 전통적 우호를 더욱 발전시켜 만대 동안 지속되는 것을 보는 것이 천황의 진정한 바람"이라고 그 서신은 끝맺었다. 소는 서신에 자신의 새 품계와 직함을 적고 그동안 조선과 연락하는 데 사용해야 했던 조선의 인장 대신 일본 황실이 하사한 새 관인을 찍었다.[13]

2월 2일 히구치는 부산에서 왜학훈도倭學訓導 안동준安東晙을 만났다. 그는 소의 서신을 동래부사에게 전달해 한성으로 보내달라고 안동준에게 요청했다. 앞서 사람을 보내 히구치의 사행을 경고한 안동준은 그의 요청을 즉시 거절했다. 그는 외교문서에서 중국 황제만 사용할 수 있는 "황상皇上"과 "칙勅" 같은 표현을 쓰시마가 일본의 군주를 언급하면서 사용한 것은 무도한 행위라고 지적했다. 안동준은 쓰시마가 조선 인장 폐기를 일방적으로 결정한 것은 "충격적"이라고 규정하면서 소의 서신을 받아들일 수 없다고 선언하고 히구치에게 즉시 부산을 떠나라고 요구했다.[14]

조선의 단호한 입장을 알게 된 오시마는 협상의 교착상태를 깨려는 희망을 안고 3월 하순 부산으로 갔다. 그는 쓰시마 사절의 곤경을 동정해달라고 안동준에게 탄원했다. 그러나 안동준은 흔들리지 않았다. 하지만 오시마가 계속 간청하자 안동준은 동래의 상관에게 물어본 뒤 좀더 확실히 답변하겠다고 약속했다. 4월 10일 안동준은 약속한 답변을 문서로 보냈다. 그는 소의 서신이 받아들여지지 않은 이유를 제시하면서 일본과 조선의 현재 관계와 절차는 변경할 수 없다고 강조했다. 조선은 쓰시마가 조선과의 관계를 "사적"인 것으로 규정한 것에 분노하고 있다고

---

13 같은 책, 153~156쪽 ; 『日本外交文書』 4권, 223~225쪽.

14 田保橋潔, 『近代日鮮關係の研究』 1권, 156쪽.

그는 말했다. 쓰시마가 조선의 인장을 일방적으로 폐기한 것과 관련해 안동준은 원래 그 인장은 소 자신의 요청에 따라 특별한 호의로 준 것이라는 사실을 쓰시마 관원들에게 다시 일깨워줬다. 그런 뒤 그는 물었다. "이제 귀하는 갑자기 그것을 폐기하려고 합니다. 이것이 정말 우호관계를 증진시키는 행동입니까?"15

직위는 낮았지만 안동준은 권위 있게 말했다. 그는 비천한 태생이었지만 지능과 능력으로 대원군의 신임을 얻었다. 안동준의 직속상관은 당시 대원군이 신임하던 동래부사 정현덕鄭顯德이었다. 동래 근처의 임지에서 일본 관련 업무를 감독하던 정현덕은 일본과의 협상에 거의 참여하지 않았다. 정현덕의 상관인 경상도 관찰사 김세호金世鎬도 대원군이 신임한 인물이었다. 김세호는 부산과 동래가 자신의 관할권 안에 있었기 때문에 그곳에서 일어나는 일은 원칙적으로 모두 책임져야 했지만 현지와 멀리 떨어진 대구의 감영에 머물렀다. 그는 일본 사무의 처리에서 명목적 역할만 맡았다.16

이 인물들은 대원군과 정치적으로 밀접하게 관련됐으며 그의 강력한 배외주의와 일본 불신을 공유했다. 대원군이 이들을 신임했다는 것은 그들 모두 일반적인 임기보다 훨씬 오래―1873년 말 대원군이 실각할 때까지―자신의 관직에 있었다는 사실에서 나타난다. 그는 경험이 부족하거나 신뢰하기 어려운 인물에게 일본 관련 업무를 맡기려고 하지 않았다. 안동준은 대원군의 일본 정책을 시행하는 데 가장 직접적이고 중요

15   같은 책, 157~160쪽.
16   같은 책, 181~182쪽 ; 이선근, 『한국사―최근세편』, 363~365쪽 ; Choe, *The Rule of the Taewŏngun*, 148쪽.

한 역할을 했다. 1868~1871년 일본과 협상에 관련된 조선 정부의 기록은 이상할 정도로 부족하다. 일부 역사학자가 지적한 대로 이것은 안동준이 공식적 경로를 거쳐 대원군의 지시를 받고 자신의 활동을 보고하는 대신 대원군과 직접 비밀리에 연락했다는 증거로 생각된다.[17] 아무튼 안동준이 대원군의 시각과 태도를 밀접하고 충실히 대표했다는 것은 분명하다.

일본이 문제를 일으키려고 할 경우 쓰시마는 일본과 조선을 중재해야 하지만 실제로는 새로 출범한 일본 정부에 두 나라의 현재 관계를 바꾸도록 촉구하고 있다고 안동준은 확신했다. 그러므로 조선은 쓰시마의 요청을 수락해서는 안 되며 그 대신 쓰시마와 무역을 중단하고 그들의 항복을 기다려야 한다고 판단했다. 안동준은 천황 정부가 막부로부터 조선 사무의 처리를 인수했다는 보고의 신빙성도 의심했다. 가장 중요한 측면인데, 안동준은 쓰시마가 전례 없이 "황상"과 "칙" 같은 표현을 사용한 것은 조선을 일본의 조공국으로 격하시키려는 책략이라고 봤다.[18]

협상을 진전시킬 수 없게 되자 오시마는 4월 하순 쓰시마로 돌아왔다. 그는 교토로 가서 6월 15일 기도에게 자신의 조선 방문에 대해 보고했다. 그는 조선과의 분쟁은 한성에서 조선 당국과 직접 대화해야만 해결할 수 있다고 기도에게 말했다.[19] 다음 달 그는 외무성에 보낸 긴 보고서에서 이런 견해를 되풀이했다. 조선은 일본과 평화를 잃는 것이 이롭지 않다는 것을 알고 있지만 천황의 권력을 인정하면 일본의 조공국으

---

17 『일성록』 고종편과 『고종실록』 모두 1868~1871년 일본·조선의 협상과 관련해 크게 유용한 정보는 실려 있지 않다.

18 쓰시마 관원들이 기록한 안동준의 견해는 『日本外交文書』 4권, 237~239쪽 참조.

19 『松菊木戶公傳』 2권, 1284~1285쪽.

로 격하될 뿐 아니라 청 황실을 공격하는 것이 될 수도 있기 때문에 천황 정부와 직접 연락하는 것을 피하려고 한다고 그는 말했다. 조선은 합의할 의사가 없이 지연 전술을 쓰는 것이 분명하므로 문제를 신속히 해결하는 유일한 방법은 "국왕과 직접 대화하기 위해 조선의 도성으로 가는 것"이라고 오시마는 말했다. 오시마는 조선을 조종하거나 통제하려면 자비와 힘, 인내와 엄격함을 융합한 전략을 사용해야 한다고 강조하면서 "일시적으로 평화를 훼손할 수 있어도" 단순하지만 확고한 노선을 추구해야 한다고 규정했다. 그는 "복잡한" 조선 문제를 다루는 데 반드시 필요한 쓰시마의 경험과 전문 지식을 외무성에 다시 한 번 알려주면서 보고서를 끝맺었다.[20] 기도가 오시마의 견해를 완전히 지지한 것은 말할 필요도 없다.

부산의 교착상태는 1869년을 지나 1870년까지 이어졌다. 조선과 외교적 과제를 해결하지 못한 쓰시마는 쏟아지는 비판을 받을 수밖에 없었다. 오시마는 자신과 자신의 번을 구원하려고 필사적으로 노력하면서 조선의 목적을 만족시킬 수 있는 새로운 방법을 생각해냈다. 그는 쓰시마의 서신에서 조선이 거부할 것 같은 표현을 삭제하고 그동안 사용해온 조선의 인장을 찍기로 결정했다. 인장 문제는 두 나라 사이의 관계가 안정된 뒤 다시 조정하면 될 것이었다. 오시마는 부산의 조선인들이 좋게 평가하던 쓰시마의 유능한 통역관 우라세 유타카浦瀬裕를 선택했다.[21]

우라세는 1870년 6월 초 부산에 도착해 같은 달 11일 안동준과 처음 만났다. 그는 쓰시마가 일본의 왕정복고를 통보한 것을 조선이 접수하

---

20 『日本外交文書』 4권, 217~223쪽.
21 田保橋潔, 『近代日鮮關係の硏究』 1권, 231~232쪽.

지 않아 쓰시마는 곤란한 처지에 빠졌으며 일본의 새 체제에서는 조선을 "징벌"해야 한다고 주장하는 세력이 있다고 안동준에게 말했다. 그러나 오시마 등은 그런 과격파를 제지하는 데 최선을 다하고 있다고 그는 확언했다. 안동준은 공감을 표시하면서 쓰시마를 도울 수 있는 일은 무엇이든 하겠다고 말했다. 안동준의 우호적인 대답에 용기를 얻은 우라세는 오시마의 새 방안을 설명했다. 쓰시마는 서신에서 "황상"을 "조정朝廷"이라는 표현으로 바꾸고 조선의 인장을 사용할 것이다. 앞으로 일본과 조선은 통치자를 언급하지 않고 각자의 정부 명의로 연락한다. 안동준은 한성 당국에 필요한 사항을 질의한 뒤 7월 11일에 공식 회신하겠다고 우라세에게 약속했다.22

1870년 5월 말 주일 독일 대리공사 막시밀리안 폰 브란트Maximilian von Brandt는 일본 서남부를 돌아본 뒤 조선을 잠깐 방문하기로 결정했다. 나가사키에서 그는 나카노라는 조선어 통역을 고용했다. 쓰시마 출신인 나카노는 앞서 부산에서 통역으로 일한 적이 있었다. 6월 1일 브란트는 독일 전함 헤르타호Hertha를 타고 부산항에 도착했다. 외무성 관료들과 나카노를 포함한 일본인 몇 사람도 동행했다. 부산을 방문한 첫 서양 전함인 헤르타호를 보고 지방 관원들은 놀라고 불안해했다. 그들의 불안은 그 배에 일본인—특히 나카노—들이 타고 있다는 것을 알게 되자 분노로 바뀌었다. 부산의 관원들은 이것을 일본이 조선의 쇄국을 무너뜨리려는 고의적인 시도로 서양과 결탁한 증거로 보고 왜관의 쓰시마 관원들에게 항의했다. 그들은 헤르타호에 탄 일본인을 모두 내리게 하고 선

---

22 같은 책, 233~234쪽 ; 『日本外交文書』 6권, 151~153쪽.

박은 즉시 부산을 떠나라고 요구했다. 자신의 방문이 일본인들에게 예기치 않은 문제를 일으킨 것을 깨달은 브란트는 이튿날 순순히 부산을 떠났다.[23]

그러나 브란트가 신속하고 평화적으로 떠났지만 그의 방문은 일본과 서양이 결탁했을지도 모른다는 두려움과 의심을 조선인들에게 남겼다. 그 사건을 보고받자 대원군은 쓰시마에 즉시 강력히 항의하라고 명령했다. 그에 따라 6월 11일 예조는 엄중한 서신을 보냈다. 동시에 청의 예부에도 그 사건을 보고하면서 "일본이 조선에 대해 서양 오랑캐와 공모했다"고 믿을 수 있는 근거가 있다고 말했다.[24] 7월 11일 안동준은 "부산에 있는 일본인들이 서양 오랑캐와 공모했기" 때문에 정부는 쓰시마의 새 제안을 거부했다고 우라세에게 통보했다.[25] 돌이켜 보면 사소한 것 같지만 브란트 사건은 프랑스가 침공하고 그 밖의 서양 국가들이 조선 해안에 출몰하면서 배외주의가 고조된 시기에 조선에서 서양에 대한 두려움과 일본에 대한 불신을 격화시켰다. 그것은 있을 수도 있었던 조선과 일본의 합의 기회를 무산시켰고 일본이 추진한 새로운 조선 외교에서 쓰시마의 역할을 사실상 종결시켰다.

메이지 유신 이후 2년 반 동안 일본과 조선의 관계는 도쿠가와 시대와 거의 달라지지 않았다. 그렇게 된 일본 쪽의 부분적인 원인은 새 체제가 국내와 해외 문제의 정치적·행정적 권한을 중앙집권화하지 못한 데 있었다. 특히 조선과의 무역과 외교 분야에서 자신의 "봉건적" 특권을

23 『일성록』, 고종편, 7년 5월 11~12일.
24 같은 책, 7년 5월 12일 ; 『淸季中日韓關係史料』 2권, 126쪽.
25 『일성록』, 고종편, 7년 8월 25일 ; 『日本外交文書』 6권, 156~157쪽.

포기하지 않으려던 쓰시마에게도 부분적인 책임이 있었다. 조선은 전통적으로 일본과의 관계를 변화하거나 확대하기를 꺼려왔는데, 거기에 더해 쓰시마의 이런 태도를 보면서 메이지 정부와 직접 관계를 형성하는 것을 거부하게 됐다. 쓰시마가 중개역할을 계속하려고 열망하는 한 조선으로서는 현재 관계를 근본적이거나 크게 바꿀 이유가 없었다. 쓰시마는 조선에 대한 반조공적 의무를 일방적으로 폐기한 반면 자신의 전통적 특권—그것은 이런 의무의 성실한 이행 여부에 밀접히 연관된 것이었다—을 유지하려고 했기 때문에 더욱 그랬다. 그러나 조선에게는 숨겨진 중요한 이유가 두 가지 더 있었다. 하나는 일본이 조선과 관련해 서양 열강과 공모하고 있다는 의심이 커진 것이었다. 다른 이유는, 좀더 근본적인데, 일본이 조선에 대해 명목적 우위를 주장한 것이었다. 일본에서 수립된 새 체제의 지도자들은 왕정복고의 당연한 결과라고 생각했지만, 그런 주장은 역사적 또는 법률적 타당성이 없었으며 조선인들은 모욕적이고 받아들일 수 없는 주장으로 간주했다.

조선: 일본 정치의 "만병통치약"

왕정복고와 함께 기도는 새 체제에서 조선 정책의 주요한 설계자로 떠올랐다. 그는 쓰시마의 경제적 곤경을 우려했으며 조선과 무역을 확대하려는 그들의 바람에 공감했다. 조선이 어느 서양 열강에게 장악될 수도 있다—그것은 일본의 안보에 심각한 위협이 될 것이었다—는 일반적 우려도 공유했다. 그러나 유신 초기 기도는 일본이 조선에 대해 황제의 권력을 "다시 확립"해야 한다는 유신파의 보편적 입장을 제외하면 조선과 관련된 행동계획이 없었다. 1868년 6월 그는 산조와 이와쿠라에게 서신을 보내 소가 제안한 새로운 조선 정책을 승인해달라고 강력히 촉구하면서 일본은 조선을 "합병해야 한다"고 공개적이며 노골적으로 말했다. 그것으로는 모자랐는지 그는 한반도에서 적어도 "고대의 임나부任那府를 다시 건설"해야 한다고 덧붙였다.[26] 그러나 그보다 앞서 권력을 장악했던 인물들이 국내에서 자신의 정치적 목표를 이루는 수단으로 주로 조선에 대한 행동 계획을 상정했던 것처럼 기도 또한 새 체제가 국내에서 효과적인 통제력을 확립하는 데 어려움을 겪던 상황을 타개하기 위한 수단으로 조선에 대한 행동 구상을 발전시켰다. 조선은 일본 국내 문제에 즉시 사용할 수 있는 만병통치약이었다.[27]

천황 체제는 빠르게 안정됐다. 홋카이도를 제외하면 새 체제에 대한 국내의 조직적 무력저항은 1868년 말 끝났다. 그러나 번들이 신속히 항복한 것은 충성심이 높아져서가 아니라 대체로 무관심하고 망설인 결과였다. 옛 막부의 영토와 도쿠가와 막부를 위해 싸운 번들의 영지는 천황 정부가 직접 관리했으며, 나머지 번은 반半봉건적 자치가 그대로 유지됐다. 오히려 막부의 중앙통제가 사라지면서 이 번들은 더 큰 자유를 얻어 "수많은 작은 막부처럼 행동하기도" 했다. 사쓰마와 조슈 같은 존왕파 번들이 때때로 제공한 잡다한 병력 외에 자체의 군대가 없던 새 황실 정부는 자신의 의도를 따르도록 만들 실질적인 수단이 없었다. 한편 유신 이전 일본의 새 지도자들 대부분이 보인 자세와 거의 완전히 반대로 외국과 개방된 교류 정책을 추진하자 정부의 보수파와 완고한 배외주의자는

---

26 木戸孝允, 『木戸孝允文書』 3권, 72~75쪽.

27 기도의 제안은 『日本外交文書』 3권, 205~208쪽 참조.

반대했으며 백성은 당황하고 혼란스러워했다. 사쓰마와 조슈 세력이 정부에서 우세를 차지하자 도사와 히젠肥前 같은 군소세력은 반감을 품었다. 기도는 조선과 전쟁을 벌이는 것이 이념적 불화와 봉건적 분리주의, 그 결과 나타난 지방의 대립과 경쟁으로 분열된 나라를 통일시킬 수 있는 최선의 방법이라고 확신했다. 조선 원정에서 성공해 강력하고 독자적인 황군을 보유한다면 새 체제는 국내에서 정치적 권위와 통제력을 효과적으로 확보해 아직도 대체로 온존한 전국의 봉건적 요소를 뜻대로 변화시킬 수 있을 것이었다.[28]

1869년 1월 기도는 이와쿠라와 대화하면서 조선이 일본에게 저지른 무례를 책망하는 사절을 즉시 파견하라고 건의했다. 기도는 조선 지배가 일본의 가장 중요한 현안 가운데 하나라고 지적하면서 조선이 일본에 복종하기를 거부하면 "그들의 죄를 비난하고 영토를 공격해 우리 신국의 권력과 권위를 크게 높여야 한다"고 주장했다. 조선 원정에 성공하면 "시대에 뒤떨어진 우리의 풍습을 즉시 바꾸고 해외에 목표를 설정하며, 산업과 기술을 발달시키고 백성의 시기와 비난을 없앨 수 있을 것"이라고 그는 확언했다.[29] 2월 11일 기도는 자신의 제안을 당시 병부대보兵部大輔였던 친구 오무라 마스지로와 논의했다. 기도는 오무라에게 보낸 3월 12일자 서신에서 자신의 생각을 다시 설명했다. 홋카이도 평정을 완수하면 천황 정부는 자체의 군대를 증강해 "부산을 개항시키는 데" 투입해야 한다고 그는 제안했다. 그런 모험에서 얻을 수 있는 물질적 이익은

---

28 木戸孝允, 『木戸孝允文書』 3권, 232, 239~241쪽 ; 木戸孝允, 『木戸孝允日記』 1권, 159, 186, 193쪽.
29 木戸孝允, 『木戸孝允日記』 1권, 159쪽.

거기에 든 비용을 충당하는 데 충분치 않을 수도 있지만, 일본이 "국가의 기본 방향을 설정하고 국민의 눈을 해외로 돌리며 군사와 해군 기술을 착실히 발달시켜 앞으로 크게 팽창하는 기반을 놓는 최선의 방법"이라고 그는 확언했다. 조선을 복속시키는 것은 "우리 제국의 국력을 강화하고 유지시킬" 수 있는 방안이기 때문에 홋카이도를 식민지로 만드는 것보다 중요했다.[30] 이튿날 기도는 산조와 이와쿠라에게 사실상 동일한 서신을 보내 자신의 제안을 승인해달라고 요청했다.[31] 3월 29일 병부로 오무라를 방문한 기도는 혼슈 동북부를 평정해 최근 동원할 수 있게 된 부대를 자신이 제안한 조선 원정에 사용하는 계획을 논의했다.[32]

기도의 견해는 1869년 6월 오시마가 조선에서 돌아온 뒤 그에게 받은 보고로 강화된 것이 분명했다. 그 뒤 몇 달 동안 그는 산조·이와쿠라·이토 히로부미와 그 밖의 정부 고위 지도자들을 여러 차례 만나거나 서신을 보내 자신의 제안을 설명하고 지지를 요청했다. 그들은 국내 상황이 위태로운 때 외국에 대한 군사 원정을 시도하는 것을 망설였지만 기도는 자신의 정한征韓 계획은 조선을 전면적이거나 즉각적으로 정복하는 것이 아니라 "설득해" 복속시키는 것이라고 거듭 설명했다.[33] 1869년 11월 17일 기도는 정부가 "정한의 근본적 중요성을 이해하지 못한다"고 좌절하는 일기를 썼다.[34]

---

30 『松菊木戸公傳』2권, 1279쪽 ; 木戸孝允, 『木戸孝允文書』3권, 228~234쪽.

31 木戸孝允, 『木戸孝允文書』3권, 237~243쪽.

32 木戸孝允, 『木戸孝允日記』1권, 193쪽.

33 기도가 산조와 이와쿠라에게 보낸 서신은 木戸孝允, 『木戸孝允文書』3권, 239~241쪽 참조.
    기도가 이토에게 보낸 서신은 같은 책, 412~415쪽 참조.

34 木戸孝允, 『木戸孝允日記』1권, 280쪽.

기도의 정열적인 운동은 마침내 적어도 부분적으로 성공했다. 1870년 1월 5일 태정관은 망설이면서도 그의 제안을 승인하고 그를 청과 조선의 사절로 임명했다.[35] 이 조처로 그는 두 나라에 대한 정부 정책의 실질적인 책임자가 됐다. 그의 출발은 다가오는 봄까지 미뤄졌다. 한편 조선 원정 계획은 조슈와 긴밀히 연결된 공경인 사와 노부요시澤宣嘉가 장관을 맡은 외무성(1869년 7월 정부의 조직 개편으로 이름이 바뀌었다)의 지지를 얻었다.[36]

천황 정부는 어쩔 수 없이 조선 문제의 처리에서 쓰시마의 전통적 역할을 인정했지만, 정부의 행정조직이 갖춰지면서 조선을 포함해 모든 외교관계를 중앙 권력 아래 통합해야 한다는 요구가 필연적으로 제기됐다. 쓰시마가 자신의 역할을 제대로 수행하지 못했기 때문에 이런 요구는 더욱 거세졌다. 1869년 7월 번적봉환藩籍奉還—소는 쓰시마의 세습적 통치자라는 봉건적 지위와 이론상 일본과 조선을 중개하는 역할을 상실했다—에 이어 10월 조선 사무의 처리는 외무성으로 이관됐다. 그러나 부분적으로는 쓰시마의 항의 때문이었지만 주요 원인은 외무성이 즉시 추가 임무를 맡을 능력이 없었기 때문인데, 쓰시마는 외무성의 전체적인 감독을 받으면서 전통적 역할을 계속 수행하도록 허락받았다.[37]

1869년 10월 25일 외무성은 태정관에 자세한 상소를 올려 조선과 관련된 공식 입장을 처음으로 자세히 설명했다. 외무성은 이전처럼 쓰시마를 거쳐 조·일 관계를 처리해야 한다는 조선의 주장과 중개 역할을 계

---

35 『日本外交文書』5권, 433~434쪽.

36 사와는 1863년 9월 교토에서 조슈가 일으킨 반란이 실패한 뒤 조슈로 도망한 7명의 존왕파 공경 가운데 한 사람이었다.

37 田保橋潔, 『近代日鮮關係の研究』1권, 186~187쪽.

속 유지하려는 쓰시마의 희망을 모두 거부했다. 그러나 그것을 제외하면 동아시아의 전통적 국제관계 개념에서 외무성은 크게 이탈하지 않았다. 이전과 비슷하게 외무성의 입장은 조·일 관계에서 유신파의 시각과 서양의 침략에 대한 우려를 혼합한 것이었다. 고대에 조선은 "일본 황실에 복속"됐으므로 "황실에 조공을 바치지 않았다고 해도 조선을 영구히 보유하는 것"이 바람직하다고 외무성은 말했다. 외무성은 약탈적인 서양 열강으로부터 "조선을 보호할 수 있는 유일한 나라"는 일본이라고 선언하면서 조선이 "러시아나 다른 열강에게 장악되도록 내버려둔다면 우리 제국에 끊임없는 위협이 될 것"이라고 경고했다. 외무성은 조선에 사절을 보내려고 했지만 서신만 가져간다면 조선은 그 사절을 받아들이지 않을 가능성이 크므로 전함과 군대에게 사절을 호위시켜 "조선의 오만"을 무너뜨리면 쉽게 합의를 이끌어낼 수 있을 것이라고 판단했다.[38]

외무성은 첫 수순으로 쓰시마와 부산에 관원을 보내 상황을 알아보기로 했다. 1869년 12월 사가佐賀 출신의 존왕파 사무라이였던 사다 하쿠보佐田白茅는 상황을 살펴보기 위한 사절의 책임자로 임명됐다. 외무성의 선도적인 "조선 전문가"인 하위 관료 모리야마 시게루森山茂와 사이토 사카에齋藤榮가 사다를 수행하게 됐다. 그들의 임무는 쓰시마와 조선의 정확한 관계를 파악하고 조선의 군사력과 해군력, 국내 행정, 특히 청과의 관계를 알아오는 것이었다.[39] 1870년 1월 7일 도쿄를 떠난 사다 일행은 2월 7일 쓰시마에 도착했다. 그들은 거기서 3주를 보낸 뒤 3월 12일 조선으로 출발해 3월 23일 부산에 도착했다. 쓰시마의 관원으로 위장한

---

38 『日本外交文書』 4권, 854~858쪽.
39 같은 책, 5권, 457~458쪽.

그들은 왜관에서 20일 정도 묵었다.[40]

세 사람은 도쿄로 돌아온 뒤 공동 보고서와 각자의 제안을 외무성에 제출했다. 공동 보고서에서 그들은 조선은 청의 신하임을 인정하고 겉으로는 계속 충성하고 있지만 명을 추모하고 청에 분노하고 있다고 파악했다. 조선은 국내와 해외 문제에서 완전한 자치권을 행사하고 있었다. 조선은 곤란한 문제를 도와달라고 베이징에 알리지만 일본 관련 사안은 절대 보고하지 않았다. 조선은 매우 교활해 일본과의 관계를 처리할 때는 청과의 관계를 이용하고 청과의 관계를 다룰 때는 일본과의 관계를 이용한다고 공동 보고서는 덧붙였다.[41]

각자의 제안에서 세 사람은 모두 필요하다면 조선을 무력으로 복속시켜야 한다고 주장했다. 사다는 광신적인 존왕파의 수사를 사용해 조선이 일본 황실에 저지른 "죄악"을 "징벌"하기 위해 "정복"해야 한다고 주장했다. 그는 30개 대대로 편성된 군대를 거느린 사절을 파견할 것을 제안하면서 그 정도 병력이면 조선이 항복을 거부할 경우 "50일 안에 전국을 장악하고 국왕을 사로잡을 수 있을 것"이라고 말했다. 그는 "프랑스는 조선을 오래 그냥 두지 않을 것이고, 러시아는 프랑스의 움직임을 주시하고 있으며, 미국은 나름의 계획이 있다"면서 신속한 행동을 촉구했다. 사다는 조선을 금광이라고 부르면서 그것을 정복하면 일본은 부유해지고 군대는 강력해질 것이라고 주장했다. 그는 불만을 품은 무사들을 일본에 그냥 계속 내버려두는 것은 잠재적으로 위험하다고 지적하면서 그들을 조선 원정에 동원하자고 제안했다. 모리야마와 사이토도 조선이

---

40 田保橋潔, 『近代日鮮關係の硏究』 1권, 227쪽.

41 『日本外交文書』 6권, 131~138쪽.

일본의 요구에 순종하지 않을 경우 정벌해야 한다고 건의했다. 모리야마도 사다와 마찬가지로 일본에서 내전이 일어날 가능성을 우려하면서 조선 원정은 불만을 품은 무사들의 힘과 야망을 분산시키는 좋은 방법이 될 것이라고 주장했다. 그는 사할린 열도를 매각하고 그 자금을 조선 원정에 사용해 식민지로 만드는 데 배정하자고 제안했다. 그런 원정 재원은 정부의 절약과 내핍으로 공급할 수 있다고 사이토는 생각했다.[42]

일본 당국은 사다의 제안을 "비현실적"이라고 거부했지만, 그의 의견은 정부 안의 많은 유신파가 지닌 격정적인 주장을 대변한 것이었다. 그들은 조선이 일본에게 "오만"하게 행동했다고 주장하면서 원정을 정당화했지만, 서양 "오랑캐"를 배척한다는 "양이攘夷"를 대체할 만한 매력을 거기서 발견했을 수도 있다. 유신세력은 서양을 몰아내겠다는 약속과 함께 막부를 전복시켰지만 그런 약속을 지킬 능력이 없음을 깨달았고, 조선과의 전쟁은 그런 자신들의 감정적 부담과 도덕적 난제를 경감시킬 수도 있었다. 아무튼 당시 외무성에는 사다의 과격한 제안에 반대했지만 조선 문제를 해결할 수 있는 최선의 방법으로 일종의 군사행동을 지지한 사람이 많았다.[43]

5월 말 사다 사절단의 보고를 토대로 외무성은 조선을 다루는 데 사용할 수 있는 세 가지 대안을 담은 중요한 상소를 태정관에 제출했다. 첫 번째 계획은 조선과 쓰시마의 관계를 포함해 조선과의 관계를 일시적으로 중단하는 것이었다. 이것은 쓰시마가 조선과 맺은 "잘못된" 관계를 종식시킬 수 있는 장점이 있지만, 조선이 러시아에 점령될 경우 일본은 대

---

42 같은 책, 138~143쪽.
43 煙山專太郎, 『征韓論實相』, 149쪽.

응할 수 없게 될 수 있다고 외무성은 지적했다. 그 방법은 "이후의 천황들과 히데요시, 도쿠가와 쇼군들이 천년 동안 한 일을 모두 무효로 만들 수도 있다." 그러나 일본이 충분한 힘을 확보할 때까지 이것은 우유부단한 정책보다 나을 것이었다.

두 번째 계획은 앞서 제안돼 잠정적으로 승인된 것처럼 기도를 정사로 하는 사절단을 파견하는 것이었다. 내용은 다음과 같았다. 그 사절단은 조선에 일본의 왕정복고를 알리고 조선 정부와 새 조약을 협상한다. 전함 두 척과 명시되지 않은 숫자의 군대가 호위한다. 조선이 기도의 요구를 거절하면 즉시 무력을 사용한다.

세 번째 계획은 조선이 아니라 청에 사절을 보내는 것이었다. 그 사절은 우선 청과 조약을 협상한 뒤 조선의 수도로 간다. 조선은 청의 조공국이기 때문에 일본이 청과 대등한 위상을 확보하면 조선은 일본보다 낮은 나라로 취급돼도 이의를 제기할 수 없을 것이다. 일본이 청과 조약을 체결하면 조선과 불화를 빚을 수도 있지만 청은 임진왜란 때처럼 즉시 조선을 도울 수 없을 것이다. 지금 일본이 청과 조약을 체결할 시급한 이유는 없지만 그런 조약은 일본이 조선을 복속시키는 데 좋은 외교적 방법이 될 것이라고 외무성은 판단했다. 외무성은 더 이상 지체하면 일본에 더 큰 "국가적 굴욕"을 가져올 수 있으므로 세 대안 가운데 하나를 지체 없이 승인해달라고 태정관에 요청했다.[44]

외무성은 두 번째 계획을 선호했는데, 지난 10월의 자신들이 올린 제안과 동일했고 조선 문제를 책임진 관료들 가운데 한 사람인 미야모토

---

44 『日本外交文書』 6권, 144~145쪽.

오카즈宮本小一가 1869년 말에 올린 건의와 비슷했다. 「조선론」이라는 제목의 긴 건의서에서 미야모토는 조선이 고대 일본의 조공국이었다는 견해에 바탕한 유신파의 견해는 근대 세계에 맞지 않는다고 반대했다. 그대신 그는 일본이 조선에서 지배자의 지위를 확보해야 한다고 제안했는데, 동아시아의 종주권이라는 전통적 개념과 근대 식민 지배의 일부 특징을 결합한 것이었다. 일본은 조선과 관계를 유지해도 물질적 이익이 없지만 홀로 내버려두면 조선은 러시아에 점령될 수 있으며, 그것은 일본에 심각한 위협이 될 것이라고 미야모토는 말했다. 그러므로 조선을 돕는 것이 일본에게는 이익이었다. 일본은 조선을 "합병"할 수 있을 만큼 강하지 않기 때문에 조선을 설득해 일본과 "우호적 연합"에 참여시키는 것이 차선책이라고 그는 말했다. 미야모토는 한두 척의 전함과 일정한 병력을 대동한 사절을 조선에 보내면 이 구상을 이룰 수 있다고 생각했다. 그 사절은 조선에 대한 천황의 진실한 우려를 납득시키고 청은 조선의 옹호자로 "믿을 수 없다"고 설명할 것이었다. 조선이 반半독립국으로서 외국들과 조약을 유지하는 것은 비용이 많이 들 뿐 아니라 "잘못된" 일이므로 조선은 현재 일본이 서양 열강과 맺은 조약을 받아들이고 일본이 외교관계를 처리하도록 한다. 이런 합의에 따라 "조선은 일본의 달력·연호·형사법·화폐·군사제도를 받아들여야 한다"고 미야모토는 덧붙였다.[45]

말할 필요도 없이 기도는 두 번째 계획을 선호했다. 1870년 1월 기도는 청과 조선의 사절로 임명된 뒤 흔들리는 천황 정부를 위해 적극적인

---

45   같은 책, 4권, 858~865쪽.

지원을 결집하면서 조슈의 자택에서 6개월을 보냈다. 그곳에 있는 동안 그는 자신이 제안한 조선 사행을 준비하는 데 도움을 받기 위해 부산의 상황을 잘 알던 오시마와 접촉했다.[46] 6월 말 도쿄로 돌아온 뒤 기도는 외무성의 적극적인 지원으로 즉시 조선 계획을 다시 추진했다. 7월 그는 천황의 고문으로 승진하는 것을 "마지못해" 받아들였는데, 품계의 승급은 없고 천황의 사절로 임명되지 못할 것이라고 들었기 때문이다. 그는 친구이자 제자인 이토 히로부미에게 자신은 조선 사절의 정사가 되고 싶은 이유 하나 때문에 정부에 남아 있는 것이라고 말했다.[47]

기도는 조선은 물론 청 사신으로도 임명됐지만, 청 방문을 진지하게 고려했다는 증거는 없다. 그는 톈진 교안 소식을 듣고 이런 때 중국에 사절을 보내는 것에 대한 회의를 공개적으로 표명했다. 7월 22일 그는 조선 문제를 외무부경外務副卿 데라시마 무네노리寺島宗則와 외무대승外務大丞 야나기와라 사키미쓰柳原前光와 논의했다. 이튿날 그는 청에 사신을 보내지 말고 즉시 조선을 원정해야 한다고 주청하는 상소를 정부에 올렸다. 기도는 조선이 "모든 나라가 자유롭게 교류하고 무역한다는 원칙을 이해하지 못한 채 상국[일본]에 저항하고 있다"고 비난했다. 조선은 청의 조공국이지만 최근 청과의 관계는 그 달력을 사용하는 것에 제한됐다고 그는 말했다. 일본이 조선을 공의公義로 대우하면 청은 개입할 수 없을 것이었다. "조선 문제는 이제 돌이킬 수 없는 지점에 이르렀기" 때문에 일본은 "조선이 보편적 원칙公理을 계속 거부하면 단호하게 행동해야 할 필요가 있을 수도 있으므로 군대와 선박과 무기를 준비해야 한다"고 기

---

46 『松菊木戸公傳』 2권, 1287~1289쪽.
47 木戸孝允, 『木戸孝允文書』 4권, 64~65쪽.

도는 주장했다. 기도는 국제법과 비슷한 "공의"와 "공리" 같은 단어를 사용했지만 일본이 조선의 "상국"이라고 생각했다.[48]

다음날인 7월 24일 기도는 자신의 제안에 대한 승낙을 얻기 위해 산조를 방문했다. 그런 뒤 그는 지원을 위해 참의 오쿠보 도시미치를 찾아갔다. 그러나 오쿠보는 기도의 제안에 강력히 반대했다. 사쓰마 출신인 오쿠보는 친구 사이고 다카모리와 함께 왕정복고 운동을 이끈 인물이었다. 메이지 유신 이후 그는 새 체제를 조직하는 데 중심에 섰다.[49] 유신을 이끈 대표적인 세력인 조슈파의 지도자 기도와 사쓰마파의 지도자 오쿠보는 최대의 숙적이었다—그리고 당시 정부에서 가장 강력한 권력을 갖고 있었다. 두 사람은 천황 정부를 강화하기 위해 협력했지만, 방식은 각자의 성격에 따라 달랐다.[50] 창의적이고 개방적이며 감정적이고 자주 조급했던 기도는 독자적인 황군을 창설해 조선 원정에서 성공하고 그 무력을 이용해 분열된 나라를 통일하려고 구상했다. 단호하고 합리적이며 빠른 판단력과 침착성을 지닌 오쿠보는 불필요한 위험을 피하면서 조금씩 권력을 강화해야 한다고 믿었다. 그는 새 체제가 권력을 강화하고 내부적 안정을 이루기 전까지는 모든 대외 원정에 단호히 반대했다.[51]

두 권력자의 대립은 오쿠보의 승리로 끝났다. 기도가 외무성을 포섭한

---

48 田保橋潔, 『近代日鮮關係の研究』 1권, 302~304쪽.

49 오쿠보 도시미치의 경력에 대한 연구는 Iwata Masakazu, *Okubo Toshimichi : The Bismarck of Japan* ; Sidney Devere Brown, "Ōkubo Toshimichi : His Political and Economic Policies in Early Meiji Japan," 183~197쪽 참조.

50 오쿠보와 기도의 대조적인 성격은 Albert M. Craig, "Kido Koin and Okubo Toshimichi : A Psychohistorical Analysis," in Albert M. Craig and Donald H. Shively, eds., *Personality in Japanese History*, 264~308쪽 참조.

51 木戸孝允, 『木戸孝允日記』 1, 368~370쪽 ; 『大久保利通文書』 3, 477쪽.

반면 오쿠보는 태정관을 장악했으며, 두 최고 대신 가운데 더 냉정한 이와쿠라의 지지를 받은 것으로 생각된다. 7월 27일 태정관은 조선이 아니라 청으로 사절을 보내 상황을 알아보게 할 것이라고 발표했다. 그 사절의 정사에는 젊은 외무대승 야나기와라 사키미쓰柳原前光가 임명됐다.[52] 그 결정을 만족스럽게 생각하지 않은 야나기와라는 이튿날 기도를 방문해 조선 문제를 논의했다.[53] 그 논의의 결과로 생각되는데, 7월 30일 외무성은 조선과 관련해 이전의 제안을 다시 건의했다. 외무성은 널리 알려진 서양 열강의 한반도 계획을 고려할 때 즉시 조선에 사절을 파견해야 한다고 주장했다―반면 청과 서양 열강은 톈진 교안을 둘러싸고 분쟁을 벌이고 있었다. 그러나 태정관은 고려해야 할 다른 문제들이 있다면서 그 사안에 대한 결정을 미뤘다.[54]

태정관의 최종 결정이 내려졌지만, 기도의 제안을 성사시키려는 마지막 노력이 하나 더 전개됐다. 야나기와라는 8월 말 청으로 출발하기 전 상소를 올려 조선에 즉시 사절을 파견해야 한다고 간청했다. 그 간청은 왕정복고에 대한 그의 생각과 서양의 침략에 대한 우려에 바탕한 팽창주의적 시각을 반영한 것이었다. 그는 조선 정복이 일본의 안보에 필수적이며 미래의 해외 팽창에 기반이 될 것이라고 확언했다. 그는 프랑스·러시아·미국이 조선을 탐내고 있으며 특히 러시아는 유럽이 보불전쟁[55]에 휩쓸려 있는 상황을 이용해 동아시아에서 자신의 침략적 야욕을 이루려

52　『日本外交文書』6권, 195쪽.

53　『木戸孝允文書』1, 370쪽.

54　『日本外交文書』6권, 147~148쪽.

55　1870년 7월~1871년 5월 프랑스 제2제국과 프로이센 사이에 벌어진 전쟁. 프로이센은 이 전쟁에 승리한 뒤 통일된 독일 제국을 수립했다. ―옮긴이

고 할 것이 분명하다고 주장했다. "지금 우리 제국은 망설일 시간이 없습니다!"[56]

기도는 자신의 제안이 묵살된 뒤 조선에 대한 관심을 접었지만, 일본의 정치적 의식 안에 깊이 뿌리 내린 정한이라는 생각에 의해 촉발된 논쟁이 끝난 것은 아니었다. 사소하지만 극적인 두 일화는 그 논쟁으로 촉발된 강렬하고 집요한 감정을 보여준다. 기도의 제안이 묵살된 직후인 8월 22일 사쓰마의 젊은 사무라이 요코야마 쇼타로橫山正太郞는 정한에 반대하는 극단적 행위로 할복했다. 가슴에 품고 있던 두 통의 서신에서 요코야마는 다음과 같이 주장했다. 정한을 옹호하는 세력은 일본의 국내적 분열과 불화를 해결하지 못했기 때문에 그것을 추진하는 것이다. 조선과의 전쟁에서 승리해도 그것은 부당한 전쟁이기 때문에 역사의 비판을 피할 수 없을 것이다. 일본이 강력하고 번영했다면 조선은 일본에게 감히 무례하지 못했을 것이다. 최근 서양의 침입에 맞서 싸운 조선은 히데요시의 침략 때만큼 약하지 않을 것이며 지금은 조선의 책임을 비난할 때가 아니라 국내를 안정시켜야 할 때다.[57]

정한에 찬성하는 의견도 비슷하게 놀라운 형태로 표출됐다. 1871년 5월 외무대승 마루야마 사쿠라丸山作樂가 체포돼 투옥됐다. 광신적인 존왕파인 마루야마는 정부가 조선과 조심스러운 태도로 협상을 추진하자 점차 불만을 품게 됐으며 외무경 사와에게 좀더 대담한 방안을 제안했다. 사와의 반응이 없자 그는 조선 침공에 참여할 지원병과 자금을 비밀

---

56 같은 책, 149~150쪽.
57 田保橋潔, 『近代日鮮關係の硏究』 1권, 307~308쪽 ; Hilary Conroy, *The Japanese Seizure of Korea*, 29~30쪽.

리에 모으기 시작했다. 그의 계획은 동조하지 않는 관료들에게 발각돼 좌절됐다. 정부와의 연계나 후원은 없었지만 외무성에서 조선 문제를 담당한 관료라는 마루야마의 핵심적 위치 때문에 그 계획은 믿기 어려운 만큼이나 충격적이었다.[58]

결국 메이지 유신 이후 일본의 최고 지도자들이 함께 추진한 조선 원정 계획은 이뤄지지 않았다. 그것은 그 뒤 다양한 국내·해외의 상황 때문에 추진된 비슷한 시도의 동기가 됐다. 근본적 요인은 왕정복고의 이념이었다. 이제 그 체제의 최고직을 차지한 존왕파는 일본 황실의 회복된 정치적 권위에 조선이 복종을 거부한 것은 "무례"한 행위며 그러므로 일본이 조선을 "복속"시키기 위해 무력을 사용하는 것은 정당하다고 생각했다. 그들의 견해는 당면한 실제적 고려사항에 힘입어 강화됐다. 대부분의 일본인은 자국과 조선에 대한 서양의 위협이 커지고 있다고 느꼈으며, 일본이 생존하려면 한반도를 장악해야 한다고 믿었다. 톈진 교안에 이어진 청과 서양의 불화와 유럽의 보불전쟁 같은 당시 해외의 사건과 전개는 일본이 조선에서 목적을 이룰 수 있는 기회로 여겨졌다. 그러나 가장 중요한 요인은 일본의 국내 정세, 곧 새 황실 정부는 계속 허약했고, 대부분 아직 온전했던 번들은 서로 충돌했으며, 불만을 품은 무사들은 반란을 일으킬 위험이 있다는 상황이었다. 성공적인 조선 원정은 이런 문제들을 해결하고 국가를 통합하는 만병통치약이 될 수 있었다.

---

58 Conroy, *The Japanese Seizure of Korea*, 30쪽.

중국과 대등한 지위를 추구하다: 1871년 청일수호조약

1860년대 초부터 지속적으로 성장한 청과 일본의 무역은 메이지 유신 이후 더욱 빠르게 확대됐다. 중국 상인은 나가사키뿐 아니라 그 밖의 개항장도 방문하기 시작했다. 그러나 두 나라 모두 서로 공식관계를 수립하려고 하지 않았다. 이런 확대되는 무역과 특히 이 시기 청과 일본 모두 더 많은 서양 국가와 조약 관계에 들어가고 있었다는 측면을 고려하면, 서로에 대한 외교적 무관심은 적어도 부분적으로는 두 국가 모두 전통적 관계를 바꾸거나 국제법에 기반한 서양의 외교적 관행을 따를 이유를 찾지 못했음을 보여준다.

일본 관료들은 1870년 1월 기도를 청과 조선에 파견할 사절로 잠정 임명한 직후 청에 외교관을 파견하는 방안을 처음 논의했다. 1870년 2월 외무성은 우대신 이와쿠라의 질의에 답변하면서 청과 처음 외교관계를 수립하는 데 따를 것으로 예상된 절차를 태정관에 상세히 보고했다. 한 보고서에서 미야모토 오카즈는 천황의 사신이 이끄는 정식 사절을 보내는데 5~6만 냥이 들 것으로 추산했다. 미야모토는 외무성의 1년 예산이 10만 냥 정도임을 지적하면서, 무역을 제외하고는—무역은 조약 없이도 두 나라 사이에서 활발하게 이뤄졌다—청과 시급히 외교관계를 수립할 이유가 없다고 주장했다. 그 대신 그는 일본이 직면한 가장 시급한 두 가지 문제—사할린을 둘러싼 러시아와의 분쟁과 조선 관계의 재조정—를 해결하기 위해 신속히 행동해야 한다고 주장했다.[59] 관직에

---

59 『日本外交文書』 6권, 180~183쪽.

있었든 그렇지 않았든 당시 청과 공식관계를 요청하는 일본인은 거의 없었다.

반면 조선 문제의 조속한 해결을 요청하는 사람은 많았다. 그러나 대원군이 다스리는 조선 정부의 비타협적 태도를 볼 때 기도와 그 지지자들이 제안한 직접적 대립은 조선과의 무력 충돌로 이어질 것이 거의 확실했다―그리고 청과도 그럴 가능성이 컸다. 그 결과 이와쿠라와 오쿠보는 전쟁의 위험 없이 조선에서 일본의 목적을 이룰 수 있는 신중한 대안으로 기도를 조선에 보내는 대신 야나기와라를 청에 보내기로 결정했다. 청과 조약을 체결하면 일본은 청과 명목상 대등한 지위를 확보할 뿐 아니라 조선에 대해서는 명목상 우위에 있게 되는 것이었다.[60]

일본은 청과 어떻게 외교관계를 수립할 것인가 하는 문제를 신중하게 연구했다. 청 당국과 접촉하기 전에 영국 등 서양 열강의 중재를 확보해야 한다고 주장하는 사람들도 있었다. 야나기와라가 중국으로 떠나기 며칠 전인 8월 19일 주일 영국 공사 해리 S. 파크스Harry Parkes는 일본이 서양의 도움 없이 청과 직접 접촉하기는 어려울 것이라고 외무경 사와에게 경고했다.[61] 그러나 "서양 국가들은 일본과 청의 조약 체결을 환영하지 않는다"는 이유를 들면서 서양 열강을 중재자로 믿을 수 있겠느냐고 의심하는 사람들도 있었다. 외무성은 중국과 일본은 오랜 역사적 관계를 맺어왔고 문화적으로 매우 친밀하다는 측면을 고려해 직접 접근하기로 결정했다[62]

---

60 같은 책, 144~145쪽.
61 같은 책, 205~206쪽.
62 같은 책, 186~187쪽.

일본은 청과 어떤 종류의 조약을 체결할지 신중하게 검토했다. 옛 한학을 대표하는 보수파는 구체적이거나 자세한 조항 없이 포괄적으로 규정된 조약을 선호했다. 그들이 보기에 구체적인 조항은 공통의 문화적 유산을 공유한 "형제국"인 중국과 일본 사이에 "필요하지 않으며" "바람직하지도 않았다." 외무성 관료들은 당시 청이 서양 국가들과 맺은 조약들과 비슷하게 서양의 국제법에 따라 정확히 규정된 조약을 희망했다. 미야모토는 이런 입장을 분명히 표명하면서 청과 조약을 협상할 때 일본은 국체國體를 "손상하지 않도록" 특별히 신경 써야 한다고 강조했다.[63] 일본은 청과 명목상 대등한 조약을 체결하기로 결정했는데, 그렇지 않다면 복원된 천황제를 "손상"시킬 것이기 때문이었다. 일본이 청과 조약을 체결하기로 결정한 주요 동기는 명목상 조선보다 우월한 위치를 확보하려는 것이었다는 측면에서 이것은 매우 중요했다.

야나기와라는 네 명의 하위 관료를 대동하고 8월 25일 중국으로 출발했다. 그의 주요 임무는 청이 일본과 조약을 체결할 의향이 있는지 타진하는 것이었다. 공식 사절은 아니었기 때문에 야나기와라는 조약을 협상할 권한이 없었다.[64] 야나기와라 일행은 상하이를 1주일 동안 방문하면서 일본 거주자들에 대한 대우를 현지 관료들과 협의한 뒤 9월 28일 톈진에 도착했다. 10월 1일 그는 북양 통상대신北洋通商大臣 성림成林을 방문해 자신의 방문 목적을 알렸다. 그는 총리아문에 일본 정부의 공식 서신을 전달하고 아문 관료들과 대화하기 위해 즉시 베이징으로 가고 싶다고 성림에게 말했다. 성림은 청과 조약을 맺지 않은 국가의 대표는 베이

---

63 같은 책, 180~181쪽.
64 같은 책, 197~199쪽.

징에 들어가기 전 아문의 허가를 미리 얻어야 한다고 말했다. 그는 서신을 아문에 전달하겠다고 제안하면서 야나기와라에게 톈진에서 아문의 회신을 기다리라고 말했다.[65]

이튿날 야나기와라는 청을 이끄는 두 정치가인 양강총독兩江總督 중국번曾國藩과 신임 직예총독直隸總督 리훙장을 만나 존경을 표하고 도움을 요청했다. 리훙장은 그 뒤 톈진에서 외교 업무를 맡기는 했지만, 11월이 돼서야 성림을 대신해 통상대신을 추가로 맡았다. 리훙장은 야나기와라의 태도와 발언이 겸손하고 정중하다고 느꼈다. 이튿날 리훙장은 아문에 회동을 보고하는 서신에서 일본은 영국·러시아·미국의 압력으로 그들과 교역하게 됐어도 그 열강들에게 "이용欺負"된 것이기 때문에 불만스럽지만 일본 혼자는 저항할 수 없으니 청과 협력하고 싶다는 야나기와라의 발언을 전달했다. 리훙장은 일본이 서양의 무기와 기술을 열심히 도입하고 있다고 지적하면서 청은 일본과 협력해야 하며 일본이 청을 겨냥한 서양의 침략기지가 되도록 해서는 안 된다고 주장했다. 황제가 일본과의 무역을 승인한다면 중국 상인을 통제하고 일본과 긴밀히 연락하기 위해 청의 관원을 일본에 주재시켜야 한다고 그는 건의했다. 그러면 일본은 청과 서양 열강의 갈등이 벌어질 때 청에 등을 돌리지 않을 것이었다. 그러나 일본과 조약을 체결할 경우 청이 서양 국가들과 수립한 조약을 따라서는 안 된다고 아문에 조언했다.[66]

10월 5일 성림은 야나기와라에게 아문의 결정을 통보했다. 일본은 중

---

65 『籌辦夷務始末一同治朝』, 77.24a~25b ; 『日本外交文書』 6권, 220~223쪽 ; 田保橋潔, 「日支新關係の成立―幕末維新期に於ける」(上), 168~169쪽.

66 李鴻章, 『李文忠公全書』, 1.3b~4a ; 田保橋潔, 「日支新關係の成立」(上), 170쪽.

국과 오랜 역사적 관계를 가진 가까운 이웃이지만 두 나라 사이에 체결된 조약은 없으므로 일본의 대표는 베이징에 들어올 수 없으며, 야나기와라는 톈진에서 성림과 조약 체결을 논의해야 한다는 것이었다. 만족스럽지는 않았지만 야나기와라는 그 결정을 받아들였다. 야나기와라는 성림의 요청으로 조약 초안을 준비해 10월 10일 그에게 송부했다.[67]

16개 항으로 구성된 야나기와라의 초안에는 청이 당시 서양 국가들과 체결한 조약을 모방한 조항이 많이 들어 있었다. 일본이 청과 명목상 대등한 위치를 확보하기 위해 특별히 고안한 독특한 조항도 있었다. 한 조항에서는 두 나라가 각자의 수도에 전권대사를 주재시키고, 그런 전권대사는 "두 나라의 대등함에 근거해" 주재국의 최고 관료들과 연락할 수 있으며, 서양 열강의 대표와 동일한 특권을 누린다고 언급했다. 다른 조항에서는 두 나라의 영사는 주재하는 지역의 관료들과 연락할 수 있다고 명시했다. 두 나라는 영사 재판권과 최혜국대우를 포함해 조약한 서양 열강에게 부여한 것과 동일한 외교·영사·상업적 특권을 서로에게 확대한다고 규정한 조항도 있었다.[68] 그동안 서양 열강은 일본보다 청에서 좀더 많은 양보를 얻어냈다. 그러므로 받아들여진다면 야나기와라의 초안은 사실상 일본에게 유리한 "불평등" 조약이 될 것이었다. 앞서 파크스가 사와에게 말한 대로 일본은 서양 열강이 10년 동안 힘들여 얻은 열매를 하루 만에 따려고 하고 있었다.

야나기와라의 초안을 받기 전부터 총리아문은 일본의 조약 요청을 거부하기로 결정했다. 아문은 다른 서양 국가들은 동일하게 대우하면서 일

---

67   田保橋潔,「日支新關係の成立」(上), 169쪽 ;『籌辦夷務始末―同治朝』, 77,34b~36b.

68   야나기와라의 조약 초안은 藤村道生,「明治初期におけるアジア政策の修正と中國」, 10~12쪽 참조.

본만 예외로 하기는 어렵다고 판단했지만 앞으로 문제를 야기할 수도 있는 조약을 체결하려고 하지는 않았다. 실제로 아문은 서양 열강과 동일한 지위를 일본에게 허락하려고 하지 않았다. 일본은 주로 무역에 관심이 있다고 판단한 아문은 두 나라 사이의 현재 무역을 지속하는 것만 허락하기로 결정했다. 그에 따라 10월 13일 아문은 일본 정부의 문서에 대한 의견을 야나기와라에게 회신했다. 청과 일본은 서로 완전히 신뢰하며 두 나라 사이에 공식 조약을 체결할 필요는 없다고 아문은 건조하게 말했다.[69]

야나기와라는 뜻밖의 차질에 분노했다. 아문의 회신을 받은 다음날인 10월 21일 야나기와라는 증국번·리훙장·성림을 방문해 도움을 요청했다. 공식 조약이 없던 과거에 청과 일본은 서양 공사를 거쳐 서로의 관계를 이뤄나갈 수밖에 없었으며, 그 결과 서양의 속임과 모욕을 받았다고 그는 말했다. 자신이 도쿄를 출발하기 전 서양 공사들은 일본이 서양의 중재 없이 청에 직접 접근한다면 청은 일본의 요구를 거절할 것이라고 경고했다는 말도 전달했다. 자신의 임무가 실패하면 서양인들은 일본을 조롱할 것이며 서양과 반청 연합을 형성하도록 지지하는 세력이 일본에서 일어날 것이라고 야나기와라는 경고했다.[70]

다시 한 번 강조할 사항은 증국번과 리훙장이 청을 대상으로 한 일본·서양의 협력을 두려워했다는 것이다. 증국번은 자신이 곧 베이징을 방문하는 동안 그 문제를 총리아문과 논의하겠다고 약속했다.[71] 리훙장

---

69 『籌辦夷務始末—同治朝』, 77.37a~b ; 『日本外交文書』 6권, 238~239쪽.

70 야나기와라의 반응은 1870년 10월 20일 그가 성림에게 보낸 서신 참조. 『日本外交文書』 6권, 243~244쪽 수록.

71 같은 책, 237쪽.

과 성림은 즉시 아문에 다시 서신을 보내 그 문제를 재고해달라고 요청했다. 일본을 조공국으로 취급할 수 있다고 생각하지 않은 리훙장은 청이 여러 서양 국가와 조약을 체결한 상황에서 일본 같은 인접국과 조약을 거부하는 것은 타당하지 않다고 주장했다. 아울러 일본이 영국이나 프랑스의 중재로 청에 접근한다면 청은 일본의 요구를 받아들일 수밖에 없을 것이었다. 이것은 청의 위신을 손상시킬 뿐 아니라 일본을 적으로 만들 수 있었다. 일본과의 조약 체결은 불가피하므로 청은 언제 조약에 서명할 것인지 일본에 정확히 통보하는 것이 최선이라고 그는 주장했다. 아문은 리훙장의 조언을 따라 입장을 바꿨다.[72] 아문은 황제의 승인을 얻어 야나기와라에게 두 번째 서신을 보내 청은 오는 봄 조약을 협상할 일본 사절을 받아들일 것이라고 일본 정부에 통보했다.[73] 야나기와라는 임무를 완수하고 11월 11일 톈진을 떠났다.

조약체제는 10년 전 베이징조약을 체결하면서 수립됐지만, 전통적으로 중국의 종주권이나 명목상의 우위를 인정한 동아시아 국가와 청의 관계에는 적용되지 않았다. 1860~1870년대 청은 국제법과 외교의 지식을 빠르게 습득했지만 대외정책의 이런 이중성은 바뀌지 않은 채 유지됐다. 아울러 일본이 조약을 요구한 시점은 영국이 올콕 협약Alcock Convention의 비준을 거부하고 뒤이어 톈진 교안이 일어난 결과 "협력정책"이 무너지면서 보수 세력이 조약체제를 강력히 반대하기 시작한 때였다. 아문은 일본과 조약을 체결하기로 결정했지만 반대 없이 진행될 수는 없었다.

1870년 12월 18일 매우 보수적인 안후이安徽 순무巡撫 영한英翰은 상

72　『籌辦夷務始末―同治朝』, 78,23a~24b.
73　같은 책, 78,24b~25a ; 『日本外交文書』 6권, 239~240쪽.

소를 올려 일본의 요구를 거부해야 한다고 강력히 주장했다. 영국이나 프랑스 같은 서양 국가들과 달리 일본은 중국의 조공국이었으므로 동일하게 대우해서는 안 된다고 영한은 말했다. 그는 명대 왜구를 상기시키면서 중국이 대외적 위기에 있는 때 조약을 체결하려는 일본의 동기를 의심했다. 일본의 요구를 받아들이면 나쁜 선례가 될 것이며 다른 조공국들도 비슷한 요구를 해올 것이라고 그는 경고했다.[74]

공친왕과 아문 대신들은 보수 세력의 강력한 반대에 부딪치자 가장 영향력 있는 총독이자 일본과의 조약 체결을 주도적으로 지지하는 증국번과 리훙장에게 도움을 요청했다. 두 사람의 의견을 알아보라는 칙명이 내려졌다.[75] 1871년 1월 22일 리훙장은 상소를 올려 일본은 원대 초기 중국에 조공을 중단했으므로 조선·류큐·베트남과 동일하게 대우해서는 안 된다면서 영한의 견해를 반박했다. 왜구는 명이 무역을 금지해 발생한 것이라고 리훙장은 설명했다. 지금 청이 일본의 요구를 거절하면 일본은 서양 열강과 연합할 것이 분명하다고 그는 경고했다—그것은 청에게 매우 해로운 사태였다. 리훙장은 일본이 서양 무기와 기술을 적극 도입해 큰 진보를 이뤘다고 언급한 뒤 일본을 적절히 다루면 청에 유용하지만 외면하면 적이 될 것이라고 강조했다. 중국인이 거의 가보지 못한 먼 서양 국가들과 달리 일본은 이웃 나라이며 끊임없는 골칫거리였다. 그는 청은 조약을 체결한 뒤 일본에 외교관과 공사를 주재시켜야 한다는 자신의 기존 제안을 되풀이했다.[76] 총리아문에 보낸 또 다른 서신에

---

74 영한의 상소에서 일본의 조약에 관련된 부분은 『籌辦夷務始末—同治朝』, 79.7b~8b 참조.

75 같은 책, 79.14a~b.

76 같은 책, 79.46b~48b.

서 리훙장은 일본 무역에 익숙한 중국 상인들을 그런 대표로 선발하고, 매년 장쑤성江蘇省과 저장성浙江省에서 2~3만 냥을 걷어 일본에 주재하는 외교 대표부에 지급하자는 좀더 구체적인 의견을 제시했다.[77] 아문이 다시 입장을 바꿀 것을 우려한 리훙장은 며칠 뒤 자신의 상관인 증국번에게 서신을 보내 그 문제를 맡아달라고 부탁했다.[78]

증국번은 3월 9일 정부에 올린 상소에서 사실상 같은 견해를 피력했다. 청이 일본의 요구를 거절하면 다른 나라들은 무력을 동원하지 않고는 청으로부터 아무 것도 얻을 수 없다는 결론에 이를 것이라고 증국번은 말했다. 증국번은 처참한 실패로 끝난 몽골의 일본 침공을 상기시키면서 조선이나 베트남과 달리 일본은 중국을 두려워하지 않았으며 늘 자신이 중국과 대등하다고 여겼다고 지적했다. 그러므로 일본이 서양의 선례를 따라 청과 조약을 맺으려는 것은 자연스러웠다. 조약에 명시하지 않는다는 전제 아래 증국번은 청이 일본에게 서양 조약국들에게 허락한 것과 동일한 특권을 부여하는 것은 부당하지 않다고 언급했다. 그러나 증국번은 일본에게 최혜국대우를 허락해서는 안 된다고 강조했다.[79]

증국번과 리훙장이 일본과의 조약 체결을 지지했다는 것은 그들이 조약체제를 거부한 것은 아니었음을 보여준다. 두 사람 모두 적어도 부분적으로는 일본은 중국의 조공국이 아니었다는 구체적 근거에 입각해 자신들의 입장을 정당화했다. 그들은 조선과 베트남 같은 진정한 조공국은 청과 조약을 체결할 자격이 없다는 것을 분명히 암시했다. 그들의 주

---

77 李鴻章, 『李文忠公全書』, 1,10a~12b.

78 李鴻章, 『李文忠公全書』, 10,30b~31a.

79 『籌辦夷務始末―同治朝』, 80,9b~11b.

장을 받아들인 정부는 앞서 11월 북양北洋 통상대신으로 임명된 리훙장에게 일본 대표단이 도착하면 증국번과 협의해 조약 협상을 준비하라고 지시했다.[80]

임무를 맡은 리훙장은 앞서 자신이 총리아문에 추천했던 외교 문제 전문가 두 사람―전직 상하이 도대上海道台이자 현재 장쑤 안찰사江蘇按察使인 응보시應寶時와 진해관도津海關道 진흠陳欽―을 배속해달라고 요청했다.[81] 리훙장과 그의 보좌관들은 야나기와라의 초안을 받아들일 수 없다고 거부하고 새로운 초안을 작성하기 시작했다. 리훙장은 서양의 조약 열강에게 허락한 특권의 대부분을 일본에게도 허락할 용의가 있었지만 청에 해로울 수 있는 양보는 하지 않기로 결심했다. 아울러 그는 그 조약을 일본이 청에 대해 서양 열강과 협력하는 것을 막는 도구로 삼으려고 했다. 그런 측면은 리훙장과 그의 보좌관들이 마련한 초안에서 분명히 드러났다. 18개 항으로 구성된 그 초안에는 서로의 영토를 침범하지 않고 조약 체결 당사국 가운데 한쪽이 제3의 국가와 충돌할 경우 서로 돕는다는 조항이 들어 있었다. 그러나 최혜국 조항은 빠져 있었다. 전체적으로 그 초안은 엄격한 호혜의 정신에 따라 청과 일본이 서로 대등하게―지위는 그렇지 않더라도―대우할 것을 명시했다. 7월 9일 정부는 리훙장을 협상 책임자로, 응보시와 진흠을 부관으로 임명해 일본인들과 만나게 했다.

도쿄의 일본 정부는 청과의 조약 협상을 준비하고 있었다. 앞서 12월 청에서 귀국했을 때 야나기와라는 임무를 매우 성공적으로 완수한 것으

---

80 같은 책, 80,11b~12a.
81 李鴻章, 『李文忠公全書』, 1,12b.

로 평가됐다. 그러나 그는 전권을 갖지 못한 상태에서 청 정부에 조약 초 안을 제출했기 때문에 외무성은 그 초안을 폐기하고 새 초안을 마련하 기로 결정했다. 외무성은 사법성 관료이자 국제법의 가장 중요한 전문가 인 쓰다 마사미치津田眞道에게 이 임무를 맡겼다.[82]

당시 외무성에서 중국과 조선 사무를 주로 맡고 있던 관료들—사가· 야나기와라·미야모토 같은—은 공경이거나 서양에 대해 제한적 지식만 가진 이전의 존왕파 사무라이들로 가문적 배경이나 정치적 연고에 힘입 어 관직에 나온 인물이었다. 그러나 쓰다는 서양에서 공부한 전문가라 는 새로운 계열을 대표하는 인물로서 전문 지식에 힘입어 요직에 임명되 기 시작했다. 번서조소蕃書調所의 교수였던 쓰다는 1862년부터 1865년 까지 네덜란드에서 국제법을 공부했다. 쓰다는 또 다른 국제법 전문가이 자 역시 번서조소의 교수였던 간다 다카히라神田孝平와 함께 조약 초안을 준비했다. 두 사람은 관료 경력 외에도 메이지 초기 선도적 지식인들이 서양 사상을 보급하기 위해 조직한 모임인 메이로쿠샤明六社의 일원으로 활동했다. 쓰다와 간다는 일본이 앞으로 청·조선과 맺을 관계를 전통적 동아시아의 국가 관계가 아니라 서양의 국제법에 입각해 전망했다. 서양 과의 경쟁은 국내뿐 아니라 국제 문제에서도 그들의 표어였다.

쓰다와 그의 동료들이 마련한 조약 초안—태정관의 승인을 받았 다—은 청이 프러시아와 맺은 조약을 많이 본받은 것이었다. 1861년 서 명돼 1863년 비준된 그 조약은 중국 무대에 비교적 늦게 뛰어든 프러시 아가 앞서 영국·프랑스 등이 얻은 모든 특권을 최혜국 조항에 힘입어 확

---

82   藤村道生, 「明治初期におけるアジア政策の修正と中國」, 16쪽.

보한 조약이었다. 그 조약에는 아편전쟁 이후 서양 열강이 청에게 받아낸 일방적 양보가 모두 들어 있었다. 청과 프러시아의 조약에는 프러시아에 있는 중국인을 대우하는 문제에 관련된 조항은 없었지만 쓰다의 초안에는 조약 당사국이 영사 재판권을 서로 행사한다는 조항이 있었다. 그러나 일본이 청에서 행사하는 영사 재판권은 정확하고 구체적으로 규정됐지만, 일본에서 청이 행사하는 영사 재판권은 모호하게 규정됐다. 요컨대 쓰다의 초안은 전형적인 "불평등" 조약을 보여주는 것이었으며, 야나기와라의 초안보다 청에 불리했다.[83] 쓰다와 그의 동료들은 서양을 모방하려고 노력하면서 일본이 청과 명목상 대등한 위치를 확보해야 할 뿐 아니라 청과 조약한 서양 열강이 청에서 받아낸 것과 동일한 특권을 얻어야 한다고 생각했다. 쓰다의 초안은 국제적 환경에서 "아시아를 벗어나려는脫亞" 메이지 일본의 노력을 보여주는 하나의 증거다.

대장경大藏卿 다테 무네나리伊達宗城가 이끌고 야나기와라와 쓰다가 포함된 일본 대표단은 1871년 7월 5일 미국 증기선을 타고 요코하마를 출발했다. 외무성은 청에 위압적인 인상을 주기 위해 전함을 이용해 대표단을 보내려고 했지만 사용할 수 있는 전함이 없었다. 대표단은 7월 24일 톈진에 도착했다. 8월 1일 그들은 쓰다의 초안을 정식으로 청에 전달했다. 다음날 청 대표단은 자신들의 초안을 전달했다. 그동안 청은 외국 대표와 조약을 협상하면서 초안을 만들지 않았기 때문에 일본은 놀랐다.[84] 청 대표단은 쓰다의 초안이 그동안 청이 서양 국가들과 체결한 조약에서 잡다하게 발췌한 문서라고 규정하면서 받아들일 수 없다고 선

---

83 같은 글, 16~21쪽.
84 같은 글, 21쪽 ; 田保橋潔, 「日支新關係の成立」(上), 180~181쪽.

4장 _ 유신 외교

언했다. 서양 국가들과의 교류는 일방적이었지만, 청과 일본의 무역과 여행은 상호적으로 이뤄져야 한다고 청 대표단은 말했다. 그러므로 양국의 조약은 상호 의무를 자세히 규정하고 호혜적 이익을 보장해야 했다. 청 대표단은 자국의 초안을 준비하면서 야나기와라의 초안을 신중히 살펴봤다고 말했다. 그 결과 그들은 자국의 초안을 기초로 협상해야 한다고 주장했다.[85]

일본 대표단은 청의 초안이 불만스러웠는데, 서양의 조약 열강이 중국에서 누린 특권 가운데 많은 부분을 일본에 허용하지 않았기 때문이었다. 지난 번 방문했을 때 야나기와라는 일본이 청과 조약을 체결하려는 기본 동기는 서양 국가들에 맞서 청과 연합하려는 데 있다고 말했지만, 이제 일본 대표단은 청 초안에서 상호중재 조항을 거부했다. 야나기와라는 일본 대표단이 중국으로 출발하기 전 도쿄의 일부 서양 대표들은 다테에게 청과 수호조약을 체결하려는 임무인지 물었다고 털어놓으면서 그런 조항은 서양의 의심을 불러올 것이라고 주장했다. 또한 그는 청이 서양 국가들을 대우한 것보다 낫지도 덜하지도 않게 일본을 대우해야 한다고 주장했다.[86]

오래 끄는 논쟁을 피하기로 결심한 리훙장은 부관들에게 강경한 어조로 회신하라고 지시했다. 그에 따라 응보시와 진흠은 일본이 서양의 의심을 피하고자 한다면 가장 좋은 것은 아무 조약도 체결하지 않는 것이라고 야나기와라에게 말했다. 그들은 상호중재 조항은 청이 작성한 것이 아니라 청이 미국과 체결한 조약에서 가져온 것이라고 지적했다. 응

85 『籌辦夷務始末―同治朝』, 82.1a~2a ;『日本外交文書』 7.1권, 241~242쪽.
86 『籌辦夷務始末―同治朝』, 82.2b~4b ;『日本外交文書』 7.1권, 240~241쪽.

보시와 진흠은 조약을 체결하려는 쪽은 중국이 아니라 일본이라는 것을 야나기와라에게 다시 일깨우면서 말했다. "귀하가 작년에 보낸 초안 가운데 몇 조항은 만족스럽지 않았지만, 나머지는 받아들일 만했습니다. 이제 귀측은 완전히 다른 초안을 보내 이전의 초안을 폐기하려고 합니다. 귀측은 조약에 서명하기도 전에 신뢰를 저버리고 있습니다!"[87] 청의 입장을 받아들이지 않으면 조약을 체결할 수 없다고 판단한 일본 대표단은 굴복했다. 그 결과 리훙장은 주도권을 잡고 협상을 지배했다. 8월 19일 중국번에게 보낸 서신에서 리훙장은 청의 조건에 따라 조약이 체결될 것이라고 확실히 예측하면서 일본은 영리하고 교활하지만 "야만적이고 다루기 힘든" 서양인에게는 상대가 되지 않는다고 덧붙였다.[88] 상당히 힘든 협상 끝에 대표단은, 리훙장의 예측대로, 1871년 9월 13일 청일수호조약과 통상장정에 서명했다.

18개 항의 청일수호조약은 두 나라의 통치자는 언급하지 않은 채 "대청국"과 "대일본국"은 전통적 우호를 증진시키기 위해 조약을 체결한다는 서문으로 시작됐다. 물론 이것은 두 통치자의 명목상 선행 문제를 회피하려는 방법이었다. 일본 대표단은 천황이 청 황제와 명목상의 대등함을 확보할 수 있도록 서문에서 청 황제와 일본 천황을 언급해야 하며, 전자는 한자로 "황제", 후자는 "천황"(일본어로는 덴노)으로 표기해야 한다고 주장했다. 청은 일본의 통치자를 "덴노"라고 부르는 것이 타당하지 않다고 생각해 거부했다. 일본은 앞으로 중국 황제에게 보내는 서신에서 자국의 통치자를 "천황"으로 부를 것이라고 선언하자 리훙장은 일본의

87　『籌辦夷務始末—同治朝』, 82.2b~6a ; 『日本外交文書』 7.1권, 241~242쪽.
88　李鴻章, 『李文忠公全書』, 11.11a.

통치자는 자신의 호칭을 선택할 수 있지만, 그런 서신에 회답할지 결정할 권한을 가진 존재는 청 황제뿐이며 일본의 통치자는 자신의 서신이 회답받기를 바란다면 자신을 어떻게 불러야 할지 결정해야 한다고 반박했다.[89]

조약 1조에서는 두 나라는 서로의 "국가와 영토邦土"를 침범하지 않는다고 약속했다. 명시하지는 않았지만 리훙장은 앞으로 일본이 조선을 침범할 가능성에서 조선을 보호하려는 의도로 그 구절을 삽입했다. 리훙장의 의도를 알지 못한 일본 대표단은 그것은 조공국에는 적용되지 않는다고 가정하고 즉시 받아들였다.[90] 일본이 반대했지만 상호중재 조항은 유지됐는데, 일본이 중국에 대해 서양과 연합할 가능성을 막으려는 리훙장의 장치였다. 3조에서는 서로의 영토 안에 있는 개항장에 자기 국민에 대한 영사 재판권을 부여한다는 것이었다. 그러나 청은 최혜국대우에 대한 일본의 끈질긴 요구를 단호히 거부했다. 청은 중국 내륙에서 일본이 무역할 수 있는 권리—일본이 최혜국대우의 대안으로 추구했다—도 거부했다. 그 조약의 특징은 일본인이 중국에서 칼을 휴대하지 못하도록 한 것이었다. 전체적으로 그 조약은 두 나라의 호혜와 평등을 보장했다.[91]

이 조약의 체결은 동아시아 국제관계사에서 매우 중요한 사건이었다. 그것은 동아시아의 두 국가가 서양의 근대법에 기초해 서명한 최초의 근

89　李鴻章, 『李文忠公全書』, 1,22b.

90　리훙장의 의도는 『籌辦夷務始末―同治朝』, 82,31b 참조. 그 조항에 대한 일본의 해석은 『日本外交文書』 7,1권, 223쪽 참조.

91　조약과 통상장정 문안은 『籌辦夷務始末―同治朝』, 82,33a~46b ;『日本外交文書』 7,1권, 203~221쪽 참조.

대적 조약이었다. 그것은 체결 당사국의 평등—중국과 일본이 과거에는 서로의 관계에 적용할 수 있다고 생각하지 않았던 원칙—에 기초한 조약이었다. 그 조약은 동아시아 외교의 전통적 관행에서 혁명적인 이탈이자 동아시아의 궁극적 협력을 지향하면서 서구적 국제관계 체제 속으로 진입하는 중요한 진전이었다.

그 조약은 동아시아에서 전통적 세계질서와 중국의 우위를 보존하려는 청의 노력에 타격을—리훙장과 그 세력이 인정하려는 것보다 아마 훨씬 더—줬다. 그것은 전통적 질서의 기본 개념에 근본적으로 도전한 것은 아니었다고 해도 그 질서 안에서 중국이 차지하고 있는 우위에 효과적으로 도전한 것은 분명했다. 그 조약은 일본이 조선이나 베트남 같은 중국의 조공국이 아니었기 때문에 수용할 만했다고 증국번과 리훙장은 주장했지만, 정말 일본이 청과의 관계에서 서양 국가들과 동일한 범주에 소속돼 있다고 그들이 생각했는지는 의심스럽다.[92] 설득력이나 논리가 무엇이었든 그런 주장은 그동안 일본이 암묵적이든 아니든 중국의 명목적 우위와 문화적 우월을 인정했던 동아시아 세계의 진정한 일원이라는 부인할 수 없는 사실을 생각할 때 인정하기 어렵다. 일본이 청과 조약을 체결하려는 당초의 목적은 청과 명목적 대등성—그들은 그것을 조선에 대한 명목적 우위로 해석하려고 했다—을 확보하려는 데 있었기 때문에 이런 지적은 더욱 타당하다.

그러나 청이 보수 세력의 반발과 광범한 배외주의적 감정 때문에 근

---

92 청 정부는 다테 사절단을 "조공사절"로 기록했다. John K. Fairbank, "The Early Treaty System in the Chinese World Order," in John K. Fairbank, ed., *The Chinese World Order*, 266쪽 참조.

대 국제세계의 현실을 받아들이는 데 어려움을 겪고 있던 상황에서 그 조약은 중국번·리훙장·공친왕·문상처럼 실용적 외교를 지지한 세력의 중요한 승리로 평가할 수 있다. 그것은 그때까지 청이 무력함과 무지 또는 둘 모두 때문에 모욕적이고 불평등한 조약을 연속적으로 체결한 뒤 외국과 맺은 가장 공평한 조약이었다. 청 대표단은 협상 내내 주도권을 장악하면서 자신감과 새로 습득한 근대 국제 외교 지식을 보여줬다. 그 조약은 청이 국익을 보호하는 데 국제법을 능숙하게 이용한 사례였다. 청은 불평등한 조약체제를 바꾸려는 의지도 나타냈다. 이것은 청이 1868년 올콕과 협상해 처음으로 조약을 개정한 뒤 지속된 노력으로 평가해야 할 것이다.

리훙장은 일본과 조약을 협상하면서 일본·조선 정책의 주요한 설계자로 떠올랐는데, 그가 다음 사반세기 동안 지속할 역할이었다. 메이지 일본이 중국과 조선에 잠재적 위협이라는 사실을 분명히 인식한 그는 중국에 대한 일본·서양의 연합과 조선에 대한 일본의 침략을 방지하는 도구로 이 조약을 이용하려고 구상했다. 리훙장은 조선에 큰 관심을 갖고 있었고 조약을 체결하도록 청 정부를 설득한 것을 고려하면 그 조약으로 조선이 일본과의 관계에서 도덕적 난제와 현실적 어려움에 직면할 것을 그가 몰랐다고는 생각되지 않는다. 리훙장은 그런 문제들을 회피할 수 없었을 뿐이라고 생각되는데, 그는 그 조약이 중국에 대해 일본이 서양 열강과 연합하는 것을 방지하는 데 매우 효과적이라고 생각했기 때문이다. 그는 달갑지 않은 두 가지 대안 가운데 선택해야 했다. 일본과 서양이 중국에 대해 연합할 것을 우려하지 않았다면 그는 이때 일본과 조약을 체결하는 데 찬성하지 않았을 것이다.

일본에게 그 조약은 매우 중요한 역사적 의미를 지닌 완벽한 성공이었다. 그것은 근대에 일본이 체결한 최초의 "평등한" 조약이었다. 좀더 중요한 것은 그 조약으로 일본이 청·일 관계의 역사에서 공식적으로 처음으로 청과 명목상 대등한 지위를 확보했다는 것이다. 메이지 정부는 왕정복고 이후 동아시아 국가들을 대상으로 시작한 "유신" 외교의 주요 목표 가운데 하나를 이뤘다. 그러나 서구화를 지향하면서 일본 정부 안에서 떠오르던 새로운 지도층은 이런 목표를 이뤘음에도 동아시아 국가 관계의 전통적 개념—외교의 이념적 기반—을 폐기했다. 그 결과 서구화의 열정에 사로잡혀 그 조약의 평등성과 혁명적 중요성을 무시한 일본의 지도자들과 관료들은 그 조약을 매우 낮게 평가했다.[93] "유신" 외교의 가장 중요한 성취 또한 마침표를 찍었다.

조약은 근대적 성격을 지녔지만, 그것이 체결된 상황과 일부 내용은 당시 청과 일본 모두 서로의 관계와 그 밖의 동아시아 국가들과의 관계에 대해 전통적 태도와 생각을 완전히 버리지 않았음을 분명히 보여준다. 두 나라 통치자의 칭호를 둘러싼 논쟁은 청이 서양 국가들을 대우한 것과 동일한 방식으로 일본을 대우하려고 했지만 일본에게 명목적 대등성은 말할 것도 없고 동일한 공식적 지위를 허용하지 않으려고 했음을 보여준다. 두 나라 모두 국제법에 상당한 지식을 갖고 있었지만 영사 재판권—어느 서양 국가도 외국 열강에게 허용하지 않은 양보—을 서로 선뜻 허용한 것을 볼 때 서양 국제법에서 개별 국가가 소유한 주권의 절대적 성격을 충분히 이해한 것 같지는 않다. 그러나 전통적 생각은 조선에 대한 청과 일본의 태도에서 가장 견고하게 지속됐는데, 조선을 궁극

---

93 藤村道生,「明治初期におけるアジア政策の修正と中國」, 22~23쪽 ; 田保橋潔,「日支新關係の成立」
    (下), 314~315쪽.

적으로 통제하는 것은 당시 서로 조약에 서명하기로 결정한 배후의 주요 원인이었다. 학자들은 조선에 대한 종주권을 유지하기로 청이 결정한 것과 전통적 중국의 권위를 조선이 인정한 것은 국제관계의 근대적 개념과 반대된다고 지적했다. 그러나 이 시기 일본도 조선을 대우할 때 전통 동아시아에서 통용된 국가의 서열 개념을 유지했다는 사실은 대체로 간과하고 있다. 요컨대 일본이 청과 조약을 맺으려고 한 기본 원인은, 적어도 처음에는 청과 대등한 지위를 확보함으로써 조선에 대한 명목상의 우위를 차지하려는 열망이었다.

"서구적" 정체성과
팽창주의를 향한 열망

일본의 새로운 동아시아 정책, 1872~1875

———

　1871년 시행한 폐번치현廢藩置縣은 막부의 폐지로 시작된 일본의 봉건적 정치구조를 해체하는 마지막 수순이었다. 봉건적 분리주의의 마지막 제도적 유산은 제거됐다. 이 중요한 조처의 앞뒤에 시행된 일련의 정부 재편은 그 뒤 무사계급의 폐지, 의무교육의 도입, 징병제, 새로운 전세제도 같은 또 다른 광범한 개혁으로 이어졌다. 이런 조처들은 그 뒤 10년 동안 건설된 통합적 중앙집권국가의 기초가 됐다.

　일본의 전면적 개혁과 근대화는 적극적 외교정책의 개시와 밀접히 연관됐다. 새로운 서양 정책은 메이지 일본의 첫 번째 주요한 외교적 업무에서 나타났는데, 그것은 미국과 유럽으로 이와쿠라 사절단을 파견한 것이다. 그런 외교 정책은 동아시아에서 청과 일본에 영향을 준 일련의 사건에서 뚜렷이 나타났다. 그것은 (1)쓰시마의 중개 역할 중지 (2)류큐에 대한 독점적 관할권 주장 (3)얼마 전 체결된 청일수호조약의 개정 시도 좌절 (4)외무경 다네오미副島種臣의 중국 사행이다.

이런 사건과 조처들은 막부가 수행한 외교 방식을 변화시키려고 메이지 정부가 단호하게 추진한 외교 개혁의 첫 번째 단계였다. 구체적으로 일본은 불평등조약을 개정해 서양 열강과 대등한 지위를 확보하기로 결정했다. 동아시아에서 일본은 청과 명목적 대등성을 수립한 것에 더 이상 만족하지 않았으며, 청과 조약을 체결한 서양 열강들과 대등한 외교적·무역적 지위를 추구했다. 아울러 일본은 류큐에 대한 청의 종주권 주장을 거부했다. 조선과 관련해서는 "유신" 외교 아래 수립하려고 했던 명목적 우위가 아니라 서양의 조약 열강이 청과 일본에서 누린 것과 동일한 특권적 지위를 얻으려고 했다. 일본의 외교 개혁 노력은 국제관계에서 서양적 개념으로 전환하고 국제 외교에서 서양의 약탈적 행동을 모방하려는 의도적인 결정에서 뚜렷이 드러났다.

서양과 대등한 지위를 추구하다, 1872~1873

메이지 유신 직후 일본 정부는 국내에서 권력을 확립하는 데 몰두했다. 그 목표는 전국의 현을 중앙에서 직접 관리하면서 대체로 달성됐고, 그 결과 새 체제의 지도자들은 해외로 관심을 돌렸는데, 거기에는 서양 국가들과 체결한 불평등조약을 개정해야 한다는 거대한 문제가 있었다. 막부가 서양 열강과 체결한 조약들은 1872년 개정될 예정이었다. 1871년 초반 외무성은 이듬해 조약 개정을 추구하겠다는 의사를 조약 열강에 통보했다.[1] 이런 적극적 외교정책이 등장하면서 정부에서 두 번째로 높은 관료인 우대신 이와쿠라는 1871년 8월 폐번 이후 이뤄진 정부 개편에서 외무경에 임명됐다. 이와쿠라가 이런 인위적인 좌천을 기꺼이 받아들인 까닭은 조약 개정을 추진하려는 데 있었다.

그 뒤 10월 최고직인 총리대신에 오른 산조는 외교 개혁을 주제로 한 긴 서신을 이와쿠라에게 보냈다. 그 내용은 다음과 같았다. 크기에 상관없이 모든 국가는 동일한 지위를 지니며, 조약은 국제법에서 보장한 이런 평등성을 기초로 체결해야 한다. 그러나 일부 국가의 낙후된 관습이나 낡은 제도 때문에 국제법을 균일하게 적용하기 어려울 경우 예외는 있다. 유신 이후 일본은 권력을 중앙집권화하고, 법률과 제도를 근대화했으며, 권위주의적 통치를 완화하고 시민권을 확대해 서양 국가들과 대등한 지위를 확보할 수 있는 기초를 놓았다. 그러므로 이제 일본은 서양 국가들과 체결한 불평등조약을 개정해 독립국의 완전한 권한을 다시 찾아야 한다. 그러나 일본은 최근에야 이런 개혁을 도입했고 착수해야 할 일이 아직 많다는 것을 고려할 때 정부는 조약 개정 작업을 2~3년 정도 미뤄야 한다. 그동안 서양 국가들에게 일본의 견해를 보여주고 그들의 선진 제도를 연구하기 위해 대규모 외교사절을 보내야 한다.[2]

산조의 서신은 일본 근대 외교정책사에서 매우 중요한 자료인데, 초기 메이지 정부의 조약 개정 문제에 대한 입장과 기본 원칙―청·조선 정책으로 이어졌다―을 제시했기 때문이다. 첫째, 일본은 모든 국가의 평등한 주권에 기초한 서양 국제제도를 완전히 받아들여 서열적 국가·국민 관계라는 전통 동아시아의 개념을 거부함으로써 그런 개념 위에 성립된 전통적 동아시아 세계질서를 거부했다. 둘째, 조약 당사국이 문화적

---

1 『日本外交文書』 7.1권, 57~63쪽.
2 산조가 이와쿠라에게 보낸 서신은 같은 책, 67~73쪽 ; 多田好問 編, 『岩倉公實記』 2, 926~928쪽 참조.

계몽 수준에서 상당한 차이가 나면 불평등조약은 정당하며 필요하다는 서양의 주장을 받아들였다. 셋째, 산조는 이런 전제에 따라 봉건적 사회·정치제도를 보유한 옛 도쿠가와 시대의 일본은 서양과 대등성을 주장할 자격이 없었지만, 메이지 일본은 왕정복고 이후 추진한 개혁의 결과 서양과 완전한 대등성을 확보한 첫머리에 서 있다고 선언했다.

산조의 제안은 11월 이와쿠라 사절단의 임명으로 이어졌다. 이와쿠라는 외무경에서 물러난 뒤 사법경으로 승진해 미국과 유럽의 특명전권대사를 겸직했다. 정부에서 가장 강력한 실권을 지닌 두 사람인 참의 기도 다카요시와 대장경 오쿠보 도시미치가 네 명의 부사副使에 포함됐다. 1871년 12월 21일 이와쿠라 사절단은 미국과 유럽을 순방하는 긴 여정을 떠났다. 주요 임무는 서양의 조약 열강에게 조약 개정의 가능성을 타진하는 것이었다.[3]

산조의 서신이 메이지 정부의 청과 조선에 대한 초기 "유신 외교"의 근본적 파기를 대표했다면, 주요 인물로 구성된 이와쿠라 사절단의 파견은 외교에서 일본의 주요한 관심과 주의가 동아시아에서 서양으로 전환됐다는 신호였다. 중요하지 않은 것은 아니었지만 청·조선과 일본의 관계는 서양과의 관계에 종속되거나 그것에 따라 결정될 수도 있었다. 아울러 과거에 일본의 대청 외교에서 주요 목표는 청과 명목상 대등한 지위를 얻는 것이었지만, 이제 그들은 중국과 조약한 서양 열강과 법률적 대등함을 추구했다. 자신들이 충분히 "진보했다"고 판단한 일본은 청에서, 그리고 앞으로는 조선에서 서양 열강과 동일한 특권을 누릴 자격이

---

3 『日本外交文書』 7.1권, 75~77쪽, 96~99쪽.

있다고 생각했다. 새로운 외교정책을 추진하기 위해 자신의 후임으로 이와쿠라가 엄선한 신임 외무경 소에지마 다네오미는 이런 인식에 따라 일본의 청·조선 관계를 다시 정립하는 작업에 착수했다.[4] 리훙장과 그 밖에 비슷한 생각을 지닌 중국 지도자들의 바람과 달리 당시 그들이 상대한 일본인들의 견해와 태도에는 서양 열강을 대상으로 청과 일본이 협력할 가능성을 보여주는 측면이 거의 없었다고 지적할 수 있다.[5]

소에지마의 외교정책을 살펴보기 전에 1870년 6월 브란트 사건으로 좌절된 오시마와 우라세의 절충안 이후 일본과 조선 사이에 일어난 일을 간단히 검토할 필요가 있다. 다음 달 청으로 야나기와라 사절단을 보내기로 한 일본 정부의 결정은 조선과 관련된 일본 외교의 주요 무대가 중국으로 전환됐다는 뜻이었지만, 종잡을 수 없는 협상이 부산에서 이어졌다. 부산에서 돌아온 뒤 우라세는 9월 도쿄로 가서 안동진과 나눈 대화를 외무성에 보고했다. 우라세의 보고를 들은 외무경 사와는 두 나라의 통치자 사이의 국서 교환을 포함하지 않는다면 조선은 현재 중개 역할을 하고 있는 쓰시마를 거치지 않고 새로운 일본 정부와 직접 관계를 수립할 의사가 있다고 결론지었다. 우라세와 외무성 모두 조선이 브란트 사건을 어떻게 보고 있는지, 그리고 조선에 대한 일본과 서양의 연합을 얼마나 심각하게 의심하거나 두려워하고 있는지 충분히 인식하지 못했다. 그 결과 일본은 온건한 견해를 지닌 관료로 알려진 외무성의 요시오카 고기吉岡弘毅가 이끄는 또 다른 사절을 조선에 파견하기로 했다. 그

---

4 鄭永寧,「副島大使適淸槪略」,『明治文化全集』11, 63쪽.
5 서양에 맞서 청과 일본이 협력하기를 바란 리훙장의 태도는『籌辦夷務始末─同治朝』, 79.46b~48b 참조.

5장 _ "서구적" 정체성과 팽창주의를 향한 열망

사절은 비공식적인 것이었기 때문에 요시오카는 사신의 공식 지위를 받지 못했다.[6]

10월 하순 도쿄를 출발한 요시오카와 그 일행은 12월 하순 쓰시마를 거쳐 부산에 도착했다. 요시오카는 두 통의 공식 서신을 가지고 갔는데, 하나는 외무경 사와가 조선의 예조판서에게 보내는 것이었다. 두 나라 통치자의 명목상 우선순위 문제를 피하기 위해 사와는 그 서신에서 일본 천황이나 황실을 직접 언급하지 않았다. 그는 단지 두 나라의 전통적 우호를 회복하고자 하는 일본의 진정한 열망을 피력하면서 항해와 무기의 기술적 발달로 거리가 중요하지 않게 된 세계에서 "서로 생존하기 위해 서로 의존"하자고 제안했다. 서신이 전달될 수 있는 "적절한 상황"을 만들기 위해 요시오카는 조선이 평등의 원칙에 입각해 두 나라 "정부" 사이의 직접 관계를 요구해야 한다는 것을 확실히 전달하라고 쓰시마 관료들에게 지시했다. 그 서신은 그런 요구가 이뤄진 뒤 전달될 예정이었다.[7]

부산에 도착하자마자 요시오카는 자신의 통역을 안동준에게 보내 회담을 요청했다. 그러나 안동준은 요시오카가 쓰시마의 관료가 아니라는 이유로 거부했다.[8] 거듭 시도했지만 반년 가까이 지난 1871년 5월 17일에야 요시오카는 안동준을 "비공식적"으로나마 만날 수 있었다. 요시오카는 일본의 왕정복고와 그 뒤 외무성이 조선 문제를 맡기로 한 조처의 중요성을 간곡히 설명했다. 그는 최근 일본이 청과 조약 체결 협상에 성공했다고 말했다. 안동준은 대수롭지 않다는 듯 일본의 새 체제는 이전

---

6 『日本外交文書』 6권, 158쪽 ; 田保橋潔, 『近代日鮮關係の硏究』 1권, 239~241쪽, 244~245쪽.

7 『日本外交文書』 6권, 161~163쪽 ; 田保橋潔, 『近代日鮮關係の硏究』 1권, 242~243쪽.

8 『日本外交文書』 6권, 267~268쪽.

의 막부처럼 쓰시마를 거쳐 조선과 통교해야 한다고 대답할 뿐이었다. 요시오카는 쓰시마가 아직도 유지하고 있는 조선과의 반조공 관계는 두 나라의 새로운 관계를 수립하는 데 심각한 걸림돌이라는 것을 깨달았다. 그 결과 그는 도쿄에 보낸 보고서에서 쓰시마가 전통적 방식대로 계속 조선에 사절을 보내고 선물을 받는 상황에서 "천황의 권위를 조선에 확대하려고" 노력하는 것은 아무 소용없다고 강조하면서 그 중개 역할을 즉각 완전히 중단해야 한다고 건의했다.9

이 무렵 일본 정부는 미국의 조선 원정계획을 알게 됐다. 일본 정부는 조선과 미국의 무력 충돌을 예상하면서 그런 충돌이 가져올 모든 기회를 이용해 조선에서 자신의 이익을 도모하기로 결정했다. 1871년 5월 초 사와는 조선은 가까운 나라지만 일본이 도울 의무가 없는 반면 미국은 동맹이므로 도울 의무가 있다는 내용의 비밀지침을 부산의 요시오카에게 보냈다. 적대행위가 발생하면 일본은 물러나 미국이 간섭을 받지 않고 조선에서 행동 방침을 추구하도록 해야 한다고 사와는 말했다. 조선이 일본에 도움을 요청하면 우선 일본에 대한 우호를 입증하게 한 뒤 공정히 해결될 수 있도록 두 나라를 중재하라고 지시했다. 끝으로 사와는 미국과 우호를 유지하고 조선의 의심을 피하기 위해 극도로 조심스럽게 행동해야 한다고 요시오카에게 경고했다.10 일본이 서양 열강과 협력할 것에 대한 조선의 의심은 완전히 근거 없는 것은 아니었던 것이다.

1871년 8월 폐번 조처로 쓰시마는 번의 지위를 잃었다. 몇 세기 동안 수행한 일본과 조선 사이의 중개 역할도 자동적으로 끝났다. 조선 사

---

9   같은 책, 284~285쪽.
10   같은 책, 7.1권, 276~278쪽.

5장 _ "서구적" 정체성과 팽창주의를 향한 열망

무는 마침내 외무성이 관장하게 됐다. 그러나 이와쿠라 사절단 준비에 몰두해 있던 외무성은 조선과 관련해 즉시 어떤 행동을 할 수 없었다. 12월 중순 소에지마가 외무경으로 취임하고 나서야 고위 관료들은 조선 문제에 관심을 두기 시작했다.[11]

소에지마의 발탁은 번이 폐지된 뒤 정부 최고 지도부에서 평범한 사무라이 출신의 권력과 영향력이 황자와 공경, 옛 다이묘를 능가하기 시작한 변화를 반영한 것이었다. 두 전임자인 사와와 이와쿠라가 메이지 유신 이전 서양에 대한 지식이 거의 없던 공경 출신인 것과 달리 소에지마는 유신 이전부터 서양을 상당히 잘 알았다. 히젠의 국학자의 아들인 소에지마는 뛰어난 학자였으며 20대 때 자기 번의 학교에서 교사로 일했다. 그 뒤 그는 나가사키에서 영어를 배웠고 서양에 열정적인 관심을 갖게 됐다. 그는 헨리 휘튼Henry Wheaton의 『국제법의 원리Elements of International Law』를 W. A. P. 마틴Martin이 한문으로 번역한 『만국공법萬國公法』을 읽으면서 서양의 국제법을 처음 알게 됐다. 메이지 유신 이후 소에지마는 새 체제에서 참예를 거쳐 참의가 됐으며 외교 업무, 특히 사할린을 둘러싼 러시아와의 협상에 적극 참여했다. 이 일들을 거치면서 그는 매우 국수주의적인 외교 정책관을 갖게 됐다. 그는 일본이 사할린·보닌Bonin 군도·류큐 같은 주변 지역에 대한 권리를 강화해야 할 뿐 아니라 조선과 타이완까지 지배권을 넓혀야 한다고 생각했다. 소에지마의 교육 배경과 지식은 그가 중국과 조선에 대해 추구한 외교 개혁의 정신—동아시아의 전통에 어느 정도 뿌리를 두고 있지만 서양을 강력히 지향

---

11   田保橋潔, 『近代日鮮關係の硏究』 1권, 262~263쪽.

한―과 정확히 일치했다.[12] "국권외교"라고 불릴 정도로 일본의 권리를 강력히 주장한 그의 태도는 국내를 통제하는 데 성공했다는 메이지 정부의 자신감을 반영한 것이었다.[13]

번을 폐지한 뒤 그동안 다이묘였다가 이제 쓰시마의 태수가 된 소 시게마사(이전의 요시사토)는 조선 문제의 처리를 순조롭게 전환시키기 위한 조처로 외무대승에 임명됐다. 소는 번이 폐지된 결과 조선과의 관계를 수행하는 데 자신의 세습적 역할이 끝났다는 것을 설명하기 위해 조선으로 갈 것을 결정했다.[14] 그러나 과거와 완전히 단절될 것을 우려한 조처로 생각되는데, 소에지마는 결정을 철회했다. 그 대신 1872년 1월 16일 그는 전직 쓰시마 관료였던 사가라 마사키相良正樹에게 그 임무를 맡겼다. 사가라는 외무성 관료의 자격으로 조선에 갔지만, 전통을 인정하는 의미에서 소의 개인적 대리인으로 행동하도록 허용됐다.[15] 소에지마는 그동안 조선의 비타협적 태도로 볼 때 사가라의 사행은 성공을 낙관할 수 없다고 생각했다. 그래서 그는 사행이 실패할 경우 예비 계획을 시행하라고 지시했다. 그 계획에 따라 아직 부산에 있던 요시오카는 왜관의 경비인력을 제외한 모든 인원의 철수를 포함해 부산에 거주하는 일본인에 대해 타당하다고 생각하는 조처를 시행할 수 있는 전권을 받

12　소에지마의 생애와 경력은 丸山幹治, 『副島種臣伯』 ; Wayne C. McWilliams, "Soejima Tane-omi : Statesman of Early Meiji Japan, 1868-1874," Ph.D. dissert., University of Kansas, 1973 참조.

13　소에지마의 외교정책관은 原口淸, 『日本近代國家の形成』, 154~158쪽 ; Wayne C. McWil-liams, "East Meets East : The Soejima Mission to China, 1873," 237~275쪽 ; Marlene J. Mayo, "The Korean Crisis of 1873 and Early Meiji Foreign Policy," 803~805쪽 참조.

14　『日本外交文書』 7.1권, 314~317쪽.

15　같은 책, 339~341쪽.

왔다. 이처럼 소에지마는 협상이 완전히 실패할 것에 대비했다.[16]

사가라와 그 일행은 증기선 산토스호滿珠丸를 타고 2월 22일 부산에 도착했다. 사가라는 소 시게마사에게서 서신 두 통을 받아갔는데, 하나는 조선의 예조판서에게 보내는 것이었다. 소 시게마사는 자신이 외무성에서 조선 사안을 처리하게 된 새 직무를 설명했다. 그는 조선과의 우호를 회복하고자 하는 일본의 열망을 다시 설명하고 조선 당국이 요시오카와 그 밖의 외무성 관료들을 받아들여달라고 부탁했다.[17]

놀라운 일은 아니지만 사가라와 그 일행이 조선으로 갈 때 증기선을 이용한 것은 문제가 됐는데, 당시 조선인은 증기선을 서양인과 직접 연결시켰기 때문이다. 그들은 일본인이 그런 선박을 이용한 것은 쓰시마가 보낼 수 있는 선박의 유형을 규정한 옛 조약을 위반한 것일 뿐 아니라 조선에 대해 일본과 서양이 연합하고 있음을 보여주는 추가적 증거라고 생각했다. 조선 당국은 산토스호와 그것을 타고 일본에서 온 모든 인원의 즉각적인 출항을 요구했다. 이틀 뒤 산토스호는 임무를 완수하지 못한 채 3년 넘게 부산에서 헛되이 시간을 보낸 쓰시마의 사신 히구치를 태우고 부산을 떠났다.[18] 그 뒤 몇 달 동안 일본은 거듭 요청했지만 조선은 소의 서신을 접수하지도 사가라와 동래부사의 면담을 허용하지도 않았다. 일본이 청과 새로 조약을 체결했다는 소식에 조선은 우호적으로 반응하지 않았다. 마침내 요시오카는 이런 상황에서 최선의 행동방침은 왜관의 경비인력을 제외한 모든 일본인을 일시적으로 부산에서 철수시

---

16 같은 책, 344~345쪽. 소에지마가 요시오카에게 지시한 문건은 남아 있지 않지만, 요시오카는 지시에 따라 일본인들을 철수시키겠다고 말했다. 같은 책, 8권, 304~305쪽 참조.

17 같은 책, 7.1권, 336~339쪽.

18 같은 책, 8권, 305~307쪽.

키는 것이라고 결론내릴 수밖에 없었다. 5월 9일 그는 자신이 생각하는 조처를 승인해달라고 도쿄에 요청했다.[19]

겉으로는 단호했지만 대원군과 그 조언자들은 부산의 상황을 걱정스레 바라봤다. 그들은 당시 부친상을 치르느라 한성에 있던 노련한 협상자 안동준에게 임지인 부산으로 돌아가라고 지시했다.[20] 6월 28일 동래에 도착한 안동준은 이틀 뒤 왜관에서 사가라를 만났지만 요시오카나 그 밖의 외무성 관료들은 만나지 않았다. 사가라는 그가 없는 동안 부산에서 일어난 일을 안동준에게 설명하고 소의 서신에 대해 조선 정부가 어떻게 결정했는지 안동준에게 물었다. 안동준은 기존의 관행에서 벗어난 소의 서신을 받을 것인지 같은 중요한 결정은 전국의 공개적 논의를 거쳐야 내릴 수 있으며, 자신은 그 과정이 얼마나 오래 걸릴지 예측할수 있는 지위에 있지 않다고 대답했다. 이로써 일정한 합의나 양해를 얻으려던 요시오카와 사가라의 오랜 마지막 희망은 사라졌다. 그들은 협상을 중단하고 귀국하기로 결정했다.[21]

조선을 떠나기 전 사가라와 그 밖의 쓰시마 관료들은 요시오카의 승인을 받아 마지막 항의를 제기했다. 1872년 7월 1일 한밤중 사가라가 이끈 50여 명의 쓰시마인은 간절한 시도로 부산의 일본인 거주지를 나와부사를 만나기 위해 동래로 갔다. 사가라 일행은 여러 지점에서 차단되고 나쁜 날씨 때문에 어려움을 겪어 6일 동안 20킬로미터 정도밖에 가지 못했다. 그들의 항의는 희극처럼 보일 정도로 무용했다. 그들은 동래

---

19 같은 책, 313~314쪽.
20 『일성록』 고종편, 9년 4월 2일 ; 『고종실록』 9.15a~b.
21 『日本外交文書』 8권, 330쪽.

에서 며칠을 보냈지만 부사를 만나지 못했다. 다른 누구에게서도 만족스런 대답을 듣지 못했다. 7월 11일 그들은 단념하고 부산으로 돌아왔다. 7월 20일 요시오카와 사가라 등은 조선인들에게 긴 항의서를 보낸 뒤 부산을 떠났다.[22]

몇 세기 동안 지속된 쓰시마의 중개 역할은 3개월 뒤 외무대승 하나부사 요시모토가 왜관을 인수하기 위해 부산으로 가면서 공식적으로 종결됐다. 하나부사는 외무성 관료 4명, 육군 장교 3명, 해군 장교 1명, 2개 보병 소대와 함께 10월 16일 전함 가쓰가호春日丸를 타고 부산에 도착했다. 그렇게 파견된 그는 이튿날 쓰시마 관료들로부터 왜관을 인수하고 대일본공관으로 이름을 고쳤다. 200여 명에 이르는 이전의 쓰시마 인력은 대부분 귀국하라는 지시를 받았지만 몇 사람은 외무성에 새로 배치됐다. 그런 뒤 하나부사는 쓰시마가 조선에 변제하지 않은 채무를 해결하는 문제에 착수했다. 그러나 조선 관원들은 그가 쓰시마의 관원이 아니라는 이유로 만나기를 거부했다. 자신이 계속 부산에 머물 경우 이미 어려운 상황을 더욱 복잡하게 만들 수 있다는 것을 깨달은 하나부사는 80여 명—대부분 쓰시마의 상인이었다—만 남겨두고 10월 25일 일행과 함께 부산을 떠났다. 하나부사가 체류하는 동안 조선은 일본인들에게 물자 제공을 중단했는데 그가 떠나자 다시 공급했다. 메이지 유신 이후 일본과 조선의 모든 공식관계는 중단됐으며, 두 나라는 외교적 공백을 맞았다.[23]

쓰시마의 중개 역할을 중단한 것은 일본의 외교 개혁 계획에서 조선

---

22 같은 책, 330~334쪽. 그 사건에 대한 조선의 서술은 『일성록』 고종편, 9년 6월 7일 참조.

23 사행에 대한 하나부사의 보고는 『日本外交文書』 8권, 355~357쪽 참조.

과의 관계를 근대화하는 중요한 첫 번째 조처였다. 그동안 메이지 정부는 이런 핵심적 조처를 시행하지 않았는데, 부분적인 이유는 조선 사무를 완전히 관리할 능력이 부족했고 쓰시마가 자신의 전통적 역할을 포기하지 않으려고 한 데 있었다. 좀더 근본적인 이유는 유신 정부의 지도자들이 조선에 대해 대체로 전통적인 시각과 태도를 가진 데 있었다. 그들은 조선 외교의 주요 목표를 명목적 우위의 확립으로 설정한 결과 쓰시마가 그 목표를 방해하거나 "복구된" 천황권을 손상시키지 않는 한 쓰시마가 계속 중개 역할을 맡는 것에 반대하지 않았다. 사가라의 사행―일본·조선 관계에서 적극적이지는 않더라도 영향력을 유지하려는 쓰시마의 마지막 시도―이 실패한 뒤 메이지 정부는 쓰시마가 어떤 역할이든 보유하는 것은 일본이 조선과 수립하려고 하는 새로운 형태의 관계에서 현실적이지 않을 뿐 아니라 공존할 수도 없다는 것을 깨달았다.

조선이 반대했음에도 쓰시마로부터 왜관을 인수한 일본 정부의 단호한 태도는 조선과의 관계를 변화시키려는 결심과 커져가는 국력과 자신감을 보여주는 것이었다. 내부적으로 번의 폐지로 이제 정부는 쓰시마에도 자신의 의지를 행사할 수 있게 됐다. 쓰시마가 조선에 변제하지 못한 채무―그동안 쓰시마에게서 조선 업무 처리를 인수하는 데 주저하게 만든 책임―도 떠맡을 준비가 됐다. 외부적으로 이와쿠라 사절단의 성공으로 서양 열강과 대등한 지위를 얻을 수 있을 것이라고 예상하면서 일본은 동아시아 외교를 수행하는 데 자신감을 갖게 됐다. 조선과 관련된 일본의 외교적 의욕과 자신감은 1871년 청일수호조약의 체결로 더욱 커졌다. 그리고 하나부사가 비교적 작은 외교적 임무를 수행하는 데 군대의 호위를 받으면서 전함을 타고 조선에 갔다는 사실은 서양의 함포 외교를 모방하려는 메이지 정부의 열망을 보여줬다―그것은 외교적 목적을 성취하기 위해 커지는 군사력을 사용하려는 준비이기도 했다.

중국에서 서양의 조약 열강과 대등한 외교적·무역적 지위를 추구하기로 한 일본의 결정은 청과의 조약이 비준되기도 전에 그것을 개정하려는 시도로 이어졌다. 앞서 본대로 서양의 조약 열강은 청일수호조약을 달갑지 않게 생각했다. 1871년 여름과 초가을 내내 청과 일본의 외교가에는 톈진에서 이뤄진 두 나라의 협상과 그 결과 9월에 체결된 조약에 관련된 소문으로 가득했다. 두 나라가 서양 열강에 맞서 상호방위 협약을 맺었다고 추측한 사람들도 있었다.[24]

조약의 상호중재 조항이 알려지자 도쿄의 영국·미국·프랑스 공사들은 그 조항을 삭제하거나 조약을 비준하지 말라고 일본 정부에 항의했다. 이런 부정적 반응에 놀란 산조와 이와쿠라는 그 조언을 따르겠다고 약속했다.[25] 일본 정부도 그 조약을 불만스럽게 생각했는데, 이와쿠라 사절단은 당시 일본이 서양 열강과 체결한 조약에서 치외법권 조항 삭제를 협상할 예정이었으며, 정부는 비슷한 조항을 새 조약에 넣지 않으려고 했다. 그 조약은 청이 일본의 최혜국대우를 부인했기 때문에 특히 불만스러웠다. 다테와 그 보좌관들은 귀국하자마자 정부 — 청과 명목상의 대등함을 추구하려던 이전의 목표를 폐기하고 중국에서 서양의 조약 열강과 대등한 외교적·무역적 지위를 확보하기로 했다 — 의 강한 비판을 받았다. 12월 1일 태정관의 좌변관국左弁官局은 다테 사절단이 그 권한을 넘어섰다고 공식 선언했다. 그는 조약 개정을 위해 청에 새 사절단을 보

---

24 같은 책, 238, 245쪽 ; 田保橋潔, 「日支新關係の成立」(上), 186쪽.

25 Fox, Grace, *Britain and Japan, 1858~1883*, 277~278쪽. 서양의 비판과 일본의 대응은 『日本外交文書』 7.1권, 171~172, 238, 251~252쪽 ; 8권, 246~249, 251~252쪽 참조.

내고, 청이 일본의 요구를 거절하면 조약 전체를 폐기하라고 권고했다.[26] 미국으로 출발하기 전 이와쿠라는 후임 소에지마에게 자신이 돌아올 때까지 조약 개정을 연기하는 것에 청의 동의를 얻어달라고 요청했다. 그에 따라 1872년 봄 일본 정부는 야나기와라를 다시 청에 보내 조약 개정을 시도했다.[27]

야나기와라는 보좌관 2명을 대동하고 5월 4일 톈진에 도착했다. 그는 아래 사항을 관철하라는 지시를 받았다. (1)상호중재 조항의 삭제, (2)일본에서 청 영사 재판권의 폐지, (3)중국에서 일본인의 칼 휴대 금지 조항 삭제. 그는 일본의 최혜국대우와 서양 열강과 동일한 무역적 특권을 추구했다.[28]

리훙장은 조약이 비준되기도 전에 개정하려는 일본의 행동을 "교활하고 모욕적"이라고 판단했다. 서양의 무기와 기술을 모방하는 데 열중하고 있는 일본이 청에 심각한 위협이 될 것이라는 리훙장의 우려는 더욱 깊어졌다.[29] 5월 15일 야나기와라가 일본의 요구를 제시하자 리훙장은 화를 내면서 일본의 행동은 신의를 저버리는 것이며 청과 자신을 모욕하는 것이라고 규정하면서 거절했다. 그는 국제 외교에서 한 나라가 다른 나라에게 신의를 저버리는 것이 얼마나 부끄러운 것인지 일본 사절단에게 훈계했다. 야나기와라는 일본은 서양 국가들과 체결한 조약을 개정하려는 방침에 따라 청과 조약을 체결하기 위해 조약 개정을 추구하는

---

26 藤村道生, 「明治初期におけるアジア政策の修正と中國」, 34쪽. 다테의 반박은 『日本外交文書』 7.1권, 258~260쪽 참조.

27 田保橋潔, 「日支新關係の成立」 下, 314~315쪽.

28 『日本外交文書』 8권, 242~243, 245~246쪽.

29 李鴻章, 『李文忠公全書』, 11.13b~14a.

것일 뿐이라고 열심히 해명했다. 약간 수그러든 리훙장은 일본 사절단에게 진흠·손사달孫士達과 논의하라고 제안했는데, 손사달은 그 지난해 베이징에서 다테 사절단을 접대한 장쑤성 도대道台였다.[30]

오래 논의한 끝에 청은 일본의 민족적 전통을 인정해 칼 소지 금지 조항을 삭제했으며, 일본이 서양 국가들과의 조약에서 관세와 영사 재판권에 관련된 조항을 개정하는 데 성공하면 청도 개정을 협상하겠다고 동의했다. 그러나 리훙장은 상호중재 조항 삭제와 최혜국대우 허용은 단호히 거부했다. 그는 일본은 독립국이므로 어느 서양 열강이라도 일본이 청과 맺는 관계를 지시할 이유가 없다고 직설적으로 말하면서 야나기와라의 주장을 묵살했다. 그러나 그는 중재 조항을 적용해도 조약국 가운데 한 나라의 물질적 또는 군사적 지원을 수반하지는 않을 것이라고 야나기와라에게 확언했다.[31]

8월 11일 야나기와라는 도쿄로 돌아왔다. 조약 개정은 이와쿠라 사절단이 유럽에서 돌아온 뒤 이뤄질 것으로 생각됐다. 야나기와라가 협상한 변화는 조약 개정에 이은 각서 교환을 거쳐 실행될 예정이었다.[32]

30 李鴻章, 『李文忠公全書』, 1,30a ; 『籌辦夷務始末―同治朝』, 86,42b ; 『日本外交文書』 8권, 265~267쪽.

31 협상에 관련된 청과 일본의 서술은 『籌辦夷務始末―同治朝』, 86,42a~53a ; 『日本外交文書』 8권, 280~298쪽 참조.

32 『籌辦夷務始末―同治朝』, 86,44b ; 『日本外交文書』 8권, 267쪽.

일본의 광신적 애국주의와 반발: 1873년의 정한론

일본은 서양의 국제관계 개념으로 전환하면서 그때까지도 동아시아의 국가관계에서 기능하던 전통적 세계질서의 이념과 제도에 근본적으로 도전했다. 일본은 국력을 강화하고 팽창주의를 가동했으며 약탈적인 서양의 외교를 모방하려고 노력하면서 역사적으로 동아시아에서 우위를 지키던 중국을 심각하게 위협했다.

외무경으로 재임한 첫 해 동안 소에지마의 중국·조선 정책은 그리 성공적이지 않았다. 일본은 청과 대등한 지위를 새로 획득했지만, 조선은 큰 영향을 받지 않았으며 고분고분해지지도 않았다. 소에지마는 쓰시마의 중개 역할을 종결시켰지만, 그런 변화로 두 나라의 공식적 연락은 중단됐다. 청은 일본과 조약을 체결할 의사가 있었지만 서양의 조약 열강과 동일한 특권을 요구하는 일본의 주장은 거부했다. 일본의 가장 심각한 실망은 이와쿠라 사절단의 "실패"였다. 1872년 후반 서양 열강은 조약 개정에 대한 일본의 요구를 수락할 의사가 없다는 것이 분명해졌다. 해외에서 차질이 빚어지면서 이와쿠라·오쿠보·기도의 주도로 추진된 국내 개혁에 불만을 품은 세력은 정치적 목표를 이룰 수단으로 정한征韓—일본의 국내 문제를 해결하는 영원한 "만병통치약"—을 주장할 기회를 잡았다. 그들의 주장은 실행된다면 1873년 중반 거의 분명히 조선과 무력 충돌을 빚으며 청과도 그럴 가능성이 있는 정부의 결정으로 이어졌다.

이런 주요한 정책 전환은 이와쿠라 사절단의 구성원들이 일본에 없었기 때문에 가능했다. 태정대신 산조가 국내에 있었지만 과도정부는 참의 사이고 다카모리가 장악했다. 사이고는 보수적 사무라이들의 영웅이었으며, 자신들의 전통적 사회·정치적 특권을 박탈한 새 개혁에 점차 불만을 키워가던 사쓰마 군국주의자의 지도자였다. 사이고는 일반적인 사무라이 출신의 지도자들 가운데 새 체제에서 최고직을 받았지만, 시대와 함께 시각을 넓히지 못한 단순한 무인이었다. 그의 지적 관점은 좁고 지방에 국한됐으며 본질적으로 봉건적이었다. 유신 이후 그가 생각한 일본은 사무라이가 무사이자 행정가의 지배층이라는 세습적 역할을 유지하는 반半봉건적 국가였다.[33] 좀더 진보적인 동료들이 추진한 개혁과 근대화 계획에 불만을 가진 사이고는 1870년 초 정부에서 사직하고 가고시마로 돌아왔다.

어렵고 인기 없는 개혁을 추진하려면 전국적으로 큰 인기를 누린 그의 도움이 필요했던 오쿠보와 기도의 간청으로 1871년 사이고는 정부에 다시 합류해 폐번치현을 추진했다. 그러나 이와쿠라 사절단의 구성원들은 자신들이 해외에 있는 동안 사이고와 그의 "반동적" 추종세력이 일부 개혁을 무효로 만들지도 모른다는 우려에서 자신들이 귀국할 때까지 외교나 국내 정책에서 중요한 변화를 도입하지 않겠다는 약속을 과도정부에게서 받아냈다.[34]

외교 분야에서 사이고는 일본의 민족적 영광을 높이기 위해 해외 팽창이라는 광신적 애국주의의 꿈을 품었다. 그는 일본이 즉각 점령해야 할 목표로 조선과 타이완을 지목했다. 1872년 가을 사이고는 지난 12월 조난한 류큐인들이 타이완 남부의 원주민에게 살해됐다는 소식을 듣고 타이완에 관심을 갖게 됐다. 류큐는 오랫동안 사쓰마의 영지附庸였으

---

33 1871년 산조가 이와쿠라에게 제출한 개혁안은 『大久保利通文書』 1권, 3~7쪽 참조.
34 『日本外交文書』 7.1권, 102~103쪽.

며, 대부분의 일본 관료는 류큐인을 일본의 신민으로 간주했다. 사이고는 류큐인 살해에 복수하기 위해 타이완 군사 원정을 제안했지만, 대장경을 대행하고 있던 이노우에 가오루는 정부의 위태로운 재정 상황을 전복시킬 수도 있다는 이유에서 반대했다. 참의 오쿠마 시게노부大隈重信도 그런 행동은 류큐와 청의 관계가 명확해지기 전까지는 진지하게 고려할 수 없다면서 조심스러운 태도를 보였다.[35]

규슈 남부와 타이완 사이의 군도로 이뤄진 류큐 왕국은 몇 세기 동안 중국에 조공을 바쳤지만 사쓰마의 통제 아래 있었다. 번이 폐지된 뒤 일본 정부는 류큐가 사쓰마에게 이행하던 봉건적 의무는 자동적으로 황실로 옮겨졌다고 판단했다. 1872년 7월 이노우에 가오루는 류큐를 단계적으로 일본의 행정체제 안으로 흡수해야 한다고 건의했다. 그러나 태정관의 좌변관국은 그 건의를 검토했고 류큐 왕국의 현재 지위를 유지해야 한다는 법률적 의견을 제출했다. 중국은 류큐에 명목상의 종주권을 행사한 반면 일본은 실질적으로 통제했으므로 공허한 주장 때문에 청과 전쟁을 무릅쓰는 것은 무의미했다. 류큐가 통치자를 보유한 독립 왕국으로 유지된다면 일본 황실의 책봉을 받아야하기 때문에 그것이 더 나을 수 있다는 것이었다.[36]

일본의 동아시아 팽창을 가장 강력히 주장한 소에지마는 이런 판단에 이의를 제기했다. 아울러 이노우에가 류큐의 평화적 흡수를 옹호한 반면 소에지마는 필요하다면 무력 사용을 지지했다. 소에지마는 사이고의 타이완 원정 제안을 지지하면서 류큐 병합과 정복의 법률적 근거를

---

35 Hilary Conroy, *The Japanese Seizure of Korea*, 36~37쪽.
36 『明治文化資料叢書』 4권, 8~9쪽.

마련하기 시작했다. 1872년 10월 류큐 사절단은 도쿄로 불려와 그들의 나라 천황의 번이며 그 국왕은 황실의 "번왕藩王"이라고 규정하는 칙명을 받았다. 11월 일본 정부는 류큐의 외교권을 인수했다고 조약 열강에 통보했다.[37] 이런 조치들은 모두 청이나 류큐 당국과 협의하지 않고 일방적으로 이뤄졌다.[38]

일본의 팽창을 주장한 소에지마는 타이완 원정을 강력히 희망했는데, 그런 태도는 미국인 외교관 두 사람—주일 미국 공사 찰스 E. 드 롱Charles De Long과 전직 샤먼廈門 주재 미국 영사 찰스 W. 르젠드르Charles LeGendre—의 조언과 격려로 강화됐다. 르젠드르는 타이완 남부의 부족을 다루는 데 상당한 경험을 갖고 있었다. 1872년 가을 드 롱은 새 직임에 발령돼 귀국하면서 도쿄에 들렀을 때 타이완에 대한 정보를 열심히 찾고 있던 소에지마에게 르젠드르를 소개했다. 타이완에 대한 르젠드르의 지식에 깊은 인상을 받은 소에지마는 그에게 외무성의 고문직을 제안했다. 르젠드르는 미 국무부의 승인을 받아 수락했다.[39]

10월 말 드 롱과 르젠드르는 살해된 류큐인에 대한 배상과 일본의 타이완 병합 문제를 소에지마와 몇 차례 논의했다. 르젠드르는 청이 타이

---

37 『日本外交文書』 8권, 373~385쪽 ; Sophia Su-fei Yen, *Taiwan in China's Foreign Relations, 1836-1874*, 158~159쪽.

38 류큐를 둘러싼 청·일의 논쟁은 Pak-Wah(Edwin) Leung, "China's Quasi-War with Japan : The Dispute over the Ryukyu (Liu-Ch'iu) Islands, 1871-1881," Ph.D. diss., University of California, Santa Barbara, 1978 ; Hyman Kublin, "The Attitude of China during the Liu-ch'iu Controversy, 1871-1881," 213~231쪽 ; 梁嘉彬, 「琉球亡國中日爭持考實」(上), 193~218쪽 ; (下), 263~290쪽 참조.

39 『日本外交文書』 10권, 4~16쪽 ; Yen, *Taiwan in China's Foreign Relations*, 159~170쪽 ; Payson J. Treat, *Dipolmatic Relations Between the United States and Japan*, vol.1, 474~483쪽.

완 남부 원주민에 대한 관할권을 요구하지도 행사하지도 않았다고 주장하면서 그 지역은 실질적으로 소유하는 나라에게 넘어갈 것이라고 확언했으며, 일본이 그곳을 장악하라고 촉구했다. 황제의 알현을 둘러싼 청과 서양의 논쟁이 교착상태에 빠진다면 일본은 외교나 무력으로 타이완을 접수할 수 있는 적절한 기회를 잡을 수 있을 것이라고 그는 조언했다. 군사 2000명이면 원주민을 쉽게 제압할 수 있을 것이며, 일단 근거지를 확보하면 점령군을 쉽게 몰아낼 수 없을 것이라고 그는 말했다.[40] 드 롱과 긴밀히 협력한 것이 분명한데, 르젠드르는 1872년 11월부터 1873년 2월까지 조선과 타이완에 대한 각서 5건을 제출했다. 그는 미국이 일본 같은 우방의 그런 행동을 반대하지 않을 것이라고 소에지마에게 확언했다. 동아시아에서 서로 경쟁하고 있는 유럽 열강도 서로의 경쟁국보다 일본이 타이완을 차지하기를 바랄 것이므로 묵인할 것이었다. 르젠드르는 조선의 전략적 중요성을 강조하면서 러시아나 다른 열강보다 먼저 일본이 그곳을 접수하라고 촉구했다.[41] 이런 말에 안심한 것이 분명한데, 소에지마는 조선 문제를 해결하려면 머지않아 무력에 의존할 수밖에 없을 것이라고 생각했다.

서양 열강과 조약을 개정할 전망이 흐릿하기도 했고 타이완과 조선에 대한 관심이 고조되면서 소에지마는 이와쿠라 사절단이 귀국할 때까지 청과의 조약을 비준하지 않겠다는 앞서의 결정을 번복했다. 그는 조약

---

40 『日本外交文書』 10권, 8~15쪽 ; Marlene J. Mayo, "The Korean Crisis of 1873 and Early Meiji Foreign Policy," 801~802쪽.

41 르젠드르의 각서에 대한 영문 요약은 Yen, *Taiwan in China's Foreign Relations*, 176~180쪽 참조. 르젠드르 각서 1번, 2번, 3번, 5번의 일본어 번역은 『大久保利通文書』 1권, 17~47쪽 참조. 각서의 요지는 藤村道生, 「明治初期における日清交渉の一斷面」, 1~2쪽 참조.

비준을 교환하는 절차를 타이완과 조선에 대한 청의 입장을 분명히 밝히고 두 지역에서 일본의 행동에 청이 개입하지 못하도록 방지하기 위해 청에 사절을 파견하는 구실로 이용하려고 했다.[42] 미국의 격려로 자신감이 강화된 소에지마는 "타이완을 탐내 일본의 행동을 방해하려는 외국을 막고 원주민의 땅을 기꺼이 양도하도록 청을 설득할 수 있는 유일한 인물"은 자신이라고 노골적으로 말하면서 자신을 청에 사절로 파견해달라고 정부에 요청했다. 1873년 2월 28일 그는 특사 겸 전권대사에 임명됐다.[43]

소에지마와 그 일행—르젠드르도 포함됐다—은 3월 13일 일본 전함 두 척을 타고 요코하마를 떠났다. 소에지마는 가고시마에 들러 휴가로 고향에 있던 사이고를 만나 간단히 상의한 뒤 다시 출발해 4월 20일 톈진에 도착했다. 청 정부는 지난해 노동자 수출과 관련된 프러시아의 선박 마리아 루즈호Maria Luz에서 중국인 노동자들을 구출해준 일에 대해 소에지마에게 감사하면서 환대했다. 소에지마가 가지고 간 신임장에서는 조약 비준을 교환하고 최근에 혼례를 올리고 친정親政을 시작한 청 황제를 축하하는 내용만 있었다.[44] 조선이나 타이완에 대한 내용은 없었다. 일본의 의도를 숨기려는 외교적 술책으로 생각된다.

4월 30일 리훙장과 소에지마는 지난해에 서명한 조약에 대한 비준을 정식으로 교환했다. 비준된 조약의 내용은 원래 서명했던 것과 동일했다.

---

42 鄭永寧, 「副島大使適淸槪略」, 75쪽 ; 丸山幹治, 『副島種臣伯』, 221~222쪽 ; Mayo, "The Korean Crisis of 1873 and Early Meiji Foreign Policy," 805~807쪽 ; McWilliams, "East Meets East : The Soejima Mission to China," 242쪽.

43 소에지마의 상소는 丸山幹治, 『副島種臣伯』, 205~206쪽 참조.

44 소에지마의 신임장은 『日本外交文書』 8권, 300~301쪽 참조.

소에지마는 바뀐 내용은 없는지 물었으며, 서양 국가들과 일본이 체결한 조약을 이와쿠라 사절단이 개정하는 데 성공하면 청과도 상응하는 변화를 추구할 것이라고 말했다.[45] 이튿날 리훙장과 소에지마는 여러 문제에 대해 우호적인 대화를 나눴다. 리훙장은 조선에 관심이 없는 것처럼 가장하는 소에지마에게 의심을 풀지 않으면서 일본의 의도를 물었다. 소에지마는 조선과의 관계를 다시 조정하는 데 어려움을 겪고 있지만 우호를 추구하려는 것일 뿐이며 조선에 침략이나 군사행동을 할 의도는 없다고 대답했다. 리훙장은 일본이 조선을 압박하면 다른 나라들은 일본을 좋게 생각하지 않을 것이라고 말했다. 아울러 그는 이것은 방금 비준한 조약을 어기는 것이라고 덧붙였다. 소에지마는 동의했지만 그 문제를 더 이상 언급하지 않았다. 리훙장은 타이완 원주민이 류큐 선원들을 살해한 문제를 소에지마가 꺼낼 것으로 예상했지만 그러지 않았다.[46]

5월 5일 소에지마는 톈진을 떠나 이틀 뒤 베이징에 도착했는데, 그때 그곳 주재 서양 공사들은 최근 친정을 시작한 동치제를 알현할 수 있도록 압박하고 있었다. 앞서 리훙장은 소에지마가 고두叩頭를 거부하더라도 그의 알현 요청을 허락해달라고 아문에 부탁했다.[47] 도착하자마자 소에지마는 황제를 알현하고 천황의 서신을 전달하겠다고 요청했다. 소에지마는 자신이 청의 조공국이 아닌 "우방국"의 통치자를 대신했다고 주장하면서 고두를 거부했다. 7주 정도 논쟁과 공작이 전개된 뒤 소에지마는 승리했다. 6월 29일 그는 단독으로 동치제를 알현했으며, 서양 공사들

---

45 같은 책, 9권, 138~139쪽 ; 李鴻章, 『李文忠公全書』, 1.43b.

46 李鴻章, 『李文忠公全書』, 1.45a~46a ; McWilliams, "East Meets East : The Soejima Mission to China," 250~251쪽.

47 李鴻章, 『李文忠公全書』, 1.45b.

은 그 뒤 단체로 알현했다. 이런 상징적 영예는 고위 관료라는 그의 지위를 감안해 주어진 것이었다. 소에지마는 황제에게 고두하지 않았지만 세번 절하는 서양의 표준적 관행을 따랐다.[48] 전통을 깬 이런 외교적 개가로 그는 일본이 최근 확보한 청과의 대등성을 기정의 사실로 변화시켰으며 서양의 국제법에 입각해 청·일 관계를 근대화하는 과정을 완수했다.

소에지마는 베이징에서 대부분의 시간을 황제 알현 문제를 둘러싸고 논쟁을 벌이는 데 썼지만, 가장 중요하게 생각한 것은 조선과 타이완 문제였다. 그는 베이징의 서양 공사들에게는 그런 마음을 털어놓았지만, 중국 관원들에게는 조선이나 타이완 문제를 꺼내지 않았다. 황제 알현 요청에 대한 결정을 총리아문이 연기하자 소에지마는 귀국하겠다고 위협했다. 그런 뒤 그는 보좌관 야나기와라를 아문으로 보내 조선과 타이완 문제를 비공식적으로 질의했다. 6월 21일 야나기와라는 아문의 두 대신 모창희毛昶熙·동순董恂과 대담하면서 조선·타이완과 청의 관계에 대해 질의했다. 조선과 관련해 아문 대신들은 조선이 청의 조공국이지만 내정과 외교는 자율적이며, 청은 전시든 평화시든 조선 문제에 간섭하지 않았다는 입장을 다시 확인했다. 타이완에 대해서는 그 섬이 청의 영토지만 일부 원주민은 청의 행정적 통제에서 벗어났다고 말했다. 야나기와라가 일본 정부는 류큐 선원들을 살해한 원주민을 처벌하기 위해 타이완에 원정군을 보낼 생각이라고 말하자 아문 대신들은 류큐는 청의 조공국이며 청 당국은 살해된 선원 가족을 구제하기 위한 모든 조처를 이미

---

48 베이징에서 소에지마의 외교공작에 관련된 자세한 서술은 McWilliams, "East Meets East : The Soejima Mission to China," 251~262쪽 참조. 『日本外交文書』 9권, 160~186쪽도 참조.

시행했다고 밝혔다. 야나기와라와 아문 대신들은 합의나 양해를 이루지 못했지만, 소에지마는 앞으로 일본이 조선과 타이완에서 행동할 경우 청이 개입하지 않을 것이라는 보장을 얻었다고 판단했다.[49]

소에지마가 베이징에서 톈진으로 돌아갈 때 리훙장은 동생이 세상을 떠나 상을 치르고 있었지만 그를 환송하기로 결정했다. 7월 8일 두 사람은 다시 긴 대화를 나눴다. 리훙장은 병기창兵器廠 건립, 근대적 육·해군 훈련, 특히 윤선초상국輪船招商局 설립을 포함해 청을 강화하려는 자신의 노력을 소에지마에게 설명했다. 리훙장은 영국이 청에 석탄 수출을 중단할 것을 우려하면서 증기선 회사에 사용할 석탄을 일본에서 구매할 수 있도록 도와달라고 소에지마에게 부탁했다. 리훙장은 일본이 서양 국가들과 체결한 조약을 개정하려는 노력에 관심을 보이면서 앞으로 비슷한 시도를 할 때 "귀국의 외교를 지침으로 이용하고 싶다"고 말했다.[50] 그러나 리훙장이 동생의 상례가 있었음에도 소에지마를 만난 이유는 조선에 대한 일본의 야심을 알고 있었기 때문에 청이 조선에 큰 관심을 갖고 있다는 사실을 명심시키려는 데 있었다. 그는 군사적 천재였던 히데요시도 조선을 정복하는 데 실패했음을 상기시켰다. 리훙장은 조선인이 "성인의 후손이며 조선은 예절과 정의의 나라"라고 평가하면서 조선은 "하늘이 만든 나라이므로 멸망하지 않을 것"이라고 말했다. 리훙장은 조선인이 아직도 히데요시의 침략에 깊이 분노하고 있다고 지적하면서 일본이 조선에 대해 무력을 사용한다면 두 나라의 우호는 사라질 것이라고 강조했

---

49 『日本外交文書』 9권, 160~161, 171~179쪽 ; Yen, *Taiwan in China's Foreign Relations*, 186~189쪽 ; McWilliams, "East Meets East : The Soejima Mission to China," 263~266쪽.

50 『日本外交文書』 9권, 192~194쪽 ; McWilliams, "East Meets East : The Soejima Mission to China," 194쪽.

다. 소에지마는 동의했지만 이번에도 그 문제를 좀더 논의하지 못했다.[51] 일본 사절단은 이튿날 텐진을 떠나 귀국길에 올랐다.

쓰시마의 중개 역할이 끝나면서 부산의 일본인들은 거주할 법률적 근거를 잃었으며 두 나라의 공식 무역은 중단됐다. 그러나 실제로는 일본 정부의 공개적인 권장과 거기서 이익을 보는 조선의 지방 관원과 그 부하들의 묵인과 공모에 힘입어 부산에서는 불법 무역이 성행했다. 1873년 봄 상황은 도쿄의 주요 상관商館에서 부산에 중개인을 보내 불법 무역에 참여하는 데 이르렀다. 동래부사 정현덕鄭顯德은 이런 사실을 알자 강력히 반발했다. 5월 말 그는 부산의 조선 수문문장守門門將 등에게 "밀수" 단속을 강화하라고 지시했다. 정현덕은 일본인이 외국(서양)의 지배를 받아도 전혀 부끄러워하지 않을 것이라고 판단하면서 의복과 풍습을 바꾼 일본인은 더 이상 일본인이라고 간주할 수 없으므로 부산에서 무역을 허용할 수 없다고 선언했다. 정현덕은 최근 부산에서 일본인이 벌이는 무역을 "불법"이라고 비난하면서 쓰시마의 일본인만이 부산에서 무역하도록 허락받았으며 조선에서 무역하려면 누구나 조선의 법률을 따라야 한다고 다시 천명했다.[52]

정현덕은 일본인이 아니라 자신의 부하에게 말한 것이기 때문에 외교적 관례에서 벗어난 무례한 표현을 사용했다.[53] 그의 행동은 완전히 합법적이고 정당했다—두 나라 사이의 조약이나 무역 협정이 없던 시기에 조선은 오랫동안 사무역을 금지했는데, 그 금령을 무시하고 쓰시마 이외

---

51 李鴻章, 『李文忠公全書』, 1.48b~49b.

52 『日本外交文書』 9권, 282~283쪽 ; 田保橋潔, 『近代日鮮關係の硏究』 1권, 293~296쪽.

53 무례한 표현과 기이한 상황을 근거로 정현덕의 지시가 사실이었는지 의문을 제기하기도 했다. 이선근, 『한국사—최근세편』, 334쪽.

지역 출신의 일본 상인이 부산으로 들어와 무역하는 것을 지목한 것이었다. 그 지시는 쓰시마 상인들에게는 해당되지 않았다. 사실 그 지시는 일본 정부의 권장을 받은 일본 본토의 상인이 점차 부산에 많이 들어오면서 그동안 독점해온 조선 무역의 특권을 유지할 수 없게 된 쓰시마 상인들의 불만 때문에 내려졌다고 판단된다.[54] 일본 관료들의 주장과는 반대로 정현덕의 지시에도 당시—또는 다른 때도—부산의 일본인들은 체류할 법률적 근거가 더 이상 없었지만 폭력이나 추방 위협을 받지 않았다.

정현덕의 지시가 도쿄에 보고되자 일본 정부의 신중한 조선 정책에 불만을 품고 있던 정부 안의 보수파와 광신적 애국주의자는 자신들의 정한론을 다시 제기할 수 있는 기회로 그 사안을 포착했다. 앞장 선 사람은 두 참의 사이고와 이타가키 다이스케板垣退助였는데, 특히 사이고였다. 그들이 조선을 "응징"해야 한다고 주장하자 참의 산조는 일본인 거주민을 보호하기 위해 부산에 전함과 군대를 파견하도록 권고하는 제안을 태정관에 올리라고 지시했다. 그는 조선 정부와 공개적으로 협상할 사신을 파견하는 것도 권고했다. 그러자 사이고는 전함과 군대를 보내기에 앞서 자신이 사신으로 가서 조선과 협상하겠다고 제안했다. 태정관은 사이고의 제안을 승인하는 데 망설였으며, 소에지마가 청에서 돌아온 뒤 결정하기로 미뤘다.[55]

7월 말 소에지마는 도쿄로 개선했다. 그는 일본이 조선에 파병해도 개입하지 않겠다는 청의 보장을 받았다고 주장했다. 그는 러시아 공사서리公使署理 유진 부조Eugene Butzow도 러시아는 일본과 조선의 분쟁에 개

---

54   井上淸, 『日本の軍國主義』 2권, 90~91쪽.

55   多田好問 編, 『岩倉公實記』 3권, 46~50쪽.

입할 의사가 없다고 통보했다고 말했다. 그는 외무경인 자신이 조선에 가서 협상하겠다면서 파견을 요청했다.[56] 사이고는 소에지마가 파견되는 것을 막기 위해 7월 29일 이타가키에게 서신을 보내 자신이 사절로 지명되도록 도와달라고 요청했다. 사절로서는 소에지마만큼 뛰어나지 않지만 자신은 조선에서 죽을 각오가 돼 있다고 사이고는 말했다.[57] 8월 3일 그는 산조에게 서신을 보내 조선에 파견해 달라고 탄원했다. 소에지마에게도 자신을 임명해달라고 직접 요청했다. 8월 16일 사이고는 산조와 만나 자신의 임명을 다시 한 번 강력히 요청했다. 이튿날 참의의 정식 회합에서 사이고의 제안은 공식 채택됐고 그는 조선 사절로 지명됐다. 이튿날 사이고의 임명은 이와쿠라 사절단이 유럽에서 돌아온 뒤 공식 결정된다는 조건 아래 천황의 재가를 얻었다.[58]

사절로서 능력도 그리 뛰어나지 않다고 스스로 인정했고 성공할 희망도 거의 없던 외교 사행에 사이고가 그렇게 열심히 매달린 까닭은 무엇인가? 그는 조선과 평화적 해결이 아니라 전쟁을 바란 것이 분명하다. 사이고는 8월 3일 산조에게 보낸 서신에서 자신의 사행은 "우호를 추구하려는 것이 아니라 유신 이후 정부가 다른 방법으로 조선 관련 계획을 추진하도록 하려는 것"이라고 말했다. 사이고는 8월 14일 이타가키에게 보낸 서신에서 좀더 솔직하게 말했다. "이 기회를 이용해 전쟁을 일으키지 않는다면 다른 기회는 찾기 어려울 것입니다." 그는 조선이 일본 사신을 죽일 것이라는 확신을 되풀이하면서 사흘 뒤 이타가키에게 다시 서신을 보냈

56 丸山幹治, 『副島種臣伯』, 226쪽 ; Conroy, *The Japanese Seizure of Korea*, 41~42쪽.

57 西鄕隆盛, 『大西鄕全集』 2권, 736~737쪽.

58 Conroy, The Japanese Seizure of Korea, 41~42쪽 ; Iwata Masakazu, *Okubo Toshimichi : The Bismarck of Japan*, 165~166쪽.

다. "그렇게 되면 그들(조선)의 범죄를 징벌해야 할 필요성을 온 나라가 절감할 것입니다. 우리의 계획이 성공하려면 이런 상황이 반드시 필요합니다."[59] 사이고의 의도는 조선이 자신을 공격하거나 처형하도록 유도해 일본이 전쟁을 벌일 명분을 갖도록 하려는 것이 분명했다. 사이고는 소에지마 같은 노련한 외교관이 외교적 방법으로 분쟁을 해결해 자신의 전쟁계획을 무산시키도록 할 수 없었기 때문에 전쟁을 추진한 것이었다.

사이고가 조선과 전쟁을 바란 까닭은 무엇인가? 많은 역사학자가 지적한 대로 사이고의 광신적 애국주의는 분명히 한 가지 요인이었다. 극단적 민족주의자들의 숭배를 받은 사이고는, 존왕파와 마찬가지로 천황의 권위를 조선으로 확대해야 한다고 믿었다. 그들은 천황의 권위를 인정하지 않은 조선의 행위는 "응징"해야 하는 오만한 행동으로 간주했다. 사이고가 극단적인 제안을 한 목적은 오쿠보 도시미치 같은 개혁파의 세력이 강화되는 상황과 자신을 끊임없이 공격하던 시마즈 히사미쓰島津久光―사쓰마 번주 출신으로 불만을 품은 보수적 인물―에 대한 분노를 배출하려는 데 있었다고 지적하는 역사학자들도 있다.[60] 사이고는 "진실한 인물로 특권을 잃은 사무라이의 불만에 공감했으며 조선에서 실패하면 죽음으로 속죄하려고 했다"고 파악한 학자들도 있다. 그렇게 하면 "그가 총애한 사무라이들은 근대화된 새 세계―사이고가 감당할 수 없는―가 자신들을 덮치기 전 마지막 영광스런 순간을 가질 수 있을 것이었다."[61]

---

59 사이고가 산조에게 보낸 서신은 西鄕隆盛, 『大西鄕全集』 2권, 742~743쪽 참조.
60 升味準之輔, 『日本政黨史論』 1권, 139~144쪽 ; Iwata, *Okubo Toshimichi*, 165쪽.
61 Conroy, *The Japanese Seizure of Korea*, 34쪽.

심리를 분석한 이런 역사학적 설명은 타당하고 근거가 있는 것 같다. 그러나 4년 뒤인 1877년 그가 정부에 맞서 반란을 일으킨 동기에 적용할 때 좀더 설득력 있는 것도 있다. 사이고가 정한을 관철하려고 투쟁한 1872~1873년 동안 극단적 행동을 표출한 사람들도 있었지만, 그가 쓰라린 절망과 좌절만 겪은 것은 아니었다. 오히려 오쿠보와 기도 같은 경쟁자가 순방을 떠나 국내에 없는 상황에서 사이고는 의심할 여지없이 정부에서 가장 강력한 인물이었다. 그는 참의이자 육군원수라는 경력의 정점에서 막강한 정치적·군사적 권력을 휘둘렀다. 온건한 산조가 정한征韓 제안에 마지못해 동의하게 된 것은 부분적으로 사이고의 대단한 권력과 권위—특히 사쓰마 추종자들이 장악한 황군을 그가 통제한 것—때문이었다.[62]

간단히 말하면 사이고는 그 이전의 대륙 팽창 지지자들과 마찬가지로 국내에서 자신의 보수적인 정치적 목표를 이루는 수단으로 주로 조선과 전쟁을 추구한 것이었다. 그 목표는 사쓰마 출신 사무라이가 핵심을 이루고 천황의 직접 지휘를 받는 통합된 지배층으로 다시 자리잡은 사무라이가 세습적 행정적·군사적 기능을 유지하는 반半봉건 국가를 창출하는 것이었다.[63] 오쿠보·기도와는 근본적으로 목표가 달랐지만, 1871년 여름 사이고가 천황 정부에 다시 참여하고 번을 폐지하는 데 자신의 권위를 빌려준 것은 이런 원대한 구상을 품었기 때문이었을 것이다. 그가 이와쿠라 사절단의 모욕적인 제안에도 불구하고 과도정부에 남은 것은 아마 동일한 목표 때문이었다고 여겨진다. 그는 그들이 없는 동안 자신

62　多田好間 編, 『岩倉公實記』 3권, 54쪽 ; 井上淸, 『日本の軍國主義』 2권, 119쪽.

63　井上淸, 『日本の軍國主義』 2권, 118~119쪽 ; 圭室諦成, 『西鄕隆盛』, 132~134쪽.

의 궁극적 목표를 이룰 수 있을 정도까지 자신의 지위를 강화할 수 있으리라고 믿었던 것으로 생각된다.[64]

1872년 여름 그는 젊은 메이지 천황을 호위하고 44일 동안 일본 서남부를 순방했는데, 그 지역의 불만을 품은 다이묘를 위무하려는 의도였다. 천황 수행단은 사이고의 고향 가고시마에 11일 동안 머물렀는데, 사쓰마의 명예와 사이고의 위상을 상징하는 것이었다. 천황이 도쿄로 돌아온 뒤 사이고는 참의·육군대장·근위도독을 겸임하게 됐다. 민정과 군사 모두 막강한 권력을 장악한 그는 자신의 목표를 이루려고 좀더 나아가는 것이 당연하다고 느꼈을 것이다.[65] 그러나 그해 후반 사이고의 마음은 복잡했던 것이 분명한데, 야마가타 아리토모의 징병제 제안—그것은 세습적인 특권적 사무라이를 형성한다는 그 자신의 구상과 반대되는 것이었다—에 마지못해 동의하는 치명적인 "실수"를 저질렀기 때문이다. 1873년 초반 징병제의 도입으로 전국의 옛 사무라이들—특히 사쓰마 출신으로 그를 추종하던 세력—이 강력히 저항하자 사이고는 자신의 "실수"를 깨달았다. "조선이 용납할 수 없는 오만과 무례를 저질렀다"는 보고를 듣자마자 그는 자신의 실수를 만회하는 방법으로 조선 원정을 구상한 것 같다.[66] 이성보다는 감정적인 인물인 그는 개전 이유를 만들기 위해 자신의 목숨을 내놓으려고 했지만, 5년 전 도쿠가와 가문을 정벌할 때 자신의 추종세력을 이끌었던 것처럼 조선 원정에서도 그들을 지휘하고 싶었을 것이다.

---

64 井上淸, 『日本現代史』 1권, 362~363쪽 ; Iwata, Okubo Toshimichi, 154쪽.

65 圭室諦成, 『西鄕隆盛』, 126~127쪽.

66 오쿠마 시게노부는 사이고가 정한을 제안한 데는 이런 배경이 있었다고 지적했다. 升味準之輔, 『日本政黨史論』 1권, 143~144쪽 참조.

5장 _ "서구적" 정체성과 팽창주의를 향한 열망

조선에 승리를 거두면 유명한 사쓰마 무사들의 용맹과 전투능력을 과시함으로써 정예 사무라이를 중심으로 군대를 편성해야 한다는 자신의 개념이 타당하다는 것을 입증할 뿐 아니라 자신과 자신을 따르는 세력이 정치적 구상을 추진할 수 있는 권력과 권위를 확보할 수 있을 것이라고 그는 계산했을 것이다. 사이고는 이와쿠라 사절단이 반대할 것으로 예상했기 때문에 그들이 돌아오기 전 천황의 승인을 받으려고 매우 노력했다. 그는 천황의 재가를 받자 기뻐서 정신을 잃을 뻔했다.[67]

이와쿠라 사절단은 1873년 9월 일본으로 돌아왔다. 오쿠보와 기도는 좀더 일찍 돌아왔지만, 여러 이유 때문에 두 사람은 조선 관련 정부의 논의에 참여하거나 사이고의 제안에 반대하지 못했다. 그러나 이와쿠라는 즉시 사건에 뛰어들었고, 대단히 잘못된 방향으로 전개되고 있다는 판단에 따라 그것을 막기 위해 강력한 연합을 결성했다. 다음 달 정한 지지 세력과 반대 세력의 마지막 결전이 벌어지면서 정부의 최고 지도부는 둘로 갈렸다. 정한을 지지한 사람은 사이고와 네 명의 참의, 곧 도사 출신의 이타가키 다이스케板垣退助와 고토 쇼지로後藤象二郎, 히젠 출신의 소에지마 다네오미와 에토 심페이江藤新平였다. 그들에 맞선 인물은 법무경 이와쿠라와 나머지 참의 네 사람, 곧 조슈 출신의 기도 다카요시, 사쓰마 출신의 오쿠보 도시미치, 히젠 출신의 오쿠마 시게노부와 오키 다카토大木喬任였다. 앞서 사이고와 약속했지만 기본적으로 이와쿠라에게 동의한 산조는 자신이 곤란한 처지에 빠졌음을 깨닫고 필사적으로 타협을 추구했다.[68]

---

67 사이고가 이타가키에게 보낸 편지는 西鄉隆盛, 『大西鄉全集』 2권, 758쪽 참조.

오쿠보는 마지못해 정한 반대 연합에 참여했지만—사이고와의 우정과 사쓰마와의 개인적 관련 때문으로 생각된다—지위와 인격을 겸비했기 때문에 평생의 친구이자 동료인 사이고의 주요한 적대자로 떠오르게 됐다. 오쿠보는 차갑고 정확한 논리로 국내 개혁을 완수하기 전 해외 문제에 연루되는 것에 분명히 반대했는데, 그런 입장은 최근 서양 순방으로 강화된 것으로 보인다. 그는 10월 초 산조에게 보낸 각서에서 현재 조선과의 전쟁에 반대하는 7가지 이유를 들었다. (1)최근의 개혁으로 많은 사람이 재산과 특권을 잃어 광범한 반대가 존재하는 상황에서 전쟁은 국내의 소요를 야기할 수 있다. (2)전쟁으로 국가 재정이 무너질 수 있다. (3)국내의 교육·산업·국방 근대화 계획이 무산될 수 있다. (4)무역 적자가 증가하고 국가적 빈곤이 나타날 수 있다. (5)동아시아의 거친 물결 속에서 고기를 잡을 기회를 기다리고 있는 러시아에게 조선과 일본이 쉬운 먹이가 될 수 있다. (6)외국의 부채를 갚을 수 있는 능력이 감소해 주요한 채권국인 영국이 내정에 간섭하게 될 수 있다. (7)서양 열강과 체결한 조약을 개정하려는 노력에 차질을 빚을 수 있다.[69]

오쿠보는 설득력 있게 주장했지만 사이고의 모험적인 제안을 수용하는 결정이 내려질 것은 분명해보였다. 그러나 마지막 순간 극적인 전환을 일으키는 사건이 일어났다. 10월 18일 아침 지친 태정대신 산조가 쓰러진 것이다. 산조가 의식을 잃으면서 태정대신 대행을 맡은 이와쿠라는 사

---

68 10월의 마지막 결전은 Nobutaka Ike, "The Triumph of the Peace Party in Japan in 1873," 286~295쪽 참조.

69 Tsunoda, Ryusaku, et al., eds., Sources of Japanese Tradition, vol. 2, 151~155쪽 ; Conroy, *The Japanese Seizure of Korea*, 47~49쪽 ; Iwata, *Okubo Toshimichi*, 168~169쪽.

이고 세력에 맞서 신속하고 단호하게 움직였다. 이와쿠라는 사이고를 조선에 파견하기로 한 앞서의 결정을 지체 없이 실행해야 한다는 그들의 요구를 거부하고, 10월 24일 그 결정을 철회한다는 천황의 칙서를 받아냈다. 사이고·이타가키·고토·소에지마·에토는 즉시 사직했고 신속히 수리됐다. 메이지 유신 이후 일본의 가장 큰 정치적 위기는 이렇게 끝났다.[70]

근대 일본사에서 중요한 정책논쟁 가운데 하나에 대한 설명을 마무리하면서 메이지 초기 일본의 중국·조선 정책에 몇 가지 중요한 변화가 나타났다고 지적할 수 있다.

첫째, 정한 지지 세력은 "조선의 모욕적 행위"를 강력히 지적했지만 일본이 조선에 "보복"하는 것을 정당화할 수 있는 근거는 없었다. 조선에 가겠다는 사이고의 결정은 그렇게 행동할 수 있는 구실을 만들려는 목적에서 내린 것이었다. 오쿠보는 이렇게 지적했다. "우리나라에 대한 조선의 오만을 참을 수 없다고 주장하는 사람들이 있다. 그러나 내가 보기에 특별히 사신을 보내는 까닭은 조선이 그를 오만하거나 무례하게 다루게 해서 전쟁을 일으킬 구실을 찾으려는 것 같다."[71] 그러므로 조선의 무례나 도발은 당시 일본 정부에서 정한론이 분출한 원인이 아니었다고 결론짓는 것이 합리적이다. 아울러 그 사건에 관련된 대부분의 설명과는 반대로 제한된 관료들 이외에 이 시기 조선과 전쟁을 주장하는 세력은 거의 없었다.[72]

둘째, 이전과 이후에 전개된 조선 관련 논쟁과 달리 10월 논쟁에서 정

---

70   多田好問 編,『岩倉公實記』3권, 80~84쪽.

71   Tsunoda, et al., eds., *Sources of Japanese Tradition*, vol. 2, 155쪽.

72   井上淸,『明治維新』, 332~333쪽.

한파는 서양이 조선을 점령할 위험이 있으므로 일본이 먼저 행동해야 한다는 자신들의 주장을 입증하려고 노력하지 않았다. 오히려 그들은 조선에 대해 자신들이 제안한 행동을 해도 중국이나 러시아는 개입하지 않을 것이라고 주장했다. 아무튼 서양이 조선을 침범할 수 있다는 우려는 이 시기 일본 정부에서 정한론이 일어나는 데 중요하게 작용한 원인이 아니었다.

셋째, 정한파와 반대파 모두 국내에서 자신들의 정치적 입지를 강화하려는 목적에 따라 움직였다. 사이고와 그를 추종한 사무라이 세력은 조선과 전쟁을 벌여 이기면 무공에 따라 부분적으로나마 계급과 포상을 받아 이전의 지위―그들은 서구화를 지향하는 개혁자들 때문에 어리석게도 폐기됐다고 믿었다―를 복구할 수 있는 기회로 생각했다. 이와쿠라·오쿠보·기도 등은 조선과 많은 물자가 소요되는 장기적 분쟁이 일어날 경우 국내의 개혁과 근대화 계획이 중단될 수 있으며, 조선에서 승리하면 사이고와 그 세력은 권력과 권위를 강화해 징병제 같은 국내의 주요한 개혁을 무효로 만들 수 있다고 우려했다. 정한 논쟁은 새로 수립된 일본 체제가 나아가야 할 기본 방향을 둘러싼 갈등이었다. 그 지지자들에게 정한은 목표가 아니라 국내의 정치적 목적을 이루는 수단이었다.[73]

국내의 정치적 고려사항 가운데 핵심은 당초 정한에 찬성했다가 돌아선 기도의 태도에서 가장 잘 나타난다. 세계 순방도 기도의 생각에 분명히 깊은 영향을 줬지만, 그의 태도 변화에 가장 직접적인 영향을 준 것은 국제 상황의 변화가 아니라 천황 정부의 변화된 정치적·군사적 입장

---

73 같은 책, 333~334쪽 ; 圭室諦成, 『西鄕隆盛』, 134쪽.

5장 _ "서구적" 정체성과 팽창주의를 향한 열망

이었다. 1868~1871년 기도는 분열된 나라를 통합할 수 있는 독자적인 군사력을 새 체제가 키우는 데 정한이 훌륭한 기회가 될 것이라는 믿음에서 그것을 지지했다. 그러나 폐번치현이 이뤄지고 특히 징병으로 군대가 편성되면서 국가의 통합과 단결이 이뤄지던 과정에서 조선 원정은 국내의 이런 개혁을 견고하게 만드는 데 걸림돌이 될 것이라고 그는 생각하게 됐다.[74] 어떤 의미에서 기도의 입장은 완전히 일관됐다. 사이고 세력과는 다른 이유에서 정한을 지지한 이타가키·고토·에토 또한 당파에 따른 국내 정치의 이해관계에 따라 움직였다.[75]

그렇다고 이들 모두 정한 자체에 관심이 없었다는 뜻은 아니다. 반대로 대륙 팽창─조선을 장악하는 것은 그 첫 걸음이었다─은 초기 메이지 지도자들이 공유한 보편적 목표였다. 오쿠보처럼 정한에 단호히 반대한 인물도 원론적으로는 그 필요성을 부인한 것이 아니었다. 오쿠보와 그 반대 세력의 차이는 시기와 타당성을 둘러싼 견해 차이였다. 오쿠보는 산조에게 보낸 각서에서 자신은 조선과 "성급하게 전쟁을 시작하는 데" 반대한다고 거듭 밝혔다.[76] 그와 그의 세력은 그 뒤 국내와 해외 상황이 그런 행동을 하는 데 적합하고 그런 행동이 자신들의 목표에 부합한다고 생각되자 중국과 조선으로 팽창하는 데 주저하지 않았다.

요컨대 정한 논쟁은 메이지 유신 이후 일본을 통치한 연립정부가 타

---

74 木戸孝允,『木戸孝允文書』8권, 129~134쪽 ; Mayo, "The Korean Crisis of 1873 and Early Meiji Foreign Policy," 813쪽.

75 이타가키와 에토의 조선관은 井上清,『日本の軍國主義』2권, 121~129쪽 ; 原口清,『日本近代國家の形成』, 163~165쪽 ; Mayo, "The Korean Crisis of 1873 and Early Meiji Foreign Policy," 812~813쪽 참조.

76 Tsunoda, et al., eds., *Sources of Japanese Tradition*, vol. 2, 151~154쪽 ; Iwata, *Okubo Toshimichi*, 170쪽.

협할 수 없이 심각하게 분열한 원인이 아니라 그런 분열이 극적으로 드러난 사건이었다고 분석할 수 있다. 나아가 특히 국내에서 권력을 유지하거나 획득하는 수단으로 여긴 인물들은 조선을 팽창해 가야 할 지역으로 간주했으며, 그것을 정벌하거나 복속시키는 것은 국내가 분열되거나 불안한 시기에 민족을 통합하고 자각시킬 수 있는 방법으로 생각했음을 보여준다. 끝으로 정한론이 일본 국내의 정치적 분열이나 팽창주의를 보여주는 것이든 아니든 조선과 관련된 잠재적인 결과는 동일했다는 것이다. 실제의 침략으로 이어지지는 않았어도 정한은 조선에 대한 적극적인 정책의 전조였으며, 그런 정책은 조선 자체뿐 아니라 한반도에서 중국의 전통적 영향력도 위협했다.

팽창주의와 영토 통합

사이고와 그 지지자들이 이탈한 직후 구성된 새 행정부에서는 예상대로 오쿠보가 중심인물로 떠올랐다. 기도는 정부에 남았지만 기질과 나쁜 건강 때문에 적극적인 역할을 하지 못했다. 1874년 5월 타이완 정책과 관련해 의견 충돌이 일어나 기도가 사직한 뒤 오쿠보의 권력에 맞서거나 도전할 수 있는 인물은 정부에 없었다. 참의였던 오쿠보는 국내 문제에 광범한 관할권을 지닌 신설된 내무경을 겸임했다. 정치적 지명도와 성품에 힘입어 오쿠보는 외교와 국내 정책에 광범한 권한을 행사하면서 수상의 역할을 했다. 역사학자들은 1873년 11월부터 1878년 5월 그가 암살될 때까지 그가 이끈 내각을 "오쿠보 체제"라고 부른다.

오쿠보는 외교 사안에 깊은 관심을 갖고 적극 관여하면서 메이지 초기 일본의 동아시아 정책에서 세 번째 국면을 이끌었다. 오쿠보는 주영 일본 공사로 재직하다가 막 돌아온 사쓰마 출신의 친족인 데라시마 무네노리를 외무경으로 임명했다. 하급 사무라이의 아들인 데라시마는 젊을 때 서양(네덜란드) 약학을 공부했다. 1863년 사쓰에이 전쟁Anglo-Satsuma War, 薩英戰爭[77]에서 협상이 깨지자 영국인들은 데라시마를 포로로 영국에 데려갔다. 그는 그곳에서 3년 동안 공부했다. 영국에서 돌아온 뒤 그는 막부가 세운 서양학 교육기관인 가이세이조開成所에서 교사로 일했으며 막부 사절단과 함께 다시 유럽을 방문했다. 메이지 유신 이후 데라시마는 참예에 임명됐으며, 주영 공사로 임명될 때까지 가와시마 지사와 외무부경으로 훌륭하게 근무했다.[78] 데라시마의 교육적 배경과 직업적 경력은 서양 교육을 거의 받지 못한 황실 공경 두 사람과 피상적인 서양 지식을 지닌 유학자 한 사람을 포함해 그의 전임자들의 그것과 뚜렷하게 대조됐다. 그가 외무경까지 올라간 사실은 비슷한 배경을 지닌 인물들이 메이지 정부에서 요직에 오른 것의 상징이었다. 일본 외교정책의 "탈아"는 오쿠보 체제에서 현실이 됐다.

오쿠보와 데라시마의 청·조선 정책에서 가장 중요한 특징은 실용주의

---

77 1863년 8월 15~17일 일본 가고시마만에서 영국과 사쓰마번 사이에 벌어진 전투. 1862년 9월 사쓰마 번주 시마즈 다다요시島津忠義의 아버지인 시마즈 히사미쓰島津久光가 교토의 조정으로 가는데 영국인들이 그 행렬을 가로막자 호위하던 번사들이 공격해 영국인 1명을 죽이고 2명에게 중상을 입힌 사건이 일어났다. 영국은 이 사건의 책임을 물어 1863년 8월 쿠퍼Augustus Leopold Kuper 소장이 이끄는 함대 7척을 사쓰마의 번성藩城인 가고시마로 보내 10만 파운드의 보상금을 요구했지만 사쓰마가 거부해 전투가 벌어졌다. 이틀간의 전투에서 사쓰마는 민가와 사찰 등이 불탔으며, 영국군도 13명이 전사하고 50여 명이 부상했다. 같은 해 11월 평화 교섭이 타결돼 영국은 사쓰마에 군함 구입을 알선해주고 사쓰마는 영국에 2만5000파운드의 보상금을 지불하면서 마무리됐다. ―옮긴이
78 『日本歷史大辭典』 7권, 93쪽.

였다고 지적할 수 있다. 소에지마와 오쿠보 모두 외교관계의 기본 원칙으로 서양 국제법의 원리를 받아들였지만 기본 태도에는 중요한 차이가 있었다. 소에지마는 서양에 관심을 기울였지만 간접적 지식밖에 없었다. 그는 일본의 한학자들이 전통적으로 갖고 있던 중국 문화에 대한 경의와 존경을 어느 정도 유지했던 유학자였다. 그는 서양의 국제관계 개념을 보기만큼 철저하게 수용하지 않았던 것 같다. 철저한 유학 교육을 받지 못한 실용주의자로 중국이나 그 문화에 특별한 경외심을 갖지 않은 오쿠보와는 전혀 달랐다.[79] 아울러 오쿠보는 이와쿠라 사절단의 일원으로 미국과 유럽을 널리 돌아보면서 서양 문화의 우월성과 힘을 분명히 깨달았다. 데라시마도 마찬가지였다. 그의 교육과 학문은 도쿠가와 후기와 메이지 초기 누구보다 서양적이었다. 오쿠보와 데라시마는 서양 국제체제를 전폭적으로 받아들였다.

그러나 소에지마의 "개혁" 외교와 오쿠보의 실용 외교의 가장 큰 차이점은 각자의 실용주의·현실주의·유연성의 정도였다. 외교 관계와 국내 문제에서 오쿠보는 교조적 이념이나 고정관념이 거의 없는 철저한 현실주의자였다. 사실 그의 현실주의는 냉소주의에 가까웠다. 오쿠보는 정한에 반대하면서 이렇게 말했다. "진보적이든 보수적이든 모든 행동은 상황에 맞춰 해야 하며, 상황이 불리하게 전개되면 폐기해야 한다. 그렇게 하는 것은 부끄러울 수도 있지만 참아야 한다. 정의는 우리와 함께 있을 것이지만, 우리는 그 과정을 선택할 수 없다."[80] 같은 이유로 오쿠보는 유

79   Sidney Devere Brown, "Ōkubo Toshimichi : His Political and Economic Policies in Early Meiji Japan," 189~191쪽 ; Iwata, *Okubo Toshimichi*, 154~159쪽.

80   Tsunoda, et al., eds., *Sources of Japanese Tradition*, vol. 2, 151쪽.

망하거나 수익성 있는 국내나 해외의 모험을 도덕이나 이념적 고려만으로 단념하지 않았다.

이 시기 동아시아에서 서양의 의도에 대한 오쿠보의 평가는 소에지마나 르젠드르와 크게 달랐다. 그는 일본이 청이나 조선과 무력 충돌을 일으키면 반드시 서양이 개입할 것이라고 확신했으며, 서양의 지원이나 적어도 개입하지 않겠다는 확약을 받지 않은 채 그런 모험을 감행해서는 안 된다고 반대했다.[81] 그는 청에서 서양 열강이 한 행동을 모방하거나 그들과 협력하려고 매우 노력했는데, 톈진 교안이 일어났을 때 프랑스가 청에 대해 군사작전이나 해상작전을 전개할 수 있도록 일본의 항구를 제공하려고 한 사실은 그것을 잘 보여준다.[82]

1870년대 초 일본은 동아시아의 세 지역—사할린·조선·타이완—에서 중요한 외교 문제와 마주쳤다. 각 지역에 대한 오쿠보 정부의 결정은 실용주의적 외교 정신을 보여줬다. 일본은 러시아가 점차 사할린을 잠식하는 것을 비판할 수 있는 견고한 역사적·법률적 근거를 확보했지만, 차르 체제의 러시아는 일본이 군사적으로 맞서기에는 강력했다. 그 때문에 무력 사용은 확고히 배제됐으며, 러시아와의 관할권 분쟁은 협상으로 해결해야 했다.[83] 조선에서 일본이 군사적 행동을 일으킬 경우 조선은 단호히 저항할 것이며 러시아와 중국이 개입할 수도 있었다. 여기서도 위험은 컸으며 성공의 전망은 밝지 않았으므로 일본은 앞으로 무력 사용을 배제하지 않지만 외교적 접근을 지속한다. 타이완 원정은 원주민

---

81 같은 책, 153~154쪽.

82 오쿠보가 이와쿠라에게 보낸 각서는 『大久保利通文書』 3권, 480~482쪽 참조.

83 이와쿠라는 유럽을 순방하고 돌아온 뒤 일본은 러시아와 분쟁을 일으켜서는 안 된다고 확신했다. Ian Nish, *Japanese Foreign Policy, 1869-1942*, 23쪽.

의 저항에 부딪칠 가능성이 희박하며, 청이 저항할 수 있지만 서양의 지원을 얻을 수도 있다. 그 결과 오쿠보와 그 내각은 사이고 세력이 조선에 대해 비슷한 행동을 요구했다는 이유로 그들을 정부에서 축출했지만, 타이완 원정을 결정했다.[84]

타이완 원정은 원래 사이고가 제안했지만 정한 논쟁이 벌어지는 동안 관심에서 멀어졌다. 오쿠보와 이와쿠라는 실행 가능성과 성공 전망을 제외하고도 다른 중요한 고려사항 때문에 그것을 다시 추진했다. 성공한다면 그 원정은 일본의 국제적 위신을 높이고 원주민의 영토를 장악할 수 있었다. 성공하지 못하더라도 류큐에 대한 일본의 배타적 관할권 주장을 강화할 수 있었다. 더욱 중요한 측면인데, 그것은 불만을 품은 사무라이, 특히 정부에 대해 반란을 일으킬 수도 있는 사쓰마의 사이고 추종자들을 달랠 수 있는 전환적 사업이 될 수 있었다.[85] 불만을 품은 정한론자들의 이와쿠라 암살 시도와 1874년 사가 출신의 전직 참의 에토 심페이가 이끈 광신적 정한 세력의 반란이 일어나면서 그 원정은 더욱 신속히 추진됐다.

1월 태정관은 오쿠보와 오쿠마에게 타이완 문제를 연구해 해결책을 제시하라고 지시했다. 2월 초순 두 참의는 르젠드르의 도움으로 보고서를 작성해 제출했다. 그들은 원주민을 징벌하기 위해 원정을 제안했는데, 부분적인 명분은 청이 원주민을 실효적으로 관할하지 못했다는 것이었다. 2월 6일 태정관은 그 제안을 승인했다.[86] 드 롱이 그 계획을 권고하

---

84   어떤 정책을 먼저 시행할지 결정에 관련된 사항은 『岩倉具視關係文書』 7권, 464~466쪽 참조.

85 ‚ Conroy, *The Japanese Seizure of Korea*, 53~54쪽 ; 原口清, 『日本近代國家の形成』, 173쪽.

86   『日本外交文書』 10권, 1~3쪽 ; 多田好問 編, 『岩倉公實記』 3권, 127~130쪽. 오쿠보와 오쿠마의 제안에 대한 이와쿠라의 언급은 『大久保利通文書』 5권, 343~348쪽 참조.

고 르젠드르가 적극 관여하면서 오쿠보와 그의 동료들은 자신들이 미국의 암묵적인 지원을 얻었다고 믿었다.

3000명의 원정군이 즉시 결성됐는데, 사쓰마 사무라이 300명의 분견대도 포함됐다. 4월 초순 사이고 다카모리의 젊은 동생인 28세의 육군 중장 사이고 쓰구미치西鄉從道가 사령관에 임명됐는데, 지난 10월의 패배에 복수심을 품고 있던 형 사이고를 달래려는 조처가 분명했다. 르젠드르는 원정의 보좌관輔翼에 임명됐다. 미국 해군 소령 더글러스 카셀Douglas Cassel과 전직 미국 육군 중위 제임스 R. 와센James Wassen이 사이고의 참모장교에 임명됐다. 미국과 영국의 선박들이 병력과 물자를 타이완까지 수송했다.[87] 이 시점에서 그 계획은 영국과 미국의 예상치 않은 반대 때문에 중단될 뻔했다.

주일 영국 공사 해리 파크스는 직접 관찰하고 질의한 결과 타이완에 대한 일본의 의도는 단지 원주민을 징벌하려는 것이 아니라 그들의 영토—아마 섬 전체—를 장악하려는 것이라고 결론지었다. 일본이 그렇게 행동할 경우 청과 전쟁으로 이어질 것이며 영국의 동아시아 무역은 피해를 입을 것이라고 파크스는 확신했다. 그 지역에서 활동하는 대부분의 서양 상인과 마찬가지로 그도 일본이 타이완을 점령하는 것은 청이 타이완을 통제하는 것보다 서양의 무역에 불리하다고 확신했다. 4월 13일 파크스는 외무경 데라시마에게 서신을 보내 영국 정부는 일본 국민이나 선박이 청 당국에게 미리 승인 받지 않은 채 그 원정에 참가하는 것을 불허하기로 결정했다고 알렸다.[88] 한편 드 롱의 후임으로 주일 미국 공

---

87 Conroy, *The Japanese Seizure of Korea*, 54~55쪽 ; Yen, *Taiwan in China's Foreign Relations*, 203~205쪽.

사에 부임한 존 A. 빙엄John Bingham은 "자신의 임무를 꼼꼼하게 처리하는 신중한 인물"이었다. 빙엄은 미국인과 선박이 원정에 참가하는 데 반대했다. 4월 18일 그도 데라시마에게 서신을 보내 일본 정부가 청에 대한 적대행위에 미국 시민이나 선박을 고용하는 것에 항의했다.[89]

기도처럼 강력한 인물이 정부는 국내 안정과 발전에 먼저 역점을 둬야 한다고 주장하면서 반대했지만, 오쿠보와 그의 동료들은 자신의 방침을 포기하지 않았다.[90] 그러나 오쿠보와 동료들은 영국과 미국이 반대하자 불안해졌다. 특히 그들은 미국이 갑자기 입장을 바꾼 것에 놀랐다. 오쿠보는 원정군이 승선하려고 모여 있는 나가사키의 사이고 장군에게 즉시 연락해 지시가 있을 때까지 행동을 중단하라고 명령했다. 사이고는 이 지시에 분노해 명령을 무시하고 4월 27일 수송선 한 척을 출발시켰으며 5월 2일 두 척을 더 보냈다. 카셀과 와센도 함께 승선했다. 사가 반란의 진압을 지휘한 뒤 규슈에서 도쿄로 돌아온 오쿠보는 즉시 사이고와 그 문제를 다시 논의하기 위해 떠났다. 5월 3일 오쿠보가 나가사키에 도착했을 때 원정군의 주력부대는 이미 타이완으로 출발한 상태였다. 사이고는 이렇게 뒤늦게 원정을 취소하면 자신은 부하들의 행동을 책임질 수 없다면서 반항했다.[91]

전투와 영광을 상상하며 억눌려 있는 군사는 감당하기 어렵고 어쩌면 위험할 수도 있다고 판단한 오쿠보는 원정을 추진하라고 허가했다. 사

---

88 『日本外交文書』 10권, 30~32, 37쪽.

89 같은 책, 38~40, 45~46쪽.

90 木戸孝允, 『木戸孝允日記』 3권, 13쪽 ; 『木戸孝允文書』 8권, 147~155쪽.

91 多田好問 編, 『岩倉公實記』 3권, 149~152쪽 ; Iwata, *Okubo Toshimichi*, 198쪽 ; Yen, *Taiwan in China's Foreign Relations*, 207~208쪽.

이고, 오쿠마―타이완 문제의 최고 책임자로 원정을 감독하기 위해 나가사키에 있었다―와 함께 오쿠보는 미국과 영국의 반대에 대응할 방법을 고안했다. 이튿날 세 사람은 원정에서 미국인 세 사람을 제외한다고 발표했다. 사이고는 원주민을 처벌하는 작전만 허락받았으며 청과 외교적 협상의 결과가 나오기를 기다리게 했다. 오쿠보는 도쿄로 돌아온 뒤 나가사키 상황은 매우 불운했고, 자신은 그것이 청과 심각한 어려움을 일으키고 다른 나라와의 관계를 곤란스럽게 만든다면 해결을 위한 협상을 직접 맡을 것이라고 동료들에게 말했다.[92] 태정관은 오쿠보의 행동을 승인하고 5월 19일 타이완 원정군의 출발을 공식 발표했다. 아울러 앞서 청 사신으로 임명됐던 야나기와라에게 원정의 목적을 설명하기 위해 즉시 청으로 떠나라고 지시했다.[93]

일본 원정군은 타이완에서 목적을 신속히 성취했다. 5월 22일 타이완에 도착한 사이고는 약속한 대로 미국인들을 돌려보내고, 청이 관할하고 있는 지역을 침범하지 않으면서 제한된 작전을 수행했다. 6월 말 타이완 남부의 적대적인 부족은 모두 일본에 항복했다. 목표한 지역을 장악한 뒤 사이고는 청으로 간 야나기와라의 사행 결과를 기다렸다.[94]

총리아문은 4월 중순 주중 영국 공사 웨이드Wade에게서 일본이 타이완에 원정군을 보내려고 한다는 계획을 처음 알았다. 그 문제에 대해 상

92　多田好問 編, 『岩倉公實記』 3권, 149~152쪽 ; 『日本外交文書』 10권, 61~62쪽 ; Iwata, *Okubo Toshimichi*, 200쪽 ; 木戸孝允, 『木戸孝允文書』 5권, 505쪽.

93　『日本外交文書』 10권, 90쪽. 야나기와라의 출발은 多田好問 編, 『岩倉公實記』 3권, 171~173쪽 참조.

94　타이완에서 사이고가 보낸 첫 보고는 『日本外交文書』 10권, 107~109쪽 참조. 일본군의 작전에 대한 간단한 설명은 Fox, *Britain and Japan*, 292~297쪽 참조.

246

충하는 보고가 있었기 때문에 아문은 웨이드가 알려준 정보의 정확성을 확신하지 못했다.[95] 일본의 야망을 알고 있던 리훙장조차 처음에는 그것을 무시했다. 조선의 안보를 가장 중시했기 때문으로 생각되는데 리훙장은 일본이 전쟁을 바란다면 조선을 목표로 행동할 것이라고 판단했다.[96] 일단 아문은 그 문제에 대해 좀더 정보를 모으라고 해안 지역의 관원들에게 지시했다.[97]

5월 11일 아문은 타이완으로 가는 경로에 있는 샤먼에 일본 수송선이 도착했다는 보고를 받고 일본 외무성에 즉시 항의서를 보냈다. 아문은 타이완 원주민 지역에 대한 청의 관할권을 주장하면서 일본 정부가 원주민에 대한 원정을 미리 청과 상의하지 않은 이유를 알고 싶다고 요구했다.[98] 리훙장의 권고에 따라 아문은 푸젠 선정대신福建船政大臣 심보정沈葆貞에게 타이완 방어를 맡기라고 황제에게 상소했다. 같은 날 황제는 타이완 문제의 흠차대신으로 심보정을 임명했다. 5월 21일 푸젠 포정사福建布政使 반위潘霨가 심보정의 부관으로 임명됐다.[99] 이 무렵 야나기와라가 상하이에 도착했다.

6월과 7월 상하이에서 반위와 야나기와라, 그 뒤 타이완에서 반위와 사이고의 협상이 진행됐다. 그러나 회담은 결론을 내지 못했는데, 야나기와라가 협정에 서명할 권한을 갖지 못한 것이 부분적인 원인이었다. 그

---

95 『籌辦夷務始末―同治朝』, 93.26b~28b ; Yen, *Taiwan in China's Foreign Relations*, 212~213쪽.

96 李鴻章, 『李文忠公全書』, 2.20a~b.

97 T. F. Tsiang, "Sino-Japanese Diplomatic Relations, 1870-1894," 18쪽.

98 『籌辦夷務始末―同治朝』, 93.29b~30b ;『日本外交文書』 10권, 72~77쪽.

99 李鴻章, 『李文忠公全書』, 11.23b~25b ;『籌辦夷務始末―同治朝』, 93.28a~29b.

5장 _ "서구적" 정체성과 팽창주의를 향한 열망

의 임무는 사이고가 군사적 임무를 마칠 수 있는 시간을 주기 위해 청 당국과 논의를 지속하는 것일 뿐이었다.[100]

사이고가 타이완에서 보낸 첫 보고가 도쿄에 도착한 6월 말 오쿠보는 원정이 성공적으로 시작되자 고무됐다. 그는 공격적인 자세로 나아갔고, 7월 9일 원정을 정당화하고 목적을 이루기 위해 필요하다면 청과 전쟁을 무릅쓰겠다고 공식 결정했다. 육군대신과 해군대신에게 전쟁 계획을 수립하라는 지시가 내려졌다.[101] 7월 15일 일본 정부는 청에 다음과 같이 통보하라고 야나기와라에게 지시했다. (1)원정으로 점령한 토지는 국제법에서 소유자가 없는 영토다. (2)원정의 목적은 원주민을 진압하고 교화하려는 것이지 영토를 확대하려는 것이 아니다. (3)타이완에 일본이 있는 것을 청이 우려한다면, 일본은 적절한 보상과 타이완 영해 항해의 안전을 보장받는 대가로 점령한 영토를 청에 즉시 돌려줄 것이다. 야나기와라에게는 명령을 충실히 시행하다가 두 나라의 평화가 깨져도 책임을 묻지 않을 것이라는 통보가 따로 전달됐다.[102]

자신 있고 단호한 자세를 보였지만 오쿠보가 청과 전쟁을 무릅쓰려고 했는지는 의심스럽다. 그를 주저하게 만들었을 것으로 생각되는 몇 가지 요인이 있다. 하나는 그가 일본의 군사력이 어느 정도인지 알았다는 것이다. 7~8월 육군대신 야마가타는 오쿠보에게 군사력이 약한 상태라고 거듭 경고했으며 국내 상황이 불안한 때 대규모 군사를 해외로 이동시키는

100 반위와 야나기와라·사이고의 협상은 Yen, *Taiwan in China's Foreign Relations*, 222~226쪽 참조.

101 許世楷,「臺灣事件, 1871-1874」, 46쪽. 대신에 대한 명령은 『日本外交文書』 10권, 150~151쪽 ; 多田好間 編,『岩倉公實記』 3권, 178~179쪽 참조.

102 『日本外交文書』 10권, 155~157쪽 ; 多田好間 編,『岩倉公實記』 3권, 177~182.

것은 위험하다면서 만류했다. 군부의 고위 장군 7명 가운데 사쓰마 출신 두 사람을 제외하고는 모두 당시 청과의 전쟁에 반대했다.[103] 또 다른 요 인은 원정이 초기의 승전 이후 난관에 부딪힌 것이었다. 여름이 다가오면 서 말라리아 등의 질병으로 군사들이 죽기 시작했다. 전사자는 12명이었 지만 병사자는 530여 명이었다. 인명 손실로 추가 보충이 필요해졌으며 예상치 않았던 수송 문제와 비용 증가가 발생했다.[104] 짧고 쉬운 원정이 될 것이라는 예상은 악몽이 될 우려가 있었다. 중요한 외부적 요인도 있 었다. 심보정의 유능한 지휘 아래 청군이 타이완에 지속적으로 보강됐으 며, 부정적인 반응을 보이던 서양 열강은 청과 일본의 군사적 충돌이 발 생할 경우 개입할 우려가 있었다. 이런 사항들을 모두 고려해 오쿠보는 앞서 약속한 대로 직접 청으로 가서 해결책을 협상하기로 결정했다.

오쿠보는 사임하겠다는 위협을 포함한 노련한 행동으로 8월 1일 전권 대사에 임명되는 데 성공했다. 그는 앞서 야나기와라에게 통보한 방침을 시행할 수 있는 포괄적 재량권을 받았다. 오쿠보가 파견된 목적은 청과 평화를 유지하는 것이었지만 피할 수 없다고 판단되면 전쟁을 선택하라 는 권한을 받았다. 그는 청 대표자들과 협상해 조약에 서명하는 권한을 받았다. 오쿠보 일행은 르젠드르와 그의 프랑스인 법률고문 귀스타브 보 아소나드Gustave Boissonade를 대동하고 8월 6일 도쿄를 출발했다.[105] 출 발하기 전 오쿠보는 자신의 의도를 드러내지 않았지만, 평화적으로 해결 하기로 결심하지 않았다면 그 사행을 맡지 않았을 것으로 생각된다.

---

103 『大隈文書』 1권, 75~77쪽 ; 許世楷, 「臺灣事件」, 47쪽.
104 井上淸, 『日本の軍國主義』 2권, 159쪽 ; 許世楷, 「臺灣事件」, 51쪽.
105 『日本外交文書』 10권, 171~172쪽.

7월 31일 야나기와라는 베이징에 도착한 뒤 총리아문과 회담을 시작했지만 교착상태에 빠졌다. 아문은 청이 타이완의 원주민 지역에 대한 관할권을 갖고 있으며 청의 조공국 국민인 류큐인을 살해한 죄목으로 원주민을 처벌할 책임은 일본이 아니라 청에게 있다는 입장을 고수했다. 아문은 일본이 그 문제를 미리 청과 상의하지 않아 1871년 조약을 위반했다고 비난하면서 일본 원정군을 타이완에서 즉시 철수시키라고 요구했다. 야나기와라는 자신이 지난해 외무경 소에지마와 베이징에 방문했을 때 일본의 의사를 아문에 알렸다고 맞받았다. 그는 원주민 지역은 실질적으로 청의 행정적 통치 아래 있었던 적이 없기 때문에 국제법에 따라 일본은 원주민을 진압하고 그들을 일본 문화에 동화시킬 권리가 있다고 주장했다.[106] 이런 상황에서 9월 10일 오쿠보와 그 일행이 베이징에 도착했다.

오쿠보는 아문과의 첫 대화에서 별다른 전진을 이루지 못했지만 논의의 초점을 원주민 지역에 대한 청의 관할권 문제에 맞추고 류큐에 대한 관할권 논쟁은 피하는 전략을 선택한 결과 성공했다. 그는 아문을 수세에 몰면서 원주민 지역을 청이 관할했다는 증거를 요구했다. 아문이 증거를 제시했지만 그는 충분치 않다면서 거부했다. 일본이 청의 내정에 부당하게 간섭한다면서 아문 대신들이 더 이상의 대화를 거부하자 10월 5일 오쿠보는 청이 문제를 해결하지 않으면 베이징을 떠나겠다고 위협했다. 오쿠보는 평화에 대한 진실한 열망을 피력하면서 5일 안에 서로 만족할 만한 해결책을 제시하라고 아문에 요구했다. 아문은 시간을

---

106 야나기와라와 총리아문의 대화는 Yen, *Taiwan in China's Foreign Relations*, 236~242쪽 참조.

제한하는 데 반대했다. 그러나 아문은 평화에 대한 오쿠보의 열망을 인정하면서 서로 만족할 수 있는 방안을 논의하기 위해 다시 회동하자고 제안했다.[107]

한편 오쿠보는 주중 영국 공사 웨이드와 프랑스 공사 드 제프로이De Geofroy에게 일본은 영토를 바라지 않지만 명예는 지켜야 한다고 시사했는데, 그것은 인명 손실과 물질적 경비를 보상받아야 한다는 뜻이었다. 이런 의사를 통보받은 대학사大學士 문상은 청은 일본과 충돌하고 싶지 않고 원주민과 그 문제를 처리하고자 하며, 일본이 타이완에서 철수한다면 원주민에게 피해를 입은 일본인들에게 배상할 것이라고 서양 공사들에게 말했다. 그러나 배상은 일본 정부에 지급하는 보상금이 아니라 살해된 류큐인 가족에게 제공하는 원조금이라고 주장했다. 아울러 그 금액은 일본군이 타이완에서 철수해야 지급될 것이었다. 오쿠보가 300만 달러를 제시하고 서면으로 지불을 보증할 것을 요구하자 아문은 모두 거절했다. 10월 23일 오쿠보는 점령한 원주민 지역을 합병하겠다는 원래 계획밖에는 대안이 없다고 선언하면서 베이징을 떠나겠다고 다시 위협했다.[108]

웨이드가 개입했다. 막후에서 움직이던 그는 청의 일정한 양보를 얻어냈다. 10월 25일 그는 오쿠보에게 청이 50만 냥—10만 냥은 살해된 류큐인 가족에게 지급하고 40만 냥은 일본이 타이완에 남겨둘 시설에 사용될 비용—을 지급할 것이라고 알렸다. 오쿠보는 청이 일본 행동의 정당성을 인정하고 두 나라 사이에 교환한 외교문서에서 그 사건과 관련

---

107 같은 책, 252~264쪽 ; Iwata, *Okubo Toshimichi*, 211~219쪽.

108 Fox, *Britain and Japan*, 306쪽.

된 기록을 모두 삭제하며, 그 사건을 영구히 다시 언급하지 않겠다고 약속하고 원정군이 철수하기 전 배상금을 지급한다는 조건으로 그것을 받아들였다. 웨이드는 배상금의 절반을 먼저 지급하고 나머지는 철수가 완료되는 대로 지급하는 데 동의하라고 그를 설득했으며, 이튿날 그 절차에 청의 동의를 얻었다. 두 나라는 10월 31일 공식적으로 합의했고, 웨이드는 청의 배상을 보증하는 협정에 배서背書했다.[109]

이튿날 오쿠보는 타이완으로 떠나 사이고에게 합의 내용을 통보하고 원정군의 철수 절차를 지휘했다. 11월 7일 오쿠보는 열렬한 환영을 받으면서 도쿄로 돌아왔고, 사이고와 그 부대는 12월에 귀국했다.

원정은 일본에서 큰 승리로 평가됐다. 사실 그것은 비용이 많이 든 모험이었다. 일본은 그 원정을 서양이 지원하지는 않더라도 외교적으로 묵인할 것을 예상하고 시작했지만 전반적으로 부정적이며 비판적인 반응을 받았다. 원정은 타이완의 원주민 지역에 대한 청의 관할권을 무너뜨리거나 원정 비용에 합당한 배상을 받는 데도 실패했다. 500명이 넘는 인명이 손실됐지만 중요한 군사적 성취는 거의 없었으며 군대의 자원과 수송력은 심각하게 혹사됐다. 그것은 재정적으로 완전한 실패였다. 원정 비용은 당초 50만 엔으로 추산됐지만 361만 엔이 넘었다. 아울러 일본 정부는 영국과 미국 정부가 자신들의 선박을 원정에 동원하는 것을 거부하자 군대를 수송할 선박을 구입하는 데 400만 엔을 써야 했다. 원정은 1874년 일본 정부가 900만 엔의 재정 적자를 기록한 주요 원인이었다.[110] 웨이드가 적절한 시기에 개입해 타협으로 해결하도록 청을 압박

---

109 협정문은 『籌辦夷務始末―同治朝』, 98.16a~17b ; 『日本外交文書』 10권, 316~318쪽 참조. 그 문서의 영문 번역은 Yen, *Taiwan in China's Foreign Relations*, 281~284쪽 참조.

해 일본이 청과 장기적인 군사적·외교적 교착상태를 피할 수 있게 하지 않았다면 원정은 오쿠보 체제가 저지른 엄청난 실패가 됐을 것이다.

그럼에도 원정은 몇 가지 중요한 목표를 성취했다. 첫째, 일본의 군사력 성장을 과시함으로써 서양 열강에게 위상을 높였다. 그것은 1875년(고종 12, 청 광서 1, 일본 메이지 8) 초 영국과 프랑스가 요코하마에서 주둔군을 철수하기로 결정한 주요 원인이 됐다.[111] 둘째, 청이 류큐에 대한 일본의 종주권을 암묵적이며 간접적으로 인정―대체로 미숙한 외교 때문이었다―한 결과 그 뒤 일본이 류큐를 합병하는 출발점이 됐다. 군도로 이뤄진 왕국은 조공체제와 그 체제가 상징한 전통적 동아시아 세계 질서에서 이탈한 첫 번째 조공국이 됐다. 셋째, 원정은 일본의 군사력과 외교력을 보여줌으로써 일본이 청으로부터 이탈시키려고 노력하던 중요한 조공국인 조선에 간접적이지만 분명한 경고를 던졌다. 요컨대 원정은 동아시아에서 청이 전통적으로 유지하던 우위에 심각하게 도전한 사건이었다.

원정에 대한 청의 대응은 외교와 군사 모두 더디고 효과적이지 못했다. 그 원인은 준비 부족이었다. 중앙의 공친왕·문상과 지방의 증국번·좌종당左宗棠·리훙장 같은 관료들은 군사적 근대화와 외교적 혁신을 위한 자강계획을 10여 년 전 시작했다. 서태후가 통치하면서 그들은 성공하는 데 필요한 정치적 지원이나 자금을 충분히 받지 못했다. 반대로 그들은 서태후에게 공개적이거나 비밀스럽게 조장된 보수적 관료들의 비난과 공격을 받았다. 그 결과 실용적 관료들의 노력에도 청은 일본 팽창주

---

110   井上淸, 『日本の軍國主義』 2권, 159쪽.

111   Iwata, *Okubo Toshimichi*, 220쪽.

의의 커지는 위협에 대응할 충분한 근대적 군사력을 발전시키는 데 실패했다. 아울러 1870년 톈진 교안으로 청은 해외와 국내에서 잇따라 위기에 직면하면서 국력이 약화됐다. 특히 청은 이슬람 반란 세력과 러시아로부터 신장新疆을 되찾으려고 노력하면서 여러 해에 걸쳐 대부분의 재정적·군사적 자원을 그 지역을 평정하기 위한 좌종당의 원정에 투입했다. 그 결과 리훙장과 그 세력은 일본의 커지는 위협에 대응하기 위한 해군력 증강에 충분한 자금을 투입하지 못했다.[112]

청과 서양의 갈등이 전개된 1870년대 청은 국내와 해외에서 외교적 어려움에 시달렸다. 청은 서양의 협력외교가 시행되던 1860년대처럼 서양의 호의와 협력을 더 이상 누리지 못했다. 국내에서 그 시기는 총리아문, 특히 공친왕의 영향력이 더욱 축소된 기간이기도 했다. 1874년─타이완 위기가 일어난 해─동안 공친왕은 1865년 이후 두 번째로 공개적으로 수치를 당했다.[113] 이것은 일본과의 중대한 협상에서 아문의 영향력에 역작용을 할 수밖에 없었다. 청은 외교와 군사 지식도 부족했다. 청 정부는 청일수호조약을 체결한 뒤 일본에 청의 관료를 주재시키자는 리훙장의 제안을 무시했다. 그 결과 타이완 위기 동안 아문은 일본의 의도·계획·능력에 관련된 정보 없이 행동할 수밖에 없었다. 오쿠보 체제가 정치적으로 허약하고 재정적으로 곤란하다는 사실을 아문이 알았다면 웨이드가 중재했어도 타협에 따른 해결을 받아들이지 않았을 것이다.

분명히 일본의 군사력을 아문보다 잘 알고 있던 리훙장은 일본에 단

---

112 자강계획에 청 정부의 정치가 미친 영향은 Ting-yee Kuo and Kwang-Ching Liu, "Self-strengthening : the Pursuit of Western Technology," in *Cambridge History of China*, vol. 10, 491~542쪽 참조.

113 S. M. Meng, *The Tsungli Yamen : Its Organization and Functions*, 51쪽.

호한 자세를 유지하라고 거듭 조언했다. 그는 베이징의 협상이 결렬될 경우 일본은 중국 본토를 침공하기 위해 대규모 병력을 준비하고 있다는 신문 보도를 무시했다. 그는 오쿠보가 직접 청에 온 것은 일본이 내부적으로 허약함을 보여주는 것이며 조기 해결을 바라는 쪽은 중국이 아니라 일본이라는 친구 심보정의 의견에 동의했다.[114] 자신의 요구가 받아들여지지 않으면 귀국하겠다고 오쿠보가 위협하자 리훙장은 그가 지난해 소에지마의 전략을 본떠 허세를 부리는 것이라고 아문에게 말했다.[115] 리훙장은 타이완에 신속히 군사력을 증강해야 한다고 주장했지만 청의 군사적 준비가 형편없이 부족함을 알았기 때문에 당시 일본을 공개적으로 적대하지 않으려고 했다.[116] 아울러 그는 일본이 야심을 품고 있는 진정한 목표는 타이완이 아니라 조선이며, 청의 안보에도 조선이 타이완보다 중요하다고 생각했다.

타이완 원정은 근대 동아시아에서 일본이 시도한 약탈적인 팽창주의의 첫 모험이었다. 앞서 본 대로 타이완은 국내가 불안한 시기에 강화되는 경향이 있던 일본의 뿌리 깊은 팽창주의의 오랜 목표였다. 당시 오쿠보 정부는 갈 데까지 밀어붙였기 때문에 청보다 조금이라도 군사적으로 우세했다면 청과 평화적 해결을 시도하지 않았을 것이다. 그들은 청에게 받아들일 수 없는 조건을 고집해 두 나라 사이의 공개적 적대감을 촉발시키려고 했을 수도 있다. 또는 점령한 영토를 무기한 보유하면서 그냥 타이완 철수를 거부했을 수도 있다.[117] 오쿠보는 자국의 행동이 약탈적이

---

114 李鴻章, 『李文忠公全書』, 2,45a∼b.

115 같은 책, 2,52a.

116 같은 책, 2,41a ; Immanuel C. Y. Hsu, *China's Entrance into the Family of Nations*, 173쪽.

117 Iwata, *Okubo Toshimichi*, 207쪽.

거나 또는 적어도 지나치다는 사실을 분명히 알고 있었다. 그렇지 않았다면 그는 일본의 행동이 정당하다는 것을 청이 인정하되 분쟁이 해결된 뒤에는 외교 문서에서 관련 사항을 모두 삭제하라는 모순되는 요구를 하지 않았을 것이다.

한편 오쿠보와 그 동료들은 주의를 다른 곳으로 돌리기 위한 수단으로 이런 대담한 모험을 할 수밖에 없었다―해외에서 일본의 이익을 강화하려는 것이기보다는 국내에서 자신들의 지위를 강화하려는 목적이었다. 국내 상황이 좀더 안정됐고, 비용과 서양의 반응을 추측할 수 있었다면, 적어도 그 당시에는 그 계획을 추진하지 않았을 것이다. 류큐에 대한 일본의 배타적 관할권―표면적으로 원정은 그것을 지키기 위해 추진된 것이었다―주장은, 중국인의 견해와 권리는 말할 것도 없고 류큐인의 견해와 권리를 완전히 무시한 팽창주의적 행위였다. 그러나 일본이 군도로 이뤄진 그 왕국을 오랫동안 실질적으로 통제해온 것을 고려할 때 오쿠보와 그 세력이 류큐를 흡수하는 것은 영토 확장이 아니라 영토 통합이라고 진심으로 믿었다는 점은 이해할 만하다.[118] 그 행동의 배후에 어떤 명분이 있었든 오쿠보가 이끈 메이지 정부는 여러 세기 동안 류큐가 일본의 실질적 통제 아래 있었지만 중국의 조공체제에서 독립적 정치체였다는 전통적 존재방식의 생존력―타당성은 아니더라도―을 거부했음을 이 사건은 보여줬다. 이 모험은 동아시아에서 중국 중심의 전통적 세계질서에 일본이 구체적으로 도전한 첫 사건이었다.

118　Marius B. Jansen, "Modernization and Foreign Policy in Meiji Japan," in Robert E. Ward, ed., *Political Development in Japan*, 164~166쪽.

일본과 조선의 화해와 새 조약,
1874~1876

—

1873년 가을 일본이 조선 문제를 둘러싸고 정치적 위기에 빠져 있을 때 조선에서도 동일하게 중요한 정치적 격변이 절정으로 치닫고 있었다. 일본의 위기는 사이고 다카모리가 이끈 정한 세력이 패배하면서 끝났으며, 조선의 격변은 10년 동안 사실상의 통치자로서 일본과 서양에 확고히 반대한 대원군이 물러나면서 마무리됐다. 같은 시기에 일어난 사건으로 각 나라에서 금방이라도 전쟁을 촉발시킬 것 같던 인물들이 권력에서 배제됐다. 일본과 조선의 국내와 그 주변에서 일어난 이 사건들과 그 뒤의 사건들은 두 나라가 외교의 중단을 끝내고 화해로 점차 나아가는 배경이 됐는데, 그런 과정은 1868년 일본의 왕정복고와 함께 시작됐다.

1876년 강화도조약으로 이뤄진 화해는 전통적 조·일 관계의 복원은 아니었다. 그것은 서양의 국제관계 개념을 바탕으로 두 나라의 새로운 관계를 형성하는 기초가 됐다. 메이지 정부는 1871년 후반 시작한 외교 개혁안―다른 동아시아 국가들과의 관계에서 서양 열강과 대등한 외교적·상업적 지위를 확보한다―에 입각해 설정한 주요 목표 가운데 하나를 조선에서 이뤘다. 아울러 일본 정부는 조선에서 이런 목표를 추구하면서 약탈적인 서양의 외교전술이나 함포 외교를 모방했다.

대원군의 몰락과 조선 정책의 변화

그리 널리 알려진 인물이 아니었다가 1864년 초 아들 고종의 사실상의 섭정으로 권위와 권력을 보유한 자리에 갑자기 올라섰을 때 대원군은 외세의 침입에 맞서 조선을 강화하고 국내의 반란에서 왕조를 지켜야 한다는 거대한 책무와 부딪쳤다. 공식적으로 섭정에 임명되지 않았고 권위는 명확히 규정되지 않았지만, 그는 국왕이 일반적으로 행사한 권위와 권력을 가지고 10년 동안 왕국을 "다스렸다."

대원군은 서양을 엄격히 배척하고 일본과 타협하지 않는 자세를 견지했지만, 쇠퇴하는 조선왕조를 소생시키기 위해 광범한 국내 개혁을 시행했다. 그는 안동 김씨를 왕실과 정부의 지배적 자리에서 축출해 "세도정치"를 종식시키고, 약화된 왕실을 강화하는 방안을 추진했다. 그는 왕족의 국정 참여를 금지한 오래된 법령을 완화하고, 과거의 정치적 숙청에서 "반역죄"로 처벌된 많은 왕자와 왕족을 복권시켰으며, 몇 세대를 거슬러간 사례가 많았는데 사후의 입양을 이용해 자손이 끊긴 왕족의 계보를 복원했다. 나아가 그는 궁궐 건축 계획으로 왕실의 위엄과 권위를 높이려고 했는데, 가장 좋은 사례는 임진왜란 이후 폐허로 남아 있던 경복궁을 재건한 것이다.[1]

또한 대원군은 관원의 무능과 부패를 없애고 중앙의 통치력을 강화하기 위해 국가행정을 개혁했다. 양반이 전통적으로 누린 조세 혜택을 폐지하고, 농민을 구제하기 위해 환곡제를 개정했으며, 전국의 600여 개 서원 가운데 47개만 남기고 폐원하고, 당백전當百錢이라는 고액 동전을 발행했으며 전국에 유통하기 위해 청 동전을 수입한 것 등이 그런 개혁이었다.

대원군의 개혁은 광범해보였지만 부분적 수정을 거쳐 기존의 사회·정치적 질서를 유지하려는 보수적 본질을 지녔다. 지배층인 양반의 지위를 심각하게 약화시키려는 목적을 지닌 개혁은 하나도 없었지만, 대부분의 개혁은 양반의 기존 이익과 특권에 불리한 영향을 줬다. 이 때문에 대부분의 양반, 특히 유학자들—관직을 갖지 못한 학자와 낙향한 전직 관원들이 포함됐다—은 대원군의 개혁을 정부가 근본적인 유교적 규율을 위반하고, 그런 규율의 승인을 받아 사회와 정부에서 수행해온 자신들의 전통적 역할을 전면적으로 공격하는 행위로 간주했다.[2]

그 결과 대원군과 양반의 균열은 1866년 병인양요 때 표면화됐는데, 이항로는 프랑스에 맞서는 대원군의 자세는 지지했지만 커지는 "유림"의 불만을 대변하면서 대원군의 국내 정책을 비판했다. 이항로는 국왕에게 올린 상소에서 경복궁의 중건을 중단하고, "중국을 높이고 오랑캐를 몰아내는尊華攘夷" 진정한 방법은 앞서 대원군이 철폐한 만동묘를 즉시 복원하는 것이라고 주장했다.[3] 균열은 1868년 이항로의 제자 가운데 한

---

1 대원군의 왕권 강화 노력은 Palais, *Politics and Policy in Traditional Korea*, 36~42쪽 ; Choe, *The Rule of the Taewŏngun*, 64~69쪽 참조.

2 대원군의 국내 개혁은 Palais, *Politics and Policy in Traditional Korea*, 23~175쪽 ; Choe, *The Rule of the Taewŏngun*, 32~90쪽 ; 이선근, 『한국사—최근세편』, 151~224쪽 참조.

사람인 최익현崔益鉉이 국왕에게 상소를 올려 대원군의 국내 정책을 비판하면서 커졌다. 최익현은 경복궁 중건을 중단하고, 그것의 재정을 보충하기 위한 특별세와 당백전을 폐지해야 한다고 요구했다. 고종은 최익현의 "진정한 충성"을 칭찬하면서 그를 좀더 높은 관직으로 승진시키려고 했지만 아버지의 지도력에 도전하기에는 너무 어린 16세였다.[4] 고종이 국왕으로서 자신의 권력을 점차 자각하고 왕비가 권력에 대한 야심을 키우기 시작하면서 상황은 몇 년 안에 급변했다.

1866년 고종과 가례를 올릴 때 16세의 고아였던 왕후 민씨는 여흥 민씨 출신으로 대원군 부인의 먼 친척이었다. 부모는 외동딸인 그녀가 어릴 때 모두 세상을 떠났고, 대원군은 이런 그녀의 외로운 처지를 보고 왕비로 간택했다고 한다. 대원군은 이런 왕비의 가문적 배경을 볼 때 젊은 왕비와 그 인척들이 앞서 안동 김씨와 풍양 조씨처럼 왕실을 지배할 가능성도 없으며 그러기도 쉽지 않을 것이라고 믿었다고 한다.[5] 그러나 몇 년 만에 이 순수한 소녀는 남다른 지능과 야망을 가진 여성으로 성장했고 대원군의 가장 무서운 정적이 됐다.

두 사람의 관계는 대원군이 1868년 고종과 귀인 이씨 사이에서 태어난 첫 번째 왕손 완화군完和君을 총애하면서부터 틀어졌다. 대원군과 고종은 완화군을 세자 후보로 생각했기 때문에 그는 왕비와 그 인척들의 미래의 지위에 위협이 됐다. 대원군에 대한 왕비의 분노는 1871년 왕비

---

3 Palais, *Politics and Policy in Traditional Korea*, 178~179쪽. 이항로의 상소는 『일성록』
   고종편, 3년 9월 12일, 3년 10월 4일 ; 『고종실록』 3.62b~63b, 3.74a~76b 참조.
4 Palais, *Politics and Policy in Traditional Korea*, 182~183쪽. 최익현의 상소는 『일성록』
   고종편, 5년 10월 10일 ; 『고종실록』 5.46a~b 참조.
5 이선근, 『한국사 ─ 최근세편』, 343~344쪽.

의 아들이 태어난 지 사흘 만에 사망하면서 개인적 원한으로 바뀌었는데, 대원군이 인삼을 약으로 처방해준 뒤라고 한다. 1873년 대원군이 퇴진한 것에 왕비와 그 인척들이 정확히 어떤 역할을 했는지는 수수께끼로 남아 있다.[6] 그러나 그들이 대원군의 실각을, 적극적으로 모의하지는 않았더라도 환영했을 것은 의심의 여지가 없다.

1868년 대원군을 탄핵했다가 실패해 파직된 최익현은 1873년 11월 갑자기 승지에 임명됐다. 고종이 임명한 것인지, 왕비와 그 인척들이 주도한 것인지는 알 수 없다. 아무튼 그것은 대원군에게 불만을 품은 지배층을 결집시키려고 계산된 행동이 분명했다. 최익현은 다음 달 국왕에게 올린 직설적 어조의 상소 두 편에서 그때까지 대원군을 목표로 한 가장 대담하고 거침없는 공격을 감행했다. 최익현은 유학에 대한 절대적 믿음과 반청의 수사로 만동묘 철폐를 중국과 조선의 군신관계를 훼손한 악행이라고 비판했다. 서원 철폐는 유교의 합당한 사제관계를 파괴한 행위라고 비난했다. 왕족의 끊어진 계보를 복구한 것은 부자관계를 왜곡한 것이며 처벌된 왕족과 숙청된 피해자를 복권시킨 것은 충성과 반역의 구분을 흐리게 만든 것이라고 최익현은 말했다. 청의 동전―최익현은 "북방 오랑캐의 동전"이라는 뜻의 "호전胡錢"이라고 불렀다―을 수입한 것은 문명사회와 야만사회의 구분을 무너뜨린 행위였다. 끝으로 최익현은 고종에게 대원군을 아버지로 존중해야 하지만 국정에 개입하도록 해서는 안 된다고 직설적으로 요청했다.[7]

---

6 Palais, *Politics and Policy in Traditional Korea*, 45~46쪽. 한국과 일본의 역사학자들은 대부분 왕비와 그 인척이 대원군의 실각을 주도했다고 본다. 이선근, 『한국사―최근세편』, 345~358쪽 ; 田保橋潔, 『近代日鮮關係の硏究』 1권, 28~29쪽 참조.

이제 23세가 된 고종은 최익현의 충성을 칭찬하고 그를 호조판서로 승진시켰다. 대신들이 반대하자 고종은 가장 높은 신하인 영돈녕부사 홍순목, 좌의정 강로, 우의정 한계원韓啓源을 모두 파직시켰다. 그러나 최익현의 상소에 담긴 표현은 너무 직설적이어서 고종은 그를 파직할 수밖에 없었다. 고종은 최익현이 더 가혹한 처벌을 받지 않도록 그를 서둘러 제주도로 유배 보냈으며, 거기서 그는 자신의 행동으로 야기된 논란이 가라앉을 때까지 안전하게 머물렀다. 그 뒤 고종은 모든 국정을 직접 처리하겠다고 밝혔다. 홍순목·강로·한계원이 최익현 문제를 다시 꺼내자 고종은 그들을 파직시켰다.8 1874년 1월 2일 고종은 이유원李裕元─앞서 스승으로 모셨으며 좌의정일 때 대원군과 반목한 것으로 알려진─을 영의정에 임명했다. 1월 19일에는 개혁적 성향으로 평안도 관찰사를 역임했으며 대원군과 좋은 관계에 있던 박규수를 우의정에 임명했다.9

이런 일들이 진행되는 동안 대원군은 권력을 유지할 방안을 모색했다. 그러나 모두 소용없다는 것을 깨닫자 그는 도성 밖의 산장으로 은퇴했다. 그는 10년 전 실권을 잡았을 때처럼 갑작스럽고 빠르게 실각했다. 지배층의 불만은 물론 왕비 민씨와 그 인척들의 적대감과 두려움과 야망이 그를 실각시키는 데 작용한 것은 의심의 여지가 없다. 그러나 제임스 팔레가 지적한 대로 중요하고 결정적인 것은 조정의 권력투쟁이나 당파의 대립이 아니라 국왕의 태도였다. 재임하는 국왕의 아버지라는 지위

---

7   이 사건에 대한 좀더 자세한 설명은 Palais, *Politics and Policy in Traditional Korea*, 183~192쪽 ; 이선근, 『한국사─최근세편』, 345~350쪽 참조. 최익현의 상소는 『일성록』 고종편, 10년 10월 25일, 10년 11월 3일 ; 『고종실록』 10.24a~b, 10.31a~35a 참조.

8   Palais, *Politics and Policy in Traditional Korea*, 195~198쪽.

9   이선근, 『한국사─최근세편』, 353~354쪽.

는 고종이 아직 성년이 되지 않았을 때 대원군의 통치에 법률적인 근거는 아니더라도 도덕적 근거를 줬다. 그러나 국왕이 성년이 돼 독립을 선언하자 대원군은 자신의 권위를 주장할 법률적 근거를 잃었다.[10] 고종에게 항의한 관원들도 국왕이 최익현을 너무 관대하게 처리했다는 것을 문제 삼은 것이었는데, 최익현의 비난은 대원군을 대상으로 한 것만큼이나 그들을 목표로 했다. 고종이 친정을 시작하는 데 반대한 사람은 아무도 없었다.

대원군은 정치에서 물러난 뒤에도 큰 영향력을 지닌 인물로 남아 있었지만, 조선의 국내 정책과 일본 정책은 수정과 조정을 거치게 됐다. 앞서 본 대로 대원군과 지배층은 외교정책에 이견이 없었다. 대원군과 고종, 그리고 그가 새로 임명한 대신들이 추구한 외교정책의 기본 개념·이념·목표는 크게 다르지 않았다. 고종과 대신들은 서양에 문호를 개방할 의사가 없었다. 그들은 일본과의 전통적 관계도 확대하거나 크게 바꾸려고 하지 않았다. 그들과 대원군의 차이점은 당시 조선의 국내·국외 상황에 대한 평가와 정책의 목표가 아니라 추진 방법이었다. 대원군은 조선이 서양 열강에 맞설 수 있는 충분한 군사력을 가졌다고 믿었지만, 고종과 그 신하들은 서양의 힘과 조선의 무력함을 현실적으로 이해했다. 특히 신하들은 청이 서양 오랑캐를 축출하지 못한 사태를 더욱 걱정했다.[11]

대원군은 일본이 서양의 무기·기술·제도를 도입한 상황을 깊은 의심과 반감을 품고 지켜봤다. 그는 일본이 전통을 버리고 서양과 "협력"한

---

10 Palais, *Politics and Policy in Traditional Korea*, 176, 199쪽.
11 같은 책, 253쪽. 이 시기 고종은 청에 다녀온 신하들에게 중국의 서양인 동향에 대해 늘 물어봤다.

6장 _ 일본과 조선의 화해와 새 조약, 1874~1876

것을 동아시아의 전통질서에 대한 위협으로 간주했다. 그 결과 그는 아무리 적거나 사소한 문제라도 일본과 타협하거나 협상하는 것을 거부했다. 고종과 그 신하들도 대원군과 마찬가지로 일본을 불신하고 그들이 조선을 놓고 서양과 협력한다고 우려했지만 쓸데없이 일본을 적대하는 것은 현명하지 못하다고 생각했다. 그들은 일본과 실질적인 문제는 타협하지 않더라도 적대적 태도에서 우호적 태도로 바꾸기만 하면 그들을 달랠 수 있고 평화는 유지될 것이라고 생각했다. 이런 순진한 추정을 토대로 고종 정부는 1874년 초 일본과 화해정책을 채택했다. 그들은 국제관계의 근대적 개념을 이해하거나 일본이 조선에 점차 관심을 키우고 있다는 것을 인식하지 못했다.[12]

새 정책을 추진하는 첫 걸음은 1874년(고종 11, 청 동치 13, 일본 메이지 7) 2월 암행어사를 임명해 대원군이 다스릴 때 부산에서 처리한 일본과의 관계를 조사한 것이었다. 곧이어 일본 업무의 처리를 맡은 관원이 교체됐다. 동래부사 정현덕과 경상도 관찰사 김세호—두 사람 모두 대원군의 신임을 받았다—는 각각 박제관朴齊寬과 유치선兪致善으로 교체됐다. 암행어사와 동래부사 박제관은 독립적으로 조사한 결과 안동준이 부산에서 역관으로 오래 근무하는 동안 일본과 조선의 연락을 고의로 방해해두 나라의 관계에 차질을 야기했다고 조정에 보고했다. 그들은 정현덕과 김세호가 안동준을 감독하는 임무를 방기했다고도 고발했다.[13] 정부에

---

12 대원군의 대외 정책과 고종의 초기 일본 정책에 대한 자세한 분석은 James B. Palais, "Korea on the Eve of the Kanghwa Treaty, 1873~76," Ph.D. diss., Harvard University, 1968, 490~605쪽 참조.

13 『일성록』 고종편, 10년 12월 30일, 11년 1월 3일 ;『고종실록』 10.59b ; Palais, *Politics and Policy in Traditional Korea*, 255쪽.

서 이들을 어떻게 처벌할 것인지 숙고하는 동안 8월 4일 고종은 청 예부의 긴급한 서신을 받았는데, 그 내용은 앞서 일본의 정한론과 소요가 일어나 일본이 조선을 침공할 수도 있다는 우려를 고조시키는 것이었다.

예부는 일본의 타이완 침략을 고종에게 알리면서 그것은 지난 가을 정한 주장이 실패한 것과 관련된 사무라이들의 불만을 다른 곳으로 돌리려는 행동이었다고 설명했다. 예부는 총리아문이 올린 상소의 사본도 보내왔는데, 일본은 타이완에서 원정군을 철수하면서 나가사키에 주둔한 군사 5000명을 이용해 조선을 침공할 것이며 여전히 조선에 원한을 품은 프랑스와 미국이 동참할 것이라는 소문을 보고한 내용이었다. 타이완 문제를 맡은 흠차대신 심보정은 그런 정보와 함께 청이 조선을 설득해 프랑스·미국과 조약을 맺게 하면 일본이 조선 공격을 단념하게 만들 수 있을 것이라는 프랑스인 고문 프로스퍼 지켈Prosper Giquel의 의견을 함께 아문에 전달했다.[14]

조선 당국은 그 정보에 놀랐지만 믿지 않으면서 조선과 조약을 체결하려는 프랑스와 미국의 음모라고 생각했다. 조선은 프랑스를 천주교회와 동일시하면서 깊은 적의를 품었다. 고종 정부도 전통적인 고립정책을 바꿀 생각이 없었다. 고종은 8월 9일 베이징에 보낸 회신에서 조선이 서양과 무역할 수 없는 이유를 다시 밝혔는데, 이미 미국인들에게는 설명했다고 말했다. 일본은 청의 승낙으로 조약을 체결했으므로 "천자의 조정에 감히 거역할 수 없을 것"이라고 고종은 믿었다. 그는 주중 프랑스·

---

14 Palais, *Politics and Policy in Traditional Korea*, 253쪽. 총리아문의 상소는 『籌辦夷務始末—同治朝』, 94.37a~b 참조. 조선의 반응은 『일성록』 고종편, 11년 6월 25일 ; 『고종실록』 11.56a~b 참조.

미국 공사와 일본 관료들에게 조선과 쓸데없이 문제를 일으키지 말도록 황제가 타일러달라고 예부에 요청했다.[15]

5일 뒤인 8월 14일 영의정 이유원은 정부(대원군)가 안동준의 말을 무턱대고 따른 결과 3세기 동안 일본과 이어온 평화에서 쓸데없이 마찰을 일으켰다고 고종에게 말했다. 이유원은 안동준의 횡령과 그 밖의 비위를 고발하면서 그를 사형시키고, 쓰시마에 조사관을 파견해 그의 행위로 야기된 손실을 확인해야 한다고 건의했다. 우의정 박규수는 일본인들의 발언이 기존의 관행에서 벗어났다는 이유만으로 일본과 공식적 연락을 중단해서는 안 된다고 주장했다. 그는 커져가는 외부의 위험에 맞서 시급히 군사적 대비를 갖춰야 한다고 강조했다. 이런 건의에 따라 안동준은 체포돼 조사와 재판을 받기 위해 한성으로 압송됐으며, 정현덕은 유배되고 김세호는 파직됐다.[16] 1875년 1월 암행어사가 이들의 불법행위와 관련된 좀더 많은 증거를 보고하자 정현덕과 김세호는 영원히 관직에 나오지 못하도록 금지하고 그 뒤 4월 안동준은 처형했다.[17] 이들의 처벌, 특히 안동준의 처형은 대원군이 추진한 일본 정책의 종언을 알리는 것이었다.

1874년 초 일본 정부는 사가의 반란 진압과 타이완 정벌 준비에 몰두하면서 조선 문제를 뒤로 미뤘다. 그 결과 1874년 4월에 결정된 일본의 조선 정책은 뚜렷한 소극성을 띠었으며, 조선의 변화된 대일정책만큼이나 전통적이고 유화적이었다. 모리야마 시게루의 건의에 따라 외무성은

15 『籌辦夷務始末─同治朝』, 97,15b∼17b.

16 『일성록』 고종편, 11년 6월 29일, 11년 7월 3일 ; 『고종실록』 11,59a∼60a, 11,61a∼b.

17 『일성록』 고종편, 11년 12월 13일 ; 『고종실록』 11.97a∼98a.

앞서 소 시게마사를 조선에 보내 파열된 관계를 복원하려던 계획을 다시 추진했다. 조선의 의심을 풀기 위해 옛 쓰시마 번주는 조선 문제에 경험이 있는 옛 쓰시마 번사들과 함께 증기선이 아니라 전통적인 일본선을 타고 "옛 방식"대로 조선에 갔다. 이것은 관계가 복원된 뒤에도 조선 업무는 일정 기간 소와 그의 옛 신하들이 계속 처리할 것이라는 뜻이었다.[18] 일시적인 방편이었지만 그 결정은 쓰시마를 거쳐 양국관계를 처리한다는 전통적 방법으로 돌아간 것이었다.

그러나 그 직후 외무성은 대원군의 하야를 알게 됐다. 외무성은 조선의 정치적 변화를 이용하기 위해 5월 15일 모리야마에게 부산으로 가서 상황을 직접 파악하라고 지시했다. 모리야마의 임무는 이 시점에서 소가 조선을 방문하는 것이 바람직한지 알아보는 것이었다. 외무성은 신중한 태도를 유지하면서 모리야마에게 일본선을 타고 조선에 가고, 조선의 의심을 불러오거나 그들을 불쾌하게 만들 행동은 삼가라고 지시했다.[19]

6월 중순 부산에 도착한 모리야마는 조선 관원들의 태도 변화를 보고 즐겁게 놀랐다. 그는 조선 관원들과 협상할 권한이 없었지만, 이전과 달리 그들이 자신의 견해를 알리려고 노력하는 것에 고무돼 그들과 비공식적으로 접촉하기 시작했다. 그는 일본 정부가 두 나라 통치자의 공식적 국서 대신 외무성과 조선 예조의 서신 교환을 통해 관계를 복원하는 데 동의할 것이라고 시사했다.[20]

한편 고종과 그 신하들은 일본이 침략할 수도 있다는 청의 경고로 일

---

18 田保橋潔, 『近代日鮮關係の研究』 1권, 336~337쪽.
19 같은 책, 338~340쪽 ; 『日本外交文書』 10권, 360~361쪽.
20 田保橋潔, 『近代日鮮關係の研究』 1권, 340~344쪽.

본과의 교류 재개를 더욱 갈망하게 됐다. 8월 16일—조선 정부가 베이징에 답신을 보낸 1주 뒤—신원을 알 수 없는 조선 관원—동래부사의 부관이라고 알려졌다—이 모리야마와 비밀 회담을 하기 위해 부산의 일본 사절단을 방문했다. 모리야마는 일본 정부의 입장을 설명할 기회를 갖게 됐다. 또한 그는 일본이 최근 타이완에서 "큰 승리"를 거뒀다고 말했으며, 방문자는 그 말을 듣고 "놀랐다." 방문자는 일본 정부가 조선에 우호적 의사를 갖고 있지만 부산의 통역 몇 사람 때문에 왜곡됐다고 확신하면서 자신은 두 나라의 화해를 조속히 성사시키기 위해 모든 노력을 다하고 있다고 모리야마에게 말했다. 모리야마는 그 회담을 도쿄에 보고하면서 일본은 "무력을 조금만 과시해도" 조선에서 목적을 이룰 수 있을 것이라고 자신 있게 말했다. 그는 되도록 빨리 소가 조선을 방문해야 한다고 건의했다.[21]

9월 4일 안동준의 후임으로 역관이 된 현석운玄昔運은 일본 사절단을 공식 방문했는데, 조선 관원으로서 그런 방문은 처음이었다. 그날 열린 회담에서 현석운과 모리야마는 양국 관계를 회복하는 데 사용할 대안을 도출했다. (1)조선은 1872년 사가라 사절단이 전달한 소의 서계를 접수한다. (2)일본 외무경은 조선 예조판서에게 새로 서신을 쓰며, 그것은 일본 사신이 동래부사에게 전달한다. (3)다른 대안으로는 조선이 일본에 사신을 보내 대화한다. 자신의 능력으로 협상을 처리할 수 있다고 점차 자신하게 된 모리야마는 소의 조선 방문을 연기해달라고 도쿄에 요청했다.[22]

---

21 『日本外交文書』 10권, 369~371쪽. 조선인 방문자와 모리의 대화는 같은 책, 378~383쪽 참조.
22 현석운이 조선 정부에 보낸 보고는 『일성록』 고종편, 11년 8월 9일 참조. 모리야마가 도쿄에 보낸 보고는 『日本外交文書』 10권, 396~400쪽 참조.

일본과 합의에 이르려는 조선의 노력을 보여주는 훨씬 더 중요한 사례가 있었다. 9월 24일 모리야마는 금위대장禁衛大將 조영하趙寧夏로부터 밀서를 받았다. 대비인 신정왕후神貞王后 조씨의 조카인 조영하는 법률적으로 고종의 사촌이었다. 조영하는 양국 관계가 단절된 것에 유감을 표시하면서─그 원인으로 부산의 조선 역관들을 비난했다─조선 조정은 일본과의 관계가 조속히 회복되기를 진심으로 바라고 있다고 말했다. 조영하는 고종의 밀지에 따라 서신을 쓴 것으로 생각되는데, 왕실과 정부가 강한 반일적 태도를 보였기 때문에 고종은 정규 관서를 거치지 않고 모리야마와 직접 연락하려고 한 것으로 보인다. 모리야마는 앞서 자신과 현석운 사이에 합의한 세 가지 대안 가운데 하나를 신속히 선택하도록 도와달라면서 상당히 사무적으로 대답했을 뿐이다.[23] 모리야마가 자신에게 서신을 보낸 사람이 누구인지 몰랐거나 그 서신의 중요성을 깨닫지 못했다고는 생각할 수 없다. 그가 "사무적으로" 대답한 것은 사안이 우호적으로 전환된 것에 기쁨을 숨기려는 외교적 술책이었을 것이다.

며칠 뒤 현석운은 조선 정부가 두 번째 대안을 선택했다고 모리야마에게 알렸다. 현석운은 일본 외무경이 공식 서신을 작성할 때 조선이 받아들일 수 없는 표현으로 일본의 통치자를 직접 언급하지 말아달라는 바람을 표시했다. 10월 2일 동래부사는 조선 정부의 결정을 모리야마에게 공식적으로 확인해줬다. 모리야마는 일본 정부가 5개월 안에 외무경의 서신을 가진 사신을 부산에 파견할 것이라고 동래부사에게 회답했다.[24] 10월 6일 모리야마는 일본은 조선과 합의에 도달하기 위해 타협할

---

23 『日本外交文書』 10권, 409~410쪽.
24 같은 책, 411~415쪽.

필요가 더 이상 없다고 확신하면서 부산을 떠나 귀국했다.

일본의 반응: 함포 외교로 전환하다

모리야마는 10월 말 도쿄로 돌아왔다. 일본 정부는 그가 부산에서 협상한 합의를 비준했다. 그의 권고에 따라 일본 정부는 조선에 파견하기로 했던 소의 사행을 취소했다. 12월 29일 일본 정부는 새로운 조선 사행을 이끌 정사正使로 모리야마를 임명했다.[25] 소의 사행을 취소하고 모리야마를 새 사신으로 임명한 것은 일본의 조선 정책이 소극적이고 타협적 태도에서 공격적이고 비타협적 태도로 분명하게 전환된 것이었다. 이런 전환에는 몇 가지 요인이 작용했다.

첫째, 조선의 태도 변화와 그 변화에 대한 일본의 해석이다. 모리야마는 조선과 타협할 것을 권고했지만, 조선이 이전과 달리 일본과 합의하려고 적극적으로 다가온 것은 허약함의 징후라고 판단했다. 앞서 존왕파 사무라이였으며 조선에 대한 "유신 외교"를 강력히 신봉한 모리야마는 늘 정한을 지지했다.[26] 이제 그는 위협이나 무력 사용이 조선을 다루는 가장 좋은 방법이라고 확신했다. 둘째, 그동안 커져왔으며 타이완 원정의 성공으로 더욱 강화된 일본의 자신감이다. 타이완 원정에서 철수한 직후 르젠드르는 타이완 승리의 탄력을 잃지 말고 조선을 개항시켜야 한다고 일본 외무성에 주장했다. 오쿠보의 자신감은 얼마 전 청에서 거둔 외교

25 　같은 책, 11권, 45쪽.
26 　『日本歷史大辭典』 9권, 292쪽.

적 승리로 더욱 커졌다고 생각된다. 타이완 문제가 성공적으로 마무리되자 그는 이제 조선 문제를 처리하려고 나아갔다. 끝으로 러시아와 사할린 논쟁이 조기에 타결될 것으로 전망되면서 일본은 조선에 좀더 대담하게 행동하게 됐다. 이 시기 일본 지도자들의 계산에서 조선 문제의 해결은 사할린 문제의 해결과 밀접히 연관됐기 때문에 사할린을 둘러싼 러·일의 관할권 논쟁이 전개된 역사를 간단히 살펴볼 필요가 있다.

1855년(철종 6, 청 함풍 5, 일본 안세이 2)에 체결된 러·일 화친조약은 사할린의 영토적 귀속을 규정하지 않고 일본인과 러시아인이 공동으로 거주할 수 있도록 허용했다.[27] 일본이 그 섬을 식민화하면서 일본인 주민과 러시아인 주민의 충돌은 어쩔 수 없이 일어났다. 메이지 유신 이후 일본 정부는 그 섬의 소속을 명확히 규정하려고 시도했으며, 분할하는 방안이나 러시아가 요구한 조건대로 일본이 구매하거나 자신들이 제시한 조건대로 러시아에게 판매하는 방안을 번갈아 제시했다. 러시아는 이런 제안들을 거부하고 죄수 유형지로 섬 전체를 소유해야 한다고 주장하면서 일본이 사할린을 포기하는 대가로 쿠릴 열도의 일부 섬을 제시했다. 1872~1873년 외무경으로 재임하는 동안 소에지마는 사할린 문제와 관련해 러시아의 전권대사 부조와 도쿄에서 여러 차례 회담했다. 소에지마는 러시아로부터 "대등한 양보"를 받는 조건으로 사할린에 대한 일본의 권리를 포기하겠다고 제안했다.[28]

그가 추구한 국수주의적 외교정책과는 달랐던 소에지마의 제안은 일

---

27 外務省, 『日露交涉史』, 57~58쪽 ; John. J. Stephan, *Sakhalin : A History*, 53쪽.
28 사할린을 둘러싼 러시아와 일본의 분쟁에 대한 설명은 Stephan, *Sakhalin : A History*, 42~64쪽 참조.

본의 조선 정책과 밀접히 관련돼 있었다. 그가 대가로 요구한 러시아의 양보에는 일본과 조선의 전쟁이 일어날 경우 일본군이 러시아 영토를 자유롭게 통과하도록 보장하고 중립을 약속하는 내용이 들어 있었다고 한다.[29] 그러나 합의가 이뤄지기 전인 1873년 봄 소에지마가 청으로 출발하면서 회담은 중단됐다. 정한 논쟁을 둘러싼 정치적 위기가 발생하고 그 뒤 소에지마가 정부에서 물러나면서 회담은 재개되지 못했다. 한편 러시아가 사할린의 일본인 주민에게 너무 자주 폭력을 행사하자 1873년 9월 개척사開拓使 차관次官 구로다 기요타카黑田淸隆는 일본인 주민을 보호하기 위해 현지로 군대를 파견해야 한다고 건의했다.[30]

1873년 10월 정한 논쟁이 전개되는 동안 오쿠보와 이와쿠라는 앞서 본대로 북방에서 러시아의 위협이 매우 심각해 그것을 먼저 해결해야 한다는 이유를 들면서 조선과의 전쟁에 반대했다.[31] 주장을 관철시킨 두 사람은 1873년 후반부터 1874년 초반까지 사할린 상황을 몇 차례 논의했다. 그들은 구로다의 건의를 거부하면서 소에지마가 제시한 방안—쿠릴 열도와 사할린을 교환하고 앞으로 "인접국에서" 일본의 행동에 러시아는 개입하지 않겠다는 약속을 대가로 사할린을 포기한다—에 따라 러시아와 협상을 재개하기로 결정했다. 산조·이와쿠라·오쿠보는 자신들의 조선 전략을 실행하려면 그런 보장이 전제돼야 한다고 판단하면서 정부는 사할린 문제를 해결하기 전에는 조선 문제를 언급하지 말아야 한다는 데 합의했다. 오쿠보는 사할린 문제를 해결하고 나서야 여러

---

29   外務省, 『日露交涉史』, 57~58쪽. 일본과 조선의 전쟁이 일어날 경우 소에지마가 러시아의 중립을 요청한 사실은 丸山幹治, 『副島種臣伯』, 177쪽 ; 『日本外交文書』 10권, 445쪽 참조.

30   『大久保利通文書』 5권, 223~224쪽.

31   Tsunoda Ryusaku, et al., eds., *Sources of Japanese Tradition*, vol. 2, 153쪽.

척의 전함과 함께 사절단을 조선에 보내야 한다고 말했다. 그는 그런 사절단은 일본이 무력을 사용할 준비가 돼 있지 않으면 성공하지 못할 것이라고 생각했다.[32]

러시아와 사할린 문제를 협상하는 임무는 막부의 전직 해군부총재 에노모토 다케아키榎本武揚에게 맡겨졌다. 새로운 제국 해군에서 중장에 보임되고 1874년 1월 특명전권공사에 임명된 에노모토는 3월 도쿄를 떠나 6월 러시아의 수도에 도착했다. 그는 공식 발언에서 조선을 언급하지 않았지만 러시아와 협상하는 동안 늘 염두에 뒀을 것이다. 1874년 11월 22일 에노모토는 외무경 데라시마에게 러시아는 일본과 조선의 분쟁에 개입하지 않을 것으로 판단된다고 보고했다. 그러나 그는 일본이 쓰시마 반대편 지역을 영구적으로 점령한다면 블라디보스토크에서 러시아가 출항하는 것을 봉쇄하는 것이기 때문에 항의할 것이라고 말했다. 그 결과 에노모토는 앞서 소에지마와 부조가 논의한 방안에 따라 "현재 우리는 조선을 침공할 계획이 없다고 해도 러시아와 일정한 비밀협약을 체결해야 한다"고 제안했다. 연해주의 러시아 기지들은 순전히 방어적 목적이며 외국에 대한 전쟁에는 적합치 않다고 덧붙인 것을 볼 때 에노모토는 조선에서 조속히 행동해야 한다고 건의한 것으로 생각된다.[33] 에노모토는 1875년 3월까지 러시아와 사할린 문제를 타결하지 못했지만, 그해 초반 일본 정부는 앞으로 조선에서 자신들의 행동에 러시아가 심각하게 개입하지 않을 것이라고 확신하게 됐다.

1875년 2월 조선으로 출발하기 전 모리야마는 도쿄에서 영국 공사

---

32 『岩倉具視關係文書』 7권, 464~465쪽.
33 『日本外交文書』 10권, 446~447쪽.

파크스를 만났는데, 일본의 새로운 조선 정책에 대한 영국의 지원—러시아의 개입을 좀더 확실히 막을 수 있는 보장으로 추측된다—을 얻으려는 목적이었던 것 같다. 모리야마는 20년 전 페리의 내항과 자신의 사행을 비교하면서 자신은 조선의 대신들을 만나고 조선 사절과 함께 귀국하기를 희망한다고 파크스에게 말했다. 이런 기대가 실현되지 않으면 일본이 평화적 방법으로 조선을 개국시키기는 어려울 것이라고 그는 말했다.[34] 요컨대 모리야마 사절단은 조선에 대한 전략을 함포 외교로 전환할 것이라는 신호였다. 아울러 태정대신 산조가 모리야마에게 비밀리에 지시했다는 사실은 오쿠보 정부가 실용주의를 표방했음에도 동아시아의 전통적 국가관계 개념뿐 아니라 "유신 외교"의 사고방식을 일부 유지하고 있다는 것을 보여줬다.

산조는 조선이 청으로부터 독립을 주장했는지, 그리고 두 나라 통치자가 명목상 대등하다는 개념에 입각해 일본과 관계를 수립하려고 하는지, 청의 종주권을 인정하고 그 지시를 따르려고 하는지 파악하라고 모리야마에게 지시했다. 각 사안마다 모리야마는 도쿄에 보고하고 추가 지시를 기다리도록 했다. 조선이 독립을 주장하든 청의 속국임을 인정하든 조선이 "대등한 지위"를 기반으로 "조선 국왕과 일본 태정대신" 또는 예조판서와 일본 외무경의 서신 교환을 통해 일본과 새로운 관계를 수립하려고 한다면 모리야마는 도쿄로부터 추가 지시 없이 조선의 요청을 수락하도록 했다.[35]

2월 24일 모리야마는 외무성의 공식 서한 두 통을 지니고 증기선으

---

34   廣瀬靖子,「江華島事件の周邊」, 27~28쪽.
35   『日本外交文書』 11권, 53쪽.

로 부산에 도착했다. 외무경 데라시마가 조선의 예조판서에게 보낸 주요 서신의 내용은 간단했다. 데라시마는 천황의 명령으로 두 나라의 전통적 우호를 증진시키려는 일본의 진실한 희망을 전달하기 위해 모리야마와 부사 히로쓰 히로노부廣津弘信를 조선에 파견한다고 말했다. 첨부된 서신은 외무대승 소가 조선 예조참판에게 보낸 것이었다. 소는 왕정복고와 그 뒤의 정치적 변화가 이뤄지면서 조선 사무의 처리에서 자신이 세습적으로 맡아온 역할은 끝났다고 설명했다. 지난 몇 년 동안 조선이 자신의 연락을 거부한 결과 자신은 천황의 명령을 외국에 전달하지 못하게 됐을 뿐 아니라 일본 국민은 분노하고 있다고 그는 말했다. 그러나 조선 정부가 몇몇 관원이 두 나라의 연락을 고의로 방해하고 있다는 것을 발견하고 문제를 시정하기를 일본 정부는 희망한다고 그는 설명했다. 소는 모리야마의 사행이 성공하기를 대단히 바란다면서 서신을 맺었다. 서신과 함께 소는 조선 정부에게 받아 그동안 연락하는 데 사용해온 공식 인장을 반환했다.[36]

데라시마와 소는 서계에서 한문—동아시아에서 외교적 의견 교환에 사용된 전통적 언어—대신 한문과 일본어를 혼용했다. 아울러 그들은 일본의 통치자를 언급하면서 "천황"과 "칙서"라는 표현을 사용했는데, 조선은 늘 반대했으며 1872년 데라시마의 전임자 사와와 소 자신이 사용을 금지한 용어였다. 이전의 관행을 고의로 어긴 것은, 증기선을 타고 간 것과 함께 타이완에서 승리해 기세가 오른 오쿠보 정부의 공격적이고 비타협적인 자세를 반영하는 것이었다. 일본 서계에 사용된 표현은 3월

---

36 같은 책, 11권, 49~53쪽 ; 田保橋潔, 『近代日鮮關係の硏究』 1권, 359~363쪽.

6장 _ 일본과 조선의 화해와 새 조약, 1874~1876

중순 한성에 보고됐으며 대신들은 강력히 반발했다.[37] 그러나 일본이 증기선을 이용한 것에 항의한 사람은 없었다.

고종 정부는 일본과 조속히 화해하기를 바랐지만 전통적 형태의 관계에서 중대한 변화를 받아들일 준비가 돼 있지 않았다. 대신 가운데 박규수만이 공식 연락의 표현 같은 중요한 문제를 타협하더라도 일본과의 우호를 보장해야 한다고 주장했다.[38] 그러나 박규수는 이 시기 명예직에 가까운 판중추부사여서 위상이 그리 높지 않았다. 현직 정승 두 사람—좌의정 이최응李最應과 우의정 김병국金炳國—은 서계를 거부해야 한다고 건의했다. 그들은 표현이 적절치 않으며 한문과 일본어를 혼용한 것은 용납할 수 없다고 판단했다. 그들은 소가 조선 인장을 "일방적으로" 폐기한 것에도 분노했다. 고종은 일본 서계의 "잘못"은 지적해야 하지만 일본의 접근을 전면적으로 거부하는 것은 진실한 친선의 행동이 아니라는 입장을 표명했다. 그에 따라 3월 16일 의정부는 신임 동래부사 황정연黃正淵에게 모리야마를 공식적으로 영접하되 서계는 표현의 "잘못"을 지적하면서 반려하라고 지시했다. "잘못"이 수정되면 조선 정부는 양국 관계의 완전한 복원을 즉시 모리야마에게 통보할 것이라는 지시가 황정연에게 내려졌다.[39]

황정연은 3월 말 모리야마를 공식 영접할 계획이었다. 거의 동시에 의전을 둘러싼 논쟁이 발생했다. 조선에서는 전통적 예복의 착용을 포함해 쓰시마 사절을 영접하는 데 사용한 전통적 의례를 거행하려고 했다. 일

---

37 1875년 5~9월 모리야마와 현석운의 논의에 관련된 자세한 서술은 Palais, "Korea on the Eve of the Kanghwa Treaty," 629~657쪽 참조.

38 박규수의 견해는 그가 대원군에게 보낸 서신에 나타나 있다. 박규수, 『환재집』, 11.1a~3b.

39 『일성록』 고종편, 12년 2월 5일 ; 『고종실록』 12.8a~10a.

본은 새로운 서양식 예복을 입는 근대적 의례를 주장했다. 황정연이 그 문제를 조정에 알리자 전통적 영접 의전을 거행해야 한다는 회신이 돌아왔다.[40] 모리야마는 자신은 쓰시마 번주의 하급신하가 아니라 "대일본국"의 사신이며 어떤 의복을 입을지 지시하는 것은 "일본의 주권을 침해하는 것"이라고 주장하면서 계속 단호한 태도를 고집했다.[41]

모리야마는 조선이 다시 비타협적 태도를 보이는 것은 취약함과 혼란의 조짐이라고 해석했다. 그는 최근 조선 정부가 "서쪽에서 청 황제(동치제)가 붕어하고 동쪽에서 우리 사절단이 도착해" 충격을 받았다고 도쿄에 보고했다. 또한 조선의 비타협적 자세는 대원군의 영향력이 되살아나 대원군 세력과 왕비 세력의 권력투쟁이 재연되면서 정치적 불안이 커진 상황을 반영하는 것이라고 판단했다. 4월 히로쓰가 도쿄로 보낸 보고에서 모리야마는 무력을 효과적으로 과시하는 데 가장 좋은 시점은 대원군과 그의 반외세 지지자들이 권력을 다시 장악하기 전이라고 주장했다. 전함 한두 척을 부산 근처로 파견하면 협상은 진전되고 자신은 좀더 유리한 조건을 얻을 수 있을 것이라고 말했다. 데라시마는 기본적으로 모리야마에게 동의하면서 부산에서 외교적 노력을 지속하라고 지시했다.[42]

양쪽은 부산에서 좀더 실랑이를 벌였다. 5월 15일 회담에서 현석운은 타협을 간곡히 요청했다. 현석운의 판단에 따르면 황정연은 일본 측 주장의 타당성을 인정했다고 모리야마에게 말했지만 그가 제안한 영접 절차는 두 나라의 의전을 변경하려는 것이 아니라 일본 사절에게 확대

---

40   『일성록』고종편, 12년 3월 4일 ; 『고종실록』 12,15b.
41   田保橋潔, 『近代日鮮關係の研究』 1권, 369~370쪽.
42   모리야마의 건의와 데라시마의 지시는 『日本外交文書』 11권, 70~73쪽 참조.

된 규모의 공식 환영을 거행하려는 것이었다. 그것은 관계를 공식적으로 복원한 뒤에 시행할 문제였다. 황정연은 승인을 받기 위해 한성에 세부 사항을 모두 보고해야 할 수도 있기 때문에 더 이상 지연되는 것을 막기 위해 전통적 방식의 영접을 바라고 있다고 현석운은 설명했다. 모리야마 는 조선이 신의를 위반하고 일본의 내정에 간섭하며 일본의 국가적 위엄 과 명예를 모욕하고 있다고 비난하면서 현석운의 요청을 거부했다.[43]

모리야마의 단호한 태도가 보고되자 6월 13일 고종은 대신 30여 명 을 긴급히 불러 회의를 열었다. 전직 영의정 김병학과 그의 동생 좌의정 김병국은 강경한 방침을 선택했다. 그들은 서계에 사용된 부적절한 표현 을 볼 때─영접 의전의 변경은 말할 것도 없고─모리야마를 영접해서는 안 된다고 주장했다. 좌의정 이최응은 원칙적으로 그들에게 찬성했지만 서계를 거부하면 일본과 갈등을 빚게 될 것이라고 우려했다. 그는 일본이 사용한 표현은 일본의 내부 문제로 간주할 수 있다는 의견을 제시했다. 박규수는 일본의 서계와 사절을 받아들여야 한다고 솔직히 주장했다. 그 는 일본은 수천 년 동안 자신의 통치자를 "천황"이라고 불러왔으며 서신 이 거부되면 무력을 동원할 것이라고 지적했다. 판중추부사 홍순목은 비 슷하지만 약간 모호한 견해를 밝혔다. 그러나 그 회의에서 나머지 관원 가운데 두 사람을 제외하고는 모두 서계를 수용하는 데 반대했다.[44]

아버지로부터 국정의 운영권을 넘겨받았을 때 고종은 10년 넘게 스승 들이 주입시킨 유교의 이상을 실천할 준비가 돼 있었고 젊은이의 자신 감과 열정으로 그렇게 했다. 그러나 그는 권력을 인수한 뒤 미숙하게 국

43 같은 책, 86~89쪽 ; 田保橋潔, 『近代日鮮關係の硏究』 1권, 374~379쪽.
44 『일성록』 고종편, 12년 5월 10일 ; 『고종실록』 12.19a~b.

정을 운영해 재정은 파탄 직전에 몰렸으며 관료 조직의 비효율과 부패는 줄지 않고 악화됐다. 지배층은 자신들이 건의한 방안을 고종이 거부하자 실망해 이반했다. 고종은 일본과 화해하려고 했지만 일본을 회유하는 데 실패했으며, 국내에서는 강력한 반대가 일어났다. 이런 일들을 겪으면서 고종은 자신감과 국정 운영과 관련된 유교적 방침의 효능, 자신의 지도력에 대한 믿음이 약화된 것으로 생각된다. 국가 사이의 관계는—개인 사이의 관계와 마찬가지로—서로 호의와 예의를 지켜 조화를 이룰 수 있다는 전통적 유교의 가르침에 따라 일본에 유화적으로 접근한 방법이 충분치 않고 효과가 없다고 판명되자 고종은 다음엔 어떻게 해야 할지 확신이 서지 않았다. 신하들의 의견이 갈라지자 젊은 군주는 문제를 결정할 수 없었다. 그는 주요 신하들에게 그 문제를 좀더 논의해 해결책을 건의하라고 지시했다.[45]

국왕의 지도력이 사라지자 강경론이 우세해졌다. 신하들은 모리야마를 영접하지 말아야 한다고 건의했다. 그들은 협상이 완전히 결렬되는 것을 피하기 위해 부산에 특사를 파견해 일본인들에게 정부의 방침을 설명하고 서로가 만족할 수 있는 해결책을 진심으로 바라고 있다고 설득하자고 제안했다. 고종은 그 의견을 받아들였고, 관련된 지시가 동래 부사에게 내려졌다.[46]

6월 24일 현석운은 모리야마에게 조선 조정의 결정을 통보했다. 자신이 원래 받았던 지시를 더 이상 이행할 수 없다고 결론지은 모리야마는

45 Palais, *Politics and Policy in Traditional Korea*, 235~236쪽. 고종이 어렸을 때 받은 유교교육은 같은 책, 32~35쪽 참조.
46 『일성록』 고종편, 12년 5월 10일, 12년 5월 25일 ; 『고종실록』 12.19b, 12.21b.

새 지시를 받기 위해 부사 히로쓰를 도쿄로 돌려보내기로 결정했다. 모리야마 자신의 계획은 사절단이 부산에서 철수하고 교착상태를 풀 수 있는 과감한 방안을 시행하는 것이었다. 7월 하순 별견역관別遣譯官이 도착했지만 모리야마는 접견을 거부하면서 예복 문제가 해결되지 않으면 조선 관원을 만나지 않을 것이라고 버텼다. 그는 보좌관을 통해 별견역관에게 자신의 부사는 조선을 떠났으며 자신도 도쿄로 돌아오라는 지시를 받았다고 알렸다.[47]

사안이 보고되자 8월 9일 고종은 대신들을 다시 긴급히 소집했다. 타협을 거부해야 한다는 압력은 더 커졌다. 앞서 7월 24일 대원군은 갑자기 산장을 떠나 도성으로 돌아왔는데, 그의 영도를 바라는 양반들의 외침이 커지던 시점이었다. 양반들은 그를 하야시키는 데 중요한 역할을 했지만, 이제는 고종의 "유약한" 일본 정책에 불만을 갖게 됐다. 그가 도성에 있는 것만으로도 일본과 타협을 지향하는 인물들에게는 미묘하지만 강력한 견제가 될 수 있었다. 모인 대신들은 앞서의 건의를 반복했다. 모리야마를 "설득"하라는 지시가 동래부사에게 전달됐다.[48] 지시를 수행하지 못한 동래부사 황정연은 9월 5일 스스로 사직했다. 9월 20일 모리야마는 협상을 중단하고 귀국하라는 명령을 도쿄로부터 받았다. 신임 동래부사가 도착할 때까지 출발을 미뤄달라는 현석운의 간청을 물리치고 모리야마는 이튿날 부산을 떠났다.[49]

고 다보하시 기요시田保橋潔 교수는 근대 한일관계사의 기념비적 연구

47 자세한 사항은 田保橋潔, 『近代日鮮關係の研究』 1권, 386~388쪽 참조.
48 『일성록』 고종편, 12년 7월 9일 ; 『고종실록』 12.26a~b.
49 『日本外交文書』 11권, 116~118쪽.

에서 이때 협상이 결렬된 것과 관련해 모리야마와 히로쓰를 비판했다. 조선 정치를 잘 모르던 그들이 고집을 부리지 않았다면 1875년 두 나라는 합의했을 것이며, 그랬다면 그 뒤 일본은 무력으로 위협하지 않아도 됐을 것이라고 그는 주장했다.[50] 도쿄와 긴밀히 연락한 이 하급 관료 두 사람이 협상 결렬에 주요한 책임이 있다는 견해는 받아들이기 어렵다. 그들의 개인적 견해나 지향은 고려하지 않더라도, 그들이 자기 정부의 조선 정책과 결정을 고의로 뒤집었다고는 생각할 수 없다. 그들은 타이완과 사할린 문제가 성공적으로 해결되자 타협에서 비타협으로 전환한 일본 정부의 조선 정책을 충실히 따라 행동한 것으로 생각된다. 그것은 일본이 조선을 상대하는 데 서양의 함포 외교를 사용할 준비를 마쳤음을 보여주는 전환이었다.

강화도(운요호雲揚丸) 사건: 조선과 일본의 국내 정치

모리야마가 부산에서 조선 관원들과 논쟁을 벌이고 있는 동안 일본 정부는 그가 주장한 대로 조선에서 "좀더 과감한 행동"을 하는 방향으로 나아갔다. 타이완 원정은 겉으로 보기에 큰 성공이었지만 오쿠보는 성급하고 준비되지 않은 해외 원정을, 특히 국내 상황이 불안할 때 추진하는 것이 얼마나 위험한지 알고 있었다.[51] 그에 따라 오쿠보는 조선에서

---

50 田保橋潔, 『近代日鮮關係の硏究』 1권, 390쪽.

51 이를테면 1875년 1월 이와쿠라는 영국 공사 해리 S. 파크스와 대화하면서 일본이 조선을 곧 침략할 것이라는 소문을 부인하고 일본은 타이완 원정에서 교훈을 얻었다고 말했다. 廣瀨靖子, 「江華島事件の周邊」, 29쪽 참조.

6장 _ 일본과 조선의 화해와 새 조약, 1874~1876

과감한 행동을 추진하기에 앞서 국내에서 정부의 지위를 강화했는데, 타이완 원정에 반대해 사직한 기도를 다시 정부로 초빙했다. 조슈 출신의 두 사람인 이토 히로부미와 이노우에 가오루의 노력으로 오쿠보와 기도는 1875년 2월 오사카에서 만나 화해했다. 새 연립정부에서 자신의 지위를 강화하려는 움직임으로 생각되는데, 기도는 사이고와 함께 정부를 떠났던 도사파의 지도자 이타가키도 다시 불러들이자고 제안했다. 오쿠보는 찬성했다. 정부에 다시 합류하기 위해 기도와 이타가키가 마련하고 오쿠보가 수락한 주요 사항은 국가를 대표하는 조직으로서 정부의 위상을 좀더 강화하는 개혁을 추진하는 것이었다. 처음에 이타가키는 그런 개혁을 신속히 추진해야 한다고 주장했지만 기도가 제시한 "점진주의" 원칙을 받아들였다.[52]

국내에서 사쓰마-조슈-도사의 새 연합을 결성한 오쿠보와 그 동료들은 조선에 대해 "과감한 행동"을 하기 위한 전제조건으로 러시아와 사할린 문제의 타결을 추진했다. 3월 말 에노모토는 러시아와 완전히 합의했다. 4월 17일 외무경 데라시마는 에노모토가 러시아와 협상한 조약 초안을 정부가 최종 승인했다고 그에게 타전했다. 이 무렵 히로쓰는 부산에서 도쿄로 돌아와 조선 연안으로 전함을 파견해달라고 요청했다. 데라시마는 모리야마와 히로쓰에게 부산에서 외교적 노력을 지속하라고 지시하면서 산조와 이와쿠라의 승인을 받아 해군대보海軍大輔 가와무라 스미요시川村純義와 함께 전함 세 척을 조선으로 파견하는 계획을 마련했다.[53]

---

52 오사카 회의는 Fraser, Andrew, "The Osaka Conference of 1875," 589~610쪽 ; Iwata, *Okubo Toshimichi*, 227~228쪽 참조.

53 田保橋潔,『近代日鮮關係の研究』1권, 395쪽.

일본은 조선에 대한 자신들의 행동에 러시아가 개입할지도 모른다고 오랫동안 우려해왔지만 1875년 5월 7일 상트페테르부르크 조약을 체결해 사할린 문제를 타결함으로써 그런 두려움을 떨친 것으로 생각된다. 지난 3월 영국 부영사副領事 어거스터스 마거리Augustus Margary가 살해된 것을 둘러싸고 청이 영국과 새로 마찰을 빚으면서 그런 행동에 청이 개입할 가능성도 크게 줄어든 것으로 여겨졌다. 아무튼 러시아와 조약을 체결한 지 며칠 만에 일본 전함 세 척은 비밀리에 조선 해안으로 출발했다.

5월 25일 전함 가운데 한 척인 운요호가 예고 없이 부산에 도착했다. 2주 뒤 한 척이 더 합류했다. 조선인들이 항의하자 모리야마는 그 전함은 협상의 속도를 높이라는 도쿄의 명령을 자신에게 전달하러 온 것이라고 대답했다. 6월 14일 현석운과 그의 보좌관들이 전함을 수색하려고 하자 모리야마는 지휘관과 상의한 뒤 승선을 허락했다. 배에 오르는 동안 두 척에서 포격을 시작하자 조선 관원들은 크게 놀라고 불안해했다. 포성은 온 항구에 울려 퍼졌다. 운요호는 이렇게 가장 효과적인 방법으로 일본의 성장하는 근대적 해군력을 과시한 뒤 6월 20일 부산을 떠났다. 운요호는 동해안을 따라 영흥만까지 북진한 뒤 부산으로 돌아와 잠시 정박한 뒤 7월 1일 나가사키로 돌아왔다. 또 다른 일본 전함은 다른 지역에서 조선 해안의 수심을 측정했다.54

조선과 직접 관련되지는 않았지만 다른 행동들도 일본이 앞으로 조선에 대해 어떻게 행동할지 간접적으로 알려줬다. 러시아의 호의를 확신했

---

54 운요호의 부산 방문은 『日本外交文書』 11권, 92~94쪽 참조.

기 때문으로 생각되는데, 일본은 청의 태도를 떠봤다. 1875년 5월 말 일본 정부는 류큐에게 청으로 보내는 조공사절을 중단하고 7월에는 청과의 모든 관계를 끊으라고 명령했다.[55] 타이완 원정의 논리적인 후속조치인 이런 지시들은 류큐를 중국의 조공체제에서 완전히 분리해 일본에 흡수하려는 의도였다. 청은 이런 행위에 즉각 항의하지 않았다.

기대와 달리 일본 해군이 시위했어도 조선이 자세를 누그러뜨리지 않자 모리야마는 7~8월 외무성에게 좀더 "과감한 행동"을 촉구했다.[56] 한편 오쿠보 정부는 류큐에 대한 조처에 조선이 항의하지 않자 더욱 대담해졌다. 7월 말 영국 공사 파크스가 데라시마 등의 각료들에게 조선에 대한 일본의 의도를 묻자 그들은 대부분 조선과의 전쟁은 피하기 어렵다고 말했다. 한 사람은 조선에 대해 결정적인 행동을 시작하기에 앞서 일본은 청과 러시아의 반응을 신중하게 고려해야 한다고 털어놓았다. 1873년 소에지마는 일본이 조선에서 행동해도 러시아는 개입하지 않을 것이라는 약속을 받아냈는데, 그것은 1875년 봄 보장될 것이라고 그는 판단했다. 그는 일본이 조선과 전쟁을 벌여도 청은 조선을 적극 돕지 않을 것이라고 확신한다고 덧붙였다.[57]

오쿠보와 그 동료들은 해외의 사태들이 "순조롭게" 전개되면서 조선에 더욱 강경한 태도를 보였지만, 그것을 좀더 부추긴 것은 국내의 정치적 긴급사태였다고 생각된다. 기도와 이타가키가 정부에 다시 합류한 직후 오쿠보는 4월 원로원元老院과 대심원大審院을, 그 다음 달에는 지방관

---

55 같은 책, 325~326, 332~333쪽.
56 1875년 7월 21일·25일, 8월 18일, 9월 3일 모리야마가 데라시마에게 보낸 보고 참조. 『日本外交文書』 11권, 109~116쪽 수록.
57 廣瀨靖子, 「江華島事件の周邊」, 33쪽.

회의를 창설함으로써 자신의 약속을 일부 지켰다. 그러나 오쿠보는 오사카 회의에서 합의한 다른 조처—태정관에서 내각을 분리한다는—는 미뤘다. 표면적으로 그 조처는 참의가 내각을 겸직하지 못하도록 하는 것이었지만 실제 목적은 오쿠보의 권력을 축소시키려는 것이었는데, 참의로서 내무경이라는 요직을 겸임한 그는 국내 정치를 사실상 모두 통제했다. 오쿠보는 그 조처에 저항했으며 산조의 지지를 받았다. 기도는 천천히 추진하려고 했지만 이타가키는 오쿠보의 배신을 고발하면서 그 조처를 즉각 시행해야 한다고 주장했다. 급진적인 도사 지도자는 오쿠보에 반대하는 과정에서 낯선 동료를 발견했는데, 봉건적 질서의 부분적 복원을 바란 전직 사쓰마 번주의 아버지인 좌대신 시마즈 히사미쓰였다. 성급한 진보를 불만스러워하면서 반대하는 반동적 움직임은 7~8월 격렬해졌으며, 위태롭게 평정을 유지하던 연립정부를 위협했다.[58] 새로운 국내 정치의 위기를 만난 오쿠보와 그 세력은 "돌 하나로 새 두 마리를 잡을 수 있는" 책략, 곧 일본이 조선에서 오랫동안 추구해온 목적을 이루고 국내의 정치적 반대를 누그러뜨릴 수 있는 계획을 꾸몄다.

8월 말부터 9월 초까지 오쿠보는 외무경 데라시마와 자주 만났다.[59] 그들이 어떤 논의를 했는지 기록은 남아 있지 않지만 조선 문제를 논의하지 않았으리라고 생각하기는 어렵다. 모리야마에게 협상을 중단하고 귀국하라는 9월 3일자 데라시마의 지시는 오쿠보와 협의해 내려진 것이

---

58 오사카 회의 이후 오쿠보와 이타가키의 논쟁은 Iwata, *Okubo Toshimichi*, 230~234쪽 참조. 그 논쟁과 운요호 사건의 관련성은 彭澤周, 『明治初期日韓淸關係の研究』, 160~165쪽 참조.

59 大久保利通, 『大久保利通日記』 2권, 424~427쪽에서는 1875년 8월 21일, 26일, 9월 1일에 오쿠보와 데라시마가 만났다고 서술돼 있다.

분명했다. 또한 바로 이때 해군성은 운요호에게 다시 조선으로 가라고 명령했는데, 표면적인 임무는 조선 서남부와 만주 남부의 해로를 조사하는 것이었다. 오쿠보와 데라시마 외에도 해군대보 가와무라와 운요호 함장 이노우에 요시카井上良馨가 모두 사쓰마 출신이었다는 것은 우연으로 생각되지 않는다.

한편 조선에서 일본의 행동이 임박했음을 보여주는 또 다른 지표들이 있었다. 9월 초 영국과 청이 마거리 사건을 타결했다는 소문이 돌 무렵 태정대신 산조와 외무경 데라시마 못지않게 중요한 인물이 직접 파크스를 방문했다는 사실로 볼 때 그 보고는 정확한 것으로 생각된다. 파크스는 자신을 방문한 인물이 청과 영국의 조기 타협 전망을 기뻐하지 않는 것 같다고 런던에 보고했다. 일본이 조선 원정을 계획했다면 청이 곤란한 문제에 계속 얽혀 있는 것을 자연히 기뻐할 것이라고 그는 덧붙였다.[60] 마거리 사건을 둘러싼 청과 영국의 위기는 1875년 9월에도 지속되고 있었으며 분쟁은 다음 해에야 타결됐다고 지적하는 것 이외에 당시 중국에서 전개되던 사건들이 조선과 관련된 일본의 결정에 어떤 영향을 줬는지 정확히 측정할 수는 없다. 9월 12일—파크스가 산조·데라시마와 회담한 며칠 뒤—운요호는 나가사키에서 조선 해역으로 출발했다.[61]

운요호는 조선의 서남부 해안에서 며칠을 보낸 뒤 9월 20일—모리야마가 부산에서 귀국하라는 명령을 받은 날—강화만灣의 한강 어귀에 도착했는데, 앞서 프랑스와 미국 함대가 조선의 해안포대로부터 포격을 받은 지역이었다. 함장 이노우에는 그곳이 외국 선박의 출입 금지 구역이

---

60 廣瀨靖子,「江華島事件の周邊」, 37쪽.
61 彭澤周,『明治初期日韓淸關係の硏究』, 167쪽.

라는 것을 알았지만, 마실 물을 찾는다는 구실로 작은 배를 타고 해안으로 출발했다. 예상대로 해안포대가 발포했다. 이어진 교전에서 운요호는 해안포대를 쉽게 제압했다. 그런 뒤 운요호는 그 지역을 떠나 외해로 나아갔다. 인천 앞 영종도 근처에 이르렀을 때 이노우에는 "보복으로" 그 섬의 작은 진지를 공격하기로 결정했다. 운요호는 경고 없이 포격을 시작해 그 진지의 포대를 파괴했다. 놀란 방어군은 제대로 저항하지 못했다. 배에서 내린 수군과 선원 수십 명은 진지로 신속히 침투해 조선인 수십 명을 살상했다. 그들은 약탈과 방화를 자행한 뒤 많은 전리품을 가지고 배로 돌아왔다. 운요호는 귀국해 9월 28일 나가사키에 도착했다.[62]

함장이 외국의 금지 해역을 고의로 침범했을 가능성은 있지만, 이 사건은 사고나 함장의 부족한 판단력 때문에 일어난 것이 아니었다. 참고할 수 있는 증거로 볼 때 정황과 가장 부합하는 추론은 조선에서 "과감히 행동할" 구실을 찾던 일본 정부가 도발의 일부로 계획했다는 것이다.[63] 실제로 그것은 오쿠보 세력이 국내에서 자신들의 정치적 이익과 조선에서 외교적 이익에 사용할 수 있는 상황을 만들려는 계획의 일부였다. 누구보다 오쿠보를 잘 알았을 사이고 다카모리는 그 사건을 듣자 정부가 국내에서 몰락하는 것을 막으려는 "필사적인 계획"이라고 말했다.[64] 야마가타 아리토모의 전기를 쓴 도쿠토미 소호德富蘇峰에 따르면 이 사

---

62 운요호 사건은 함장 이노우에의 보고 참조. 『日本外交文書』 11권, 129~132쪽 ; 이선근, 『한국사—최근세편』, 376~378쪽 ; Palais, "Korea on the Eve of the Kanghwa Treaty," 667~674쪽 ; 田保橋潔, 『近代日鮮關係の硏究』 1권, 398~402쪽.

63 彭澤周, 『明治初期日韓淸關係の硏究』, 170쪽 ; 山邊健太郞, 『日韓倂合小史』, 25~26쪽 ; 藤村道生, 「朝鮮における日本特別居留地の起源」, 32쪽 ; 山田正次, 「征韓論·自由民權論·文明開化論」, 120~122쪽 ; 中島昭三, 「江華島事件」, 337~338쪽.

64 西鄕隆盛, 『大西鄕全集』 1권, 842~844쪽.

건 당시 육군대신이던 야마가타는 해군성의 사쓰마 세력이 그 사건을 꾸몄다고 말했다.[65] 아무튼 그것은 모리야마가 앞서 여름 내내 주장한 "과감한 행동"과 정확히 일치했다.

9월 28일 저녁 일본 정부는 강화도(운요호) 사건에 대한 함장 이노우에의 보고를 받았다. 다음날 아침 태정대신 산조는 긴급 내각회의를 소집해 천황이 참석한 가운데 그 사건을 논의했다. 그 회의에서는 부산의 일본 거주민을 보호하기 위해 그곳으로 전함을 파견하기로 결정했다.[66] 한편 9월 30일 부산에서 나가사키에 도착했을 때 그 사건을 알게 된 모리야마는 부산으로 돌아가도록 허가해달라고 타전했다. 외무성은 그의 요청을 수락하면서 전함을 이용하도록 조처했다. 모리야마는 10월 2일 전함 가스가호를 타고 나가사키를 떠나 이튿날 부산에 도착했다. 그가 받은 지시는 일본 사절단과 거주민을 보호하기 위해 가스가호 함장과 상의해 적절히 조처하고 조선의 상황을 계속 도쿄에 보고하라는 것이었다.[67]

이런 초기 조처를 취하면서 오쿠보와 그 세력은 이 사건으로 야기된 "국가적 위기"를 이용해 국내의 정치적 반대를 처리하려고 했다. 10월 3일 내각회의에서도 천황이 참석한 가운데 조선 상황을 논의했는데, 태정대신 산조는 내각에서 참의를 독립시키는 방안을 무기한 연기하자고 제안했다. 그는 태정관과 내각이 긴밀히 연락해야 하는 국가적 위기 상황에서 그런 조처는 행정적 혼란을 야기할 것이라고 주장했다. 예상대로

65   德富猪一郎, 『公爵山縣有朋』 2권, 412~413쪽.
66   多田好問 編, 『岩倉公實記』 3권, 306~307쪽.
67   『日本外交文書』 11권, 119~120, 132쪽.

이와쿠라와 오쿠보는 산조를 지지했고, 이타가키와 시마즈는 강력히 반대했다.[68] 이런 상황에서 기도의 태도는 오쿠보와 그 세력이 다시 한 번 정부에 큰 타격을 주지 않으면서 자신들의 계획을 추진할 수 있을지 결정하는 데 매우 중요했다.

기도는 오쿠보와 이타가키를 모두 비판적으로 봤는데, 오쿠보는 오사카 회의에서 분명히 약속한 사항을 저버렸고 이타가키는 점진적으로 개혁을 추진하겠다는 약속을 깼기 때문이었다. 두 사람을 혐오한 기도는 정부에서 사직하겠다고 위협했지만 오쿠보가 만류했다.[69] 기도는 강화도 사건을 알게 되자 즉시 마음을 바꿨다. 조선 문제에 늘 깊은 관심을 갖고 있던 기도는 그 문제를 해결하려는 열정에서 정부에 남아서 오쿠보를 지원하기로 결정했다. 10월 9일 중요한 내각회의에서 이타가키를 제외한 모든 참의가 산조의 제안을 지지했다. 10월 19일 천황은 조선의 위기 상황을 고려해 이 시점에서 큰 내각 개편은 없을 것이라고 밝혔다. 10월 27일 이타가키와 시마즈는 사임했다.[70] 그들이 사임했어도 정부는 심각하게 약화되지 않았다. 소수파인 도사 세력의 지도자인 이타가키는 정부에서 지배적인 위치에 있던 적이 없었으며, 시마즈는 전직 번주였지만 명목상의 고위층이었다. 기도의 결정으로 연립정부에서 가장 중요한 사쓰마와 조슈의 협력관계는 유지됐다.

68　多田好問 編, 『岩倉公實記』 3권, 276쪽 ; 大久保利通, 『大久保利通日記』 2권, 435쪽 ; 彭澤周, 『明治初期日韓淸關係の硏究』, 161쪽.

69　木戶孝允, 『木戶孝允日記』 3권, 232~233쪽 ; Iwata, *Okubo Toshimichi*, 233쪽 ; 彭澤周, 『明治初期日韓淸關係の硏究』, 160쪽.

70　이 사건의 좀더 자세한 서술은 多田好問 編, 『岩倉公實記』 3권, 275~293쪽 ; 彭澤周, 『明治初期日韓淸關係の硏究』, 161~165쪽 참조.

여기서 지적할 사항은 이타가키가 정부의 조선 정책에 반대해 사직한 것은 아니었다는 측면이다. 1873년 이타가키는 사이고 다카모리와 함께 정한에 찬성했다. 이 시기 그는 오쿠보와 그 세력이 추진한 계획을 신뢰할 수 없다고 생각해 항의하고 분노한 것이었다. 그들은 앞서 정한에 반대했지만 고의로 조선에서 사건을 일으켰으며, 그 사건을 이용해 예정된 국내의 개혁을 회피하고 덮으려고 했다. 이타가키는 조선에 대한 정부의 태도를 비판하지 않았으며, 정부에 기강이 확립되지 않고서는 대규모 해외 원정은 성공할 수 없고 그런 기강을 확립하려면 제안된 내각 개혁을 추진하는 것이 가장 중요하다고 주장했다.[71] 마찬가지로 기도가 정부에 남기로 결정한 동기는 당파적 고려에 있었다. 사쓰마와 조슈의 경쟁 관계에서 조선은 조슈의 전유물로, 타이완은 사쓰마의 전유물로 간주됐다. 기도는 오랫동안 조선에 관심을 가져왔지만, 사쓰마 세력이 오쿠보의 지도 아래 타이완 문제를 성공적으로 해결했으므로 조선 문제를 해결하는 데는 조슈가 주도적 역할을 할 차례라고 판단했다. 그러나 오쿠보·기도·이타가키가 당파적 고려만으로 각자의 입장을 선택했다고 말하는 것은 지나친 단순화일 것이다. 그들이 개인적 야망이나 당파적 이해를 뛰어넘은 것은 아니었지만 모두 일본의 국가적 위상을 높이는 데 헌신한 애국자였다. 그들은 도쿠가와 후기부터 커져온 팽창주의의 꿈을 공유했다. 그들은 머지않아 일본이 한반도에서 영향력을 확립하거나 한반도를 지배해야 한다고 믿었다. 조선 정책을 둘러싼 그들의 이견은 목적이 아니라 시기와 방법에 관련된 것이었다.

---

71   多田好問 編,『岩倉公實記』3권, 276~278쪽 ; 彭澤周,『明治初期日韓淸關係の硏究』, 163~165쪽.

일본의 최고 정치지도자들 뿐 아니라 외교·군사 관료들—그들의 견해는 덜 당파적이었다고 생각된다—도 조선에서 일본의 야망을 실현할 수 있는 사건이 일어나기를 모두 열망하고 있었다. 1875년 10월 주러 공사 에노모토는 상트페테르부르크에서 외무경 데라시마에게 보낸 서신에서 조선에 외교 사절을 파견하는 대신 부산 근처의 지역이나 섬을 장악하고 조선 정부에 최후통첩을 보내야 한다고 주장했다. 그는 러시아가 그런 일본의 행동에 개입하지 않을 것이라는 앞서의 확신을 되풀이했다.[72] 에노모토는 다음 2월 데라시마에게 보낸 또 다른 서신에서 부산을 장악하는 것은 "전략적으로 필요하다"고 강조했다.[73] 육군대신 야마가타는 기도와 오쿠보가 제시한 평화적 접근을 지지했지만, 군사행동을 준비했으며 그것이 필요 없다고 판명되자 실망했다.[74]

9월 29일 내각회의 직후 기도는 견한대사遣韓大使를 맡고 싶다는 바람을 산조와 오쿠보에게 알렸다. 이토 히로부미·야마가타 아리토모·이노우에 가오루 같은 조슈 출신 친구·지지자들과 상의한 뒤 10월 5일 기도는 긴 상소를 천황에게 올려 조선 상황에 대한 자신의 견해를 자세히 설명하고 협상의 임무를 맡겨달라고 요청했다. 기도는 운요호를 공격한 조선을 "처벌"해야 한다고 주장하면서도 전면적인 군사행동에는 반대했으며 평화적 방법을 지지했다. 조선에 대한 청의 종주권을 알고 있던 기도는 청이 조선의 행동에 책임질 것인지 물어야 한다고 말했다. 청이 거절하면 일본은 직접 조선에 사과를 요구해야 하며, 기도는 조선이 순종

---

72 『日本外交文書』 11권, 127~129쪽.

73 같은 책, 12권, 79~80쪽 ; 山邊健太郎, 『日韓倂合小史』, 36~38쪽.

74 德富猪一郎, 『公爵山縣有朋』 2권, 429~430쪽.

하지 않을 경우에만 우리의 자원과 능력을 신중히 평가해 응징해야 한다고 주장했다.[75]

기도가 호소했지만 산조와 오쿠보는 자신들이 국내의 반대를 처리하는 동안 조선과 관련된 중요한 결정을 내리는 것을 거부했다. 데라시마만이 조선에 대한 일본의 행동에 조약 열강의 지원을 얻으려는 노력을 전개했다. 10월 9일 그는 도쿄의 영국과 프랑스 공사에게 운요호 사건을 설명하면서 책임은 모두 조선에 있다고 비난했다. 10월 17일 그는 도쿄의 모든 외국 공사에게 동일한 내용의 공식 서신을 보냈다.[76] 한편 외무성은 모리야마에게 귀국해 부산 상황을 자세히 보고하라고 지시했다. 또한 전함 두 척을 보내 부산의 가스가호를 대체하라고 명령했다. 해군소장 나카무타 구라노스케中牟田倉之助는 전함들을 이끌고 10월 27일 부산에 도착했다. 이틀 뒤 모리야마는 가스가호를 타고 부산을 출발해 11월 3일 도쿄로 돌아왔다.

이튿날 모리야마와 히로쓰는 기도의 제안과 비슷한 대책을 건의했다. 운요호를 공격한 것에 단호히 보복해야 하지만, 근본적 문제는 조선이 협상에서 "신의를 어긴 것"이라고 그들은 주장했다. 그들은 사과를 받고 운요호 공격에 책임이 있는 인물들을 처벌하며 앞으로 비슷한 사건을 방지하기 위한 수호조약을 요구하는 전권대사를 직접 강화도로 파견해야 한다고 건의했다.[77]

10월 말 기도가 정부에 남기로 한 결정에 크게 힘입어 산조와 오쿠보

75　『日本外交文書』 10권, 124~125쪽 ; 多田好問 編, 『岩倉公實記』 3권, 307~309쪽.

76　『日本外交文書』 11권, 126~127, 129~130쪽.

77　같은 책, 133~137쪽.

는 내각 개혁에 대한 이타가키의 요구를 심각한 정치적 위기를 야기하지 않고 처리하는 데 성공했다. 기도는 조선에 가겠다고 요구했지만 그들은 국내의 정치 상황 때문에 그가 남아 있어야 한다고 핑계를 대면서 그의 요구를 검토하지 않았지만, 이제는 그의 요청을 수락할 수 있게 됐다. 그러나 기도는 11월 13일 건강 악화로 쓰러져 계획을 포기할 수밖에 없었다. 조선 사행의 정사를 둘러싸고 사쓰마파와 조슈파가 충돌했다. 승리한 쪽은 사쓰마파였다. 12월 9일 사쓰마 출신의 개척장관 겸 중장 구로다 기요타카가 조선 전권변리대신全權辨理大臣에 임명됐다. 사쓰마와 조슈의 협력을 보장하기 위해 부대신에는 조슈 출신의 이노우에 가오루가 지명됐다.[78]

청과 일본·조선의 합의

11월 10일 앞서 미국에 사절로 다녀온 바 있는 모리 아리노리森有禮가 청국 공사에 임명됐다. 모리가 임명된 것은 조선에 사절을 파견하기 전 청과 운요호 사건을 논의해야 한다는 기도의 의견에 따른 결과였다. 모리는 사쓰마 번사의 아들로 영국과 미국에서 공부했는데, 친구 이토 히로부미는 그를 "일본에서 태어난 서양인"이라고 평가하기도 했다.[79] 국제관계를 보는 모리의 시각은 철저히 서구적이었고, 조선과 관련해 산조 등의 지도자들에게 독자적으로 조언했다. 그의 의견은 다음과 같았다. 조선이

---

78 彭澤周, 『明治初期日韓淸關係の硏究』, 172~177쪽.
79 모리의 전기는 Ivan Parker Hall, *Mori Arinori* 참조.

조약 체결을 거부하도록 만들거나 운요호 공격을 주요 쟁점으로 만드는 것은 경솔한 일이다. 독립국으로서 조선은 어떤 나라와도 자유롭게 관계를 맺거나 맺지 않을 수 있으며, 조선만 운요호 사건에 책임이 있는 것은 아니다. 조선과 분쟁을 타결하고 조선이 서양 열강에게 지배되기 전 개항시키려면 일본은 청과 협력해야 하지만, 청의 지위는 조선의 종주국이 아니라 그 인접국이 돼야 한다. 조선이 서양 열강에게 지배되면 청과 일본 모두에게 재앙이 될 것이다.[80] 편견이 없던 모리는 당시 일본의 지도자와 관료들 가운데 가장 현명하고 새로운 방침을 갖고 있었다.

모리는 1876년 1월 초 베이징에 도착했다. 1월 10일 그는 그동안 조선이 일본의 연락을 접수하지 않았으며 최근 운요호를 공격했다는 내용을 간단히 서술한 서신을 총리아문에 전달했다. 일본의 여론은 그 사건으로 격앙됐지만 정부는 평화를 지향해왔다고 모리는 설명했다. 일본은 호위 병력과 함께 사절단을 조선에 파견했는데, 병력은 사신들을 보호하려는 목적밖에 없었다. 일본은 청과 진실하고 솔직한 관계를 바라기 때문에 자신의 행동을 청에 알리는 것이다. 조선이 사절단을 정중하게 영접한다면 일본과 조선은 평화와 우호를 지킬 수 있을 것이다. 그렇지 않으면 조선은 참사를 겪을 것이라고 모리는 경고했다.[81] 사흘 뒤 아문은 조선의 행동을 옹호하고 일본의 절제를 주장하면서 모리에게 회신했다. 아문은 조선은 잘못이 없다고 말했다. 조선은 일본 영토를 침범하지 않았으며, 일본과만 조약관계를 거부한 것이 아니다. 청은 조선 문제에 개입

---

80   같은 책, 275쪽 ; 田保橋潔, 『近代日鮮關係の研究』 1권, 529~530쪽.

81   『日本外交文書』 12권, 142~144쪽 ; 『淸季中日韓關係史料』 2권, 264~265쪽. 모리가 총리아문과 나눈 대화에 대한 그 자신의 설명은 『日本外交文書』 12권, 145~151쪽 참조.

할 수 없지만 조선의 안전에 관심을 기울이고 있다고 아문은 말했다. 그들은 일본이 조선에 무력을 사용하지 말고 1871년 청일수호조규의 합의와 불가침 조항에 따라 조선과 협상을 진행하도록 모리가 건의하기를 바랐다.[82]

좀더 의견을 교환하면서 아문과 모리 사이에는 조정하기 어려운 의견 차이가 일부 나타났다. 아문은 조선이 내정과 외교에서 자율적이지만 중국의 조공국이었고 청의 종주권을 인정하고 있으며 그 국왕은 청 황제의 책봉을 받고 있으므로 청일수호조규의 영향을 받고 있다는 의견을 고수했다. 모리는 청과의 관계가 어떠하든 조선은 자국의 사안에 자주적이며 청일수호조규는 조선과 무관하므로 국제법에 따라 독립국으로 간주돼야 한다고 주장했다.[83] 모리는 교착상태를 타개할 방법을 찾으려고 노력하면서 리훙장과 회담을 요청했으며, 그가 아문에게 생각을 바꾸도록 영향력을 행사하기를 바랐다.

1월 하순 모리는 리훙장이 겨울에 머물던 바오딩保定[84]으로 갔다. 1월 24~25일 리훙장은 젊은 방문자를 정중하게 맞이해 우호적인 대화를 나눴다. 그들의 회담은 상징적이었다. 50대 초반의 리훙장은 정치·외교·군사에 오랜 경험과 넓은 지식을 지닌 인상적인 인물이었다. 리훙장은 서양의 과학·기술을 도입해 자강을 주도하던 실용주의자였지만[85] 조공체제가 전통적으로 동아시아에서 중국의 우위를 보장한 기반임을 알고 있

---

82 『日本外交文書』 12권, 164~165쪽.

83 같은 책, 165쪽 ; 『淸光緖朝中日交涉史料』, 1.4b~5a ; Conroy, *The Japanese Seizure of Korea*, 65~66쪽 ; Frederick Foo Chien, *The Opening of Korea*, 32~35쪽.

84 중국 허베이성河北省 중부에 있는 도시. 명·청대 수도에 소속된 지역인 직예(지금의 베이징과 톈진, 허베이성 대부분과 허난성河南省과 산둥성 일부)의 중심 지역이었다. ─옮긴이

었다. 그는 위엄 있고 태연한 모습이었지만 외부의 위협—특히 러시아와 일본—이 커지고 있는 현실을 깊이 걱정하고 있었다. 모리는 아직 서른이 안됐지만 외무성의 유망한 관료였다. 그는 철저하게 서양 지식을 지향하면서 일본의 전통 문화를 거부하고 중국의 전통적 우위에 도전하려고 했다. 젊고 국수주의적 열정으로 가득 찬 그는 조국의 미래를 자신했다. 리훙장은 성숙한 지혜와 쇠퇴하는 청 제국의 위엄을 전형적으로 보여준 인물이었고, 모리는 젊은 야망과 새로 떠오르는 일본의 활력을 대표했다.

모리는 리훙장에게 자신의 임무는 일본과 조선의 평화를 보존하기 위해 청의 중재를 확보하는 것이라고 말했다. 리훙장은 아문의 입장을 옹호하면서 청이 조선에서 일본을 도우면 서양 열강도 동일한 행동을 요구할 것이기 때문에 도울 수 없다고 대답했다. 리훙장은 인내해야 한다고 조언하면서 일본이 조선을 공격하면 청과 러시아는 조선으로 파병할 것이라고 경고했다. 모리는 일본과 조선의 평화가 유지되게 하려면 청이 조선에 영향력을 행사해야 한다고 강조했고, 리훙장은 도울 수 있는 방법을 찾아보겠다고 말했다.[86]

베이징으로 돌아온 뒤 모리는 아문과 대화를 재개했다. 조선에서 청의 책임을 명확히 표명해달라는 요청에 따라 2월 12일 아문은 "조선의 어려움을 덜어주고 분쟁을 해결하며 안보를 보장하는 것"이 청의 책임이

85 자강운동을 이끈 리훙장의 지도력은 Kwang-Ching Liu, "Li Hun-chang in Chihli : The Emergence of a Policy, 1870~1875," in Albert Feuerwerker, et al., eds., *Approaches to Modern History*, 68~104쪽 참조.

86 리훙장과 모리의 회담에 대한 중국과 일본의 설명은 李鴻章, 『李文忠公全書』, 4.33b~38a ; 『淸光緖朝中日交涉史料』, 1.7a~9b ; 『淸季中日韓關係史料』 2권, 282~288쪽 ; 『日本外交文書』 12권, 170~181쪽 참조.

라고 모리에게 말했다. 짜증난 것이 분명한데, 아문은 조선의 안보를 지키기 위해 청이 해야 할 일이 있으면 앞으로는 알려주지 않고 시행할 것이라고 덧붙였다. 조선에 대한 청의 책임을 인정한 것이라고 간주한 모리는 아문과 대화를 중단했다.

결정적인 것은 아니지만 아문과 모리의 회담에서는 두 사항을 확실히 밝혔다. (1)조선은 내정과 외교에 자율적이고 독립국의 모든 권한을 갖고 있지만 중국의 조공국이다. (2)조선 국왕은 국정 운영을 청 황제에게 설명해야 하는 것은 아니지만 청은 조선의 안보에 도덕적 책임을 갖고 있다. 이것은 이제 일본 정부가 완전히 동의하는 국제법의 원칙과 분명히 상충하는 것이었다. 일본은 이 문제를 더 이상 파고들지 않고 앞으로 청의 입장을 암묵적으로 인정하기로 결정했다. 이것은 청과 조선의 역사적 관계는 무시할 수 없는 사실이라고 인식한 오쿠보 정부의 실용주의적 외교정책과 일치하는 것이었다.

모리는 조선에서 청의 공식적 중재를 얻는 데는 실패했지만 그의 사행은 전체적으로 성공적이었는데, 청은 조선 정부에 일본과 우호적인 관계를 형성하라고 조언했고 그것에 힘입어 일본은 다음 행동을 좀더 쉽게 전개할 수 있었기 때문이다. 1월 9일—모리가 리훙장을 방문하기 2주 전—리훙장은 특사로 베이징을 방문한 뒤 귀국하던 조선의 전직 영의정 이유원이 개인적으로 보낸 서신을 받았다. 겉으로 보기에 이유원의 서신은 중국을 이끄는 정치가에게 예의와 존경을 표시한 것일 뿐이었다. 앞으로 살펴보겠지만 사실 이유원은 외교정책에 대한 리훙장의 지원과 조언을 바라고 있었다. 일본과 조선의 분쟁, 충돌이 일어날 경우 러시아가 조선에 개입할 가능성을 우려하던 리훙장은 그런 조언을 할 수 있는 기회를 환영했다. 리훙장은 조선의 일본 관계와 쇄국이 더 이상 가능하지 않은 세계에서 조선의 안보를 우려하고 있다고 이유원에게 즉시 회신했다. 리훙장은 두 나라가 충돌할 수도 있다고 우려했지만 당시 조선에 대한 일본의 의도는 기본적으로 평화적이라고 믿었다. 리훙장은 (임진왜란 때와 마찬가지로) 일본이나 러시아가 조선을 공격하면 중국은 조선을 방어할 수밖에 없다는 것을 알고 있었으며, 청의 허약한 군사력을 깊이 걱정했다. 1월 19일 리훙장은 총리아문에 보낸 서신에서 청이 일본과만 조약을 맺는 것은 일본의 조선 침략을 저지하는 데 효과적이지 않을 것이며, 그것은 일본의 조선 지배와 만주에 대한 심각한 위협으로 귀결될 것이라고 우려했다. 그는 아문에게 조선 정부가 일본을 너그럽고 정중히 대우하라고 조언할 것과, 추가적 어려움을 막기 위해 운요호 사건을 설명하는 사신을 일본에 보내라고 해줄 것을 건의했다. 리훙장은 이유원과 서신을 교환했다고 보고하면서 자신은 조선 정부가 아문의 조언에 주의를 기울일 것으로 확신한다고 덧붙였다.[87]

리훙장이 아문에 서신을 쓰기 이틀 전 황제는 예부에서 조선 조정에 일본과 극단적인 행동을 하지 말라고 조언하게 하자는 아문의 상소를 윤허했다.[88] 리훙장이 서신을 쓴 날 예부는 그런 의견을 조선에 보냈으며, 그 서신은 2월 5일 한성에 도착했다—일본과 조선이 전면적인 협상을 시작하기 6일 전이었다. 아문의 요청에 따라 예부는 2월 24일 두 번째 서신을 조선에 보냈지만, 그 서신은 조선이 일본과 조약에 서명한 뒤에야 한성에 도착했다.[89] 한편 일본과 조선의 전쟁이 일어날 경우 러시아

87　李鴻章, 『李文忠公全書』, 4.30a~32a ; 『淸季中日韓關係史料』 2권, 276~278쪽.

88　『淸季中日韓關係史料』 2권, 270~271쪽 ; 『淸光緒朝中日交涉史料』, 1.1a~b.

89　『淸季中日韓關係史料』 2권, 280, 298~299쪽. 예부의 서신에 대한 조선의 답신은 같은 책, 316~317쪽 ; 『淸光緒朝中日交涉史料』, 1.10a~11a, 11b~12a 참조.

가 개입할 수도 있다는 리훙장의 우려에 공감한 아문은 선양瀋陽·지린吉林·헤이룽장黑龍江의 순무들에게 서신을 보내 러시아의 군사활동을 감시하라고 지시했다.[90]

모리가 베이징에서 청 당국과 회담하는 동안 일본 정부는 구로다 사절단을 준비하기 시작했다. 1875년 12월 초 히로쓰 히로노부는 부산으로 가서 구로다 사절단이 곧 도착할 것이라고 알렸다. 1월 13일 구로다 일행은 쓰시마에 모였다. 민간인 보좌관과 육·해군 장교 수십 명 외에도 구로다와 이노우에는 군사와 선원 250여 명과 전함 세 척의 호위를 받았다. 사절단은 800명이 넘는 인원과 선박 6척으로 구성됐다.[91]

불길하게 등장했지만 구로다 사절단의 의도는 본질적으로 평화적이었다. 일본 정부는 운요호 사건에 대한 조선의 공식 사과를 요구하면서 구로다와 이노우에에게 평화적 타결을 추구하는 것이 주요 임무라고 지시했다. 일본과 정규적 외교관계를 수립하고 무역을 확대하는 데 조선이 동의할 경우 운요호를 공격해 발생한 "손실"을 적절히 보상하는 것으로 간주될 수 있었다. 구로다와 이노우에는 조선과 새로운 관계를 수립하려고 노력하되 도쿠가와의 선례에 구애돼서는 안 된다는 지침을 받았다. 그들은 (1)양국의 대등한 관계에 입각한 우호조약을 체결하고 (2)일본 선박이 조선 해안을 자유롭게 항해하고 조사하며 (3)강화도 지역의 항구를 개방하도록 요구해야 한다는 지시를 받았다.

전략적 지침도 내려졌다. 모욕이나 폭력을 당하면 쓰시마로 퇴각해 도쿄에 추가 지시를 요청한다. 입국이 거부되고 서신에 계속 답변이 없

---

90 『淸季中日韓關係史料』 2권, 294, 300~301, 302~303쪽.
91 이 수치는 『日本外交文書』 12권, 3~4쪽의 자료에 근거했다.

으면 강력히 항의하고, 조선 영토를 떠나지 않은 상태에서 도쿄에 새 지침을 요청한다. 조선이 일본의 요구를 수락하기 전 청과 상의하고자 하면 역사적으로 중국은 조선과 일본의 관계에 간섭하지 않았다는 것을 지적한다. 아울러 운요호 공격을 포함한 최근 일본에 대한 조선의 행동은 청의 승인을 얻은 것인지 알려달라고 요구한다. 조선이 청과 상의하겠다고 고집하면 청의 회신이 올 때까지 한성과 강화도에 일본군을 주둔시킬 권리를 요구한다. 끝으로 조선이 "잘못된 주장"을 바탕으로 일본의 요구를 거부하면 협상을 중단하고 일본 정부는 앞으로 "적절한 행동"에 착수할 것이라고 경고한 뒤 귀국한다.[92]

프랑스와 미국의 침공에 대원군이 단호하게 대응한 것과 달리 고종 정부는 운요호 사건에 더디고 자신감 없고 혼란스럽게 대응했다. 1875년 봄과 여름 일본과의 화해를 분명하고 솔직하게 지지했던 유일한 인물인 박규수는 일본의 서계를 접수해야 한다고 주장했으며, 대원군과 그의 형인 좌의정 이최응에게 서신을 보내 일본과 즉각 관계를 복원해야 한다는 의견을 밝혔다. 그는 일본의 새로운 외교용어와 의전은 조선의 국가적 위신과 명예에 영향을 주지 않는다고 주장했다. 아무튼 그것들은 일본이 조선에 대해 "서양과 공모"하고 있는 것이 분명하고 조선은 외국의 침략에 전혀 대비하지 않은 시점에서 일본과 전쟁을 무릅쓸만큼 중요한 것이 아니라 사소한 문제라고 그는 말했다.[93] 고종이 혼란에

---

92 같은 책, 11권, 145~149쪽 ; 田保橋潔, 『近代日鮮關係の研究』1권, 432~435쪽 ; Conroy, *The Japanese Seizure of Korea*, 63~64쪽 ; Deuchler, *Confucian Gentlemen and Barbarian Envoys*, 35~36쪽.

93 Palais, *Politics and Policy in Traditional Korea*, 260~261쪽. 박규수가 대원군과 이최응에게 보낸 서신은 박규수, 『환재집』, 11.3b~17a 참조.

빠져 결단을 내리지 못하면서 지도력의 부재를 스스로 드러내자 박규수는 대원군에게 도성으로 돌아와 지침을 제시한 뒤 원한다면 다시 산장으로 돌아가도록 간청했다.[94] 박규수가 대원군에게 간청한 것은 헛된 시도였다. 적어도 운요호 사건 이후까지 박규수는 정부의 긍정적 행동을 이끌어내지 못했다.

운요호 사건 이후 일본 정부가 긴 침묵을 지키자 조선 정부는 혼란스러워하면서 우려했다. 처음에 조선 정부는 침범한 선박의 국적을 모르는 것처럼 가장했지만, 일본의 "보복" 행위를 우려한 이최응은 박규수의 조언을 따르기로 했다. 12월 12일 이최응은 정부는 이전의 결정을 번복하고 일본의 서계를 접수하자고 건의했다. 고종은 윤허하고 부산에 그렇게 지시했다.[95] 한편 부산의 조선 관원들이 혼란과 망설임을 보이자 일본은 충격적인 행동을 감행했다. 12월 13일 60여 명의 일본 해군은 부산의 일본인 거주 지역을 무단으로 벗어났다. 조선 관원들이 제지하자 그들은 발포하면서 군중에게 돌격해 총검으로 조선인 10여 명을 부상시켰다.[96] 그러나 조선 당국은 제대로 항의하지 못했다. 며칠 뒤 히로쓰가 구로다 사절단에게 전달할 서계를 지니고 도착하자 현석운은 조선 정부가 일본의 서계를 접수할 것이며 일본 사절단은 원하는 대로 의복을 입어도 된다고 말했다. 현석운은 이런 "양해"의 대가로 구로다 사절단을 철수시키라고 일본 정부에 요구했다. 히로쓰는 며칠 뒤 쓰시마에서 구로다와 이

---

94 박규수, 『환재집』, 11.6a~b ; Palais, *Politics and Policy in Traditional Korea*, 261쪽.

95 『일성록』 고종편, 12년 11월 15일 ; 『고종실록』 12.39b~40a.

96 『일성록』 고종편, 12년 11월 29일 ; 『고종실록』 12.42a~b ; 田保橋潔, 『近代日鮮關係の硏究』 1권, 405~406쪽.

노우에를 만났을 때 이런 요구를 전달한 것으로 생각된다.[97] 그러나 이 시점에서 두 사신은 그런 요구를 고려할 수 없었다.

1876년 1월 15일 부산에 도착한 구로다 사절단은 1주 안에 강화도로 갈 것이라고 조선의 지방 관원에게 즉시 통보했다. 책임 있는 장관이 영접하지 않으면 자신들은 도성으로 직접 갈 것이라고 사절단은 말했다.[98] 한편 강화도 일대의 방어가 강화되고 있다는 소식을 들은 구로다와 이노우에는 자신들의 병력이 조선의 적대적인 행동에 대응하기에 충분치 않다고 판단했다. 그래서 그들은 2개 부대를 보강해달라고 도쿄에 긴급히 요청했다. 도쿄 정부는 그 요청을 거부했는데, 부분적인 까닭은 추가 파병할 경우 구로다 사절단은 전투부대를 대동하지 않을 것이라고 서양 공사들에게 약속한 것을 위반하게 되는 데 있었다.[99] 그러나 정부는 육군대신 야마가타에게 즉시 시모노세키로 가서 적대행위가 일어날 경우 부대를 수송하는데 필요한 준비를 하라고 지시했다.[100]

1월 말 구로다 사절단이 강화도 지역에 도착하자 조선 역관들이 한성에서 나와 접촉했다. 사절단은 자신들의 의도는 강화도에 상륙하고, 필요하다면 한성으로 가는 것이라고 밝혔다. 강력한 일본의 힘과 결의와 마주친 조선 정부는 마지못해 협상하기로 결정했다. 1월 30일 판중추부사 신헌申櫶이 접견대관, 도총부 부총관 윤자승尹滋承이 접견부관에 임명됐다.[101] 회담 장소를 선택하기 위한 예비회담이 이뤄졌다. 회담하는 동

97 田保橋潔, 『近代日鮮關係の研究』 1권, 407~409쪽.

98 같은 책, 433~436쪽 ; 『일성록』 고종편, 13년 1월 2일 ; 『고종실록』 13.2a~b.

99 田保橋潔, 『近代日鮮關係の研究』 1권, 437~438쪽.

100 德富猪一郎, 『公爵山縣有朋』 2권, 426~428쪽.

101 『일성록』 고종편, 13년 1월 5일 ; 『고종실록』 13.2b~3b.

안 조선은 일본인들을 전략적 요충지인 강화도에서 물러가게 하려고 했지만 허사였다. 2월 10일 조선의 동의 없이 구로다와 이노우에는 군사 400명과 함께 강화도에 상륙해 본진을 설치했다. 본격적 협상은 이튿날 시작됐다.

구로다는 주도권을 쥐고 조선이 지난 몇 년 동안 일본의 연락 요청을 받아들이지 않고 운요호를 공격한 것을 비난했다. 그는 공격에 책임이 있는 사람들을 처벌하고 사과할 것을 요구했다. 앞서 박규수가 제안한 전술에 따라 신헌은 1867년 하치노부가 일본이 침략할 것이라는 소문을 퍼뜨리면서 조선 관원들은 일본을 깊이 의심하게 됐고 그 뒤 일본의 연락을 거부하게 됐다고 대답했다. 운요호를 공격한 것은 그 선박이 제한 지역을 침범했기 때문에 완전히 정당하다고 맞섰다.[102] 양측은 오래 논의했지만 결론에 이르지 못하자 일본 대표단은 13개 항으로 이뤄진 조약 초안을 제시하면서 우호를 촉진하고 오해를 방지하는 가장 좋은 방법은 조약에 서명하는 것이라고 말했다. 이노우에는 초안이 "국제법"에 기초한 것이며 국제법에서 조선은 "일본과 동일한 권리를 향유하는 독립국"이라는 사실을 특별히 강조해 설명했다―조선은 청으로부터 독립했다는 측면도 암시하면서 강조했다.

신헌은 서양의 국제법과 국가관계의 근대적 개념에 완전히 무지했기 때문에 "조약"이 무엇을 뜻하는지 물었다. 구로다가 조약은 규칙을 정하고 그것에 따라 일본과 조선이 항구를 개방하고 서로 무역하는 것이라

---

102 『고종실록』 13.5b~7a ; 『日本外交文書』 12권, 80~87쪽. 박규수의 건의는 박규수, 『환재집』, 11.15b 참조. 구로다와 신헌이 나눈 대화의 자세한 내용은 田保橋潔, 『近代日鮮關係の研究』 1권, 455~469쪽 ; 이선근, 『한국사―최근세편』, 387~394쪽 ; Deuchler, *Confucian Gentlemen and Barbarian Envoys*, 38~42쪽 참조.

고 설명하자 신헌은 두 나라는 조약 없이도 300년 동안 무역해왔는데, 어째서 지금 조약을 체결해야 하는지 모르겠다고 대답했다. 구로다는 외국과 무역하려는 모든 나라는 서로 조약을 체결해야 하며, 일본은 많은 나라와 그렇게 했다고 좀더 설명했다. 잉여생산이 거의 나지 않는 가난한 나라인 조선은 외국 무역에 참여할 의사가 없다고 신헌은 대답했다. 아울러 조선인들은 새로운 규정을 좋아하지 않으며, 두 나라 사이의 무역이 확대되면 불화와 갈등이 일어날 것이라고 그는 말했다. 그러므로 두 나라에게 가장 좋은 것은 변화 없이 현재처럼 부산에서 무역을 지속하는 것이었다. 구로다는 자신의 주장을 고집했으며, 신헌은 한성에 그 문제를 문의해야 한다고 말했다. 구로다는 열흘 안에 회답해달라고 요구했다.[103]

이튿날 구로다는 거듭 경고했다. 그는 일본의 보급선이 방금 도착했다고 말하면서 거기에는 이미 조선에 도착한 4000명(실제로는 800명)과 합류할 추가병력이 타고 있으며 증원군이 곧 뒤따를 것이라고 말했다. 조선이 조약을 거부하면 과격한 민간인이 포함된 일본군은 조선 영토에 상륙할 것이며 일본 정부는 그들을 통제할 수 없을 것이라고 위협했다. 신헌은 구로다가 두 나라의 오랜 우호의 복원을 논의해야 할 때 침략을 말하는 것은 매우 부당하다고 비판했다.[104]

한편 조선 정부는 앞으로 구로다 사절단에 어떻게 대응할 것인지 논의했다. 2월 14일 어전회의에서 이유원·김병학·김병국·홍순목·이최응은 구로다가 전함을 이끌고 온 것은 우호가 아니라 전쟁을 추구하려는

---

103 『고종실록』 13.7a~9a ; 『日本外交文書』 12권, 87~95쪽.
104 『고종실록』 13.10a~b.

증거라는 데 동의했다. 박규수는 조선의 준비가 부족해 일본의 무도한 행위를 초래했다고 개탄하면서 일본이 평화를 바랄 때까지 인내하고 수용해야 한다고 건의했다. 이 시점에서 최고 대신들—그동안 일본과 타협하는 데 계속 반대해온 사람들을 포함해—가운데 전쟁을 지지하는 사람은 없었다. 그러나 구체적 계획을 내놓은 사람도 없었다.[105]

일본의 위협과 함께 조선 정부는 일본과 어떤 타협이나 수용도 격렬히 반대하는 대원군과 공격적인 유림의 비판에 직면했다. 하야한 뒤 처음으로 대원군은 2월 12일 의정부에 강경한 내용의 서신을 보내 자신의 견해를 공개적으로 밝혔다. 그는 정부가 유약한 자세를 보여 일본의 고의적이고 거대한 침입을 초래했으며 무도한 일본의 요구에 굴복하려고 하는데, 그것을 수락하면 나라의 멸망으로 이어질 것이 분명하다고 비난했다.[106] 최익현은 일본의 요구를 거부하고 그것의 수락을 건의하는 신하는 처형하라고 탄원하는 격렬한 상소를 올린 뒤인 2월 17일 경복궁 앞에서 유림 50명과 함께 시위를 이끌었다. 그들은 자신의 행동에 국왕이 분노하면 처형되겠다는 의지를 보여주는 상징적 행위로 모두 도끼를 소지했다. 그들은 궁궐 앞에 엎드린 채 길고 차디찬 겨울밤을 보냈다.[107] 정부는 즉시 최익현을 먼 섬으로 귀양 보냈지만 나머지 사람들도 그가 보여준 저항의 모범을 기꺼이 따르려고 했다.

국내의 강력한 반대에도 불구하고 정부는 협상하기로 결정했다. 당시

---

105 같은 책, 13.9a~b ; Palais, *Politics and Policy in Traditional Korea*, 263~264쪽.

106 Palais, Politics and Policy in Traditional Korea, 262~263쪽 ; Deuchler, *Confucian Gentlemen and Barbarian Envoys*, 42쪽.

107 Palais, Politics and Policy in Traditional Korea, 265~267쪽 ; Deuchler, *Confucian Gentlemen and Barbarian Envoys*, 43~44쪽.

조선은 전쟁을 치를 준비가 되어 있지 않았기 때문에 실질적 대안은 없었다. 고종이나 대신들 모두 일본과 평화를 유지하는 것밖에 다른 정책은 없었다. 이런 결정에는 다른 중요한 요인도 작용했다. 가장 우선적이고 중요한 것은 일본의 증강한 군사력과 그것을 사용하겠다는 명확한 의지였다. 4000명이 탑승한 것으로 알려진 강력한 일본 함대가 강화만에 정박한 것은 조선이 즉각적인 침략을 감수해야만 무시할 수 있는 사실이었다. 조선 당국은 최근 일본이 타이완을 침략했다는 사실을 잘 알고 있었다. 본토를 전면적으로 침공하기에는 부족했지만 구로다를 수행한 부대—400명은 그와 함께 강화도에 상륙했다—는 섬 전체를 무기한 점령할 수 있었다. 일본 정부는 협상이 결렬될 경우 정확히 그렇게 하려고 했는데, 그러면 남부 지방에서 도성으로 식량을 공급하는 해로와 수로를 차단할 수 있기 때문이었다.

덜 분명하지만 동일하게 중요한 또 다른 요인은 청의 태도였다. 청이 새로 일본과 맺은 관계의 중요성은 조선도 잘 알고 있었다. 이를테면 청 정부는 일본 통치자에게 "천황"이라는 용어를 사용하는 데 반대하지 않았으며 청 황제는 서양 의복을 입은 일본 사신을 영접했다. 그러므로 조선이 그런 행동에 계속 반대하는 것은 이치에 맞지 않았다.[108] 좀더 중요한 것은 청이 조선 정부에게 일본과 우호적으로 지내라고 분명히 조언한 것이다. 조선은 최종 결정은 자유라고 들었지만, 조선의 국왕이나 정부 모두 당시처럼 심각한 외부의 위협에 직면했을 때 중국의 분명한 조언을 가볍게 거절할 수 있거나 그러려고 하지 않았다. 이것과 연결해 1876년

---

108 1873년 청과 일본의 통치자들은 국서에서 서로를 "대황제"라고 불렀다. 『籌辦夷務始末—同治朝』, 90,1b~8a~ ; 90,2b~3a ; 『日本外交文書』 9권, 140~141, 224쪽 참조.

갓 태어난 고종의 왕자를 세자로 책봉하는 것은 청이 조선 왕실에게 일본과 합의하는 것이 지혜롭고 필요하다는 사실을 압박할 수 있는 드문 기회가 됐다고 생각된다.

첫 아들이 사망한 뒤 왕비 민씨는 1874년 3월 다시 아들을 출산했다. 1년 뒤인 1875년 조선 왕실은 그 왕자를 세자로 책봉하기 위해 청의 승인을 받기로 했다. 고종은 왕성한 20대였고 왕자는 한 살도 채 되지 않았기 때문에 왕위 계승자를 그렇게 서둘러 선정하는 것을 객관적으로 정당화할 근거는 없었다. 그러나 이런 조처가 이뤄진 배경에는 왕비 민씨 세력과 대원군 세력의 점차 뚜렷해지던 권력투쟁이 있었으며, 그 투쟁은 고종의 무능한 통치력을 드러내면서 중대한 의미를 지니게 됐다.

대원군이 하야한 뒤 이런저런 사건들—이를테면 1875년 1월 왕비의 양오빠 민승호閔升鎬가 암살된 것 같은—이 일어나면서 왕비와 시아버지 사이의 적대감과 의심은 깊어졌다. 그 사건에 대원군이 공모했다는 뚜렷한 증거는 없었지만, 왕비는 암살의 배후에 그가 있다고 믿었다.[109] 한편 대원군의 영도를 바라는 요청이 전국에서 일어나면서 그가 권력으로 복귀할 가능성이 커졌다. 이것은 권력 욕망이 커져가던 젊은 왕비와 그 인척에게 심각한 위협이 됐다. 이런 상황에서 청 황실에서 세자 책봉을 받는 것은 갓 난 왕자를 미래의 국왕으로 확정하고 왕비가 권력을 유지할 수 있도록 사실상 보장할 수 있는 조처였다. 좀더 나이 많은 잠재적 왕위 후보자이며 대원군이 총애한 완화군이 있었기 때문에 왕비와 그 인척들에게 상황은 곱절로 다급해졌다.[110]

---

109   이선근, 『한국사—최근세편』, 359~360쪽 ; Palais, *Politics and Policy in Traditional Korea*, 242~244쪽.

전통적으로 청 황실은 조선의 책봉 요청을 거절하지 않았다. 그러나 특수한 상황에서는 달라질 수 있었다. 이 경우 조선의 요청은 합법적이었지만 특수했는데, 재위하는 국왕이 젊고 건강했으며 세자로 지명된 왕자가 한 살도 되지 않았기 때문이었다. 그 때문에 왕비와 그 인척은 극도로 신중하게 행동을 준비했는데, 청 황실이 요청을 수락하는 과정에서 단순히 지연만 돼도 국내의 권력투쟁에서 자신들의 지위를 심각하게 약화시킬 수 있기 때문이었다. 이런 상황에서 왕비와 그 인척들이 청 당국의 바람이나 조언을 무시하는 것은 현명한 일이 아니었다.

이처럼 중요한 책봉을 받는 임무는 이유원에게 맡겨졌는데, 그는 대원군 지지자의 탄핵으로 영의정에서 물러난 바 있었다. 1875년 8월 30일—대원군이 도성으로 돌아온 한 달 뒤—이유원은 막중한 임무를 띠고 한성을 떠나 베이징으로 갔다. 그가 떠나기 전 알현했을 때 고종은 임무의 중요성을 강조하고 신임하는 사신을 위해 직접 쓴 시를 줬다.[111]

사행의 성공을 보장하기 위해 이유원은 영향력 있는 청 관료들에게 도움을 얻으라는 지시를 받았다고 한다. 당시 조선 문제와 관련해 청 조정에서 가장 영향력 있는 인물이었던 리훙장에게 그가 앞서 언급한 "개인적" 서신을 보낸 것은 이런 전략의 일부였던 것 같다.[112] 당시 청의 인사와 개인적으로 서신을 주고받는 것은, 금지되지는 않았지만 권장된 일이 아니었기 때문에 이유원이 주도해서 리훙장에게 서신을 보냈을 것 같지는 않다. 실제로 그 뒤에도 이유원은 리훙장과 조선 정부의 "비공식

110   이선근, 『한국사―최근세편』, 345~360쪽.
111   『일성록』 고종편, 12년 7월 30일 ; 『고종실록』 12.28b.
112   田保橋潔, 『近代日鮮關係の硏究』 1권, 550쪽.

적" 연락을 담당했다. 그것은 두 나라에게 편리하고 유용한 수단이었는데, 청은 조공국의 문제에 개입하기를 꺼렸으며 조선은 중국이 자신의 사무에 개입하도록 허락하는 제도적 선례를 만들지 않았기 때문이다.

이유원을 톈진을 경유하면서 리훙장을 만나려고 했지만 그는 바오딩의 겨울 집무처에 있었다. 그래서 이유원은 베이징 사행로의 직예直隸에 소재한 영평부永平府의 수령으로 있던 리훙장의 측근 유지개游智開와 회담했다. 그 뒤 유지개는 이유원의 서신을 리훙장에게 전달했다. 리훙장이 답신에서 조선의 일본 관계에 관심을 표명한 사실—청과 조선의 관계에서 전례 없던 일이다—은 이유원과 유지개가 그 문제를 논의했으며, 그때 유지개는 자신과 리훙장의 견해를 이유원에게 전달했음을 강하게 시사한다.[113] 이유원은 선양에 들른 동안 영향력 있는 만주족 관원인 성경장군盛京將軍 숭실崇實과도 회담했다. 숭실은 일본이 서양의 무기와 기술을 급속히 도입하고 있는 것에 우려를 표시하면서 커져가는 일본의 위협에 조선이 어떻게 대응할 것인지 물었다.[114] 이유원은 강화도에서 일본과 조선의 협상이 시작된 다음날인 2월 12일 한성으로 돌아왔다. 고종과 대신들은 리훙장을 포함한 청 관료들의 견해와 태도에 대한 그의 보고에 영향을 받은 것이 분명하며, 그 뒤 대원군 세력의 반대를 무릅쓰고 일본과 타협하기로 결정했다.[115]

며칠 뒤 세자 책봉 칙서를 지닌 청 사신이 오자 그들은 결심을 더욱 굳혔다. 사신 길화吉和와 희숭아喜崇阿—리훙장이 이유원에게 보내는 답

---

113 같은 책, 551~552쪽. 이유원이 리훙장에게 보낸 서신과 리훙장의 답신은 李鴻章, 『李文忠公全書』, 4.30a~32a ; 『淸季中日韓關係史料』 2권, 276~278쪽 참조.

114 『일성록』 고종편, 12년 12월 16일 ; 『淸季中日韓關係史料』 2권, 300쪽.

115 田保橋潔, 『近代日鮮關係の硏究』 1권, 555쪽.

서를 가지고 왔다고 알려졌다—가 도착하자 고종은 일본 함대가 강화도에 있는 것을 칙사들이 알고 있는지 접대를 맡은 관원들에게 물어보도록 했다. 그들은 일본과 분쟁이 일어난 원인은 서계에서 일본이 무례한 용어를 사용하겠다고 고집한 데 있다고 칙사들에게 설명했다고 대답했다.[116] 칙사들이 체류하던 2월 17일 고종은 정치적 문제는 거론하지 않는 전통을 무시하고 일본과 조선의 분쟁을 언급했다. 고종은 총리아문의 조언에 감사를 표했고, 칙사들은 그 문제를 주의 깊게 지켜보고 있으며 조선이 일본과 분쟁을 피하는 방향으로 나아가기를 바란다고 말했다.[117] 이틀 뒤 칙사들이 서울을 떠날 때 조선 정부는 강화도에서 협상하고 있는 신하들에게 일본의 요구를 수락하라는 마지막 지시를 보냈다.[118] 1주 뒤인 2월 27일 두 나라는 조약에 공식적으로 서명했다.

12개 항의 조약은 두 나라의 전통적 우호를 새롭게 강화하려는 희망을 밝히는 서문으로 시작됐다. 일본 원안의 "일본국 황제"와 "조선 국왕"이라는 표현은 일본 통치자에게 사용할 수 없다는 조선 대표단의 주장에 따라 "일본국 정부"와 "조선국 정부"로 대체됐다. 1조에서는 조선이 "자주국으로서 일본국과 평등한 권리를 보유한다"고 규정했다. 그 조약에 따라 전통적 조·일 관계와 쓰시마의 중개 역할은 종결됐다. 그 조약은 두 나라의 관계를 새로 규정했으며 조선은 동의했다. (1)부산 이외에 항구 두 곳을 더 개방한다. (2)무역항에서 일본인이 범죄를 저질렀을 경우 일본으로 보내 판결한다. (3)일본 선박이 조선 해안을 측량하도록 허

116 『일성록』 고종편, 13년 1월 23일 ; 彭澤周, 『明治初期日韓淸關係の硏究』, 69~70쪽.
117 『일성록』 고종편, 13년 1월 23일.
118 같은 책, 13년 1월 23일 ; 『고종실록』 13.11b.

용한다.[119]

강화도조약은 일본의 외교 개혁 추진에서 중요한 돌파구였다. 일본은 앞서 청과 맺은 조약을 개정하는 데 실패했고 서양 열강과 체결한 불평등조약을 개정하는 작업은 좀처럼 진전되지 않았지만, 서양 열강이 청·일본과 체결한 것과 비슷한 "불평등" 조약을 조선과 체결하는 데 성공했다. 이것은 서양 열강이 청과 일본에서 확보한 것과 동일한 특권적 지위를 조선에서 확립했다는 뜻이었으며, 그것은 1870년대 초반 외교 개혁을 추진하면서 설정한 바로 그 목표였다. 메이지 정부의 첫 번째 "유신 외교"는 동아시아의 전통적 국제관계 개념에 입각해 조선에 대한 일본의 명목적 우위를 확보하는 데는 실패했지만, 일본의 외교 개혁은 서양의 국제외교 개념을 바탕으로 조선보다 "선진국"이라는 특권적 지위를 확보하는 데는 성공했다.

그 조약은 조·일 관계사에 획기적인 중요성을 가졌으며 그 뒤 동아시아 국제관계에 지대한 영향을 줬다.[120] 그 조약의 개념과 형태는 모든 나라가 평등한 주권을 갖고 있다는 기본 원리에 입각한 서구적 조약이었다. 그 조약은 서양의 국제법에 따라 조·일관계를 다시 규정함으로써 적어도 부분적으로는 조선을 국제적 조약체제의 틀 안으로 밀어넣었다. 조선 정부의 지도자들은 그 조약의 진정한 중요성을 이해하지 못했지만, 그 조약은 위계적 국가관계라는 동아시아의 전통적 개념을 부정했다. 그 것은 동아시아의 전통적 세계질서를 재건하려는 움직임에 쐐기를 박은

---

119 조약문은 『고종실록』 13,15b~17b ; 『日本外交文書』 12권, 114~119쪽 참조.

120 조약에 대한 평가는 Palais, "Korea on the Eve of the Kanghwa Treaty," 782~788쪽 ; Chien, *The Opening of Korea*, 46~48쪽 ; Deuchler, *Confucian Gentlemen and Barbarian Envoys*, 48~50쪽 참조.

제도였으며, 공개적으로 부정하지는 않았지만 조선에 대한 청의 종주권에 도전한 것이었다.

청 정부는 일본과 조약을 체결하라고 조선에 권유했지만, 청 지도자들은 둔감하지 않았으며 그 조약이 앞으로 조선에서 청의 지위뿐 아니라 전통적 조·청 관계에 가져올 장기적 영향을 알고 있었다. 그러나 다른 대안들에는 모두 일본과 조선이 전쟁을 벌일 위험이 내포돼 있었으며, 그럴 경우 청은 조선을 도울 수밖에 없었다. 당시 청은 국내외의 문제들—서북부의 이슬람 반란과 마거리 사건을 둘러싼 영국과의 분쟁—에 부딪혀 일본과 전쟁을 벌일 준비가 되지 않았다. 조선과 일본의 전쟁이 일어날 경우 러시아가 조선에 군사적으로 개입할 수 있다는 매우 실제적인 가능성은 상황을 더욱 우려스럽게 만들었다. 그 결과 청은, 장기적 영향이 어떻든, 한반도의 평화를 유지할 수 있다면 조선과 일본의 조약 체결이 필요했다.

1870년대 초반 일본의 조선 정책은, 다른 시기와 마찬가지로 해외에서 지위를 확대하려는 광신적 애국주의의 열망과 국제외교에서 서양을 모방해 지위를 높이려는 욕망에 따라 움직였다. 러시아가 일본은 물론 조선을 침범할 것에 대한 우려와 복잡한 국내 정치는 이 시기 일본이 해외에서 모험주의를 추구하게 된 두 가지 요인이었다. 오쿠보 정부는 조선 문제의 해결을 추구하면서 조선에서 러시아에게는 전략적 우위를, 청에게는 외교적 우위를 차지하고, 국내에서는 정치적 우위를 확보하려고 시도했다. 이런 목표를 이루기 위해 오쿠보는 단호한 태도와 계산에 근거한 논리를 신중하게 결합해 해외에서는 과감한 외교적·군사적 행동을 전개하고 국내에서는 기민한 정치적 책략을 펼쳤다. 그의 목표는 흔들리지 않았지만 전략은 유연했다. 오쿠보는 조선과 전쟁을 외치는 정한론자들의 주장을 확고히 거의 경멸하면서 거부했지만 의도적으로 조선과 분쟁을 일으켰으며, 조선에서 일본의 외교적 이익뿐 아니라 국내에서 자신의 정치적 이익에도 그것을 이용했다. 그는 조선에 대해 성급히 무력을 사용하려는 정한론자들에게 반대했지만, 타이완에 대해서는 무력 사용을 주저하지 않았으며 자신의 정치적 이해관계와 일본의 국가적 이해관계에 필요하다고 판단되면 조선에서도 제한적 규모로 무력을 사용할 준비가 돼 있었다. 대체로 오쿠보가 조선 문제를 처리한 방식은 현실에 기반한 정책의 고전적 사례로서 일본이 약탈적인 서양의 외교 전략을 완전히 습득했음을 보여준다. 일본의 새로운 동아시아 외교는, 강화도조약에서 상징적으로 나타난 대로, 옛 동아시아 세계질서를 재건하려는 지속적 움직임에 맞선 중요한 제도적 도전이었으며, 일본의 커지는 힘과 야심은 동아시아에서 청이 전통적으로 유지한 주도권을 곧 위협했다.

조약체제의 외교

청의 새로운 조선 정책

———

일본인 대부분의 예상과 달리 강화도조약은 일본과 조선의 전면적인 외교관계 수립으로 즉시 이어지지 않았다. 그것은 은둔의 왕국을 외부 세계에 개방하는 결과를 가져오지도 않았다. 근대적 조약의 중요성이나 서양 국제법의 본질을 이해하지 못한 조선 정부는 그 조약을 일본과의 전통적 관계─부산에서 규제 아래 무역하고 가끔씩 막부에 사절을 보내는 것으로 제한돼 있던─를 복원하는 하나의 단계로 간주했다. 이런 기본적 오해 외에도 일본의 영향력이 커져 배외주의가 격화되면서 조선 정부는 하고 싶어도 일본과의 관계를 확대하기 어려웠다.

같은 기간 일본 곳곳에서 일어난 사무라이 반란과 농민 봉기는 1877년 사쓰마 반란으로 정점에 이르렀다. 그 뒤 1878년 5월 메이지 초기 지도자들 가운데 가장 중요한 인물일 오쿠보가 암살되면서, 그 전 해 기도의 사망과 함께, 메이지 정부에서는 핵심적 지도자들이 사라졌으며 즉시 보완할 수 없는 지도력의 공백이 발생했다. 이런 이유들로 일본은 강화도조약을 체결한 뒤 이전처럼 활발하고 단호하게 조선 정책을 추구할 수 없었다.

일본은 바랐던 것만큼 신속하게 조선에서 외교적·상업적 이익을 확대할 수 없었지만, 청의 지도자들—특히 리훙장—은 조선에 대해 일본의 커져가는 야심을 점차 더욱 우려하게 됐다. 그들은 러시아가 한반도를 침범할 위험성에 대해서도 불안해했다. 1870년대 중반과 후반 청은, 국제관계에 대한 시각 변화와 함께, 일본과 러시아의 위협을 우려하게 되면서 전통적으로 조선 문제에 개입하지 않은 중국의 정책에서 벗어난 새로운 조선 정책을 입안하게 됐다. 청의 격려와 후견 아래 마침내 조선은 서양이 동아시아에 도입한 근대적 국제관계에 참여했다. 청은 1861년 이후 중국에서 평화를 유지하는 데 도움을 준 것과 비슷한 다국적 조약 체제를 조선에 소개했다. 그러나 청은 조선에 대한 종주권을 확인하려고 했으며, 그것은 사실상 1644년(인조 22, 청 순치 1, 일본 간에이 21) 이후 설정한 관계를 넘는 행위였다.

강화도조약 이후의 조선: 동요와 표류

협상에서 구로다의 보좌관으로 활동한 미야모토 오카즈는 강화도조약이 공식 체결된 직후 조선이 일본에 우호사절을 보내야 한다는 구로다의 제안을 다시 제기했다. 두 나라의 우호관계는 대체로 일본의 주도로 복원됐기 때문에 일본에 우호사절을 보내는 것은 조선에 영광스러운 일이라고 미야모토는 말했다. 그런 사절은 조선이 새로운 일본을 더욱 잘 이해하는 데 도움이 될 것이었다. 미야모토는 근대 세계에서 생존하려면 국가의 재정과 군사력이 중요하며 일본은 농업과 군비를 발전시켰다고 강조했다. 그는 두 나라가 기본 조약을 체결한 뒤 6개월 안에 시작하기로 예정한 조규부록과 무역장정의 논의에 앞서 그런 사절을 보내자고 제안했다.[1] 미야모토의 압박을 받은 신헌은 3월 2일 고종을 알현해 요청을 받아들이자고 건의했다. 고종은 그 건의를 받아들여 예조참의 김기수金綺秀를 "수신사修信使"로 임명했다.[2]

고종의 결정은 일본의 바람대로 일본과 관계를 확대하려는 의도에서 나온 것이 아니었다. 새 조약을 체결한 이틀 뒤 고종은 전국의 조약 반대 시위를 걱정하던 신하들에게 그 조약은 일본과의 전통적 관계를 복원하는 조처일 뿐이라고 안심시켰다. 국왕은 김기수의 사행이 도쿠가와 시대 동안 에도로 보낸 통신사와 본질과 기능에서 동일하다고 평가했다. 그는 자신의 결정을 청 예부에 충실히 보고했다.[3]

1876년 5월 22일 김기수와 80여 명의 수행원은 일본 증기선을 타고 부산을 출발했다. 두 나라 통치자의 명칭 순서 문제를 피하기 위해 조선은 구로다 사절단이 사용한 것과 동일한 형식을 따랐다. 김기수는 공식적 국서가 아니라 조선 예조판서가 일본 외무경에게 보내는 공식 서신을 가지고 갔다. 김기수는 두 나라의 "우호와 선의를 증진시키는 것" 외에 특정한 외교적 임무가 없었다.[4] 그는 외부 세계에 대한 지식이 거의 없던 보수적 사대부였다. 그가 떠나기 전 친구와 동료들은 일본인은 "사악

---

1 미야모토와 신헌의 회담은 『日本外交文書』 12권, 122~129쪽 참조.

2 『일성록』 고종편, 13년 2월 6일, 13년 2월 22일 ; 『고종실록』 13,19b~20a, 21a~b.

3 『일성록』 고종편, 13년 3월 2일 ; 『고종실록』 13,23b.

4 김기수가 가져간 서신의 내용은 김기수, 『일동기유日東記游』, 『수신사일기』, 국사편찬위원회 편, 『수신사기록』, 탐구당, 1971, 83~84쪽 ; 『日本外交文書』 12권, 198~199쪽 참조.

하고 기만적"이며 최근 "서양 오랑캐의 종"이 됐다고 경고했다. 원숙한 나이의 박규수만이 김기수에게 서신을 보내 자신이 좀더 젊었다면 그 임무를 자원했을 것이라고 말하면서 사행의 중요성을 강조했다.[5] 두려움에 가득 찬 김기수는 암울한 예상 속에 사행을 출발했다. 그의 일행은 1주일의 여정을 거쳐 5월 29일 도쿄에 도착했다.

김기수의 사행은 5월 30일 외무경 데라시마와의 회담으로 시작돼 6월 1일 천황을 알현하는 것으로 이어졌다. 의전에 불만을 느낀 김기수는 자신은 천황에게 드릴 공식 서한을 가져오지 않았다고 답변하면서 처음에 천황의 초대를 거부했다. 그러나 초청자는 천황이 그를 만나기를 고대해왔다고 말했다. 김기수는 조선 국왕에게 드린 것과 동일한 의례를 일본의 통치자에게 하도록 합의됐다.[6] 김기수의 나머지 일정은 태정대신 산조를 포함한 일본 지도자들과 회담하고 정부 청사, 학교, 군사·산업시설을 방문하는 것으로 채워졌다. 그와 일행은 산조가 주최한 공식 연회를 포함해 수많은 공식적·비공식적 환영 연회를 호화롭게 즐겼다. 김기수 일행은 6월 18일 도쿄를 떠나 7월 21일 한성으로 돌아왔다.[7]

김기수 일행은 일본의 호의를 누렸지만 실제적인 정보나 지식은 거의 얻지 못했다. 고종이 일본의 새로운 산업·군사시설에 대해 묻자 김기수는 그 가운데 몇 개만 봤으며 본 것을 잘 이해하지 못했다고 아뢰었다. 자신의 사행은 일본의 요구에 마지못해 따른 것이었음을 그들에게 분명히 인식시키는 것이 자신의 의도였기 때문에 일본의 새 제도에 대해 질

---

5 김기수, 『일동기유』, 1~2쪽.

6 같은 책, 21, 46쪽.

7 김기수의 사행에 관련된 자세한 사항은 田保橋潔, 『近代日鮮關係の硏究』 1권, 557~577쪽 ; 신국주, 『근대조선외교사연구』, 83~102쪽 ; 조항래, 『개항기 대일관계사연구』, 13~79쪽 참조.

문하는 것을 의도적으로 삼갔다고 그는 말했다.[8] 이노우에 가오루가 조선은 러시아의 위협을 물리치려면 새로운 무기를 도입하고 군사를 더 많이 양성해야 할 것이라고 말하자 김기수는 조선은 "성인의 방법을 늘 지킬 것"이며 "교활하고 사악한 기술에서 뛰어나려고 하지 않을 것"이라고 자랑스럽게 대답했다.[9] 김기수 일행은 일본에 체류하는 동안 서양인과 접촉하는 것을 피했다.

7월 26일—김기수가 한성으로 돌아온 지 1주일도 안 된—미야모토는 10여 명의 수행단과 함께 인천에 도착했다. 그는 조규부록과 무역장정의 협상 책임자로 왔다. 미야모토 일행은 7월 30일 한성에 도착했으며 이는 히데요시의 침공 이후 조선의 도성에 들어온 첫 번째 일본 관료였다. 미야모토는 8월 1일 고종을 알현했는데, 도쿄에서 김기수에게도 베풀어진 의전이었으며 일본 정부의 서양화된 의전에 따라 국왕에게 의례를 거행했다. 그런 뒤 고종과 이유원은 미야모토의 방문이 불길한 조짐이라고 우려하면서 그들이 오래 머물지 않기를 바랐다.[10] 미야모토와 그의 상대인 조인희趙寅熙의 협상은 8월 5일에 시작됐다. 양측의 심각한 의견 차이는 즉시 드러났다.

강화도조약의 2조는 다음과 같았다. "일본국 정부는 지금부터 15개월 뒤 수시로 조선국의 수도로 사신을 파견하고, 그 사신은 예조판서를 만나 외교 사무를 논의할 수 있다. 그 사신이 주재하는 기간은 그때의 형편에 맞춰 정한다." 일본 정부는 이것을 일본의 외교 대표가 조선에 상

---

8 『일성록』 고종편, 13년 6월 1일.

9 김기수, 『일동기유』, 51쪽.

10 고종 알현에 대한 미야모토의 설명은 『日本外交文書』 12권, 226~228쪽 참조. 고종과 이유원의 발언은 『일성록』 고종편, 13년 6월 12일 참조.

주할 수 있도록 허가한 것으로 간주하고 외교 사절을 그 가족·직원과 함께 한성에 주재시키려고 했다. 조선은 양국 통치자의 공식적 국서 교환을 피하려고 했으며, 일정 기간 대리공사만 주재시키려고 했다. 일본 정부는 외교 사절과 공사가 베이징과 한성을 오갈 수 있는 것을 포함해 조선 내륙을 여행할 수 있는 권리도 요구했다.[11]

조선 정부는 일본의 요구를 단호히 거부했다. 조인희는 일본 사절은 희망하는 만큼 오래 한성에 자유롭게 체류할 수 있다고 동의했지만, 상주하도록 조약에서 승인한 것은 아니라고 지적했다. 사절이나 그의 보좌관이 가족을 데리고 올 수 있도록 허가한 것도 아니었다. 일본 사절은 조선 정부가 허가한 경로로 한성을 오가야 했다. 베이징과 한성을 육로로 통행할 수 있는 권리는 일본인이 한성에 상주할 수 없기 때문에 고려할 가치가 없는 문제였다. 아울러 그것은 조선이 혼자 결정할 수 있는 문제도 아니었다. 또 다른 쟁점은 부산과 그 밖의 무역항에서 일본인이 자유롭게 이동할 수 있도록 허용하는 구역의 크기였다. 일본 정부는 일본의 거리 단위로 반경 10리를 제안했지만 조선 정부는 조선 단위로 10리를 규정해야 한다고 주장했는데, 그것은 일본의 1리(약 4킬로미터)와 동일했다.[12]

조선의 단호한 반대에 부딪치자 미야모토는 일본 공사가 한성에 상주해야 한다는 요구를 철회했는데, 다른 문제에 대한 양보를 얻어내려는 의도였다. 그러나 3주의 힘든 협상 끝에 체결한 11개 항의 부록은 일본의 원래 요구보다 훨씬 부족했다. 일본 외교관이 조선 내륙을 자유롭

11   田保橋潔, 『近代日鮮關係の硏究』 1권, 590~594쪽.
12   같은 책, 595~598쪽.

게 이동·여행할 수 있는 권리는 부정됐고, 부산의 일본인이 자유롭게 이동·여행할 수 있는 지역은 조선 단위로 항구로부터 7리로 제한했으며 동래까지는 자유롭게 이동할 수 있도록 했다. 조선이 무지했기 때문에 미야모토는 다른 사안에서 이익을 얻었다. 그는 일본 상인이 조선의 개항장에서 무역할 때 일본 화폐를 사용할 수 있는 권리를 확보했다. 일본의 또 다른 성과는 외국인이 표류할 경우 개항장의 일본 관리관에게 넘겨 그들의 본국으로 송환하도록 합의한 것이었다. 그 결과 일본은, 적어도 문서상으로는, 전통적으로 중국이 행사하던 조선의 종주권을 갖게 된 것이었다.[13] 일본 외무성은 조선에서 새로 확보한 "권리"를 공표하기 위해 새로 합의한 사항을 도쿄의 서양 공사들에게 즉시 알렸고, 그들은 일본의 인도주의적 관심에 깊은 감사를 표시했다.

조인희의 요구에 따라 미야모토는 두 나라는 외교업무만을 수행하기 위해 각자의 수도에 사절을 보내고 무역 문제는 개항장의 관리관들이 처리하도록 한다는 내용의 규칙에 서명했다. 그 규칙에서 일본 사절은 미야모토가 이용한 경로를 따라 조선의 도성으로 오갈 수 있도록 규정했다. 미야모토는 자신이 그런 조항을 승인하거나 거부할 수 있는 권한이 없기 때문에 도쿄로 돌아간 뒤 최종 대답을 보내겠다고 덧붙였다. 그러나 조인희는 미야모토가 도쿄에서 승인받는 것을 조건으로 그 조항에 합의했다고 생각했다.[14]

무역장정과 관련해 조선은 일본의 초안을 변경하지 않고 그대로 수용했는데, 거기에는 관세 규정이 없었다. 미야모토는 조선으로 들어오는 일

---

13 부록의 내용은 『고종실록』 13.34a~36a ; 『日本外交文書』 12권, 275~279쪽 참조.

14 田保橋潔, 『近代日鮮關係の硏究』 1권, 614~615쪽.

본 상품에 5퍼센트의 종가세從價稅15를 수락하라는 지시를 받았다. 근대 국제무역의 관행을 몰랐던 조인희는 두 나라가 서로의 무역을 촉진하기 위해 몇 년 동안 수출입세를 면제하자는 미야모토의 제안에 즉시 동의했다.16 이런 측면 때문에 전체적으로 강화도조약은 서양 열강이 청이나 일본과 체결한 불평등조약보다 더 불리했다.

미야모토와 그 일행은 8월 25일 한성을 떠나 9월 21일 도쿄로 돌아왔다. 일본 정부는 조규 부록과 무역장정을 비준했지만 미야모토의 각서는 거부했다. 한편 9월 초 조선 예조판서는 일본 외무경에게 서신을 보내 미야모토의 각서를 비준하고 조규부록에 하나의 문서로 포함시켜야 한다고 요구했다. 조인희는 미야모토에게 따로 보낸 서신에서 그 요구를 되풀이했다.17 그러나 일본 정부는 그런 요구에 따를 생각이 없었다. 11월 13일 미야모토는 데라시마의 지시에 따라 조선의 요구를 거절하는 서신을 조인희에게 보냈다. 미야모토는 일본과 조선은 가까운 이웃나라이므로 서로의 수도에 공사를 주재시키는 것이 매우 중요하다고 주장했다. 아울러 조선 사절이 일본에서 비슷한 권리를 받았으므로 일본 사절도 원하는 경로로 한성을 오갈 수 있도록 허용해야 한다고 요구했다.18

미야모토가 각서를 거절한 데 분노한 조선 정부는 일본이 무역·외교 문제를 혼란스럽게 만들고 있다고 비난했다. 12월 27일 조인희는 미야모

---

15 상품의 가격을 대상으로 세율을 결정하는 세금.—옮긴이
16 미야모토가 받은 지시는 『日本外交文書』 12권, 219~220쪽 참조. 무역 문제에 대한 조인희와 미야모토의 협상은 김경태, 「개학 직후의 관세권 회복문제」, 82~85쪽 ; 최태호, 『개학 전기의 한국관세제도』, 18~24쪽 참조. 무역장정의 내용은 고려대학교 아세아문제연구소, 『구한국외교문서』 1권, 8~10쪽 ; 『日本外交文書』 12권, 279~283쪽 참조.
17 『日本外交文書』 12권, 288~289쪽.
18 같은 책, 318~321쪽 ; 『구한국외교문서』 1권, 12~15쪽.

토에게 반박하면서 일본과 조선은 그처럼 가까운 이웃이라는 바로 그 이유 때문에 각자의 수도에 공사를 항구적으로 주재시킬 필요가 없다고 주장했다. 일본 사절이 특정한 경로로 여행하면 조선 정부는 큰 비용을 아낄 수 있다고 지적했다. 청의 칙사도 조선 정부가 지정한 경로로 오간다고 덧붙였다.[19]

일본 정부는 공사 주재 문제를 합의하기 어렵다고 판단하고 11월 초 곤도 마스키近藤眞鋤를 부산 주재 일본 영사로 임명하는 임시조처를 실시했다. 곤도의 대표성은 영사의 지위였지만 일본 공사관이 설치되는 시점까지 조선에 주재하면서 외교업무를 처리하는 외무서기관도 임시로 겸임했다.[20] 11월 초 조선 정부는 곤도를 상대하기 위해 현석운의 품계를 올리는 것으로 대응했다.[21] 새로운 조약을 체결했지만 그 뒤 몇 년 동안 양국 관계는 본질적으로 이전과 동일하게 부산의 대표를 거쳐 처리하는 방식으로 수행됐다. 곤도가 옛 쓰시마의 역할을 계승했다고 간주한 조선 정부는 이런 절차를 만족스러워했다.

폐번치현 이후 일본에서 추진된 개혁—사무라이 계급의 폐지, 징병제 도입, 토지소유와 조세제도 개편 같은—들은 광범한 사무라이의 불만과 농민층의 불안을 야기했다. 1876년 내내 전국 곳곳에서 산발적인 봉기와 반란이 일어났다. 사이고 다카모리가 이끈 사쓰마 번사들의 분노와 불만은 1873년 정한 논쟁에서 그가 패배한 이후 타올라 1877년 1월 무장 반란으로 폭발했다. 그해 대부분에 걸쳐 일본 정부는 그 반란을 진

---

19 『日本外交文書』 12권, 339~341쪽.
20 같은 책, 314~317쪽.
21 『일성록』 고종편, 13년 10월 22일 ; 『고종실록』 13.53b.

7장 _ 조약체제의 외교

압하는 데 몰두했다. 외무성이 거듭 요청했지만 일본 해군은 새 조약에 따라 추가로 개항될 항구 두 곳을 선정하는 데 필요한 조선 해안 탐사를 수행하지 못했다. 세이난西南 전쟁이 사실상 끝난 1877년 9월이 돼서야 외무성은 조선과 협상을 재개하기로 결정했다.

외무성은 하나부사 요시모토에게 그 임무를 맡겼다. 1876년 가을 하나부사는 주러 대리공사로 3년 동안 재직한 뒤 귀국했는데, 러시아에서는 에노모토를 도와 사할린 문제의 타결을 협상했다. 하나부사는 상트페테르부르크에서 운요호 사건을 알게 됐다. 그는 일본이 그 사건을 개전 이유로 포착해 조선에서 군사적·외교적으로 단호히 행동해 목적을 이뤄야 한다는 에노모토의 의견에 동의했다. 하나부사는 러시아 근무가 끝나갈 무렵 한성에 새로 배속되기를 희망했다. 부분적으로는 하나부사의 희망을 들어주려는 의도였는데, 1876년 2월 에노모토는 앞서 언급한 데라시마에게 보낸 서신에서 일본이 부산을 점령해야 한다고 주장했다. 에노모토는 이런 "전략적 필요"와 함께 한반도에 영향력을 확대하기 위해 "한성에 외교관을 주재시켜야 할" "정치적 필요"가 있다고 말했다. 그는 그런 임무에 하나부사가 이상적으로 적합하다고 추천했다.[22]

러시아에서 돌아오자마자 하나부사는 조선 대리공사에 임명됐는데, 1876년 11월 곤도의 영사 업무 인수를 감독하기 위해 부산을 잠깐 방문했다.[23] 그를 임명한 것은 한반도에 대한 일본의 관심이 중요하게 전환됐다는 뜻이었다. 그동안 일본의 주요 목적은 서양의 국제법에 기반해 조선과 새로운 관계를 수립하는 것이었다. 그런 목적을 이룬 일본은 이제

22 『日本外交文書』 12권, 79~80쪽.
23 같은 책, 314쪽.

한반도에서 "전략적" 이익을 적극 추구하기 시작했다.

하나부사 일행은 9월 26일 도쿄를 떠나 11월 25일 한성에 도착했다. 그의 임무는 새로 개항할 항구 두 곳을 선정하고 조선에 일본 공사관을 허용하도록 조선 정부를 설득하는 것이었다. 상설될 공사관의 부지는 한성이어야 했지만 조선이 동의하지 않는다면 강화와 인천 사이의 어느 곳을 임시로 선택할 수도 있다고 하나부사는 말했다. 일본 사절단은 어떤 경로로도 한성으로 자유롭게 왕래할 수 있어야 했지만, 처음 몇 년 동안은 특정한 경로로 이동할 수도 있었다. 하나부사는 두 달 동안 조선과 협상할 예정이었으며, 결과가 없으면 즉시 귀국해 다음 봄에 다시 시도할 예정이었다.[24]

하나부사가 도착하기 전 일부 조선 관원은 지난 12월 조인희가 미야모토에게 보낸 서신에 일본 정부가 회신하지 않았으므로 일본 사절을 한성에 들어오도록 허용해서는 안 된다고 주장했다. 그럴 경우 일본과의 새로운 관계는 위험에 빠질 가능성이 컸다. 그런 판단에 따라 조선 정부는 그를 받아들이기로 결정했다.[25] 11월 27일 하나부사는 예조판서 조영하에게 자신의 신임장을 제출했다. 하나부사는 조영하와 협상하려고 했지만 조선 정부가 그보다 품계가 낮은 전직 동래부사 홍우창洪祐昌을 협상 책임자로 임명했기 때문에 홍우창과 논의할 수밖에 없었다. 하나부사와 홍우창의 회담은 12월 1일에 시작됐다.

하나부사는 개항할 항구 두 곳 가운데 하나로 동해안의 영흥만永興

---

24 Conroy, *The Japanese Seizure of Korea*, 89쪽. 하나부사가 받은 지시는 『日本外交文書』 13권, 222~225쪽 참조.

25 『일성록』 고종편, 14년 10월 12일 ; 『고종실록』 14.~33b~34a.

灣에 있는 문천文川―러시아에서는 포트 라자레프Port Lazareff라고 불렀다―을 제안했다. 이전부터 일본은 문천에 관심을 두고 있었는데, 그곳의 개항은 강화에서 조약을 협상하는 동안 처음 제안됐다. 미야모토는 조약을 체결한 뒤 신헌과 회담하면서 러시아가 사할린을 "침범"한 것을 거론하며 조선도 침범할 위험성이 있으며 문천을 부동항으로 주목하고 있다고 경고했다. 미야모토는 일본 상인에게 문천을 개방하면 일본과 조선의 무역이 활발해질 것이며 그곳에 대한 러시아의 계획도 방지할 수 있을 것이라고 말했다. 조선은 문천 근처에 태조 이성계의 선침先寢26이 있다는 이유로 미야모토의 제안을 거절했다.27 조선은 같은 이유로 하나부사의 제안도 거부했다. 조선은 대안으로 더 북쪽에 있는 북청北靑을 제시했지만 하나부사는 받아들이지 않았다.28

조선은 외교 대표를 상주시켜야 한다는 일본의 요구를 다시 거절했다. 아울러 일본 사절이 한성을 자주 방문하는 것은 "비용이 많이 들고 성가시다"고 불평하면서 앞으로 두 나라의 협상은 서신을 이용하거나 부산의 대표가 수행하자고 제안했다. 하나부사는 두 나라의 외교적·상업적 관계가 증가하면서 일본으로서는 한성에 외교관을 주재시키는 것이 매우 중요해졌다고 주장했다. 조선은 서양 열강, 특히 영국과 러시아

---

26 태조 이성계가 조선을 건국한 뒤 추증한 선조들의 묘를 말한다. 함경남도 함흥의 덕릉德陵(목조穆祖의 능)·의릉懿陵(도조度祖의 능)·순릉純陵(도조비 경순敬順왕후 박씨의 능)·정릉定陵(환조桓祖의 능)·화릉和陵(환조비 의혜懿惠왕후 최씨의 능), 안변의 지릉智陵(익조翼祖의 능), 문천의 숙릉淑陵(익조비 정숙貞淑왕후 최씨의 능) 등이다.―옮긴이

27 『日本外交文書』 12권, 127~129쪽.

28 『일성록』 고종편, 14년 11월 17일 ; 『고종실록』 14.38a. 항구 문제에 대한 하나부사의 보고는 『日本外交文書』 13권, 294~296쪽 참조. 자세한 사항은 Conroy, *The Japanese Seizure of Korea*, 91~95쪽 참조.

의 관심의 초점이 됐으며, 그들은 모두 울릉도와 영홍만의 항구를 탐내고 있다고 그는 경고했다. 조선과 이 열강들 가운데 한 나라와 분쟁이 일어난다면 한성의 일본공사는 적시에 개입하거나 중재해 "문제의 싹을 잘라낼 수 있다"고 하나부사는 강조했다. 조선은 그의 주장을 무시했다.[29]

하나부사는 공사관의 임시 부지에 동의해 상주 공사 문제를 타협하라는 지시를 받았지만 그런 타협안을 제시하지 않았다. 나중에 밝힌 대로 그는 문천을 개항하는 것이 일본의 이익에 필수적이라고 판단했으며 조선이 문천을 개항하는 데 동의할 때까지 상주 공사 문제를 타협하지 않기로 결심했다.[30] 경제적으로 낙후된 조선 동북부는 당시 일본과 거의 교역하지 않았고 앞으로도 비슷할 것 같았다. 하나부사는 러시아가 문천에 관심을 두는 것에 선제적으로 대응하려는 전략을 수립했다. 조선과 관계를 확대하기 위해 공사관을 상설하는 것은 분명히 중요했다. 그러나 이 시기 하나부사는 문천을 개항하는 것이 더 중요하다고 판단했다.

12월 17일 하나부사는 예조판서 조인희에게 긴 서신을 보내 동아시아의 전통적 국가관계 개념에 입각한 이전의 조·일 관계와 서양의 국제법에 기반한 새로운 관계의 차이를 자세히 설명했다. 그는 이제 청도 국제법을 따르고 있다고 말했다. 그 증거로서 그는 마틴이 번역해 베이징의 동문관同文館에서 출판된 『만국공법』 두 권을 조인희에게 보여줬다. 그 책과 하나부사의 서신 모두 조인희와 그 동료들에게 영향을 주지 못했다. 이틀 뒤 조인희는 하나부사에게 간단한 답신을 보냈다. 그 책은 감사하지만 앞으로 주재 공사 문제를 좀더 논의하자는 약속뿐이었다.[31] 그러

---

29 田保橋潔, 『近代日鮮關係の研究』 1권, 620~625쪽.
30 같은 책, 625쪽.

나 하나부사는 중요한 양보를 얻어냈는데, 일본이 1878년 4월부터 12개월 동안 조선 해안에 석탄 공급소를 건설할 수 있도록 합의한 것이었다.[32] 이런 제한된 성공을 가지고 하나부사 일행은 12월 20일 한성을 떠나 1878년 1월 10일 도쿄로 돌아왔다.

한편 조선 정부는 일본 사절단이 더 이상 한성을 방문하는 것을 막기로 결정했다. 하나부사가 떠난 1주 뒤 예조판서 조인희는 외무경 데라시마에게 서신을 보내 미야모토 각서를 승인하고 그것을 조규부록에 포함시켜야 한다는 앞서의 요구를 다시 제기했다. 1878년 4월 26일 데라시마는 조인희에게 회신을 보내 한성 주재 일본공사가 필요하며 그런 외교관은 모든 경로로 한성을 왕래할 수 있어야 한다고 다시 설명했다.[33]

외무성의 요청으로 일본 해군은 1878년 봄부터 여름까지 조선 해안을 광범하게 조사했다. 그 결과를 바탕으로 일본 정부는 강화도조약에 따라 추가 개항하는 항구로 영흥만의 또 다른 어항漁港인 원산과 서해안의 인천을 선택했다. 이 시점에서 두 나라의 관세 분쟁이 부산에서 일어났다.

조선 정부는 서로 관세를 면제하자는 일본의 제안을 받아들였지만 해외 무역에 대한 지식과 경험을 쌓아가면서 그것이 실수였음을 깨달았다. 그러나 조선 정부는 협상으로 관세 조항을 개정하려고 하는 대신 일본 무역에 종사하는 조선 상인에게만 적용하는 세금을 도입하기로 결정했다. 새로운 세금은 1878년 9월 28일부터 시행됐다.[34] 그 영향에 따라

---

31 『日本外交文書』13권, 300~304쪽.

32 합의문은 같은 책, 296~297쪽 ; 『구한국외교문서』 1권, 23~24쪽 참조.

33 『구한국외교문서』 1권, 25~28쪽.

부산에서 이뤄지던 무역은 사실상 중단됐다. 당시 부산에 있던 일본 상인은 대부분 제한된 자금을 가진 쓰시마의 소규모 상인이었는데, 이런 사태로 큰 타격을 받았다. 10월 9일 일본 상인 135명은 동래를 행진하면서 동래부사 윤치화尹致和에게 세금 폐지를 요구했다. 윤치화는 "다른 모든 나라의 관행에 따라 부과된" 세금이며 조선인만 부과 대상이라고 지적하면서, 일본인들은 세금에 항의할 이유가 없다며 즉시 그들을 쫓아버렸다.[35] 조선 관원이 자기 정부의 조처를 방어하면서 "국제법"을 거론한 것은 아마 이것이 처음이었을 것이다.

세금이 합법적이었는지 아니면 정당화될 수 있었는지 상관없이 이것은 두 나라의 무역 규정을 고의적으로 무너뜨린 사례였고, 일본 정부는 그런 행동에 대해 항의하지 않고 그냥 넘어가거나 용인할 수 없었다. 11월 중순 일본 정부는 하나부사에게 즉시 전함을 타고 부산으로 가서 세금 폐지를 요구하라고 지시했다. 그는 제시한 기한 안에 조선 당국이 요구를 따르지 않으면 조선 세관을 점령하거나 파괴하지는 말고 "전함을 적절히 이용해" 따르도록 만들라는 지침을 받았다.[36]

하나부사는 전함 히에이호比叡丸를 타고 11월 29일 부산에 도착했다. 그의 지시에 따라 감리관 야마노시로 스케나가山之城祐長는 12월 2일 윤치화에게 직설적인 서신을 보내 세금을 즉시 폐지하라고 요구했다. 야마

---

34 『일성록』 고종편, 15년 8월 10일 ;『고종실록』 15,26a∼b ; 김경태,「개학 직후의 관세권 회복문제」, 99∼100쪽 ; 최태호,『개학 전기의 한국관세제도』, 36∼37쪽.

35 김경태,「개항 직후의 관세권 회복문제」, 103∼104쪽 ; 최태호,『개항 전기의 한국관세제도』, 37∼38쪽 ; 田保橋潔,『近代日鮮關係の研究』1권, 655쪽.

36 田保橋潔,『近代日鮮關係の研究』1권, 655∼656쪽. 하나부사가 받은 지시는『日本外交文書』 14권, 305∼307쪽 참조.

노시로는 거부하면 "전쟁을 불러올 수도 있다"고 경고했다. 일본은 무력 시위로 자신들의 위협적 발언을 뒷받침했다. 12월 4일 히에이호의 해군 4개 중대가 세관 근처에서 작전을 펼쳤으며 그동안 전함은 포격을 연습했다.[37] 일본의 격렬한 항의에 놀란 윤치화는 한성에 지시를 요청했다. 상황에 놀란 조선 정부는 물러섰고, 윤치화에게 추가 지시가 있을 때까지 세금을 중단하라고 명령했다. 그 결정은 12월 26일 야마노시로에게 전달됐다.[38] 이튿날 하나부사는 조선 예조판서에게 득의의 서신을 보내 그 문제는 해결됐지만 일본 상인들이 겪은 피해에 대한 "배상" 문제를 논의하기 위해 일본 사절이 한성으로 갈 것이라고 말했다.[39]

조선이 물러나면서 분쟁은 신속히 타결됐지만, 그것은 두 나라의 현안을 조속히 타결해야 한다는 필요성을 부각시켰다. 두 달 뒤인 3월 일본 정부는 하나부사에게 조선으로 다시 가서 협상을 재개하라고 지시했다. 하나부사 일행은 3월 31일 전함 다카오호高雄丸를 타고 도쿄를 출발했다. 인천으로 가면서 다카오호와 또 다른 선박은 무역항 후보지를 찾는다는 명목으로 조선의 서해안을 광범하게 조사했다. 하나부사 일행은 7월 13일에야 한성에 도착했다.

하나부사에겐 여러 목적이 있었지만, 주요한 것은 원산과 인천을 개항시키는 것이었다. 원산과 관련해 그가 받은 지시는 "인접국[러시아]의 군사적 준비"를 고려할 때 "조선과 일본 모두에게 전략적으로 중요한 곳"이

---

37 『日本外交文書』 14권, 308~311쪽 ; 김경태, 「개학 직후의 관세권 회복문제」, 106~108쪽 ; 최태호, 『개학 전기의 한국관세제도』, 39~41쪽.

38 김경태, 「개학 직후의 관세권 회복문제」, 108쪽 ; 최태호, 『개학 전기의 한국관세제도』, 41쪽.

39 『日本外交文書』 14권, 313~314쪽.

라고 강조했다. 일본 정부가 그 항구의 개항을 중요하게 생각했다는 사실은 이 시기 하나부사에게 상주 공사 문제를 거론하지 말라고 지시했다는 것에서 알 수 있다. 관세 문제와 관련해 하나부사는 조선은 수출입세를 부과해야 한다고 조선 정부에 통보할 예정이었으며, 일본 정부는 거기에 그리 반대하지 않았지만 세율은 미리 자신들과 협의하라고 지시했다. 이처럼 합리적인 태도는 조선이 잠시 부산에서 "관세"를 부과해 발생했다는 피해와 연결시켜 하나부사가 과도한 요구를 제기하면서 완전히 사라졌다.

하나부사에게 내려진 지시는 피해를 입은 일본 상인에게 공식 사과하고 배상하도록 요구하라는 것이었다. 그러나 일본은 우호를 유지하는 방법으로 금전 문제를 이용하려고 하지 않았기 때문에 그는 조선 정부가 아래 사항에 동의하면 요구를 철회할 생각이었다. (1)일본인이 부산과 동래뿐 아니라 자유롭게 이동·여행할 수 있는 지역에서 사업에 종사하도록 허용한다. (2)일본과 조선은 무역에서 양국 화폐를 모두 사용할 수 있다. (3)양국의 무역항뿐 아니라 조선의 개항 또는 개항하지 않은 항구에서도 조선인은 무역할 때 일본 선박을 이용한다. (4)조선인이 무역·유학·관광을 목적으로 일본에 가는 것을 허용한다. (5)일본인이 자유롭게 이동·여행할 수 있는 구역의 공설 시장에서 무역하도록 허용한다. (6)일본 학자와 과학자가 조선 내륙으로 여행하도록 허용한다. (7)경상도 감영소재지인 대구에서 반년마다 열리는 약령시에 일본 상인이 참여하도록 허용한다.[40] 이미 조약이나 통상장정에서도 지나친 특혜가 보장됐는

---

40 같은 책, 15권, 212~214쪽.

데 이런 양해가 허용될 경우, 일본인이 양국 무역에 참여하고 조선 안에서 도·소매업까지 운영할 수 있도록 허가하는 것이었다. 아울러 이 조처는 일본인이 사실상 조선의 어느 곳이나 자유롭게 여행할 수 있도록 보장하는 것이었다.

조선 정부는 이전처럼 하나부사를 환영하지 않았다. 그는 예조판서와 직접 협상하려고 했지만 앞서의 상대인 홍우창과 다시 협상할 수밖에 없었다. 6월 18일 두 사람의 협상은 항구 문제를 논의하면서 시작됐다. 홍우창은 원산과 인천을 개항하라는 하나부사의 요구를 거부했다─원산은 선침이 있는 지역과 가깝고, 인천은 도성과 너무 가깝다는 이유였다. 양쪽 모두 타협의 기색을 보이지 않은 채 몇 주가 흘렀다. 조선 당국은 전략적으로 중요한 인천에 일본인을 들어오지 못하게 하려면 원산을 허용해야 한다고 판단했다. 그 결과 7월 12일 의정부는 원산을 개항하라는 고종의 윤허를 받았다. 하나부사는 끈질기게 요구했지만 의정부는 인천의 개항을 거부했다. 유림이 강력히 반대했지만, 8월 말 합의에 이르렀으며 1880년 5월 이후 원산을 개항하는 것으로 10월 초순 공식 서명했다.[41]

조선 정부는 일본 학자와 과학자가 조선 내륙을 여행하거나 일본 상인이 대구 약령시에서 상업 활동하는 것은 거부했다. 그러나 조선 정부는 나머지 5개의 요구는 항구와 해안에 등대와 부표를 설치하는 조항을 추가하고 일정한 수정을 거쳐 허용하겠다는 의사를 보였다. 이런 양해의 대

41　田保橋潔, 『近代日鮮關係の硏究』 1권, 693~714쪽 ; Deuchler, *Confucian Gentlemen and Barbarian Envoys*, 78~81쪽. 원산 개항 합의문은 『고종실록』 16,27a~28a ; 『日本外交文書』 15권, 221~222쪽 참조.

가로 하나부사는 일본 상인이 부산에서 입었다는 무역 손실의 보상 요구를 철회했다.[42] 양쪽 모두 협상에서 주재 공사 문제는 거론하지 않았다.

원산은 1880년(고종 17, 청 광서 6, 일본 메이지 13) 5월 일본 무역에 공식 개방됐다. 일본은 여러 특권 가운데 서양 열강이 청에서 확보한 특별 양해와 비슷하게 부산과 원산의 넓은 구역을 영구 임대했고, 그곳에서 일본 국적자들은 치외법권의 특혜를 누렸다.[43] 이로써 일본은 무역뿐 아니라 전략적으로도 중요한 부산과 원산 두 곳의 중요한 거점을 확보했다. 에노모토와 하나부사 같은 인물들이 조선에서 일본이 당장 추구해야 한다고 지적한 "전략적 목적들"은 이제 달성됐다.

방금 살펴본 기간 조선에서는 "세도정치"가 다시 등장했다. 왕권이 계속 무력한 상태에서 정부의 결정권은 대체로 의정부가 행사했으며, 이 기간 대부분 이최응이 명목상 의정부를 이끌었지만 점차 왕비 민씨와 민태호閔台鎬·민규호閔奎鎬 같은 인척의 영향력 아래 놓였다. 평범한 자질의 이최응은 뛰어난 재능을 지닌 동생 대원군이 권력을 장악하자 사실상 배제됐다. 그러나 왕비와 그녀의 인척들이 대원군과 점차 격렬하고 냉혹한 권력투쟁을 벌이면서 국왕의 숙부라는 그의 지위는 유용하게 됐다. 민씨 세력은 대원군에 대한 그의 반감을 이용해 높지만 실권은 거의 없는 자리에 임명하고 허수아비로 이용했다. 민씨 세력에게는 자신들의 권력을 유지하는 것밖에는 국내 또는 대외정책에서 확고한 견해나 분명한 목표가 없었다. 조선 정부는 확신이나 방향 없이 대일관계에서 흔들리고

---

42 『日本外交文書』 15권, 218~221쪽.
43 부산과 원산에서 일본이 받은 양보는 藤村道生,「朝鮮における日本特別居留地の起源」, 18~31쪽 ; 이현종, 『한국 개항장 연구』, 193~203쪽 참조.

표류했으며, 변화하는 세계의 실체에 대처하기를 거부하고 변화를 마지 못해 그리고 힘의 위협 아래서만 받아들였다.

리훙장과 청의 새로운 조선 정책

강화도조약의 1조는 조선이 "일본과 동일한 권리를 누리는 독립국"이 라고 규정했다. 지대한 정치적 의미를 담은 그 조항은 청으로부터 조선 의 독립을 확보하려는 목적에서 일본이 삽입한 것이었다. 그러나 조선은 그에 대해 역사적 사실을 그저 다시 확인한 것으로 받아들였다. 앞서 본 대로 조선은 종주국의 정치적 감독이나 간섭을 거의 받지 않고 자율적 으로 활동했지만 조공체제 아래서 청의 명목적 우위와 도덕적 영향력을 의심 없이 받아들였다. 조선은 동아시아의 전통적 세계질서에서 늘 일본 과 대등한 지위에 있었다. 조선은 청으로부터 정치적으로 독립했고 일본 과 명목상 대등한 지위에 있었지만, 이것은 청에 대해 명목상 열등한 위 치에 있으면서 의례적儀禮的으로 복종한다는 것과 동일한 의미였다. 조선 의 의정부는 초안의 그 구절을 검토하면서 "특별히 반대하지 않는다"고 만 언급했다.[44]

1876년 4월 말 청 당국도 일본 공사관으로부터 조약 사본을 받았을 때 그 조항에 의문을 제기하지 않았다. "자주"라는 표현은 "독립"보다는 "자치"로 해석될 수 있었기 때문이며 청은 조선이 자국의 사무를 처리하

44　田保橋潔, 『近代日鮮關係の研究』 1권, 472쪽.

는 데 "자치적"이라고 판단했기 때문에 총리아문도 정부도 그 조항에 이의를 제기하지 않았다. 뛰어난 외교적 감각을 지닌 리훙장과 그 세력도 그 표현에 대해서는 항의할 만큼 심각하게 여기지 않았다. 아마 청은 조선의 충성을 확신했으며, 조선이 청에 계속 충성을 지키면 일본과의 단순한 조약은 전통적으로 조선에서 청이 보유한 지위에 중요한 영향을 주지 않을 것으로 판단했다고 생각된다. 그 뒤의 사건들이 보여주듯 이런 믿음이 완전히 잘못된 것은 아니었다.

조약을 체결한 다음 날 고종은 청 예부에 서신을 보내 협상과 조약의 요지를 간단히 설명했다. 그 뒤 예부에 보낸 서신에서 국왕은 일본이 자국의 통치자를 "문제가 될 수 있는 표현"으로 지칭했기 때문에 조선은 일본과 서로의 통치자가 아니라 관원들끼리 연락하도록 했다고 언급했다. 그는 청 당국이 조선에 관심을 가져준 데 감사했다. 국왕은 리훙장이 모리와 회담하면서 조선의 지위를 보호하려고 노력하고 일본에 경고한 것에 감사하면서 조선인이라도 자국을 위해 더 잘할 수 없었을 것이라고 말했다.[45]

일본의 바람과는 반대로 강화도조약을 체결한 뒤 청과 조선의 관계는 눈에 띄게 달라지지 않았다. 달라진 것이 있었다면 일본과 러시아의 위협이 커지자 조선이 청과 더 가까워진 것이었다. 조선은 이전처럼 성실하게 모든 조공 의무를 계속 수행했으며 청과 더 자주 연락했다. 조선 정부는 김기수의 수신사 파견, 조규부록과 무역장정 체결, 주재 공사 문제 협상, 원산 개항 결정 등 일본과 일어난 모든 일을 보고했다.[46] 잘 알려

---

45 『淸光緖朝中日交涉史料』, 10,10a~11a, 11b~12a.

져 있지 않지만 흥미로운 한 가지 사건은 이 시기 청·일본·조선이 서로를 어떻게 봤는지 알려준다.

1878년 5월 주중 프랑스 공사 브레니에르Brenier는 그해 초 조선에 다시 밀입국하려다가 조선 당국에 체포된 펠릭스 클레르 리델 신부를 석방하도록 영향력을 행사해달라고 총리아문에 요청했다. 6월 초순 조선 정부는 청 예부의 서신에 회답하면서 프랑스 신부를 석방해 청에 인도했다.[47] 한 달 뒤 조선 정부는 리델 신부를 부산의 일본 관리관에게 인도해달라고 요청하는 외무경 데라시마의 서신을 받았다. 데라시마는 청의 "지시"로 프랑스 신부가 석방돼 청 당국에 인도된 것을 알고 분노했다. 데라시마는 조선이 청을 "상국上國"이라고 부른 것에 더욱 분노했다. 불쾌해진 데라시마는 그런 표현은 "적절하지 않다"는 이유로 조선의 서신을 접수하지 않았다. 10월 하나부사는 조선이 전체적으로는 외교적 격식을, 구체적으로는 강화도조약 1조를 위반했다고 비판하는 항의서와 함께 그 서신을 한성으로 돌려보냈다. 하나부사는 이렇게 비판했다. "귀국은 독립국이라고 선언했기 때문에 우리 정부는 그것을 믿었습니다. 그러나 귀국이 받드는 상국이 있고 그 지시를 따른다면 속국일 뿐이며 독립국이라고 할 수 없습니다."[48]

이번에는 조선 정부가 하나부사의 서신이 "매우 적절치 않고 참을 수

---

46 이 사안과 관련된 조선과 청 예부의 연락은 『淸季中日韓關係史料』 2권, 문서번호 266, 269, 279, 290, 293번 참조.

47 『淸季中日韓關係史料』 2권, 343~345쪽 ; 『일성록』 고종편, 15년 5월 4일 ; 『고종실록』 15.12b~13a.

48 데라시마와 하나부사의 서신은 『구한국외교문서』 1권, 30~33쪽 참조. 조선의 회신은 『일성록』 고종편, 15년 5월 6일 ; 『고종실록』 15.17b~18a 참조.

없다"고 판단했다. 조선 정부는 동래부사가 하나부사의 서신을 접수한 것을 질책하면서 즉시 일본에 반박문을 보내라고 그에게 지시했다.[49] 조선 정부는 그 사건을 청 예부에 보고하면서 조선이 청에 복종하고 있는 것은 온 세상이 알고 있다고 말했다. "독립국"인 조선에게 그런 발언을 고집하는 것은 일본이라고 조선 정부는 말했다.[50] 청 당국은 조선의 보고를 만족스럽게 받아들였다. 1879년 2월 8일 총리아문은 황제에게 상소를 올려 예부가 조선에 그 문제를 적절히 처리하도록 지시해달라고 주청했다. 황제의 명령을 받은 예부는 이틀 뒤 한성으로 서신을 보냈다. 거기서도 조선은 스스로의 판단에 따라 일본의 원산 개항 요구를 처리하라고 조언했다.[51]

이처럼 강화도조약이 체결된 3년 뒤에도 청은 조선에 대해 전통적인 불간섭 정책을 유지했다. 그러나 이것은 청 지도층이 현실에 안주했다는 뜻은 아니다. 반대로 리훙장과 그 세력은 한반도에 대한 일본과 러시아의 위협에 대해 점점 더 우려했다. 북양 통상대신으로서 리훙장은 외교와 무역, 중국 북부의 방어에 폭넓은 책임을 갖고 있었다. 조선이 적대세력이나 잠재적 적에게 장악되면 중국 북부와 청 황실의 발상지인 만주에 직접적인 위협이 될 수 있었다. 그 결과 리훙장은 장쑤성이나 저장성 같은 해안 지역보다 조선이 청에 전략적으로 더 중요하다고 판단했다.[52] 그는 조선이 일본이나 러시아에게 장악되는 것을 막아야 한다고 결정했다. 1870년대 중반부터 리훙장은 조선으로 팽창하는 일본의 계획을 막

49 『일성록』고종편, 15년 10월 26일 ; 『고종실록』15.35b~36a.
50 『淸季中日韓關係史料』2권, 351~353쪽.
51 같은 책, 353~355쪽.
52 李鴻章, 『李文忠公全書』, 1.49a.

기 위해 근대적 해군을 창설하는 자강계획에 노력을 집중했다.

일본과 조선의 조약 체결로 전쟁은 피했지만 리훙장은 일본과 러시아의 침략에서 조선의 안전을 보장할 수 있는 포괄적인 정책을 입안한다는 문제와 부딪쳤다. 1876년 후반 그는 일본과 러시아의 위협에서 조선을 보호할 수 있는 가장 좋은 방법은 조선이 동아시아에서 영토적 확대가 아니라 무역에 주로 관심을 갖고 있는 서양 열강과 외교·무역관계를 수립하는 것이라는 생각을 굳히게 됐다. 이것은 "조약체제 정책"이라고 부를 만하다. 1876년 여름 리훙장이 마거리 사건을 타결하기 위해 즈푸에서 협상하는 동안 깨달은 것인데, 청과 조약을 맺은 몇몇 서양 열강의 이해관계에 균형을 맞춘다면 영국처럼 독보적인 열강의 요구를 억제할 수도 있었다.[53] 그러나 전통적으로 중국이 조선에 개입하지 않은 상황을 고려할 때 열강의 균형을 맞추는 원칙을 어떻게 조선에 적용할 수 있는 가 하는 문제가 남아 있었다. 리훙장에게는 영향력은 있었지만 조선 정부와 직접 연락할 수 있는 권한은 없었고 즉시 갖기도 어려웠다. 그것은 예부의 특권이었다. 이런 사정에 따라 그는 1876년 초부터 이유원과 개인적으로 연락을 주고받았는데, 그것은 편리하고 유용한 방법이었다.

1876년 후반 리훙장은 이유원에게 답신을 보내면서 조선이 서양 열강과 조약을 체결하는 것이 이롭다고 지적했다.[54] 리훙장은 1년 뒤 친구 하여장何如璋이 초대 주일 청국 공사에 임명돼 도쿄로 떠나자 늘 조선을 염두에 두고 필요할 경우 일본과 조선을 적절히 중재하라고 조언했다. 리

---

53 즈푸 협상에서 합의에 이르는데 리훙장이 한 역할은 S. T. Wang, *The Margary Affair and the Chefoo Agreement* 참조.

54 리훙장의 개인비서 설복성이 이유원에게 보내는 서신을 썼다. 薛福成, 『薛福成全集』 3권, 3.38a~39a 참조.

홍장은 조선에 대한 일본의 야심을 우려했지만 러시아가 한반도에 관심을 갖는 것을 더 염려하기 시작했다. 1878년 이리伊犁[55]를 둘러싼 중국과 러시아의 분쟁이 일어나는 동안 리훙장은 그해 초반 러시아-튀르크 전쟁이 끝나자 러시아가 다음은 조선으로 관심을 돌리지 않을까 우려했다. 1878년 9월 리훙장은 이유원에게 회신하면서 영국과 미국 같은 열강은 주로 무역에 관심이 있지만 러시아는 끊임없이 인접지역을 침범해 병합했다고 다시 지적했다. 그는 러시아가 적절한 시기에 조선을 차지하려는 목표로 조선을 고립시키려고 한다고 의심하면서 러시아의 의도를 방지하는 수단으로 원산을 개항해 일본과 무역하고 조약을 체결하려는 영국의 요청을 수용하라고 제안했다.[56]

　리훙장의 정책도 옛 중국의 "이이제이" 전략으로 보일 수 있지만 그는 주로 청의 경험과 자신의 국제정치 지식에서 방안을 떠올렸다고 생각된다. 그는 이 시기 청의 지위를 안정시키는 데 청과 조약을 체결한 서양 열강의 복합적인 이해관계가 유용했다는 사실을 깨달았다. 그는 유럽의 세력 균형 개념도 충분히 이해했다. 리훙장의 후배로 국제정치를 공부하기 위해 지난해 프랑스로 갔던 마건충馬建忠은 1878년 여름 세력 균형 원칙을 자세히 설명한 서신을 파리에서 보냈다. 거기서 그는 서양 국가들은 국제관계에서 세력 균형을 유지하려고 노력한다고 말했다. 마건충은 총리아문에 그의 외교정책 견해를 알리라는 한 "친구"의 요청으로 그

55　중국 청 말기의 향용鄕勇(지방 의용군). 1862년 이홍장이 태평천국을 진압하기 위해 화이허 강 유역의 안후이성 병력을 조직해 만들었다. 태평천국의 상하이 공격을 막았으며, 태평천국이 멸망한 뒤에도 염군捻軍 반란과 이슬람 반란 등을 진압하는 데 중심적 역할을 했다.—옮긴이

56　같은 책, 3.39a~b.

답신을 보낸 것이었다.[57] 리훙장과 마건충은 영국이 러시아-튀르크 전쟁에 개입한 것과 그 뒤 베를린 회의에서 오스만 제국의 분할을 막고 유럽의 세력 균형을 유지하도록 만든 것에 주목했다.

리훙장은 일본이 조선에 대해 야심을 키우고 있다는 것을 잘 알았지만 1870년대는 대체로 청과 일본이 서양 열강을 상대로 협력할 수 있다는 희망을 품고 있었다. 그는 계속된 국내 불안과 엄청난 재정적자 때문에 일본이 해외에서 새로운 모험을 추진할 여력이 없다고 믿었다. 일본이 러시아를 두려워한다는 사실도 알고 있었다. 1876년 11월 저명한 일본인 두 사람이 리훙장을 방문했다. 청국 공사 모리와 전직 외무경 소에지마였다. 그들은 러시아의 팽창주의를 우려하면서 러시아의 위협을 막는 데 청·조선과 협력하고 싶다고 말했다. 소에지마는 불만을 품은 사무라이들이 정부에 대해 반란을 일으킬지도 모른다고 우려했다.[58] 리훙장은 협력을 바란다는 일본의 태도에 마음을 놓고 안주하지 않았지만, 청과 서양 열강의 분쟁이 일어날 경우 일본이 청에 우호적 태도를 보이도록 설득할 수 있다는 희망을 아직 버리지 않았다. 1877년 세이난 전쟁이 일어나자 리훙장은 탄환 10만 발을 일본 정부에 선뜻 빌려줬다.[59] 그 뒤 일본은 산시성山西省에서 대기근이 나자 다른 나라들과 함께 구호에 참여했다. 그러나 청과 일본의 협력은 1879년 일본이 류큐를 병합하면서 갑자기 끝났다.

1875년 여름 일본이 자신과 중국의 조공관계를 강제로 종결시킨 뒤

57 馬建忠,『適可齋紀言紀行』, 2.7b~20a ; 坂野正高,「フランス留學時代の馬建忠」, 276~278쪽 ;
    陳三井,「略論馬建忠的外交思想」, 548쪽.

58 李鴻章,『李文忠公全書』, 6.31a~32a.

59 같은 책, 7.3b~4a.

류큐 국왕은 베이징에 밀사를 보내 보호를 요청했다. 그러나 더 심각한 국내외 문제에 직면해 있던 청은 일본에 말로밖에 항의할 수 없었다. 일본 정부는 청과 류큐 문제를 논의하지 않는 것을 선호했다. 1876년 2월 조선의 지위와 관련해 베이징에서 총리아문과 회담하던 모리의 질의에 회신하면서 외무경 데라시마는 류큐 문제에 대한 논의를 모두 피하라고 지시했다.[60] 한편 일본을 "싫어하고" 청에 "계속 충성하는" 작고 가난한 군도群島 왕국을 "많은 비용을 들여" 점령하는 것에 대해 일본 국민의 의견은 상당히 나뉘었다.[61] 국내의 사무라이 반란과 농민 봉기를 진압하는 문제 등에 몰두한 일본 정부는 류큐에 대해 더 이상의 조처를 하지 않았다.

1877년 여름 모리는 지난해 런던에서 나온 한 잡지 기사를 우대신 이와쿠라에게 보냈다. 영국이 동아시아에서 군사적 위상을 강화하기 위해 류큐를 점령해야 한다고 주장하는 내용이었다.[62] 류큐에 대한 일본의 최종 목표는 병합이었기 때문에 영국이 그 열도에 관심을 보이자 놀란 일본 정부는 영국이 곧 행동할 것이라고 확신했다. 1878년 후반 오쿠보가 암살된 뒤 국내 상황이 다시 안정되자 오쿠보의 뒤를 이어 정부의 핵심 인물로 자리잡은 내무경 이토 히로부미는 류큐의 최종적 처리 방안을 연구하라고 지시했다. 그 검토에 따라 1879년 3월 일본 정부는 류큐에 보병 400명과 경찰 150명을 파견했다. 4월 초 그 병력은 류큐의 수도 슈리首里를 점령하고 왕국을 무너뜨린 뒤 오키나와현을 새로 설치해 일

---

60 『日本外交文書』12권, 471~472쪽.
61 藤村道生, 「琉球分島交渉と對アジア政策轉換」, 3~4쪽.
62 『日本外交文書』13권, 194~198쪽.

7장 _ 조약체제의 외교

본의 일부로 병합했다.[63]

일본이 류큐를 병합한 때는 그 섬을 둘러싼 청과 일본의 관할권 분쟁이 아직 해결되지 않은 시점이었다. 그 시점은 청이 이리를 둘러싸고 러시아와 분쟁에 휘말린 시기와 일치했다. 청은 지속적으로 항의하고 협상을 요구했지만 일본이 묵살하고 행동한 사실에 특히 분노했다. 많은 청의 관료, 특히 "청류淸流"라고 불린 베이징의 젊고 이상주의적인 사대부 집단—이리를 러시아에 양보하는 데도 반대하면서 군사적 공격을 주장했다—은 일본과 결전을 요구했다. 중국에 있던 서양 외교관들도 대부분 일본의 행동에 비판적이었다. 영국 공사 웨이드는 그것을 무력에만 의지한 행동으로 규정하면서 청도 필요하다면 무력을 사용해 다퉈야 한다고 말했다. 독일 공사 막시밀리안 폰 브란트는 일본의 대청외교는 기만적인 술책을 자주 사용한다고 지적했다.[64]

류큐는 여러 세기 동안 중국의 조공국이었지만 실제로 중국의 통제를 받은 적은 없었다. 중국도 조그만 섬 왕국을 중요하게 생각하지 않았다. 청은 류큐가 지리적으로 중국보다 일본에 가깝기 때문에 사쓰마의 지배 아래 있다는 것을 알고 있었다. 그 때문에 청은 류큐에 대한 자신의 종주권을 인정하거나 존중하는 방식으로 일본의 합병이 진행됐다면 묵인하고 인정했을지도 모른다. 일본이 일방적이고 독단적으로 행동하면서 그것은 불가능해졌다. 류큐를 조공국으로 유지시키는 것은 청이 보존하려고 노력한 조공체제 전체의 온전성에 그리 중요하지 않았다. 구체적으로 말하면 청은 류큐를 상실한 것 자체보다 좀더 중요한 영토와 조공

---

63 메이지 정부가 류큐 합병을 추진한 과정은 金城正篤, 『琉球處分論』, 1978, 238~256쪽 참조.
64 藤村道生, 「琉球分島交涉と對アジア政策轉換」, 6~7쪽.

국—타이완과 베트남, 특히 조선—에 줄 영향을 우려했다. 하여장이 청 정부는 류큐에 대해 타협하지 않는 자세를 보여야 하며 일본은 지금 억제하지 않으면 류큐에 한 행동을 반드시 조선에도 할 것이라고 거듭 경고하면서 이런 우려는 커졌다.[65]

하여장의 의견은 당시 베이징 관료들의 견해를 반영한 것이었지만 리홍장은 좀더 현실적인 태도를 보였다. 총리아문이 의견을 물어오자 리홍장은 류큐는 작은 왕국으로 그들이 청에 조공한 것은 상징적 행위였을 뿐이며 그 나라를 놓고 전쟁을 벌이는 것은 무익할 것이라고 답했다. 리홍장도 류큐 자체는 중요하지 않더라도 일본의 침략을 제어하지 않으면 앞으로 조선을 침공할 수도 있다는 것을 우려했다. 그는 1871년 청일수호조규의 상호불가침 조항에 따라 타협안을 도출하는 협상을 제안했다.[66] 일본은 류큐 문제는 국내 사안이라고 선언하면서 협상을 거부했다.

전 미국 대통령 율리시스 S. 그랜트Ulyssess Grant는 세계여행 과정에서 1879년 5월 중국에 도착했고, 공친왕과 리홍장은 류큐를 둘러싼 청과 일본의 분쟁을 중재해달라고 요청했다. 그랜트는 제3자가 개입하지 않고 청과 일본이 직접 협상해 류큐 열도를 분할하는 방안을 제안하면서 평화적 타결을 주장했다. 그의 제안 이후 몇 달 동안 두 나라는 지루한 협상을 이어갔다. 1880년 10월 청과 일본은 서로 최혜국대우를 허용한다는 조건 아래 류큐 분할에 잠정적으로 합의했다.[67] 총리아문은 이것으로 청에 대한 일본과 러시아의 연합이 방지되기를 바라면서 합의가 체결되

---

65 하여장이 총리아문에 보낸 서신은 溫廷敬 編, 『茶陽三家文鈔』, 45~71쪽 참조. 하여장이 리홍장에게 보낸 서신은 李鴻章, 『李文忠公全書』, 8.2a~4b 참조.

66 李鴻章, 『李文忠公全書』, 8.1a~2a, 4b~6a.

기를 희망했다. 청류 집단은 강력히 반대했다.

1880년 11월 29일 우서자右庶子 진보침陳寶琛은 황제에게 긴 상소를 올려 아문을 비판했다. 진보침은 그동안 일본이 타이완과 류큐에서 한 행동으로 판단할 때 합의를 준수할 것으로 믿을 수 없으며, 청과 러시아의 분쟁에서 더 힘센 나라의 편을 들 것이라고 주장했다. 진보침은 청이 류큐를 양보하는 것에 담긴 함의를 설명하면서 부채에 허덕이는 약소국인 류큐를 일본으로부터 보호하지 못한다면 훨씬 더 중요한 조공국인 조선에 대해 러시아는 더욱 야심을 드러낼 것이라고 강조했다. 그는 이기든 지든 일본과 전쟁을 치르는 것이 현재 청이 추진하고 있는 자강정책에서 전환점이 될 것이라고 확언했다.[68] 며칠 뒤 같은 부류인 장지동張之洞도 마찬가지로 강경한 상소를 올려 아문의 견해를 비판하면서 유약하고 흔들리는 외교정책은 일본의 도전을 불러올 것이라고 주장했다.[69]

젊은 관료의 강경한 반대에 부딪치자 황제는 리훙장에게 의견을 물었다. 앞서 리훙장은 서양 열강에 대항하면서 일본의 우호와 협력을 얻으려는 의도에서 회유정책을 지지했지만, 그런 희망은 더 이상 가능하지 않았다. 그는 일본이 앞으로 청에 어떤 태도를 보일지는 합의가 아니라 청 자신의 힘에 달려 있다는 젊은 관료들의 의견에 동의했다. 그러나 젊은 관료들과 달리 리훙장은 분쟁을 끝내기 위해 류큐 분할을 수용할 수 있다는 실용적 태도를 취했다. 리훙장은 전통적 조공체제를 온전히 유지

---

67 그랜트의 중재 역할은 Kublin, "The Attitude of China during the Liu-ch'iu Controversy," 225~228쪽 ; T. F. Tsiang, "Sino-Japanese Diplomatic Relations, 1870-1894," 40~49쪽 ; 三國谷宏,「琉球歸屬に關するグランドの調停」, 29~64쪽 참조.

68 『淸光緖朝中日交涉史料』, 2.10b~13a.

69 張之洞,『張文襄公全集』, 3.22b~24b.

하는 문제에는 유연한 입장이었지만, 일본에 최혜국대우를 허용하는 데는 단호히 반대했다.[70]

일본 정부의 지도자들은 류큐를 일본의 필수적 부분으로 생각했다. 1874년 타이완 원정을 정당화한 주요 근거도 류큐의 주민을 보호한다는 것이었다. 청의 최혜국대우와 그 섬의 일부를 교환하려는 일본의 태도는 중국에 침투한 서양 열강과 대등한 외교와 무역적 지위를 확보하려는 열망을 보여줬다. 리훙장은 이런 일본의 열망을 잘 알고 있었다. 그는 류큐에 대한 타협을 받아들이려고 했지만 일본이 중국에서 그런 지위를 누리도록 허용하지는 않았는데, 청·일관계에서 가장 중요한 원칙의 문제가 걸려 있기 때문이었다. 그 결과 협상은 깨지고 아무 합의도 이뤄지지 않았다. 청에게 커다란 외교적 성과를 거두려던 일본의 시도는 실패했지만, 류큐 병합은 그 뒤 기정사실이 됐다. 그 섬 왕국은 그동안 유지한 중국과의 조공관계가 근대 일본이 팽창하면서 강제로 끊어진 최초의 동아시아 국가가 됐다.

류큐가 합병되자 청은 조선에 대한 일본의 구상을 더욱 경계했다. 류큐가 병합되고 넉 달 뒤인 1879년 8월 21일 총리아문은 조선 문제에 개입하지 않는다는 전통에서 벗어나기로 한 새로운 조선 정책을 담은 중요한 상소를 올렸다. 그 상소에 앞서 리훙장의 가까운 친구로 장쑤·푸젠 순무를 지낸 정일창丁日昌은 비슷한 내용의 상소를 바쳤다. 정일창은 조선이 서양 열강과 조약을 체결하도록 권유해야 하며, 그렇게 되면 서양 열강의 복합적 이해관계 때문에 조선에 대한 일본의 구상은 견제될 것이

---

70 리훙장의 상소 참조. 『淸光緖朝中日交涉史料』, 2.14b~17a 수록.

라고 주장했다. 영국 공사 웨이드도 아문에 비슷한 건의를 하면서 조선이 서양 국가들과 관계를 수립하지 않으면 류큐의 운명을 따를 것이 분명하다고 경고했다. 아문은 황제가 리훙장에게 조선을 설득하고 지도하는 임무를 맡도록 지시하라고 주청했다. 황제는 윤허했다. 리훙장은 그날로 그런 명령을 받았다.[71]

북양 통상대신으로 주요 대신들과 친분이 있으며 일본 사신들과의 협상을 포함해 폭넓은 외교 경험을 가진 측면을 고려할 때 리훙장을 임명한 것은 논리적인 선택이었다. 조선을 지도하고 보호하라는 리훙장의 임무는 조공체제에서 전례가 없던 것이었다. 그때까지도 청 정부는 여전히 조선 사무에 개입하지 않으려고 했다. 리훙장에게 내린 칙서에서는 "조선이 바라지 않는 것을 중국이 강요하기는 어렵기 때문에 황실이 조선에 대한 의도를 분명히 드러내는 것은 불편하다"고 말했다. 리훙장은 이미 조선 사신과 연락했으며 "조선에 대한 [전직] 순무 정일창의 제안을 자신의 의견이라고 전달했다."[72] 리훙장은 이유원과 "개인적으로 연락해" 조선의 외교정책을 지도했는데, 조선 사무에 "공식적으로 개입하지 않고" 자신의 새로운 조선 정책을 시행할 수 있는 방법이었다. 아울러 조선은 "외국"이 아니라 조공국이기 때문에 총리아문이 그 사무를 다루는 것은 적절하지 않았다.

8월 26일—새 직책에 임명된 닷새 뒤—리훙장은 이유원에게 긴 서신을 보내 조선이 서양 국가들과 조약을 맺어야 하는 이유를 간곡히 설

---

71 『淸光緖朝中日交涉史料』, 1.31b~32b에 실린 총리아문의 상소 참조.

72 『淸光緖朝中日交涉史料』, 1.32b ; 『淸季中日韓關係史料』 2권, 361쪽 ; Deuchler, *Confucian Gentlemen and Barbarian Envoys*, 86~87쪽 ; 권석봉, 「리훙장의 대조선열국입약권도책對朝鮮列國立約勸導策에 대하여」, 107~109쪽.

명했다. 리훙장은 일본이 침략한 사례로 류큐 병합을 들면서 문치의 나라인 조선은 일본의 상대가 되지 않을 것이며, 청은 조선을 도울 것이지만 제때에 지원이 이뤄지지 않을 수도 있다는 우려를 표명했다. 리훙장은 조선에 대해 일본과 서양이 담합할 가능성을 지적하면서 교류를 지향하는 세계적 흐름은 거스를 수도 사람의 힘으로 막을 수도 없다고 말했다. 조선이 일본과 조약을 체결한 것처럼 서양 열강과도 조약을 체결하면 무역 이익에 관심을 갖고 있는 그들은 일본의 조선 구상을 견제할 것이었다. 리훙장은 러시아-튀르크 전쟁에서 영국이 효과적으로 개입해 튀르크를 완전한 멸망에서 구했다고 언급했다. 그는 국제법의 효능을 극찬하면서 그것에 의해 벨기에·덴마크·터키 같은 약소국이 보호받았다고 말했다. 영국·독일·미국과 조약을 맺는 것은 러시아와 일본의 침략에서 조선의 안전을 보장할 수 있는 최선의 방법이라고 그는 주장했다. 애원에 가까운 진심 어린 어조로 리훙장은 계속 말했다. "귀국의 근심은 우리의 근심입니다. 그 때문에 나는 내 직무를 넘어 귀국을 도울 계획을 구상하고 내 진심을 말하는 데 주저하지 않는 것입니다. 귀하가 귀하의 국왕께 내 제안을 올려 검토하시도록 권유하고, 대신을 모두 불러 숙의하며 실행 가능성을 비밀리에 논의하도록 건의하기를 바랍니다. 귀하가 내 말을 그르게 여기지 않는다면 그렇다는 뜻을 회신에 밝혀주시기 바랍니다." 리훙장은 조선이 서양 열강과 평화적으로 협상하면 그들로부터 좀더 좋은 조건을 얻을 것이라고 덧붙였다.[73]

닷새 뒤 리훙장은 황제에게 상소를 올려 자신이 이유원에게 보낸 서

---

73 『清季中日韓關係史料』 2권, 366~369쪽.

7장 _ 조약체제의 외교

신과 조선에 대한 앞으로의 계획을 보고했다. 조선이 조약체제와 서양의 관례에 익숙하지 않은 것을 고려할 때 조선이 서양 국가들과 조약을 체결하기로 결정하면 청은 조선을 도와 협상하고 어려움을 예방하기 위해 중재자로 활동해야 한다고 리훙장은 말했다.[74]

리훙장의 서신은 10월 초 이유원에게 전달됐다. 당시 조선의 정치적 상황은 리훙장이 바란 것만큼 우호적이지 않아서 일본과 조약을 체결한 이후 외국인 혐오와 배외감정은 더욱 커졌다. 유림은 일본과 서양을 동일시하면서 일본과 관계를 확대하고 서양에 문호를 개방하는 데 더욱 격렬하게 반대했다. 1876년 조일수호조규에 격렬히 반대하다가 유배된 최익현은 1879년 3월 풀려났다. 그러나 그와 그의 추종자들은 태도를 누그러뜨리지 않았으며, 정부의 외교정책에 반대하면서 대원군과 같은 편에 섰다. 그의 존재는 왕비와 그 인척에게 지속적인 위협이었다. 신하들은 커져가는 일본의 공격성을 경계했고 배외감정을 강화했다.

한편 조선 정부는 왕비와 그 인척들이 점점 더 지배해갔으며, 왕권이 계속 무력하면서 정부는 흔들리고 표류했다. 1877년 박규수가 세상을 떠나면서 리훙장의 조언에 능동적으로 대처할 수 있는 유일한 대신도 사라졌다. 전·현직 대신들은—일본과의 화해를 지지하는 인물도 있었지만—서양과 교류하는 데 절대 반대했다. 자신의 권력을 유지하는 데 몰두한 왕비와 그 인척들은 보수적인 유생들을 더 분노시킬 수 있는 일은 하지 않았다. 청에게는 역설적인 일이었지만, 왕비와 그 인척들은 세자 책봉을 받아 위상을 강화한 뒤에는 국내의 권력투쟁에서 청의 지원

---

74 같은 책, 373~374쪽.

에 그리 기대지 않게 됐다.

1879년 봄부터 여름까지 일본이 조선 해안을 조사하고, 하나부사가 한성에 오래 체류했으며, 원산·인천 개항을 요구하면서 반일시위가 광범하게 일어났다. 원산을 개항하기로 결정하자 지방에서 강한 반대가 일어났다. 인근 3개 읍의 유생들이 국왕에게 합동으로 상소를 올리자 정부는 항의를 진압하기 위해 그 지도자들을 유배시켰다.[75] 하나부사가 원산에 이어 인천 개항을 압박하자 신하들은 인천이 도성과 가깝다는 사실을 들어 반대했다.

이유원은 실권이 없는 영중추부사領中樞府事로 있었다. 그는 계속 왕실의 우대를 받았지만 리훙장이 생각한 것만큼 정부의 사무에 영향력이 있지 않았다. 그동안 이유원은 일본과의 화해를 지지했지만, 전통적 관계의 복원을 바랐을 뿐이었다. 그는 일본의 커져가는 침략성과 인천 개항처럼 만족할 줄 모르는 "양보" 요구에 점차 놀랐다. 이유원이 일본과 화해하는 데 수행한 역할은 잘 알려져 있었으며, 그는 전국에서 반일 감정이 다시 일어나자 불안해지기 시작한 것으로 생각된다. 8월 4일 그는 갑자기 고종에게 상소를 올려 자신은 일본에 "양보"하는 것에 확고히 반대한다고 밝혔다. 이유원은 인천 개항에 강력히 반대한다고 말하면서 대신들의 의견이 일치하지 않아 얼버무리면 하나부사는 불합리한 요구를 계속 제기할 것이라고 지적했다. 이 상소에 동료 대신들은 격분했다. 9월 3일 전·현직 정승 3명은 공동으로 상소를 올려 이유원을 비판했다. 그들은 인천 개항에 모두 반대한다고 선언하면서 자신들과 이유원은 "작

---

75 『일성록』 고종편, 16년 5월 28일 ; 『고종실록』 16,21b.

7장 _ 조약체제의 외교

은 의견 차이도 없었기 때문"에 그의 지적에 "매우 당황했다"고 말했다. 국왕은 그들의 분노를 달래면서 이유원의 상소에 일부 잘못된 표현이 있 더라도 이해하라고 부탁했다.[76] 이 일이 있고 한 달 뒤 이유원은 리훙장 이 8월 26일에 보낸 서신을 받았다.

몇 년이 넘도록 리훙장의 서신은 이유원의 서양관에 긍정적 영향을 거의 주지 못했다. 영향을 줬더라도 앞서 본 대로 이유원은 동료들에게 외면을 받았기 때문에 조선의 대외관계사에서 혁명적인 중요성을 가졌 을 새로운 정책을 앞장서 이끌기는 어려웠을 것이다. 10월 7일 이유원은 리훙장에게 답신을 써서 유지개에게 전달을 요청했다. 이유원은 리훙장 의 관심에 감사를 표시했지만 그가 제안한 외교정책은 언급하지 않았다. 이유원은 유지개에게 보낸 다른 서신에서 조선은 다른 나라와 관계 맺 는 것을 희망하지 않으며 일본 상인에게 개항한 것은 어쩔 수 없고 달갑 지 않은 조처였다고 털어놓았다. 이유원은 리훙장의 제안을 정부에 보 고했지만 자신은 "관직을 떠나 낙향해" 있었기 때문에 "강력히 주장할 수 없었다"면서 양해를 부탁했다. 총리아문에 보낸 서신에서 리훙장은 이유원이 애매하게 답변한 데는 밝히기 어려운 이유가 있는 것 같다고 지적했다. 12월 말 리훙장은 자신의 이전 제안을 되풀이하지 않은 채 정 중한 답신을 보냈다.[77]

리훙장에게 짧은 답신을 보낸 뒤 이유원은 좀더 자세히 설명할 필요 를 느낀 것 같다. 12월 24일 그는 리훙장에게 다시 서신을 보냈다. 이유

---

76 『일성록』 고종편, 16년 6월 17일 ; 『고종실록』 16.22a~b에 수록된 이유원의 상소 참조. 다 른 대신들의 비판은 『일성록』 고종편, 16년 7월 16일 ; 『고종실록』 16.28a~b 참조.

77 李鴻章, 『李文忠公全書』, 10.15b~16b ; 『淸季中日韓關係史料』 2권, 394~396쪽.

원은 일본과 러시아로부터 조선을 보호하려는 그의 노력에 깊이 감사하면서 조선이 서양 국가들과 조약을 체결할 수 없는 까닭을 정중하게 설명했다. 그는 조선의 전통적인 고립주의와 천주교에 대한 반대를 기본 이유로 들었다. 리훙장이 제안한 "이이제이"의 전략에 대해 이유원은 좀더 큰 나라에는 효과적이겠지만 조선처럼 작은 나라는 그것을 적에게 사용하기도 전에 멸망할 것이므로 효과가 없을 것이라고 말했다. 이유원은 국제법이 류큐를 보호하지 못했다는 것을 이유로 들면서 그것을 신뢰하지 않았다. 그는 해외무역의 이점도 확신하지 않았는데, 일본은 그것으로 부유해지기는커녕 거의 파산했기 때문이다. 이유원은 조선은 필요할 때면 늘 중국의 보호에 의지해왔다고 말하면서 자신의 주장을 마무리했다. "일본과 서양 모두 귀국의 거대한 힘 앞에서 감히 멋대로 행동할 수 없을 것이므로 작은 우리나라는 귀국의 큰 덕에 영원히 의지할 것입니다."[78]

이유원이 서신을 쓰기 전 정부와 상의했는지는 알려지지 않았다. 서신의 본질과 주제의 심각성을 고려할 때 이유원이 권력을 잡고 있는 인물들의 견해와 반대되거나 다른 내용을 말했을 것이라고는 생각할 수 없다. 그러므로 그의 서신은 그 주제에 대한 조선 정부의 입장을 정확히 반영한 것이었다고 볼 수 있다. 리훙장의 조언을 정중하지만 단호히 거절함으로써 조선 정부는 청으로부터 전통적으로 유지한 정치적 독립을 주장했다. 리훙장의 반응도 그런 독립을 존중했음을 보여준다.

1880년 3월 5일 리훙장은 이유원의 서신을 받았다. 리훙장은 나흘 뒤 총리아문에 보고하면서 조선이 아직도 전통에 사로잡혀 자신들을 도

---

78 『淸季中日韓關係史料』 2권, 398~401쪽.

7장 _ 조약체제의 외교

우려고 청이 신중하게 입안한 계획을 제대로 알아보지 못했다고 분명한 아쉬움을 나타냈다. 리훙장은 이유원이 국내의 여론에 제약됐을 것이라고 추측하면서 조선을 국제사회의 무대로 나오게 하는 것은 "하루아침에 이룰 수 있는 일이 아니"라고 개탄했다.[79] 리훙장은 실망하기는 했지만 낙담하지는 않았다. 그는 자신이 제안한 새로운 조선 정책을 시행할 기회를 오래 기다릴 필요가 없었다.

청의 "조선 전략"

강화도조약을 체결한 뒤 일본과 조선의 무역은 급증했다. 정확한 통계자료는 없지만, 부산에서 이뤄진 무역의 총액은 1870년대 후반 몇 배가 늘었다.[80] 원산이 개항되면 더 빠르게 증가할 것으로 예상됐다. 고종의 서툰 재정정책과 왕비의 늘어난 사치 때문에 만성적인 세입 부족이 더욱 악화돼온 조선 정부는 무역 규모가 늘어나자 이 새로운 재원에서 수입을 얻으려고 더욱 열망하게 됐다. 한편 합리적인 관세를 수용하려는 일본의 의지는 1879년 여름 하나부사가 한성을 방문하는 동안 확인됐다.[81] 그에 따라 조선 정부는 1880년 5월 원산을 개항한 직후 관세협정을 체결하기 위해 일본에 사절을 파견하기로 결정했다. 그 사절의 정사에는 김홍집金弘集이 임명됐다.

---

79 같은 책, 397쪽 ; 李鴻章, 『李文忠公全書』, 10,23a~b.
80 강화도조약 체결 직후의 조·일 무역은 최유길, 「이조 개학 직후의 한일무역의 동향」, 175~221쪽 참조.
81 『구한국외교문서』 1권, 37~38쪽 ; 『日本外交文書』 15권, 219쪽.

당시 39세였던 김홍집은 통찰력을 지닌 유능한 관원이었다. 그는 민씨 세력인지 대원군 세력인지 정확히 구분되지 않았다. 김홍집은 서양에 개항해서는 안 된다고 주장했지만 외부 세계를 알려는 열망이 있었다.[82] 그와 60여 명의 수행원은 1880년 7월 한성을 출발했다. 그들은 일본 증기선을 타고 부산을 떠나 8월 11일 도쿄에 도착했다. 새 사절단의 구성은 4년 전 김기수의 수신사와 거의 다르지 않았으며, 규모를 제외하면 두 사절단의 외형은 도쿠가와 시대에 에도로 간 통신사와 비슷했다. 김기수와 동일하게 "수신사"라는 이름을 지닌 김홍집은 조선 예조판서가 일본 외무경에게 보내는 공식 서신을 가지고 갔다. 거기서는 최근 일본 사절단이 여러 차례 조선을 방문한 것에 대한 답례로 김홍집을 파견했다고만 말했다. 김홍집의 진짜 임무는 추신에서 밝혔다. 거기서는 부산에서 면세한 것은 임시적인 조처였다는 것을 상기시키면서 강화도조약의 해당 조항에 따라 두 나라 사이의 관세규정을 협상하자고 말했다.[83]

도쿄에서 김홍집의 활동은 전체적인 관계의 확대가 아니라 관세 협상이 그 사행의 목적임을 보여줬다. 김홍집은 천황이 자신을 영접할 것이라는 소식을 통보받자 일단 그 영예를 거절했다. 주일 청국 공사 하여장도 천황의 영접을 받았으며 거절하면 양국 관계가 손상될 수 있다는 말을 들은 뒤 그는 마지못해 수락했다. 김홍집이 황궁으로 가서 천황을 알현한 것은 8월 30일—도착한 지 3주 뒤였으며 수도의 문묘文廟를 방문

---

82 김홍집의 생애와 경력은 도원상공道園相公기념사업추진위원회, 『개화기의 김총리金總理』 참조.

83 김홍집, 『김홍집유고』, 261쪽 ; 山邊健太郎, 『日本の韓國倂合』, 46~47쪽. 김홍집은 일본인과 논의하고자 하는 유일하게 중요한 업무는 관세 문제라고 청국 공사 하여장에게 말했다. 김홍집, 『수신사일기』, 173~174쪽 참조.

7장 _ 조약체제의 외교

한 뒤였다 ─ 이 되어서였다.[84]

조선이 근대적 국제외교에 무지했으며 청의 선례를 선뜻 따르려고 했다는 사실은 김홍집이 도쿄에 도착한 즉시 뚜렷해졌다. 8월 13일 일본 외무성을 처음 방문하면서 김홍집은 관세 문제를 꺼냈다. 협정 초안을 가지고 왔느냐는 질문을 받자 김홍집은 초안이나 협상할 권한은 없다고 대답했다. 양국 정부가 관세 도입에 일단 합의하면 부산의 조선 대표가 공식 협정을 협상할 것이라고 그는 말했다. 외무대보 우에노 가게노리上野景範는 관세는 중요한 문제여서 양국에서 전권을 위임받은 인물만이 협의할 수 있다고 설명했다. 그러자 김홍집은 청과 일본이 체결한 것과 동일한 협정에 서명하자고 제안했다. 우에노는 그런 협정은 청과 일본이 합의한 내용과 동일할 수 없다고 대답하면서 하나부사와 그 문제를 논의하라고 제안했다.[85]

그 뒤 김홍집은 외무성 관료들과 논의하면서 모든 수출입에 5퍼센트의 종가세를 부과하는 데 일단 합의하려고 했다. 그러나 청국 공사 하여장은 당시 일본이 서양 조약 열강과는 더 높은 관세를 협상하고 있다고 그에게 알려줬다. 하여장의 조언에 따라 김홍집은 서양 국가들과 동일한 세율을 조선에 적용해야 공정할 것이라고 일본 관료들에게 말했다. 일본 관료들은 원칙에는 동의했지만 일본과 조선의 거리는 일본·조선과 서양의 거리보다 훨씬 가깝기 때문에 그렇게 하는 것은 비현실적이라고 주장했지만 설득력이 떨어졌다.[86] 더 논의했지만 합의에 이르지 못했는데, 부

---

84 김홍집, 『수신사일기』, 50쪽.
85 같은 책, 150쪽.
86 같은 책, 175~176쪽.

분적인 이유는 서둘러 어떤 합의를 결정하지 말라는 하여장의 조언을 김홍집이 따랐기 때문이다.

김홍집은 새 개항장과 주재 공사 문제는 논의하려는 의향을 보이지 않았다. 일본인들도 마지막 순간까지 그런 문제를 거론하지 않았다. 9월 8일 김홍집이 도쿄를 떠날 때 외무경 이노우에 가오루는 이 문제들에 대한 협상을 재개하기 위해 일본 사절이 2주 안에 조선으로 출발할 것이라고 말해줬다. 김홍집은 자신이 올릴 보고를 토대로 조선 정부가 그 문제를 연구할 시간을 가질 수 있도록 사절의 출발을 연기해달라고 요청했다. 그러나 이노우에는 한성에 공사를 주재시키는 것을 대단히 시급하게 생각한다고 대답했다. 일본 정부는 이 문제들에 대한 조선 정부의 입장을 알고 있지만, 최근 이리를 둘러싼 청과 러시아의 분쟁을 볼 때 조선은 "자국 국경 너머의 일에는 관심이 없어도" 조선에 대해 "관심을 두지 않을" 수는 없다고 그는 덧붙였다.[87]

이노우에는 영국 상인이 관련된 밀수사건으로 데라시마의 사임을 요구하는 여론이 일어난 뒤인 1879년 9월 외무성을 이끌게 됐다. 외무경이 교체됐어도 일본의 조선 정책은 변하지 않았다. 이 시기 조선에 대한 일본의 목표는 한반도에서 영향력을 확대하고 러시아의 침입을 막는 것이었다. 자신이 약하다는 것을 알고 있던 일본은 청과 마찬가지로 서양 열강을 조선으로 끌어들여 러시아의 야심을 견제하려고 했다. 이노우에는 8월 16일 김홍집과 만난 자리에서 일본 지도자들은 더 이상 어느 나라도 배외주의를 실천할 수 없으며 조선은 서양 국가들에게 문호를 개방

---

87   山邊健太郎, 『日本の韓國併合』, 56쪽.

해야 한다는 것을 경험으로 체득했다고 말했다.[88] 9월 7일 김홍집이 귀국 인사를 하자 이노우에는 러시아가 조선 북부 국경 바로 위인 블라디보스토크에 전함 16척을 집결시켰다고 알려줬다. 러시아가 청에 대한 해군 활동을 준비하기 위해 그 함대의 부동항을 찾기로 결정한다면, 조선으로 눈을 돌릴 것이 분명했다. 조선은 서양 국가들과 조약을 체결하지 않았고 국제법에 동의하지 않기 때문에 조선이 다른 나라의 공격을 받는다면 어떤 나라도 개입하기 어려울 것이었다. 그러므로 이노우에는 서양 열강이 조약 체결을 위해 접근하면 우호적 태도로 대응해야 한다고 권고했다. 이노우에는 이 말을 하면서 미국을 염두에 두고 있었다. 김홍집은 조언에 감사하면서 자신이 귀국해서 정부에 제출할 수 있도록 그 내용을 문서로 작성해달라고 부탁했다. 이노우에는 즉시 그렇게 해줬다.[89] 조선에서 일본의 목표는 청과 반대였지만, 러시아라는 공동의 위협에 맞서 두 경쟁국은 조선을 설득해 서양 열강과 조약을 맺게 해 한반도에 대한 러시아의 구상을 견제한다는 동일한 전략을 채택했다.

일본에 대한 조선의 깊은 불신을 감안하면 김홍집이 이노우에의 진심을 믿었을 것 같지는 않다. 그러나 김홍집이 도쿄에서 중국 외교관 두 사람—청국 공사 하여장과 참찬 황준헌黃遵憲—이 비슷한 조언을 한 것에 깊이 영향 받았다는 것은 분명했다. 김홍집이 일본의 수도에 도착했을 때 그의 초청자는 서양 외교관들을 만나보라고 강력히 권유했다. 그는 서양인을 만나는 데 그리 관심을 보이지 않았지만 도쿄에 한 달 체류

---

88   같은 책, 49쪽 ; 田保橋潔,『近代日鮮關係の硏究』1권, 743쪽.

89   山邊健太郎,『日本の韓國倂合』, 54~56쪽. 이노우에가 조선 예조판서에게 보낸 서신은『구한국외교문서』1권, 53~54쪽 ; 김홍집,『수신사일기』, 150~160쪽 참조.

하는 동안 6회 넘게 하여장과 황준헌을 만났다.[90] 김홍집을 만나는 데
동일하게 열의를 보인 하여장과 황준헌은 몇 년 동안 "다양한 사람들과
어울리다가" 그를 만나니 "고향에서 온 동포를 만나는 것 같다"고 말했
다. 세 사람은 한문으로 정다운 "필담"을 나눴으며, 당시의 다른 조선 관
원들처럼 김홍집은 거기에 능숙했다. 김홍집은 하여장과 황준헌에게 모
든 것을 솔직히 털어놓으면서 그들의 조언을 부탁했고, 두 중국인 관료
는 기꺼이 그를 도와줬다.

관세 문제에 대해 하여장과 황준헌은 일본과 성급히 합의하지 말라
고 주의를 줬다. 그들은 일본과 서양 국가들의 관세 협상 결과가 나오기
를 기다리라고 조언하면서 조선이 관세 문제에서 자율성을 유지하는 것
이 핵심이라고 강조했다. 하여장과 황준헌은 인천을 개항하고 한성에 일
본 공사관을 설치하는 것은 어쩔 수 없을 것이라고 말했지만 다른 문제
는 시급하지 않다고 판단했다.[91] 반면 그들은 조선이 직면한 가장 심각한
위험은 러시아의 위협이라고 봤다. 그들은 그 위협을 막는 것이 조선에
게 얼마나 시급한지 김홍집에게 충분히 이해시키려고 노력했다. 황준헌
은 김홍집에게 말했다. "오늘날 세계의 상황은 4000년 동안 선례가 없던
것—요·순·우·탕도 예상하지 못한—이며 더 이상 과거의 처방으로 현
재의 폐단을 치유할 수 없습니다." 조선이 러시아의 위협을 어떻게 막을
수 있을지 김홍집이 묻자 하여장은 강력한 인접국의 위협을 받는 나라
가 세력 균형을 조성하기 위해 다른 나라와 동맹을 맺는 서양의 전략인

---

90   김홍집이 하여장·황준헌과 나눈 대화 내용은 김홍집, 『김홍집 유고』, 314~324쪽 ; 김홍
     집, 『수신사일기』, 171~189쪽 참조.
91   김홍집, 『수신사일기』, 187쪽.

"세력 균형"을 원리로 제시했다. 김홍집은 마틴의 『만국공법』에서 "세력 균형"이라는 표현을 본 적이 있다면서 하여장의 조언을 조선 정부에 전달하겠다고 말했다.[92]

하여장은 러시아가 블라디보스토크에서 해군을 증강하고 있으며 그 의도를 "짐작하기 어렵다"고 경고하면서 지난 겨울 리훙장이 이유원에게 보낸 서신에서 제시한 조언을 조선 정부는 어떻게 생각했느냐고 물었다. 김홍집은 조선이 리훙장을 존경하고 있지만 아직도 선현의 가르침만 따를 뿐 하루아침에 바꾸지 못하고 있다고 대답했다. 김홍집은 하여장이 조선에 대한 일본의 의도를 날카롭게 분석하고 적절한 시기에 경고해준 것에 감사했는데, 그것은 리훙장이 이유원에게 보낸 서신에서 지적한 사항이었다. 하여장은 러시아의 위협이 지닌 중요성을 거듭 강조하면서 조선은 "이기적인 목적을 추구하지 않는 유일한 서양 국가"인 미국과 조약을 체결해야 한다고 주장했다.[93]

하여장과 황준헌이 정말 일본을 믿었다고는 생각되지 않지만 러시아에 맞서 조선과 협력하려는 의도는 진심이라고 생각했는데, 부분적인 이유는 일본이 조선에 대한 구상을 실천할 능력이 없다고 믿은 데 있었다. 그들은 조선이 일본과 우호적인 관계를 맺어야 한다고 생각했으며 김홍집이 공사로 도쿄에 주재하기를 바랐다. 9월 6일—김홍집이 도쿄를 떠나기 이틀 전—황준헌은 직접 쓴 『조선책략』이라는 원고를 김홍집에게 줬다. 황준헌은 하여장과 자신은 조선 문제를 숙고했으며, 김홍집이 떠나기 전 한두 번의 회동에서 자신들의 생각을 전달하기는 어렵다고 생

---

92 같은 책, 172, 177쪽.
93 같은 책, 179, 180, 188쪽.

각해 나중에 정독할 수 있도록 지난 며칠 동안 그 생각들을 글로 옮겼다고 설명했다. 김홍집은 황준헌에게 크게 감사하면서 그 원고를 가지고 가서 "상국의 관원들이 얼마나 깊고 진실되게 조선을 염려하고 있는지" 사람들에게 알리겠다고 약속했다.[94]

러시아의 동부 팽창을 간단히 언급하면서 글을 시작한 황준헌은 조선은 동아시아의 지리적 요충지이기 때문에 영토를 확장하려는 러시아의 주요한 목표가 됐다고 규정했다. 이런 위협에 대처하려면 조선은 "중국과 가깝게 지내고 일본과 단결하며 미국과 연합해 자강을 도모해야 한다"고 주장했다. 그는 그 까닭을 자세히 설명했다. 중국은 늘 조선을 보호해왔다. 중국과 조선이 한 가족과 같다는 것을 전 세계가 알게 한다면 러시아는 조선이 고립되지 않았음을 깨닫고 조선으로 팽창하는 것을 자제할 것이다. 일본과 조선은 매우 가까워 어느 한 나라가 러시아에게 장악되면 다른 나라는 생존할 수 없다. 그러므로 조선은 일본에 대한 사소한 의혹을 풀고 함께 큰 계획을 추구해야 한다. 미국에 대해 황준헌은 "늘 정의를 지켰으며" "유럽 열강이 악행을 자행하도록 허락하지 않았다"고 말했다. 영국·독일·프랑스·이탈리아는 미국이 조선과 조약을 체결하면 그 선례를 따를 것이다. 그렇게 되면 러시아가 조선을 공격해도 다른 서양 열강이 그것을 허용하지 않을 것이므로 자신의 침략적 야욕을 이룰 수 없을 것이다.

조선의 외교적 근대화와 자강에 대해 황준헌은 이렇게 주장했다. 조선은 베이징·도쿄·워싱턴에 공사를 상주시키는 것부터 착수해야 한다.

---

94 같은 책, 182쪽.

중국 상인을 부산·인천·원산으로 들어오게 해 그곳에서 일본의 무역 독점을 막아야 한다. 일본에 사람을 보내 해외 무역을 연구해야 한다. 육·해군에 청군의 군복 색깔과 규범을 도입해야 한다. 베이징의 동문관에서 서양어를, 직예直隷에서 회군准軍의 군사 훈련을, 상하이 제조국上海製造局에서 무기 제작을, 푸저우 선정국福州船政局에서 선박 건조술을 배워야 하며, 일본의 비슷한 기관으로 학생을 보내 서양의 학문과 기술을 배워야 한다. 부산 등에 학교를 열고 서양인을 초청해 가르치게 하며 무기를 확충해야 한다.[95] 황준헌의 논문은 조선에 대한 러시아의 점증하는 위협에 균형을 맞추려는 청의 새로운 "조선 전략"을 분명히 설명한 것이었다. 그것은 하여장과 황준헌 그리고 당시 청의 자강과 외교적 근대화를 이끌던 리훙장과 그 세력의 생각과 정신이 담긴 것이었다. 아울러 황준헌의 일부 생각에는 조선을 청의 행정구역으로 점차 통합하려는 의도—그 뒤 일부 중국 관료들도 지지했다—도 분명히 있었다고 지적할 수 있다.

황준헌의 논문은 이처럼 특별한 시기에 리훙장과 그 세력이 일본보다 러시아를 더 직접적인 위협으로 생각했음을 보여준다.[96] 이런 견해는 중국이 이리를 둘러싸고 러시아와 겪은 위기에서 촉발된 것이 분명하다. 좀더 근본적인 원인은 러시아가 오랫동안 중국 국경을 침범한 역사를 잘 알고 있던 것이었다. 1860년 연해주를 러시아에 이양한 뒤 청 정부는 러시아가 그 지역을 식민화하고 군사력을 증강하면서 만주는 물론 조선이 점차 위험해지고 있다는 것을 알고 있었다. 러시아가 조선 영토

---

95 황준헌의 논문 내용은 같은 책, 160~171쪽 ;『日本外交文書』16권, 389~394쪽 참조.
96 하여장이 총리아문에 보낸 보고는『淸季中日韓關係史料』2권, 403~404쪽 참조.

를 군사적으로 침범한 사례는 거의 없었지만, 조선은 물론 중국과 일본도 한반도의 동해안에서 부동항을 확보하려는 러시아의 열망을 계속 우려했다. 조선 정부는 러시아의 조장과 회유 때문에 조선 농민이 계속 러시아 영토로 탈출하는 것을 앞으로 러시아가 영토를 침범할 의도가 있다는 증거로 간주하면서 매우 우려했다. 1870년대 후반 "탈출한" 조선인은 2~3만 명에 이르렀다고 한다.[97]

도쿄를 떠나기 전 김홍집은 하여장·황준헌과 앞으로 연락할 방법을 논의했다. 헤어지기 전 하여장은 김홍집의 손을 잡고 앞서 이노우에가 자신에게 한 말—러시아 해군장관이 직접 이끌고 블라디보스토크 근처에 정박한 러시아의 대규모 함대가 부동항 부지를 찾기 위해 조선으로 이동할 것이라는—을 그에게 다시 "필담"으로 알려줬다. 그는 "미국의 공정성"을 강조하면서 조선은 미국과 조약을 맺어야 한다고 다시 주장했다.[98] 10월 2일 김홍집은 한성으로 돌아오자마자 자신의 보고서와 함께 황준헌의 원고를 고종에게 바쳤다. 그 문서는 일본과 서양에 대한 국왕과 대신들의 태도에 엄청나게 중요한 영향을 줬고, 그들이 개혁과 근대화에 관심을 갖도록 자극했다.

고종은 계속 무능한 통치자였지만 이 무렵 그의 태도에 미묘한 변화가 나타났다. 청년의 자연스런 경향은 물론 주요 대신을 환멸하게 된 결과로 생각되는데, 젊은 군주는 그동안 자신에게 큰 영향을 주던 원로대신들의 보수적 의견을 덜 받아들이게 됐다. 그는 변화하는 세계에서 조선이 계속 고립할 수 있는 가능성—지혜까지는 아니더라도—에 의문을

---

97 이 수치는 일본 외무경 데라시마가 하여장에게 알려준 것이다. 같은 책, 405쪽 참조.
98 하여장이 총리아문에 보낸 보고는 같은 책, 437~439쪽 참조.

제기하기 시작한 좀더 젊은 관원들의 의견에 귀 기울이게 됐다. 조선이 외부 세계와 좀더 자주 접촉하게 되면서 일본과 서양 국가들에 대한 국왕의 관심과 지식도 늘어났다. 국왕이 젊고 비교적 낮은 관원인 김홍집을 수신사의 책임자로 임명하고 지시한 사항은 이런 변화된 태도를 반영한 것이다. 고종은 관세 문제를 논의하는 것 외에도 일본에 대한 정보를 되도록 많이 수집하라고 김홍집에게 지시했다.[99]

고종은 김홍집의 사행 결과에 만족했다. 그는 주일 청국 공사가 김홍집에게 보여준 동료의식과 환대에 대해 기뻐했다. 김홍집은 국왕이 질문하자 하여장은 뛰어난 능력과 넓은 지식을 가진 인물이며 조선을 진심으로 걱정하고 있다고 아뢨다. 국왕은 일본을 기본적으로 신뢰할 수 없지만 그럼에도 조선과 협력해 러시아에 대처하기를 진심으로 바라고 있다고 생각했는데, 하여장도 자신과 동일하게 보고 있다는 사실을 알고 더욱 기뻐했다.[100]

10월 11일 주요 대신들의 어전회의에서 고종은 황준헌의 문건에 대한 의견을 물었다. 영의정 이최응은 황준헌의 생각이 많은 부분 자신과 일치하며 일부 제안은 받아들일 만하다고 말했다. 서양과 관련해 이최응은 "사교邪敎"는 배척해야 하지만 그렇다고 서양과 "쓸데없이 분쟁을 일으켜서는 안 된다"고 말했다. 국왕이 의견을 좀더 개진하라고 지시하자 모인 신하들은 논의를 거쳐 이렇게 건의했다. (1)청과의 관계는 이미 "친밀"하므로 대청 정책은 바꿀 필요가 없다. (2)인천을 개항하고 한성에 공사를 상주시켜야 한다는 일본의 요구는 허용해서는 안 되지만, 최종 결

---

99   김홍집, 『김홍집 유고』, 261쪽.
100   같은 책, 262쪽 ; 김홍집, 『수신사일기』, 156~157쪽.

정은 일본 사절단이 도착한 뒤까지 미뤄야 한다. (3)"미국과 조약을 체결하는 것은 나쁜 정책"이 아니므로 미국이 다시 서신을 보내면 "우호적으로 회신해야 한다."[101] 국왕은 이런 건의들을 즉시 윤허했고, 조선의 고립을 끝내고 중국을 포함한 외국과의 관계에 혁명적 변화를 가져온 획기적인 새 정책이 시작됐다. 이런 정책의 혜택은 일본에게 즉각 돌아갔다.

김홍집이 도쿄를 떠나고 한 달 뒤인 1880년 10월 일본 정부는 하나부사에게 다시 한성으로 가라고 지시했다. 그의 임무는 인천을 개항하고 한성에 일본 공사관을 설치하도록 조선의 동의를 얻는 것이었다. 외교적 승인과 주재 공사 문제를 해결하기로 마음먹은 일본 정부는 하나부사의 지위를 대리공사에서 공사로 승진시켰다. 천황의 임명을 받은 하나부사는 일본 외무경이 조선 예조판서에게 보내는 것이 아니라 일본 천황이 조선 국왕에게 보내는 승인서를 가지고 갔다.[102] 두 나라 통치자 사이의 외교적 용어와 명칭의 우선순위를 둘러싼 논쟁이 다시 일어날 것이 분명했다. 하나부사 일행은 11월 24일 도쿄를 떠나 12월 17일 한성에 도착했다. 그는 자신이 가져온 승인서를 국왕에게 바치기 위해 즉시 알현을 요청했다.

하나부사가 가지고 간 국서에서 일본의 통치자는 자신을 "대황제"로, 조선 국왕을 "대왕"이라고 지칭했다.[103] 국서의 표현은 조선 대신들의 뜨거운 논쟁을 불러왔으며, 사흘 동안 예조의 두 대신이 사직하는 결과로 이

---

101 『고종실록』17.25b~26b. 조선인 역관이 하여장에게 전달한 어전회의의 요지는 『淸季中日韓關係史料』2권, 442~447쪽 ; 『日本外交文書』16권, 394~396쪽 참고.

102 김홍집은 일본에서 돌아온 직후 고종에게 하나부사를 승진시킨 것은 그가 천황의 국서를 가져올 것을 알려주는 것이라고 보고했다. 김홍집, 『김홍집 유고』, 264쪽 참고.

103 『日本外交文書』16권, 425~428쪽.

어졌다. 쟁점은 일본의 국서를 받아들일 것인가 하는 것이 더 이상 아니었고, 어떤 형식으로 회답할 것인가였다. 며칠 동안 논쟁했지만 결론을 내지 못하자 12월 24일 고종은 일본의 국서를 받아들이겠다고 직접 하교했다. 12월 27일 하나부사는 국왕을 알현해 국서를 바쳤다. 그 뒤 그와 부하들은 한성에 상주함으로써 주재 공사 문제는 해결됐다. 조선 정부는 일본 공사관 설치를 공식 인정하지는 않았지만 기정사실로 묵인했다.[104] 이것은 조선을 근대화시키고 한반도에서 자신의 영향력을 확대하려는 일본의 오랜 노력의 돌파구였다. 역설적이게도 조선에 대한 청의 영향력은 이것을 가능하게 만든 중요한—결정적이지는 않았지만—요인이었다. 일본과 가까운 관계를 맺는 것이 러시아의 위협에서 조선을 지키는 데 도움이 될 것이라는 청의 권유에 설득된 국왕은 일본에게 더욱 우호적인 자세를 보이게 됐다.

---

104 김홍집은 하나부사에게 한성 대신 인천에 공사관을 설치하도록 설득하려고 했지만 실패했다. 같은 책, 17권, 338쪽 참조. 이 사건에 관련된 자세한 사항은 田保橋潔, 『近代日鮮關係の研究』 1권, 630~637쪽 참조.

8
장

조선에 대한
청의 영향력 변화

─

미국은 1871년 조선을 해상 원정했지만 결과 없이 끝난 뒤 조선과 조약을 맺으려고 시도하지 않았다. 1876년 일본이 조약 체결에 성공하자 미국은 조선에 다시 관심을 갖게 된 것 같다. 1878년 4월 미국 캘리포니아주 상원의원이자 상원 해사海事위원장인 애런 A. 사전트Aron Sargent는 조선과 조약을 협상하기 위한 위원회의 발족을 대통령에게 승인해달라는 결의안의 초안을 제출했다. 사전트의 결의안은 상원에서 통과되지 않았지만, 같은 해 해군성은 로버트 W. 슈펠트Robert Shufeldt 준장에게 조선을 포함한 여러 나라에 관련된 외교 임무를 맡겼다. 1878년 12월 슈펠트는 미국 해군 전함 티콘데로가호Ticonderoga를 이끌고 임무를 시작했다. 슈펠트는 아프리카와 중동을 방문한 뒤 1880년 4월 일본에 도착해 그들의 도움을 받아 조선과 외교적 접촉을 시작하려고 했다.

고립을 끝내도록 조선 당국을 설득하는 데 중요한 영향을 준 주일 청국 공사 하여장도 김홍집과 가까운 관계였지만, 이렇게 우연히 다시 미

　　　　　　　　　8장 _ 조선에 대한 청의 영향력 변화

국이 조선에 관심을 갖게 되면서 리훙장은 자신의 조선 전략을 실행할 수 있는 실제적인 기회를 처음 갖게 됐다. 리훙장은 그동안 서양 국가들과 조약을 체결하도록 조선 정부에 간접적으로 조언했지만, 이제는 그것을 넘어 조선과 미국을 직접 중재하기로 결정했다. 그의 선제적 행동으로 2년 뒤인 1882년 조선은 서양 국가와 처음으로 조약을 체결하게 됐고, 그 조약으로 은자의 왕국은 개국을 완료했다. 조선의 외교관계에 청이 개입한 것도 일찍이 없던 일이었지만, 새로운 조선 정책을 추진하던 청은 조선의 정치적 위기로 갑자기 혼란에 빠져들자 더욱 전례 없이 조선의 국내 사안에 개입하기 시작했다. 그 결과 조선의 개항은 청의 조선 관계를 변화시켰고, 그것은 동아시아의 전통적 세계질서의 실질적 종말로 이어졌다.

청이 협상한 조미수호조약

슈펠트가 일본에 도착하기 전 미국 공사 빙엄은 미국 정부의 지시로 외무경 이노우에에게 한 가지 부탁을 했는데, 조선 관원들에게 공식적 또는 개인적 서신을 보내 "슈펠트를 우호적으로 맞이하도록 권유해달라"는 것이었다. 당시 어려움을 겪고 있던 조선과의 협상이 더욱 난관에 부딪칠 것을 우려한 이노우에는 그 요구를 거절했다. 그러나 그는 슈펠트를 소개하는 서신을 부산의 일본 영사 곤도에게 보냈다.[1] 슈펠트는 5월

---

1 『日本外交文書』16권, 435~437쪽.

3일 나가사키를 떠나 이튿날 부산에 도착했다. 곤도는 슈펠트가 조선 국왕에게 보내는 서신을 전달해달라고 동래부사 심동신沈東臣에게 부탁했다. 슈펠트는 서신에서 미국은 평화적 목적에서 조선과 조약을 맺으려고 한다고 밝히고, 부산에서 자신과 논의할 전권대사를 임명해달라고 국왕에게 요청했다. 자신은 일본 이외의 나라에서 보낸 연락을 접수할 권한이 없다면서 심동신은 서신을 거부했다.[2] 사안을 추진할 수 없게 된 슈펠트는 일본으로 돌아갔다.

5월 중순 도쿄로 돌아온 뒤 슈펠트는 빙엄의 도움으로 이노우에에게 자신과 이노우에의 서신을 조선 국왕에게 보내도록 하는 데 성공했다. 5월 말 이노우에는 슈펠트의 서신을 조선 예조판서 윤자승에게 보냈다. 이노우에는 자신이 윤자승에게 보낸 서신에서 조선은 미국의 요청을 받아들여야 한다고 주장했다. 자신은 조선 사무에 간섭하지 않으려 한다고 강조하면서 이노우에는 슈펠트에게 조선에 가지 말고 6일 동안 나가사키에서 조선의 회신을 기다리라고 설득했다고 썼다. 7월 21일 슈펠트의 서신은 개봉되지 않은 채 윤자승이 이노우에에게 보내는 답신과 함께 곤도에게 돌아왔다. 곤도는 두 서신을 도쿄로 보냈고 8월 초 이노우에에게 전달됐다. 윤자승은 일본 외무경에게 자신은 미국의 서신을 받을 수 없는데, 부분적인 이유는 수신인이 적절치 않기 때문이며 주된 이유는 조선 정부가 일본을 제외한 어떤 나라와도 관계를 수립하지 않을 생각이기 때문이라고 말했다.[3]

---

2 『일성록』 고종편, 17년 4월 10일 ; 『고종실록』 17.8b~9a ; Tyler Dennett, *Americans in Eastern Asia*, 456쪽 ; 이보형, 「슈펠트 제독과 1880년의 조미교섭」, 68~70쪽.

3 이노우에가 윤자승에게 보낸 서신은 『구한국외교문서』 1권, 48~50쪽 ; 『日本外交文書』 16권, 445~446쪽 참조. 윤자승의 답신은 『日本外交文書』 16권, 449쪽 참조.

빙엄과 슈펠트는 윤자승의 행동은 공격적이며 이노우에에게 회신을 보낸 것은 얼버무리려는 의도라고 판단했다. 또한 슈펠트는 일본이 조선 무역을 독점하려는 의도에서 우호적으로 행동하지 않는다고 의심했다. 빙엄은 곤도가 부산에서 그 문제를 처리하는 솜씨와 판단에만 의문을 제기했다. 그 결과 9월 빙엄은 슈펠트의 서신을 한성의 일본 공사를 거쳐 조선 정부에 다시 전달해달라고 이노우에에게 요청했다. 이노우에는 조선이 다시 거절하면 미국 정부는 더욱 불쾌해질 것이고 조선에서 일본의 입장은 난처해질 것이라면서 그 요청을 거절했다. 이노우에는 곤도를 거쳐 동래부사에게 그 서신을 다시 한 번 전달하겠다고 제안했다. 빙엄은 그 제안을 사양했다.[4]

이 시기 이노우에는 조선 정부의 태도를 정확히 파악했다. 일본에 대한 조선의 뿌리 깊은 의심은 생각하지 않더라도 미국을 도우려는 이노우에의 노력을 보면서 조선 관원들은 지난 10월 리훙장이 일본은 미국이나 다른 서양 열강과 결탁할 가능성이 있다고 경고한 말을 떠올렸을 것이다. 몇 달 전 미국과 조약을 맺으라는 리훙장의 조언을 거부한 조선 정부가 이제 일본의 비슷한 조언을 받아들일 것이라고 생각할 수는 없었다. 조선 정부가 이노우에의 중재를 거절한 1개월 뒤 이유원은 그 문제를 리훙장에게 보고하면서 조선은 일본이 전달하는 어떤 나라의 연락도 접수하지 않을 것이라고 강조했다.[5]

공사 하여장과 나가사키 주재 청국 영사 여경余璟은 슈펠트가 일본

---

4 『日本外交文書』 16권, 451~456쪽.
5 『淸季中日韓關係史料』 2권, 419~420쪽 ; Martina Deuchler, *Confucian Gentlemen and Barbarian Envoys*, 113쪽.

에서 한 활동―부산 방문을 포함해―을 리훙장에게 보고했다.[6] 리훙장은 그 소식을 듣고 우려했다. 리훙장은 조선에게 미국과 조약을 맺으라고 권고했지만 일본의 도움으로 그렇게 하려는 의도는 없었는데, 그의 조선 전략은 러시아만큼이나 일본에게 맞서도록 하려는 것이었기 때문이다. 리훙장은 조선에서 청의 지위를 약화시키지 않고 보호하기 위해 조선이 앞으로 서양 열강과 체결할 조약을 이용하기로 결심했다. 그는 일본이 조선과 맺은 것과 비슷한 조약은 조선에서 청의 권위를 약화시킬 것이 분명하다는 것을 알고 있었다. 리훙장의 생각은 조선이 서양 국가들과 조약을 협상하는 과정을 모두 직접 감독하는 것이었다.[7] 7월 23일 리훙장은 슈펠트에게 정중한 서신을 보내 톈진으로 초청했다.[8]

리훙장의 이런 행동 뒤에 있는 또 다른 긴급한 이유는 1879년 이리 분쟁의 타결로 체결된 리바디아 조약Treaty of Livadia을 청이 거부하면서 러시아와 전쟁을 벌일 위험이 임박했다는 것이었다. 마지막 결전에 나서려는 청의 행동과 준비에 맞서 1880년 초 러시아는 S. S. 레오소프스키Leosovskii 제독이 이끄는 함대를 동아시아 해역으로 파견했다.[9] 사실 서양 외교관들을 포함해 중국과 일본에 있던 모든 사람은 러시아가 조선에서 해군기지를 찾고 있다는 데 동의했다. 리훙장은 조선에 대한 일본의 야심을 견제하는 데 러시아의 협력을 확보하려는 희망에서 이리 문

---

6 『淸季中日韓關係史料』 2권, 411~412쪽 ; Frederick Foo Chien, *The Opening of Korea*, 76~77쪽.

7 1879년 9월 3일 황제에게 도착한 리훙장의 상소는 『淸季中日韓關係史料』 2권, 373~374쪽 참조.

8 Chien, *The Opening of Korea*, 77쪽 ; Dennett, *Americans in Eastern Asia*, 457쪽.

9 Immanuel C. Y. Hsu, *The Ili Crisis*, 97~98쪽.

제와 관련해 일정한 타협을 지지했지만, 러시아가 한반도를 침범하는 것은 묵인하지 않았다.[10] 리훙장은 조선을 보호하는 데 필요한 근대적 해군력을 청이 갖추지 못했다는 사실을 고려할 때 러시아의 행동을 방지하려면 미국과 그 밖의 서양 열강을 되도록 빨리 조선으로 들어오게 해야 한다고 판단했다.

8월 9일 슈펠트는 영사 여경으로부터 리훙장의 서신을 받았다. 앞서 그는 조선이 서양 국가들과 조약을 맺도록 하려는 리훙장의 계획을 여경에게서 들었기 때문에 리훙장의 초청을 받아들였다. 며칠 뒤 슈펠트는 조선이 일본의 중재를 다시 거절했다는 소식을 빙엄에게서 들었다. 그는 8월 19일 나가사키를 떠나 엿새 뒤 톈진에 도착했다. 8월 25일 그는 리훙장의 따뜻한 영접을 받았다.

슈펠트는 "조선이 미국과 우호조약을 체결하도록 청이 조선 정부에 영향력을 행사해달라"는 희망을 표명했다. 청·일본·러시아와 관련된 조선의 전략적 지위를 오래 논의하면서 슈펠트는 러시아가 조선을 점령하려고 시도할지도 모른다고 우려했다. 리훙장은 "조선 정부가 미국의 우호적인 요청을 수락하도록 영향력을 행사하겠다"고 확언했다. 그는 조선 정부의 반응을 주중 미국 공사에게 알려주겠다고 약속했다.[11] 상황에 쫓긴 리훙장은 조선에 대한 신중한 접근을 포기하고, 조선의 외교정책에 조언보다는 개입하는 단호한 조처로 나아갔다. 방문 성과에 만족한 슈펠트는 미국 정부의 추가 지시를 받기 위해 9월 초 귀국했다.

그 뒤의 사건들은 리훙장의 결정이 순조롭게 이행된 것처럼 보인다.

---

10 같은 책, 100~104쪽.

11 슈펠트와 나눈 대화에 대한 리훙장 자신의 설명은 李鴻章, 『李文忠公全書』, 11,28a~b 참조.

11월 19일—김홍집이 귀국하고 두 달 뒤—도쿄의 하여장과 황준헌은 조선 정부가 김홍집의 건의에 따라 미국과 조약을 체결하기로 결정했다는 소식을 들었다. 이 소식은 김홍집이 개인적으로 보낸 서신에 담겨 있었다.[12] 하여장은 예상 밖으로 빠르고 긍정적인 조선의 반응에 기뻐하면서 청은 조선의 외교정책을 인수하거나 지휘해야 한다고 총리아문에 건의했다. "조선이 독자적으로 다른 나라와 조약을 맺도록 청이 허락한다면 조선에 대한 청의 종주권은 순식간에 사라질 것"이라고 하여장은 경고했다. 청은 "외교업무에 경험 많은 유능한 관료를 조선에 파견해 서양 국가들과의 조약 협상을 감독해야 한다"고 그는 주장했다. 나아가 하여장은 "앞으로 모든 조약은 청 조정의 지시에 따라 체결하도록 조선 국왕에게 명령해야 한다"고 건의했다.[13] 12월 말 하여장은 조선이 미국과 조약을 체결하도록 청 정부가 설득하고 있다고 미국 공사 빙엄에게 직접 알려줬다.[14] 리홍장은 하여장의 건의에 타당한 측면이 있다고 생각했지만 청이 그렇게 행동하면 서양 국가들이 반대할 수도 있다고 판단해 그의 의견을 받아들이지 않았다. 아울러 리홍장은 청 관료들이 협상을 좌우하면 조선에 불리해질 것을 우려했는데, 서양 열강이 그것을 구실로 삼아 청과 체결한 것과 비슷한 조약—수락을 강요당했고 지금은 개정하려고 하는—을 조선에 강요할 수도 있기 때문이었다. 조선에 대한 청의 종주권이 무너질 수도 있다는 하여장의 불안감에 대해 리홍장은 조선이 서양 국가들과 조약을 맺어도 청에 대한 충성은 영향을 받지 않을 것이

---

12 『淸季中日韓關係史料』 2권, 451~453쪽.
13 같은 책, 439~442쪽.
14 이보형, 「슈펠트 제독과 1880년의 조미교섭」, 84~85쪽.

라고 확신했다.[15]

다른 사건들도 조선에 대한 리훙장의 영향력을 강화했다. 마지못해 고립을 끝냈지만 조선 당국도 일본과 서양의 위협에 대처하려면 근대화된 무기가 필요하다는 것을 모르지 않았다. 부분적으로는 일본의 새로운 군사제도와 무기를 알고자 하는 열망에서 신헌은 우호사절을 보내달라는 일본의 초청을 수락하자고 주장했다. 이 시기 조선 관원들은 군대 근대화의 필요성을 점차 인식해갔다. 1879년 여름 조선 정부는 리훙장이 톈진에 설립한 병기창에서 학생과 견습생을 훈련시킬 계획을 세웠다. 이유원과 연락을 거쳐 리훙장은 돕겠다고 약속했다. 1880년 8월 그 계획을 황제가 윤허해달라는 공식 요청이 예부에 올라왔고 리훙장의 건의에 따라 황제는 계획을 승인했다.[16] 그해 가을 조선의 연락관 변원규卞元圭가 그 계획의 이행에 관련된 세부사항을 논의하기 위해 톈진에 오자 리훙장은 러시아의 위협이 심각하고 조선은 미국을 포함한 서양 열강과 신속히 조약을 체결해야 한다고 강조했다. 변원규는 리훙장의 견해를 조선 정부에 전달하겠다고 약속했다.[17]

몇 달 뒤인 1881년 2월 또 다른 연락관 이용숙李容肅이 톈진의 병기창에서 조선인 견습생 훈련은 물론 외교와 해외무역 문제에 관련된 리훙장의 조언과 지시를 얻기 위해 톈진에 왔다. 그는 조선 당국, 특히 국왕은 미국과의 조약을 적극 환영하지만 국내의 강력한 반대 때문에 신속히

15 李鴻章,『李文忠公全書』, 11.42a~44a ;『清季中日韓關係史料』 2권, 449~450쪽.

16 권석봉,「리훙장의 대조선열국입약권도책對朝鮮列國立約勸導策에 대하여」, 280~284쪽 ; Deuchler, *Confucian Gentlemen and Barbarian Envoys*, 99~101쪽 ; 도원상공기념사업추진위원회,『개화기의 김총리』, 93~95쪽.

17 『清季中日韓關係史料』 2권, 432~436쪽.

추진하지 못하고 있다고 리훙장에게 보고했다. 리훙장은 한성에 일본 공사를 주재시키고 인천 개항에 동의하라고 조언했다. 해외무역은 세입을 늘리는 좋은 방법이며 조선은 그 세입을 이용해 외부의 위협을 막을 수 있는 군비를 확충할 수 있을 것이라고 말했다. 또한 서양 통치자들은 "황제"라고 부르기도 하고 "국왕"이라고 부르기도 하지만 지위는 모두 같다는 논거를 들면서 리훙장은 일본이 공식문서에서 "황제"라는 표현을 사용하는 것을 용인하라고 조언했다. 일본의 통치자를 "황제"라고 부르고 조선의 통치자를 "국왕"이라고 불러도 지위는 대등하다고 리훙장은 말했다.[18] 그러나 조선과의 관계에서 일본이 청과 명목상 대등한 지위를 갖는다고 그가 뜻한 것은 아니었다. 리훙장은 미국과 신속히 조약을 체결해야 한다고 역설하면서 마건충이 작성한 조약 초안을 이유원에게 전달했는데, 마건충은 3년 동안 유럽에서 공부하고 시찰한 뒤 귀국해 지금은 외교 업무에서 리훙장을 돕고 있었다.

마건충은 당시 청에서 국제법과 외교의 대표적 전문가였다. 그는 1878년 한 친구—리훙장과 가까운 인물일 가능성이 크다—에게 보낸 편지에서 권력 균형 개념을 자세히 설명했다. 조선이 앞으로 서양 국가들과 체결할 조약의 모범으로 의도해 마련한 마건충의 조약 초안은 흥미로운 문서다. 그것은 중국이 국제법을 점차 깊이 이해하기 시작했으며, 국제법과 조약체제를 이용해 조선에서 중국의 전통적 영향력과 위상을 강화하려는 의도를 보여준다. 10개 항으로 이뤄진 조약 초안에는 총영사를 파견하고 아편 무역을 금지하는 조항과 조선이 서양 열강과 대등

---

18 같은 책, 467~470쪽.

8장 _ 조선에 대한 청의 영향력 변화

한 지위, 특히 관세 문제에서 자주성을 갖는다고 규정한 조항이 들어있었다. 반면 조선과 조약 체결국 사이에 외교 대표단을 교환한다는 조항은 들어있지 않았다. 조약 체결국은 조선의 무역항에 총영사를 둬 자신이 처리할 권한이 없는 외교나 그 밖의 사안을 베이징에 있는 자국의 공사에게 보고하도록 했다.[19]

한편 조선 정부는 서양 국가들에게 문호를 개방할 준비를 해나갔다. 1881년 초반 조선은 "통리기무아문統理機務衙門"이라는 관서를 새로 설치했다. 청의 총리아문을 본뜬 그 관서는 청의 도움으로 시작된 국방 "자강" 계획을 포함한 외교 사안은 물론 국내 문제에도 폭넓은 권한을 행사했다. 그 새 관서의 요직은 그 전 해 일본을 시찰하고 돌아온 김홍집 등 개혁적 성향의 하위 관원으로 충원됐다.[20] 인천 개항은 1881년 2월 말에 결정돼, 어렵고 지루한 협상을 예상했던 일본인들을 놀라게 했다.[21] 이런 급속한 변화는 배외주의를 주장하는 국내 유림의 강력한 반대를 불러올 수밖에 없었다.

조직적 반대는 1881년 3월 처음 나타났는데, 영남 유생들은 "영남 만인소"라고 불리는 합동상소를 고종에게 올렸다. 그들은 필사돼 널리 읽힌 황준헌의 『조선책략』을 격렬하게 비판했다. 황준헌은 중국인이라고 주장하지만 "일본의 옹호자이며 천주교의 신실한 대리인"으로 "사교"를 전파하는 데만 관심이 있다고 비난했다. 그들은 "황준헌의 문건"을 불태우고

19 마건충의 조약 초안은 같은 책, 472~475쪽 참조.
20 통리기무아문은 전해종, 「통리기무아문 설치경위에 대하여」, 『동아문화의 비교사적 연구』, 204~218쪽 참조. 신사유람단의 일본 시찰은 정옥자, 「신사유람단고」, 105~142쪽 참조.
21 1881년 2월 28일자 하나부사가 외무경 이노우에에게 보낸 보고는 『日本外交文書』 17권, 352~353쪽 참조.

김홍집을 낙향시키라고 국왕에게 요청했다. 회유하거나 위협해도 상소자들이 수그러들지 않자 정부는 그 지도자 두 사람을 유배 보냈다.[22]

영남 유생의 행동 이후 전국에서 비슷한 항의의 물결이 일어났다. 이어진 봄과 여름 동안 저명한 학자들 ― 대부분 이항로와 최익현의 제자였다 ― 은 일본에 외교적·상업적으로 "양보"하고 서양 국가들과 관계를 수립하려는 정부의 움직임을 맹렬히 비난했다. 상소를 올린 사람 가운데 홍재학洪在鶴은 대원군 때 고수하던 위정척사의 원칙을 고종이 친정하면서 "배반"했다고 비난하면서 그런 변화에 책임이 있는 대신들을 처형하라고 요구했다. 당국은 홍재학을 처형하고 그를 부추긴 스승 김평묵金平默을 유배 보냈다.[23] 또 다른 상소자가 이유원 ― 리훙장과 연락을 주고받았다는 이유로 ― 과 김홍집을 비판하자 겁을 먹은 이유원은 자신의 행동을 용서해달라는 상소를 올렸다. 이유원의 비겁한 행동에 분노한 고종은 그와 그의 비판자를 모두 유배 보냈다.[24]

왕비 민씨와 그 인척들은 이런 상황에 놀랐지만, 앞서 대원군을 비판한 세력 ― 이항로와 최익현의 추종자들 ― 이 대원군을 옹호하자 그와 지지자들은 고무됐다. 1881년 여름 유림의 시위만으로는 권력을 회복할 수 없다는 것을 깨달은 대원군과 그 지지자들은 무력으로 권력을 장악하기로 결정했다. 그러나 그들의 음모는 서툰 계획과 충분치 않은 병력 때문에 실패할 수밖에 없었다. 9월 정부는 그 음모를 발각해 주모자들

---

22 『일성록』 고종편, 18년 2월 26일 ; 『고종실록』 18.5a~6b ; 한우근, 「개항 당시의 위기의식과 개화사상」, 124~125쪽 ; Deuchler, *Confucian Gentlemen and Barbarian Envoys*, 104~107쪽.

23 이선근, 『한국사 ― 최근세편』, 451~456쪽.

24 『고종실록』 18.31a~32b, 34b~35a.

을 즉시 체포·투옥·처벌했다. 현재 국왕의 아버지라는 지위 덕분에 대원군은 공개적인 비난과 처벌은 받지 않았지만, 음모자들이 추대하려고 했다고 알려진 국왕의 이복형 이재선李載先—빈의 소생—은 처형됐다.25

앞서 긍정적으로 응답했지만 이런 내부적 불안과 반대에 부딪치자 조선 정부는 미국과 조약을 체결하는데 주저하게 됐다. 1881년 여름 슈펠트가 중국으로 돌아왔을 때 리훙장은 아직 조선에서 확답을 받지 못한 상태였다. 7월 1일 리훙장은 슈펠트와 만난 자리에서 미국은 조선에서 목표를 이룰 것이라고 확언하면서 인내심을 가지라고 설득했다. 2주 뒤 그는 슈펠트에게 자신이 한성으로 다시 편지를 보냈으며 90일 안에 회답을 받을 것으로 생각한다고 말했다. 그는 슈펠트에게 톈진에 머무르라고 권유했다. 그러나 1882년 1월에야 조선 사신 김윤식이 리훙장과 슈펠트가 기다리던 소식을 가지고 왔다.

세상을 떠난 박규수의 제자인 김윤식은 김홍집처럼 젊은 관원 가운데 한 사람으로 온건한 개혁적 견해를 제시해 고종의 신임을 얻기 시작했다. 김윤식의 임무는 겉으로는 톈진에서 훈련받을 조선인 학생과 견습생을 인솔하는 것이었지만, 미국과의 조약 체결 문제를 리훙장과 논의하라는 비밀 명령을 받았다.26 1월 17일 바오딩에서 리훙장을 처음 만난 김윤식은 조약 체결에 대한 조선 국내의 반대를 극복할 수 있도록 조선 국왕에게 조약 체결을 명령하는 청 황제의 칙서를 내려달라고 요청했다. 리훙장은 그런 칙서는 적절치 않으며 그렇게 되면 조선은 미국과 협상할

---

25 자세한 사항은 이선근, 『한국사 —최근세편』, 457~461쪽 참조.

26 권석봉, 「영선사행에 대한 일고찰」, 278~279쪽 ; Deuchler, *Confucian Gentlemen and Barbarian Envoys*, 188쪽.

수 있는 여지가 거의 없을 것이라는 이유를 들면서 요청을 거부했다. 그는 슈펠트와 협상할 수 있는 전권을 지닌 고위 관원을 톈진으로 보내달라고 국왕에게 비밀리에 요청하라고 김윤식에게 조언했다.[27] 3월 중순 리홍장이 톈진으로 갔을 때 조선 조정의 소식은 아직 도착하지 않았다. 슈펠트는 조선 당국과 직접 협상하기 위해 조선으로 갈 생각이라고 밝혔다. 그러자 리홍장은 조선을 위해 슈펠트와 직접 협상하기로 결정했다. 협상은 3월 하순에 시작됐다. 김윤식은 톈진에 있으면서 리홍장의 조언을 받았지만, 회담에는 참여하지 못하고 배제됐다.

한 달 동안 이어진 협상에서 리홍장은 진해관도津海關道 주복周馥과 마건충의 도움을 받았다. 슈펠트는 주중 미국 대리공사 체스터 홀컴Chester Holcombe이 보좌했다. 리홍장과 그의 보좌관들은 국제법 지식과 외교 기술을 과시하면서 청이 서양 열강과 또는 조선이 일본과 체결한 조약보다 나은 조건을 확보하는 데 성공했다. 그러나 리홍장에게 가장 실망스러운 사실은 조선에 대한 청의 종주권을 인정하는 조항을 슈펠트가 수락하도록 설득하지 못한 것이었다. 앞서 리홍장은 앞으로 조선이 조약을 체결할 때 청의 요구를 따르게 해야 한다는 하여장의 건의를 거부했다. 이제 그는 조선이 "중화제국의 속국이었지만 앞으로는 모든 국내 행정과 외교 사무에서 자신의 주권을 행사한다"고 선언하는 문서를 요구하고 있는 것이다. 슈펠트는 거부했다. 슈펠트는 그런 선언이 이 조약에 포함돼야 하는지 미국 정부의 지시를 요청하겠다고 물러섰지만 미국에 대해 조선은 주권을 지닌 독립국이며 조선과 청의 관계가 어떠하든 앞으

27　김윤식, 『음청사』, 47쪽 ; 李鴻章, 『李文忠公全書』, 13.7b~8a.

로 미국과의 관계와는 무관하다는 입장을 밝혔다. 미국 정부가 그런 조항에 동의할 것 같지 않다고 판단한 리훙장은 미국 정부가 조약에 그런 규정을 포함하는 것을 거부한다면 조선 국왕이 미국 대통령에게 따로 서신을 보내 그런 선언을 한다는 타협안을 제시했다. 슈펠트는 그런 서신을 대통령에게 전달하겠다는 데만 동의했다.[28] 리훙장은 조약체제에서 조선에 대한 청의 종주권을 유지하려고 했지만, 이 시기 미국이 조선과 조약을 맺는 것은 청과 조선의 조공관계를 조약에 명시하는 것보다 중요하다고 판단한 것이 분명했다.

4월 16일 한 조선 사신이 전직 영의정이자 신설된 통리기무아문의 총리대신인 이최응의 서신을 가지고 톈진에 도착했다. 이것은 리훙장이 조선의 외교를 지도하는 임무를 맡은 뒤 조선의 현직 최고 관원에게서 직접 연락 받은 첫 사례였다. 이최응은 조약 문제를 논의하기 위해 관원 두 사람이 중국으로 가고 있다고 리훙장에게 알리면서 그동안 이유원과 서신을 교환해 조언해준 것에 감사하고 조선은 조약에 관련된 "모든 사항"을 그에게 "의지"하고 있다고 말했다. 리훙장은 즉시 답신을 써서 조선이 미국과 좋은 조약을 체결하면 조선에 대한 일본의 계획을 견제할 수 있을 것이라고 조언했다. 조선이 청의 조공국이라는 사항을 조약에 포함시킬 수 없다면 조선이 청과 맺고 있는 조공관계를 따로 밝히는 것이 매우 중요하다고 리훙장은 강조했다. 리훙장은 슈펠트가 조선으로 갈 것이라고 이최응에게 알려주면서 슈펠트와 김윤식의 요청으로 마건충과 북양 함대 사령관인 제독 정여창이 조선으로 가서 슈펠트와 조선 관원을

---

28 李鴻章, 『李文忠公全書』, 13.31a~32b ; Chien, *The Opening of Korea*, 84~85쪽 ; Deuchler, *Confucian Gentlemen and Barbarian Envoys*, 119쪽.

중재할 것이라고 덧붙였다.[29] 리훙장은 자신의 회신과 조약 초안 사본을 조선 특사에게 주고 그가 빨리 귀국할 수 있도록 그를 압록강 어귀까지 청 전함으로 데려다줬다. 그 뒤 황제는 마건충과 정여창이 조선에 가는 것을 윤허했다. 마건충과 정여창은 5월 3일 중국 전함 세 척과 함께 톈진을 떠나 5월 8일 인천에 도착했다.

여기서 지적해야 할 사항은 리훙장이 새로운 조선 정책을 실행한 방법—근대적 전함—은 전통을 완전히 파괴한 행동이었다는 것이다. 눈에 덜 띄지만 동일하게 중요한 사실은 조·청관계의 역사에서 처음으로 만주족이 아닌 한족 출신 관원을 대표자로 파견했다는 것이다.

슈펠트는 5월 11일 미국 해군 전함 스와타라호Swatara를 타고 인천에 도착했다. 지시를 받기 위해 도쿄로 돌아갔던 일본 공사 하나부사는 어떤 일이 일어나고 있는지 알려고 노력했다. 그는 중국 관원들과 미국 사절보다 며칠 앞서 인천으로 돌아왔다.

한편 조선 정부는 신헌과 김홍집을 전권대관全權大官과 전권부관副官으로 임명해 슈펠트를 만나게 했다. 5월 14일 신헌과 김홍집은 마건충과 정여창을 처음으로 방문했다. 정여창의 기함旗艦에 오른 조선 관원들은 베이징의 황제가 있는 방향으로 고두叩頭한 뒤 마건충과 정여창을 환영했다. 그런 뒤 그들은 스와타라호로 이동해 슈펠트를 영접했다. 이어진 협상에서 조선은 인천에서 쌀 수출을 금지한다는 내용을 제외하고는 조약 초안을 크게 바꾸지 않았으며 슈펠트는 수락했다. 조선이 청의 조공

---

29 이최응이 리훙장에게 보낸 서신과 리훙장의 답신 참조. 李鴻章, 『李文忠公全書』, 13.32b~
    34b ; 『淸季中日韓關係史料』 2권, 569~571쪽 수록.

국이라는 내용은 미국의 주장으로 조약 문안에서 빠졌다.[30]

14개 항으로 이뤄진 조미수호통상조약은 1882년 5월 22일 인천에서 체결됐다. 조약 1조에서는 조약 당사국 가운데 어느 한 쪽이 다른 나라에게 부당한 대우나 공격을 받을 경우 다른 한 쪽은 원조와 중재를 제공한다고 선언했다. 그 조항은 조선에 대한 일본과 러시아의 계획을 견제하기 위해 리훙장이 삽입한 것이었다. 2조에서는 전권을 지닌 외교 대표를 서로 교환한다고 규정했는데, 마건충의 초안에는 없던 내용이었다. 또한 영사를 교환하되 영사는 반드시 실제 관원이어야 하며, 자신의 권한을 부당하게 행사하면 허가를 취소한다고 규정했다. 청의 협상자들은 서양 열강과 조약을 체결한 경험을 바탕으로 미국 영사관의 직원들이 권한을 남용할 가능성에서 조선을 보호하는 조항을 삽입했다. 4조에서는 조선에 체류하는 미국 시민에게는 치외법권이 허용되지만 필요한 사법적 개혁이 조선에서 이뤄지면 그 특권은 폐지된다고 규정했다. 다른 조항에서는 관세 문제에서 조선의 자치권을 허용하고 개방한 항구에서 제한적 무역을 하며, 인천을 통한 아편 수송과 쌀 수출을 금지했다. 12조에서는 이 조약은 "조선이 최초로 입안한 것이어서" "조항이 일반적이고 불완전" 하기 때문에 5년 뒤 추가할 규정을 협상한다고 선언했다. 이 규정은 청과 조선 모두 일본과 체결한 강화도조약이 아니라 미국과 맺은 이 조약이 은자의 왕국을 외부 세계에 개방하는 첫 걸음으로 간주했음을 보여준다.[31]

---

30 리훙장과 슈펠트의 협상에 관련된 자세한 설명은 奧平武彦, 『朝鮮開國交涉始末』, 75~144쪽 참조.
31 조약의 한문본은 『고종실록』19.21a~24b ; 『淸季中日韓關係史料』2권, 611~616쪽 참조.

조약 체결 이틀 뒤 조선은 청의 조언에 따라 조선 국왕이 미국 대통령에게 보내는 짧은 서신을 슈펠트에게 전달했다. 그 일부는 다음과 같다. "조선은 고대부터 중국의 조공국이었습니다. 그러나 그때부터 지금까지 조선 국왕은 내치와 외교의 모든 문제에서 완전한 주권을 행사해왔습니다. 이제 우호조약을 체결하기로 합의한 조선과 미국은 평등을 기반으로 서로를 대우할 것입니다. (…) 조선이 중국의 조공국으로 수행한 여러 의무는 미국과 아무 관련이 없습니다." 1882년 5월 12일자—조약 체결 1주 전—로 된 그 서신은 마건충이 작성한 것이었다.[32]

조미수호통상조약을 체결한 닷새 뒤인 5월 27일 영국 극동함대 사령관 조지 O. J. 윌스George Willes 해군 중장이 조선과 영국의 조약을 체결하기 위해 인천에 도착했다. 윌스는 아직 조선에 있던 마건충에게 자신과 조선의 협상을 중재하라고 지시하는 청 정부의 서신을 전달했다. 마건충은 조선이 청의 조공국의 지위임을 공식적으로 인정하는 조약을 수락하라고 윌스를 설득했지만 성공하지 못했다. 6월 6일 조선 관원들은 마건충의 중재로 윌스와 조영수호통상조약을 체결했는데, 그 형식과 내용은 조미수호통상조약과 동일했다.[33] 마건충은 이틀 뒤 조선을 떠나 귀국했다. 떠나기 전 그는 다른 나라들이 조약을 체결하기 위해 조선에 접근하면 조선은 외교 사무에 익숙지 않기 때문에 조약 문제는 대부분 청이 처리했으며, 조선과 조약을 체결하려면 먼저 톈진으로 가서 북양 통

---

32 馬建忠,『東行三錄』, 17쪽. 그 서신의 다양한 영문 번역은 M. Frederick Nelson, *Korea and the Old Orders in Eastern Asia*, 145~149쪽 ; 奧平武彦,『朝鮮開國交涉始末』, 136~139쪽 참조.

33 조영조약 체결 협상에 관련된 사항은 奧平武彦,『朝鮮開國交涉始末』, 145~148쪽 ; Deuchler, *Confucian Gentlemen and Barbarian Envoys*, 122~125쪽 참조.

8장 _ 조선에 대한 청의 영향력 변화

상대신에게 조약 협상을 감독할 관원을 조선으로 파견해달라고 요청하도록 지시했다.[34] 6월 하순 마건충은 주중 독일 공사 막시밀리안 폰 브란트와 조선·독일의 조약 체결을 중재하기 위해 조선에 다시 왔다. 조독수호통상조약도 조미조약과 비슷한 내용이었으며 1882년 6월 30일에 체결됐다.[35] 조약을 체결한 뒤 조선은 영국과 독일 사절에게 그들의 통치자에게 보내는 서신을 전달했는데, 앞서 5월 15일 조선이 청의 조공국임을 밝힌 서신과 동일했다.

이런 조약들을 신속히 잇따라 체결한 것은 조선을 개항시키려는 길고 어려운 노력의 절정이었으며, 그 과정은 1860년대 후반과 1870년대 초반 프랑스와 영국이 시작했고, 1870년대 초·중반 일본이 진전시켰으며, 1870년대 후반과 1880년대 초반 청이 완성했다. 청은 조선을 위한 새로운 "조약체제 정책"에 따라 조선이 서양 열강과 처음 체결한 조약들을 처음부터 끝까지 지휘하고 협상했다. 청은 조선 사무에 개입하지 않는다는 전통에서 벗어나 조선의 외교 사무에 개입했으며 그 외교 정책의 수행을 사실상 모두 떠맡았다.

임오군란과 중국의 개입

조선이 미국·영국·독일과 조약을 체결하면서 청의 새로운 조선 정책은 성공적으로 시행되는 것처럼 보였다. 그러나 몇 주 만에 조선에 일어

---

34 馬建忠, 『東行三錄』, 36쪽.
35 조독조약 체결 협상에 관련된 사항은 奧平武彦, 『朝鮮開國交涉始末』, 150~152쪽 참조.

난 극적인 반전은 리훙장이 힘들게 추진해온 조선 전략을 위태롭게 만들었다. 7월 중순 불만을 품은 군인들과 부패한 선혜청宣惠廳 관리 사이에 사소한 분쟁이 일어났는데, 군인들은 자신의 요청이 즉각 거부되고 민겸호閔謙鎬가 자신들의 지도자를 하옥하자 유혈 폭동을 일으켰다. 민겸호는 왕비의 친척으로 선혜청 당상이었는데, 수도에 주둔한 부대에 급료를 배급하는 임무를 맡고 있었다. 민겸호의 행동에 분노한 군인들은 그의 집을 파괴했다. 폭동 지도자들은 권력을 휘두르던 민씨 일파에게 보복당할 것이 두려워 대원군에게 보호를 요청했다. 그러면서 관리들의 부당한 대우에 분노한 군인들의 우발적인 폭동은 대원군과 그 추종자들이 일으킨 정치적 변란으로 변모했는데, 대원군은 왕비와 그 인척들에게 분노하고 있었으며 일본의 세력 확장과 최근 이어진 서양 열강과의 조약 체결을 불만스럽게 보고 있었다.[36]

대원군은 오래 기다려왔으며 겨우 1년 전에는 스스로 정변을 모의하기까지 한 재집권의 기회로 이 군란을 포착했다. 군란 지도자들이 찾아오자 대원군이 그들에게 지시했다는 기록은 없지만, 그들이 왕비와 그 인척을 권력에서 몰아내고 일본을 축출하려는 대담한 후속 행동으로 나아가게 만든 힘은 그의 선동이 분명했던 것 같다. 7월 23일 군란 세력은 도성의 다른 부대 및 군중과 합세해 몇몇 민씨의 저택을 파괴하고 일본 공사관을 불태웠다. 이튿날 그들은 궁궐로 몰려가 왕비를 찾았다. 군중은 자신들이 그녀를 죽였다고 잘못 믿었지만, 왕비는 다치지 않은 채 간신히 피신했다. 7월 25일 대원군은 입궐해 군란을 진압하고 질서를 회복

---

36 군란에 대한 자세한 사항은 권석봉, 「임오군변」, 최영희 등, 『한국사』 16, 392~441쪽 참조.

해달라는 요청을 받았다. 그의 명령에 따라 반란 군인들은 제 부대로 돌아갔고 도성의 질서는 빠르게 회복됐다. "앞으로 모든 조정의 사무는 크든 작든 대원군에게 보고해 결정하겠다"는 교서에 따라 대원군은 계속 전권을 행사하게 됐다.[37] 광란의 이틀 동안 민겸호, 경기도 관찰사 김보현金輔鉉, 대원군의 형이자 전직 영의정으로 민씨 세력과 긴밀히 협력한 이최응이 살해됐다. 군중은 별기군 교관으로 근무하던 소위를 포함해 일본인 몇 사람도 죽였다.

군중이 일본 공사관을 공격하자 공사 하나부사와 직원들은 인천으로 피신했다. 거기서도 지방 부대의 공격을 받아 일본인 6명이 죽고 5명이 다쳤다. 일본인 20여 명은 간신히 도망쳤고, 그 뒤 영국 측량선에 구조돼 7월 29일 나가사키에 도착했다. 그곳에서 하나부사는 도쿄로 그 사건에 대한 첫 보고를 타전했다. 7월 31일 신임 주일 청국 공사 여서창黎庶昌은 일본 외무성으로부터 그 사건에 대해 들었다. 그는 앞서 양광총독과 회군淮軍장군을 지내고 당시 직예총독 및 북양 대신서리로 재직하고 있던 장수성에게 보고를 타전했다.[38] 리훙장은 1882년 4월부터 이런 관직들에서 물러나 안후이성에서 모친상을 치르고 있었다.

공사 여서창은 후속 전문電文에서 일본 정부가 조선에 전함을 파견하기로 결정했다고 보고하면서 조선 상황을 조사하기 위해 청도 동일한 조처를 취해야 한다고 주장했다. 두 전문은 8월 1일 장수성에게 도착했다. 장수성은 제독 정여창에게 전함 출발을 준비하라고 지시하면

37 『일성록』 고종편, 19년 6월 9일 ; 『淸季中日韓關係史料』 2권, 734~735쪽 ; 이선근, 『한국사 — 최근세편』, 392~441쪽.
38 『淸季中日韓關係史料』 2권, 734쪽 ; 彭澤周, 『明治初期日韓淸關係の硏究』, 186~187쪽.

서 그 사건을 총리아문에 보고하고 여서창이 건의한 대로 전함 파견을 승인해달라고 요청했다. 동시에 장수성은 진해관도 주복에게 아직 톈진에 있던 김윤식과 논의해 그의 생각을 알아보라고 지시했다. 주복은 8월 1일 저녁 김윤식과 논의했으며, 이튿날 아침에는 조미수호조약과 관련해 앞서 청에 온 또 다른 조선 관원 어윤중魚允中도 참석해 상의했다. 김윤식과 어윤중은 조선에서 아무 정보를 받지 못했지만 최근 일본 공사가 피신하는 사태에 이른 한성 군란의 배후에는 대원군과 그 세력—지난해에도 비슷한 행동을 모의했다—이 있는 것으로 확신한다고 주복에게 말했다. 그들은 일본의 보복을 우려하면서 중국이 전함 몇 척과 군사 1000명을 지체 없이 조선에 보내 군란을 진압하고 조선에 대한 일본의 보복적 군사행동을 방지해야 한다고 강력히 주장했다.[39]

8월 3일 장수성은 공사 여서창에게서 또 다른 전문을 받았는데 "군인 700명과 선원 700명"을 태운 일본 전함이 조선으로 출발했다고 보고하는 내용이었다. 여서창은 일본 정부가 조선과 전쟁을 결정하지는 않았지만 일본의 여론이 격화되고 전쟁 준비가 시작됐다고 덧붙이면서 청의 전함을 조선으로 파견할 것을 다시 주장했다. 상황의 심각성을 깨달은 장수성은 총리아문으로 다시 서신을 보내 제독 정여창에게 전함 두 척을 이끌고 조선에 가 일본의 동향을 살펴보고 조선의 상황을 조사해야 한다고 건의했다. 나아가 장수성은 조선 정부가 군란을 평정할 능력이 없는 것으로 밝혀지면 청은 유능한 지휘관에게 회군淮軍 2000명을 이끌

---

39 彭澤周, 『明治初期日韓淸關係の硏究』, 187~191쪽. 주복과 나눈 대화에 관련된 김윤식 자신
    의 설명은 김윤식, 『음청사』, 177~179쪽 참조. 좀더 자세할 것으로 생각되는 서술은 『淸季
    中日韓關係史料』 2권, 749~751쪽 참조.

고 조선으로 가서 진압해야 한다는 의견을 전달했다. 이튿날 아문은 장수성의 의견을 받아들였다. 8월 5일 제독 정여창은 톈진을 떠나 즈푸로 갔고, 거기서 마건충과 합류할 예정이었다. 8월 9일 마건충과 정여창은 어윤중과 합류해 유럽에서 건조한 전함 3척을 이끌고 즈푸를 떠나 다음 날 밤 인천에 도착했다. 그날 아침 일본 전함 한 척이 도착했다.[40]

제독 정여창과 어윤중이 톈진을 떠난 것과 같은 날 주복과 김윤식은 다시 만나 조선 상황을 논의했다. 김윤식은 대원군이 군란의 우두머리라고 다시 말하고 그의 인격과 "과거의 범죄"를 강력히 비난했다. 주복은 대원군이 일본에게 겉으로는 적대적이지만 자신의 지위를 강화하기 위해 협력할 수도 있다는 의심을 표시하고, 대원군이 사태 수습을 위해 일본의 제안을 수락할 것 같지는 않으며 일본은 군란을 진압한다는 명목으로 조선에 군대를 상륙시킬 것이 거의 분명하다고 주장했다. 그는 폭동이 진압된 뒤에도 일본은 조선 사안에 계속 개입할 것이라고 전망하면서 그런 사태를 막기 위해 청은 조선에 전함과 군대를 보내야 하며, 전쟁을 일으킬 위험 없이 한반도의 위기를 수습할 수 있는 것은 청뿐이라고 강조했다.[41]

주복의 조언은 위기에 대한 장수성의 생각에 영향을 준 것이 분명했다. 장수성의 연락에 따라 총리아문은 그의 건의대로 전함과 군대를 조선에 파병하는 것을 윤허해달라고 황제에게 상소했다. 아문의 대신들은 장수성의 말을 인용해 일본은 조선을 장악하려고 오랫동안 노력해왔으

---

40 『淸季中日韓關係史料』 2권, 748, 766쪽.
41 8월 5일 김윤식과 주복의 대화에 대한 설명은 같은 책, 769~772쪽 ; 김윤식, 『음청사』, 180~
183쪽 참조.

며 많은 조선인이 일본과 협력했다고 말했다. 그들은 이렇게 주장했다. 일본이 조선 정부를 위해 군란을 진압하도록 내버려둔다면, 이런 친일 조선인은 일본의 행동을 이용해 조선 정부를 장악할 것이다. 그러면 조선에서 일본의 영향력은 커지고 청의 권력은 타격을 받을 것이다. 그러므로 청은 즉시 조선에 전함과 군대를 보내 조선을 보호하고 1871년 조약에 따라 중국 영토에서 일본인을 막는 의무를 실천해야 한다. 8월 7일 황제는 상소를 윤허하고 장수성에게 계획대로 실행하라고 명령했다. 또한 상황을 매우 심각하게 보고 있던 황제는 리훙장에게 복상을 중단하고 임지인 톈진으로 돌아가라고 명령했다.[42]

8월 10일 밤 인천에 도착하자마자 마건충은 어윤중에게 지방군 지휘관을 만나 정보를 얻으라고 요구했다. 그러나 어윤중은 구체적인 정보를 얻지 못했다. 다음날 아침 곤도 마스키가 마건충과 제독 정여창을 방문했는데, 그는 앞서 일본으로 피신했다가 일본 선발대와 함께 인천으로 돌아왔다. 곤도는 왕비가 군중에게 "살해"됐으며 대원군이 권력을 장악했다고 말했다. 마건충은 어윤중과 오래 상의했다. 김윤식이 주복에게 한 발언과 같은 맥락에서 어윤중도 대원군을 비난하면서 그는 강제로 하야된 뒤 권력을 다시 잡기 위해 끊임없이 계략을 꾸며왔다고 비난했다. 그는 국왕의 아버지라는 "안전한" 지위를 이용해 "무지한 군중"을 반외세 구호로 꾀어 궁궐을 계속 공격하고 충신들을 살해했다는 것이었다. 계속해서 어윤중은 지난해 그가 준비했다가 실패한 정변 계획—먼저 국왕이 신임하는 신하들을 죽인 뒤 궁궐을 습격해 왕비를 제거하고

42　『清光緖朝中日交涉史料』, 3.30b~32b ; 『淸季中日韓關係史料』 2권, 764~765쪽. 리훙장에게 직무 복귀를 명령한 칙서는 『淸季中日韓關係史料』 2권, 777쪽 참조.

마지막으로 일본인들을 살해한다—에 따라 이제 권력을 장악했다고 말했다. 국왕은 퇴위하지는 않았지만 궁궐에 갇혔고 외교를 맡은 신하들은 살해됐으며 백성은 산으로 피신했다. 즉시 조처하지 않으면 일본은 거대한 보복을 시작할 것인데, 대원군은 군대를 동원해 방어할 것이며 그러면 엄청난 인명이 손실되고 왕조의 운명이 위험해질 것이라고 어윤중은 경고했다.[43] 어윤중과 김윤식은 공정하거나 사실에 기반한 조사가 아니라 대체로 추측과 자신들의 편견을 바탕으로 대원군을 비판했다. 마건충은 주로 어윤중의 말을 토대로 장수성에게 보내는 첫 보고서를 작성했다. 8월 14일 장수성에게 도착한 그 보고서에서 마건충은 그의 권한에 따라 황제에게 상소를 올리는 동시에 청군 6개 대대를 함선에 태워 조선으로 파견하라는 명령을 발표하라고 건의했다.[44]

개입하기로 결정한 장수성은 8월 7일 황제의 윤허를 얻었고 마건충의 보고를 받기도 전에 행동에 착수해 산둥에 주재한 흠차제독 오장경吳長慶과 접촉했으며, 오장경은 자신의 부대를 이끌고 조선으로 가겠다고 동의했다. 남은 문제는 대원군을 처리하는 방법이었다. 김윤식은 청군이 대원군의 저택을 포위한 뒤 그의 "죄악"을 들어 사형에 처한다는 대비 조씨의 명령을 얻는 방안을 제안했다. 리훙장의 개인 비서 가운데 한 사람인 설복성薛福成은 대원군을 체포해 청으로 데리고 가자고 제안했다. 장수성에게 보낸 서신에서 설복성은 조선에 있는 청군 지휘관들이 실행할 수 있는 긴급사태 대처 방안을 설명했는데, 거기엔 대원군을 납치한다는 내용도 들어 있었다. 설복성의 방안 가운데는 대원군이 무력으로 저항

43 『淸季中日韓關係史料』 3권, 798~804쪽 ; 馬建忠, 『東行三錄』, 56~57쪽.
44 馬建忠, 『東行三錄』, 57~60쪽 ;『淸季中日韓關係史料』 3권, 789~792쪽.

하면 대비의 명령에 따라 처형하자는 것도 있었다. 설복성은 신속한 행동을 주장하면서 조선을 또 다른 류큐로 만들 수 있는 일본의 행동을 방지하는 것이 핵심이라고 강조했다.[45] 설복성의 제안은 마건충의 보고와 함께 대원군의 정치적 운명을 사실상 끝내는 것이었다.

한편 하나부사는 8월 12일 일본에서 조선으로 돌아와 조선 정부와 논의를 시작했다. 그와 함께 온 일본군은 전함 4척, 수송선 3척, 보병 1개 대대였다. 하나부사는 행동을 미뤄달라는 조선 정부의 요청을 무시한 채 8월 16일 대규모 군대의 호위를 받으며 한성으로 진군했다. 8월 20일 그는 고종을 알현했다. 그는 외교적 의전을 무시하고 일본 정부가 조선 국왕에게 직접 보내는 7개 항의 최후통첩을 전달했다. 거기에는 일본 공사관과 일본인을 공격한 사람들을 처벌하고, 폭동으로 발생한 일본인의 인명과 재산을 배상하며, 조선이 외교와 무역에서 추가로 양보한다는 내용 등이 들어 있었다. 그는 사흘 안에 답변을 요구했다. 하나부사는 국왕을 알현한 뒤 대원군의 요청으로 그를 만났다. 대원군은 조선이 시대의 변화를 따를 것이며 이전의 고립정책으로 돌아가지 않을 것이라고 말했는데, 하나부사를 안심시키려는 의도로 생각된다.[46]

청군이 인천에 도착하기를 기다리면서 마건충은 어윤중은 물론 조영하·김홍집과도 몇 차례 만났는데, 조선 정부는 두 사람을 접견대관과 부관으로 임명해 청과 일본 관료들을 만나게 했다. 마건충과 조영하·김홍집이 나눈 대화에 관련된 기록은 남아 있지 않다. 그러나 대원군을 비판하는 내용이었을 것은 분명하다. 마건충은 "필담" 기록을 없앴으며—

45　薛福成, 『薛福成全集』 1권, 2.33a~35b.

46　田保橋潔, 『近代日鮮關係の硏究』 1권, 800~807쪽.

누설될 경우 조영하·김홍집을 보호하려는 행동이었을 것이다─회담 이후 자신은 "폭도들의 유죄"를 더욱 확신하게 됐다고 일기에 썼다.[47] 또한 마건충은 하나부사와 함께 온 일본 외무성의 관료 다케조에 신이치로竹添進一郞도 만났다. 다케조에는 마건충에게 일본 여론은 조선의 잔혹한 행위 때문에 악화되고 있지만, 2년 전 자신들이 서양 국가들에게 문호를 개방했을 때의 경험을 떠올리면서 조선과 문제를 평화롭게 해결하기를 바란다고 말했다. 일본 정부는 조선에 영토적 야심이 없다고 그는 확언했다. 마건충은 조선의 빈곤하고 불안한 상황을 고려할 때 일본 정부는 조선에 인내와 관용을 베풀어야 한다고 강조했다.[48]

8월 20일 장군 오장경과 제독 정여창이 2000명의 군사를 이끌고 조선에 도착했다. 김윤식이 그들을 안내했다. 인천에는 일본 전함이 몇 척 있었기 때문에 청군은 남쪽의 남양南陽에 상륙했다. 청군 지휘관들은 상륙하자마자 마건충을 만났고 조영하와 김홍집의 환영을 받았다. 이튿날인 8월 21일 마건충은 대원군의 긴급한 서신을 받았는데, 일본의 최후통첩을 알리고 마건충이 한성으로 와서 조선 정부와 하나부사의 협상을 중재해달라는 요청이 담겨 있었다. 8월 22일 마건충은 조영하와 한성으로 출발해 이튿날 도착했다. 마건충이 도착하자 대원군은 직접 영접했고 정다운 "필담"을 나눴다.[49]

다음날 마건충은 급히 인천으로 가서 하나부사와 회의했는데, 그는 영의정 홍순목과 회담하기로 예정됐지만 조선 정부가 연기하자 분노해

---

47 馬建忠, 『東行三錄』, 61~64쪽.
48 같은 책, 64~67쪽;田保橋潔, 『近代日鮮關係の研究』 1권, 841~843쪽.
49 馬建忠, 『東行三錄』, 68~71쪽.

그 전날 인천으로 돌아와 있었다. 마건충은 그에게 성급한 행동을 재고해야 한다고 주장하면서 대원군이 권력을 잡고 있는 한 조선 정부와 생산적이고 법률적 구속력이 있는 협상은 할 수 없을 것이며, 국왕이 다시 친정하는 것이 가장 시급하다고 말했다. 마건충은 청 정부가 대원군을 실각시킬 것이라는 의도를 분명히 드러냈다.[50]

8월 25일 마건충은 한성으로 돌아왔다. 그날 장군 오장경과 제독 정여창도 자신들의 부대를 이끌고 조선의 수도에 도착했다. 청군은 조선인의 저항을 받지 않았다. 8월 26일 신중하게 마련한 계획에 따라 마건충과 두 지휘관은 대원군을 그의 사저로 예방했다. 대원군은 그들을 따뜻하게 영접했다. 그날 오후 늦게 대원군은 청군 본부를 답방했다. 대원군과 다시 "다정한" 필담을 나누던 마건충은 청 황제로부터 합법적 권력을 받은 유일한 통치자인 국왕의 권력을 대원군이 빼앗았다고 갑자기 비판했다. 그는 대원군에게 즉시 톈진으로 가서 황제의 처분을 기다리라고 지시했다. 청군은 대원군을 강제로 가마에 태워 밤을 새워 남양으로 호송했다. 이튿날 대원군은 청 군함에 태워져 톈진으로 보내졌다.[51]

한편 한성에서는 이전의 정치적 상태가 회복됐다. 고종은 다시 친정을 시작했고 청군은 군란 주모자들을 색출해 처형했으며, 왕비 민씨는 지방에 숨어 있다가 한성으로 돌아왔고 그녀의 살아남은 인척들은 정부에서 점차 지배적인 지위를 되찾았다. 일본 대표는 마건충과 직접 공식적으로 협상하기를 거부했지만 마건충은 그 뒤의 협상을 이끌었으며, 1882년

---

50 같은 책, 71~72쪽 ; 『淸季中日韓關係史料』 3권, 845쪽.
51 대원군 납치에 관련된 사항은 Yim, Dong-jae, "The Abduction of the Taewongun, 1882," 99~130쪽 참조.

8장 _ 조선에 대한 청의 영향력 변화

8월 30일 조선과 일본은 제물포조약을 체결해 신속하게 타협했다.[52]

청은 새로 구입한 근대적 전함과 무기로 일본과 견줄 만한 무력을 구축했고 그것을 단호하게 사용했다. 청 정부는 한성에서 군란이 일어났다는 첫 보고를 받은 지 1주도 안 돼 조선의 국내 정치에 개입하기로 결정했다. 대원군은 권력을 다시 장악한 지 꼭 한 달 만에 청으로 납치됐다. 이런 전례 없는 행동들은 조선 정부와 미리 상의하거나 공식적으로 요청받지 않은 채 일어난 것이었다. 김윤식과 어윤중이 논의에 참여하기는 했지만 아무도 적절한 권한을 갖거나 조선 정부를 위해 대변하거나 행동할 만한 충분한 품계가 아니었다. 조선 관원들은 제 정부를 옹호했지만, 청은 그들의 건의를 고려하지 않고 결정했다.

청 정부는 조선 정부가 스스로 위기를 처리하도록 내버려두는 것을 선호했을 것이 분명하다. 주복 같은 일부 관원은 적어도 조선 정부가 그런 행동을 요구할 때까지 기다리는 것을 선호하면서 먼저 조선에 개입하는 것을 주저한 것으로 보인다. 그러나 청은 위기의 중대성과 상황의 긴급성, 특히 조선 정부가 일본과 만족스럽게 협상할 것이라고 충분히 믿을 수 없다는 판단에 따라 단호하고 일방적으로 행동했다. 청 정부는 대원군이 통치할 경우 서양 열강과 최근 체결한 조약을 폐기할 가능성이 크며, 그렇게 되면 조약체제를 이용해 조선과 한반도에서 청의 지위를 보호하려는 새 정책이 무너질 것을 우려했다. 청이 더욱 우려한 것은 임박한 일본과 조선의 충돌이 두 나라의 전쟁이나 협력으로 이어지는

---

52 조약 협상에 관련된 자세한 사항은 田保橋潔, 『近代日鮮關係の研究』 1권, 812~828쪽 ; 彭澤周, 『明治初期日韓淸關係の研究』, 235~246쪽 ; 권석봉, 「임오군변」, 430~441쪽 ; Deuchler, *Confucian Gentlemen and Barbarian Envoys*, 134~138쪽 참조.

상황이었는데, 두 가지 모두 일본이 한반도에서 지배적 위치를 차지하고 중국 북부와 만주에서 청의 이익과 안전을 손상시키는 결과를 가져올 것이었다.

일부 역사학자는 한쪽에 대원군 세력이 있고 다른 쪽에 왕비와 그 인척들이 포진한 권력투쟁의 관점에서 1882년 7~8월의 신파극을 보면서 김윤식·어윤중·조영하·김홍집 등을 열렬한 민씨 세력 지지자로 규정한다.[53] 그러나 이 네 사람이 지성과 성실을 갖춘 애국자였다는 것은 의심할 이유가 없다. 그들의 견해와 행동은 대원군에게 불리했고 민씨 세력이 권력을 회복하는 데 기여했다. 그러나 이 네 사람 가운데 참으로 열렬한 민씨 세력 지지자라고 간주할 수 있는 인물은 없다. 오히려 그들은 젊은 고종의 신뢰를 받았으며, 서양 국가들과의 관계 수립을 포함해 조선이 막 시작한 개혁에서 중요한 역할을 담당한 젊은 관원이었다. 당파에서 자유로울 수는 없었지만 전체적으로 그들은 대원군이 권력을 다시 장악하면 고종의 지원으로 자신들이 시작한 새로운 개혁을 무효로 만들고 다시 일본을 적대하면서 쇄국해 망국의 길로 접어들 것이 분명하다는 확신 아래 행동했다.[54]

청은 조선이 서양 열강과 처음 맺는 조약들을 조선 편에서 협상하면서 조선 사안에 개입하지 않는다는 조공체제의 전통을 크게 벗어났다. 그런 행동으로 조선에 대한 중국의 전통적인 의례적儀禮的 권위는 실질적 권위로 변화했다. 그러나 1882년 5월까지도 청의 조선 개입은 외교관

---

53 이들에 대한 연구 성과의 요약은 彭澤周,『明治初期日韓淸關係の硏究』, 200~204, 208~212쪽 참조.

54 김윤식의 견해는 『淸季中日韓關係史料』 2권, 771~772쪽 참조. 어윤중의 견해는 馬建忠,『東行三錄』, 64쪽 참조.

계를 조언하는 역할에 국한돼 있었다. 그러나 임오군란이 일어나면서 일본의 개입 가능성은 확실해졌고, 한반도에서 일본이 지배적 위치를 차지할 수 있다는 청의 불안은 커졌다. 1882년 7~8월 청은 조선의 내정에 일방적으로 개입함으로써 그동안 강화한 권위를 조언의 역할에서 정치적 통제라는 새로운 형태로 변화시켰다. 청은 조·중관계의 전통이나 현재 상태를 유지하는 대신 1882년 여름 조선 사안에 직접 개입함으로써 종주국의 역할을 변화시켰다. 이로써 조·청관계는 청이 조선 정부를 정치적으로 지배하는 새로운 국면으로 접어들었다.

결론

동아시아의 국제질서를 향해

———

19세기 중반에 걸쳐 청과 일본이 서양의 국제체제에 들어가면서 동아시아의 국제관계는 혁명적으로 변화했다. 그러나 청과 일본이 서양 열강과의 조약을 받아들였다고 해서 2000여 년 동안 동아시아에서 융성한 오래된 세계질서가 즉각 끝난 것은 아니었다. 서양의 체제는 국가관계를 처리하는 기존의 동아시아 체제 위에 중첩됐다. 처음에 새 체제는 동아시아 국가들과 서양 국가들의 관계에만 적용됐다. 동아시아 국가와 국민의 관계는 중국의 황제를 천자로, 중국을 보편적 제국이자 종주국으로 (일본의 천황은 가끔씩 경쟁자로 주장하기도 했다) 인정하는 중국의 오랜 우주론에 바탕을 둔 전통적 동아시아 체제에 입각해 운영됐다. 1860년대 서양 체제는 강력했지만 동아시아의 모든 국가가 받아들이지는 않았다. 그 지역의 주요 국가 가운데 하나인 조선은 새 체제의 바깥에 머물러 있었다. 중국 조공체제의 "긴 황혼"[1]은 당시 동아시아의 세계질서에 동양적 성격과 서양적 성격, 전통적 측면과 근대적 측면이 혼재된 이중적 특징을 부여했다. 이런 이중성은 완전히는 아니지만 1880년대 초반 사라졌다. 동아시아의 전통적 세계질서는 대체로 앞 장들에서 살펴본 변화와 1880년대 중반 프랑스의 베트남 점령 같은 그 밖의 사건들을 겪으면서 궁극적인 종말을 맞았다.

중국 본토 바깥의 동아시아 사회에서 가장 "유교적"이었던 조선은 오랫동안 중국의 모범적인 조공국이었다. 19세기 중반 청은 천자와 서양 국가들의 통치자가 대등한 지위라고 명시한 조약을 체결했지만, 조선은 한 해도 거르지 않고 베이징에 조공사절을 보내면서 가장 충성스런 속국으로 남았다. 아울러 한반도는 특히 1860년 러시아가 우수리강 동쪽 지역을 점령하고 10년 뒤 메이지 일본이 흥기하면서 중국 북부와 만주의 안보에 전략적으로 매우 중요했다. 그러나 서양의 팽창이 계속되고 국내의 권력을 새로 통합한 일본이 그것을 모방하면서 조선의 익숙한 고립과 중국의 종주권은 도전 받기 시작했다. 그 결과 은자의 왕국을 개방시키려는 시도는 1866년 프랑스와 1871년 미국이 물꼬를 트고 1876년 일본이 전진시켰지만 1882년 청의 협상에 힘입어 서양 열강과 연이어 조약을 체결하면서야 완성됐다. 그것은 전통시대의 끝, 다시 말해 동아시아 세계질서의 마지막 국면이었다.

조선이 청의 조공국에서 국제사회의 일원으로 변모하는 과정은 세 국면에서 나타났는데, 조선에 관심을 갖고 있던 서양 국가들과 동아시아 국가들의 정책 변화와 맞물려 전개됐다. 첫 국면은 1866년 프랑스의 침입과 1871년 미국의 원정이었다. 1871년은 일본이 청과 처음으로 조약

---

1   John King Fairbank, "The Early Treaty System in the Chinese World Order," in John K. Fairbank, ed., *The Chinese World Order*, 263~269쪽.

을 맺은 해인데, 그 부분적인 원인은 조선에 대해 우월한 지위를 차지하려는 데 있었다. 프랑스·미국·일본의 움직임은 탐색활동이었을 뿐이어서 조선 주변의 국제적 상황은 대부분 그대로 유지됐다. 두 번째 국면은 일본이 조약을 개정해 서양 열강과, 나아가서는 청과 동일한 지위를 획득하려고 노력하면서 시작됐다. 일본은 팽창주의를 추구하기 시작했고, 페리와 비슷한 방법을 사용해 1876년 조선과 강화도조약을 맺는 데 성공했다. 이 시기 청·일본·조선의 관계는 처음으로 급속하고 엄청난 변화를 겪었는데, 일본의 외교정책이 서양의 방식을 따르고 팽창주의를 추구하기 시작한 결과였다. 그 뒤 1882년 조선이 미국·영국·독일과 처음 조약을 맺을 때까지 6년 동안 세 번째이자 마지막 국면이 전개됐는데, 청은 조선에 대한 러시아와 일본의 위협이 커지자 조선 문제에 개입하지 않는다는 전통에서 벗어나 일찍이 없던 새로운 정책을 추진했다. 청의 이런 새 정책으로 조선은 서양적 개념의 국제체제로 진입했고 동아시아에서는 새로운 국제질서가 형성됐다.

조선의 전환이 이뤄진 첫 단계 동안 청·일본·조선의 기존 관계는 크게 달라지지 않았다. 청은 서양 열강에게 패배와 모욕을 거듭 겪었지만 중국의 왕조로 남아 있었으며 그 권위와 패권은 동아시아의 어느 나라로부터도 도전받지 않았다. 청은 동아시아 세계에 대한 자신의 전통적 종주권을 바꾸거나 포기하려는 의도나 바람을 보이지 않았다. 이 시기 청이 조공체제에서 자신이 동아시아 국가·국민과 맺은 옛 관계가 조약체제에서 자신이 서양 열강과 맺은 새 관계와 충돌한다고 생각했다는 증거는 없다. 이 시기 청의 "외교적 적응력"은 서양 열강과 외교적 협상을 하는 데 지식과 기술이 증가한 것 이상은 아니었다. 청이 동아시아 조공국들과의 관계에서 개념을 중요하게 전환했다는 정황은 나타나지 않았다.

변화에 대한 저항은 조선이 훨씬 더 철저했다. 문화적 국수주의에 빠져 있었고 서양 세계의 발전에 무지했던 조선은 "유교적 이상세계"를 지향하며 몇 세기 동안 이어온 고립을 고수했다. 천주교는 한 세기에 가까운 정부의 박해를 견뎌냈지만, 조선 정부는 그런 저항을 보면서 외래 종교가 조선 지배층의 성리학적 사회·정치관에 근본적으로 도전하는 사상이라는 위험을 확신했을 뿐이다. 조선 정부는 천주교가 내부를 무너뜨리거나 외부에서 공격을 시도해 조선을 장악하려는 서양의 일반적 음모의 일부라고 확신했다. 조선 관원들은 청이 서양 열강을 받아들이는 과정을 강한 반감으로 지켜봤다. 숭명반청 감정에 사로잡힌 그들은 청의 개탄스러운 사태는 전체적으로 만주족의 부패와 특별하게는 공친왕의 실정 때문에 발생했다고 믿었다. 그들이 더욱 당혹스럽게 생각한 것은 서양을 모방하려는 일본의 시도였는데, 그것은 일본이 동양 문명과 전통을 배반한 증거라고 생각했다.[2] 그들은 천황체제가 조선보다 우위에 있다는 일본의 새로운 주장이 터무니없고 모욕적이라고 여겼다. 대원군은 지배층의 견고한 합의의 지원을 받아 서양과 일본을 단호히 배척했다. 프랑스와 미국의 침입을 물리치자 그는 조선이 어떤 서양 침입자라도 물리칠 수 있다는 믿음을 더욱 굳혔다.

일본은 동아시아 인접국에게는 동일하게 "전통적"인 태도를 유지했다. 1860년대 청과 조선을 보는 일본의 시각에는 일정한 변화가 나타났지만, 그것은 주로 국내의 유신정신에서 촉발된 "퇴행적" 성격이 짙었다. 오랫동안 물러나 있던 통치자가 1860년대 후반 정치적 권력을 회복하면서

---

2   이 시기 조선인의 일본관은 旗田巍, 「近代における朝鮮人の日本觀」, 59~73쪽 참조.

고대의 토착적 신화는 인기와 공식적 승인을 얻었다. 하나의 계보로 이어진 천황이 통치해온 신성한 나라인 일본이 중국 대신 세계를 주도할 운명이라는 것이었다. 아울러 고대 한반도의 왕국들은 야마토 일본에 조공을 바쳐왔다는 믿음이 널리 받아들여지면서 거기에 영향 받은 새로운 일본체제의 지도자들은 국내에서 왕정복고가 이뤄진 뒤에는 해외에서 고대 일본의 한반도 "지배권"을 회복하는 것이 논리적 경로라고 믿었다. 그런 정책은 즉각 조선과 외교문제를 일으켰으며 청이 한반도에서 행사하던 권위에 잠재적인 도전이 됐다. 그러나 이런 움직임은 아직까지도 서열적 국가관계라는 전통적 동아시아의 개념 안에 들어 있었다.

왕정복고와 함께 시작된 정치구조의 변화를 반영하는 메이지 정부의 첫 조선 정책은 일본의 복원된 천황제의 전통과 중세의 유산이 복합된 것이었다. 그것은 현실적이지 않았던 만큼이나 모순으로 가득했다. 천황의 새 체제는 조선보다 높은 위치에 있다고 가정했지만 조선 사안을 즉각 관리할 수 없었다. 조선 정책의 실행은 거의 모두 계속 쓰시마가 맡았다. 쓰시마는 조·일 관계의 중개자로 활동하면서 그동안 조선에서 누린 외교적·무역적 특권을 계속 보유하고 싶어 했다. 그런 특권의 보유는 조선에게 반半조공 의무를 지속하는 것에 달려 있었지만 일본의 새 체제가 그런 관행을 허용하지 않음으로써 쓰시마의 의무는 일방적으로 중단됐다. 조선으로서는 일본의 새 체제가 우위를 주장하는 것이나 쓰시마가 새로운 자기 권리를 요구하는 것 모두 받아들일 수 없는 행위였다. 일본의 왕정복고 이후 조선과 일본이 외교적 불화를 일으킨 원인은 조선의 비타협적 태도와 근대 국제관계에 대한 무지에만 있는 것은 아니었다. 적어도 메이지 정부가 시작한 "유신 외교"에도 동일한 책임이 있었는데, 도쿠가와 시대와 동일한 외교 형태와 관행을 지속해야 한다는 조선 정

부의 고집만큼이나 시대착오적이고 비현실적이었기 때문이다.[3]

조선이 계속 거부하자 일본은 청과 명목상 대등한 지위를 확보하기 위해 청과 조약을 체결하려고 했는데, 그것은 자신이 조선보다 우위에 있다는 것을 보장하는 부분적인 수단이기도 했다. 그 결과 1871년 체결된 청일수호조규는 동아시아 국제관계의 근대화에서 획기적인 중요성을 지녔지만 서열적 국가관계라는 전통적 동아시아의 개념은 아직도 암시적으로 남아 있었는데, 일본의 동기는 청과 대등한 지위에 오름으로써 조선에 명목적 우위를 확보하려는 것이었기 때문이다. 3년 뒤 일본이 전격적으로 류큐에 대해 종주권을 주장한 것도 서열적 개념에 기반한 행동이었다.

1860년대 내내 조선은 심각한 외부적 위협을 겪지 않았으며 한반도에서 청이 누린 전통적 권위에 대한 실제적인 도전도 일어나지 않았다. 프랑스와 미국의 원정은 무력 충돌로 이어졌지만, 대체로 그것은 조선이 프랑스 선교사들과 미국 선원들을 박해한 것에 대한 보복이었다. 원정은 조선을 침공하거나 그 고립을 끝내려는 결단에서 추진한 것이 아니었다. 프랑스와 미국은 서양의 국제법에 따라 이해할 수 있도록 조·청관계를 정의해달라고 청에 요구했지만 1860년대와 마찬가지로 두 나라 모두 조선에 대한 청의 전면적인 종주권을 부정하지 않았다. 청은 조선 문제에 개입하지 않는다는 전통을 유지하면서 조선과 프랑스·미국의 분쟁에 개입하지 않았다. 당시 총리아문은 프랑스나 미국이 조선을 심각하게 위협한다고 생각하지 않았다. 1860년대 동아시아의 국제질서는 중요한 변

---

3   메이지 초기 조선 정책에 대한 분석은 毛利敏彦, 「明治初期外交の朝鮮觀」, 25~42쪽 참조.

화를 겪었지만, 대체로 온전하게 유지됐다. 이런 일반화는 조선뿐 아니라 류큐·베트남 그리고 또 다른 지정학적 맥락에서는 내륙 아시아에도 적용할 수 있다.[4]

그러나 청과 조선에게 잠재적 문제는 대륙에 대한 일본의 관심과 팽창주의의 흥기였다. 막부 말기와 메이지 초기의 정한론은 서양의 침략이나 국내의 정치적 위기에 대한 두려움으로 촉발된 수사일 뿐이었지만, 한반도—그리고 그 너머까지—에 일본의 영향력을 확대하려는 지속적인 열망을 반영한 것이었다. 청은 조선에 대한 서양의 위협에는 대체로 안심했지만, 1867년 하치노에 사건에 대한 총리아문의 반응이 보여주듯 한반도에 대한 일본의 야심이나 관심의 징후에는 민감하게 반응했다. 일본이 청에 본격적으로 도전할 능력이 있다고 거의 아무도 생각하지 않던 때 공친왕과 그 세력은 일본이 조선을 원정할 것이라는 소문이 일어나자 일본이 조선을 위협하는 것은 청을 위협하는 것이라고 즉시 선언할 정도였다. 1870년 청이 일본의 조약 체결 요구를 수락한 주요 원인은, 국내에서 강력한 반대가 제기되고 그런 조약은 앞으로 동아시아에서 중국에 대한 조공관계에 부정적 영향을 줄 것이라고 예측됐지만, 중국에 대해 일본과 서양이 협력할 것을 두려워한 데 있었다.

조선의 변화가 두 번째 단계에 진입하면서 청과 조선에 대한 일본의 잠재적 위협은 실제적 위협이 됐다. 1871~1876년 일본은 동아시아에서 대담하고 치밀하게 계획된 일련의 외교적·군사적 모험을 수행했다. 일본

---

4 이 시기 아시아 내륙지역에서 청의 위상은 Fletcher, Joseph, "The Heyday of the Ch'ing Order in Mongolia, Sinkiang, and Tibet," in Denis Twitchett and John K. Fairbank, eds., *The Cambridge History of China* 10, 351~408쪽 참조.

은 류큐를 강압해 대청 조공사절 파견을 중단시키고 타이완을 원정했으며, 무력으로 위협해 조선과 조약을 체결함으로써 동아시아에서 그때까지 모두 인정하던 청의 우위에 정면으로 도전했다. 일본은 국제관계에서 서양의 개념과 관행을 받아들이면서 종주국–속국의 전통적 개념을 약탈적 팽창의 새로운 충동으로 대체했다. 메이지 정부의 지도자들은 서양의 거푸집에서 일본의 새로운 정체성을 만들어내려고 했다.[5] 그들은 일본이 왕정복고를 시행해 "선진적" 근대국가로 변모해 서양 국가들과 동일한 범주에 들어갔으므로 국내 개혁을 추진해야 한다고 생각했다. 일본은 청과 조선처럼 "뒤떨어진" 국가들을 다루는데 서양 열강과 동일한 지위와 특권을 가질 자격이 있다고 생각했다. 청과는 명목적 대등성을 확보하고 조선과는 우위를 획득하는 것 같은 이전의 외교적 목표는 치외법권과 최혜국대우 같은 근대적 조항의 현실적 이점을 얻기 위해 폐기됐다. 서양 열강과 대등한 외교적·상업적 지위를 확보하는 것은 일본의 동아시아 외교에서 주요한 목표가 됐다. 이런 야심찬 목표를 이루려는 일본의 첫 시도는 1871년 청일수호조규를 개정하려고 하다가 이듬해 청의 거부로 실패했지만 1876년 조선과 강화도조약을 체결함으로써 목적을 이뤘다.

외교관계의 제도적 형태는 논의하지 않더라도 이 시기 일본이 유럽 형태의 팽창주의를 모방했다는 것은 강조해야 한다. 부분적으로는 서양의 권고에 따라 일본의 초기 팽창주의는 추측과 수사修辭의 범위를 넘

---

5   이 시기 외교관계에 대한 일본의 시각은 Marius B. Jansen, "Modernization and Foreign Policy in Meiji Japan," in Robert E. Ward, ed., *Political Development in Japan*, 149~188쪽 참조.

어섰다.[6] 그것은 1873년 정한 논쟁, 1874년 타이완 원정, 1875년 류큐에 대한 배타적 관할권 확립, 1876년 초반 조선과의 결전 같은 사건들에서 구체적인 행동으로 나타났다. 이런 일본의 행동은 팽창의 충동도 그 배후에 있었지만 국내의 정치적 위기 때문에도 일어났다. 메이지 초기의 조선 정책보다 국내정치와 해외 팽창의 연관성을 또렷하게 보여주는 사례는 없었다.

이 시기 일본의 많은 정치 지도자는 조선을 외국이라기보다는 자국의 국경으로 간주했다. 그들은 조선 정책을 국내 문제로 여긴 적이 많았다. 권력 안팎의 정치가들—막부 말기 초기 정한론자들, 유신 직후의 기도, 1873년 사이고와 그 지지자들, 1875년 오쿠보 같은—은 긴장이나 위기 때 국내의 정치적 이익을 확보하기 위해 "조선 문제"를 이용했다. 이 모든 것의 뿌리에는 일본이 서세동점의 시대에 독립국으로 살아남으려면 한반도에 권력과 영향력을 확대해야 한다는 널리 퍼진 믿음—사실상 국가적 합의—이 있었다. 힐러리 컨로이는 메이지시대의 조선 정책과 관련된 중요한 연구에서 이 시기 일본 정부의 지도자들은 조선을 "점령"하려는 책략이나 계획이 없었다고 강조했다.[7] 이것은 그들의 태도·견해·행동이 정한론자와 달랐다는 뜻은 아닌데, 팽창은 다른 형태를 띨 수 있었고 정도도 변화할 수 있었기 때문이다. 아울러 일본이 합법적이거나 근대적인 국익 추구라고 간주한 것은 조선이나 청이 보면 본질적으로 팽창주의적이거나 약탈적인 것이었다. 현실주의와 이상주의의 대

---

6 찰스 르젠드르와 찰스 E. 드 롱 같은 미국인의 영향은 Conroy, *The Japanese Seizure of Korea*, 37~41쪽 참조. Sandra Caruthers Thomson, "Filibustering to Formosa : General Charles LeGendre and the Japanese," 442~456쪽도 참조.

7 Conroy, *The Japanese Seizure of Korea*, 여러 부분.

립이라는 컨로이의 주제는 중요하지만, 그런 구분만으로는 메이지시대의 초기 조선 정책의 본질을 충분히 설명할 수 없으며, 1910년의 조선 병탄은 사실상 그 정책의 정점으로 생각된다. 일본의 국내 정치와 안보에서 조선의 역할과 중요성은 한반도에 영향력이나 통제력을 확대하려는 일본의 지속적 열망과 함께, 대부분의 일본 정치적 지도자들이 조선에 관련된 자신의 건의를 형성하고 정책을 입안한 정신적 기본체계를 형성했다. 그들의 목적·계획·행동은 어느 때든지 "현실에 맞춰" 또는 국내 정치와 국제 상황의 긴급한 사태에 따라 결정되거나 바뀔 수 있었다. 그러나 이 연구에서 제시한 사실들이 보여주듯 조선에 대한 일본인의 기본적 심성은 1870년대에 확립됐다.

1870년대 초반 조선의 배외정책에는 거의 변화가 나타나지 않았다. 신미양요는 조선 관원과 유림의 배외주의를 더욱 강화했다. 한편 조선은 일본이 자신에 대해 서양 열강과 결탁하고 있다고 더욱 의심하게 됐다. 대원군의 척양·척왜정책은 견고한 지지를 받으며 지속됐다. 그러나 그의 실용주의적인 정부 운영과 국내 개혁—특히 양반의 기득권을 희생해 왕권과 중앙권력을 강화하려는—은 더욱 정통적인 유림의 분노와 반대에 부딪쳤다. 아들 고종도 성인이 되면서 통치자로서의 야망을 키워갔다. 성년이 된 국왕은 유림의 불만에 힘입어 1873년 말 대원군을 하야시켰다.

고종이 친정했지만 서양 국가들에 대한 배외정책은 변하지 않았다. 그러나 일본에 대한 조선 정부의 적대감은 줄기 시작했다. 일본의 격렬한 정한 논쟁과 타이완 원정을 우려한 고종과 그의 대신들은 서양의 위협이 커지고 있는 상황에서 이웃한 섬나라와 오래 지속된 반목을 끝내려고 했다. 일본이 침략할 것이라는 소문이 불러온 두려움은, 1874년 중반 청의 공식적 경고로 강화됐는데, 조선 정부가 일본과 화해하기로 결정한 주요 배경이었다. 그럼에도 그 결정은 고종 정부가 서양의 국제법에 기반해 새롭고 확대된 관계를 요구한 일본의 의사를 받아들일 준비가 됐다는 뜻은 아니었다. 그것은 고종과 그 대신들이 현재 양국의 적대관계―대원군의 지나친 적대감과 비타협적 태도에 부분적인 원인이 있다고 그들은 생각했다―를 개선하려는 의지를 보여줄 뿐이었다. 고종과 그 대신들은 예의와 우호로 대우하기만 하면 일본을 달랠 수 있고 두 나라의 평화는 유지될 수 있다고 믿었다.

고종 정부는 커지는 반일 소요 때문에 일본과 실제로 신속히 화해하는 방향으로 나아가지 못했다. 한편 조선 정부가 양국 외교에서 전통적 관행을 유지해야 한다고 고집하자 일본은 분노했다. 아울러 고종이 어떤 회유적 자세를 보여도 타이완에서 승전해 기세가 오른 일본은 조선을 "다룰 수 있다"는 자신감을 강화해 더욱 비타협적 태도로 나올 뿐이었다. 그 결과 일본의 조선 정책은 1873년 정한 위기 이후 채택한 유화적 접근에서 위협적인 함포 외교로 전환됐으며, 그것은 1875년 9월 운요호 사건으로 정점에 이르렀다. 일본 정책의 이런 전략적 전환과 운요호 사건이 일어난 시점은 국내의 정치적 반대를 누그러뜨리려는 오쿠보 체제의 책략과 밀접히 연관된 것이었다.

강화도조약은 두 가지 측면에서 중요했다. 첫째, 그것은 기존의 동아시아 세계질서에 커다란 제도적 쐐기를 박은 사건이었다. 그때까지 동아시아의 전통적 국가관계 개념 아래서 그리고 중국의 우위를 공통적으로 인정한 기반 위에서 서로의 관계를 수행해온 일본과 조선은 이제 조약과 서양의 국제법을 기반으로 서로의 관계를 수행하게 됐다. 아울러 이미 청과 대등한 지위를 확보한 일본은 그 조약으로 조선이 자신과 대등한 위치라고 공식 선언함으로써 조선을 청과 동일한 국제법의 범주 안으로 편입시켰다. 그것은 조약체제에서 청이 조선에 대해 전통적으로 행사한 종주권에 일본이 간접적으로 도전한 행위였다. 그 결과 일본은 조선에서 청의 영향력을 몰아내는 위치에 서게 됐으며 류큐를 장악하는 법률적 근거로 비슷한 권한을 사용했다. 둘째, 조공체제와는 큰 관계가 없지만, 강화도조약이 체결되면서 청은 조선을 완충국으로 이용하기 어려워졌다. 그 조약으로 일본은 청의 중요한 전략적 이익이 걸린 요충지에서 청과 영향력과 통제력을 경쟁하게 됐으며, 청에 도전할 수 있는 견고한 외교적·상업적 기반을 확보했다.

1870년대 초반과 중반 일본의 조선 정책은 적극적 행동으로 선회한 변화가 두드러지게 나타났지만 이것과 반대로 청의 조선 정책은 그리 활발하지 않은 모습이 이어졌다. 그러나 그런 침체의 뒷면에서는 관심이 커지고 있었다. 그나마 사라져가던 서양의 대청 "협력정책"이 1870년 톈진교안으로 무너지면서 청은 외교적 위기와 계속 맞닥뜨렸다. 서북부와 신장 지역의 대규모 반란을 포함해 안팎의 문제에 시달린 청 정부는 조선에 관심을 기울일 시간도 자원도 없었다. 그러나 리훙장은 일본이 한반도에 야심을 드러내는 모든 징후를 계속 면밀히 주시했다. 그는 일본이 다른 지역에서 팽창주의적 행동을 전개하자 조선에도 비슷한 행위를 할 것이라고 판단했다. 특히 우려스러운 것은 일본의 타이완 원정이었는데, 일본의 야심과 힘이 계속 커지고 있으며 청의 해군력과 해안 경비가 형편없이 허약하다는 사실을 드러낸 사건이었다.

1874년 후반 이런 사태를 우려한 리훙장은 황제에게 중요한 상소를 올렸고, 그것은 청 정부 안에서 유명한 해방海防·새방塞防 논쟁을 일으켰다.[8] 서양의 해군력은 물론 일본이 일찍이 없던 규모로 중국을 위협하고 있는 사태의 중대성을 강조하면서 리훙장은 해군을 대폭 증강하고 근대화를 추진해야 한다는 의견을 강력하고 설득력 있게 제기했다.[9] 그러나 내륙 아시아에 우선 집중하는 전략을 지지한 대표적 인물인 좌종당은 리훙장의 주장에 반대했다. 좌종당은 동일하게 강경하고 논리적인 반대 상소를 올려 신장 수복을 위해 자신의 원정을 계속해야 한다고 주장했 다.[10] 좌종당 자신을 포함해 사실 모두 해상 방어의 중요성을 알고 있었 지만, 리훙장은 내륙 아시아 국경보다 해군과 해안 방어를 중시함으로써 청의 전통적 전략에서 이탈한 것이었다. 아울러 이슬람 반란세력이 신 장 지역을 장악했다는 시급한 사태가 발생했지만 전략적 요지인 이리는 러시아가 점령했다. 영향력 있는 만주족 출신 정치가인 문상은 리훙장 처럼 해상 방어를 중시했지만 이슬람 반란을 견제하지 않고 내버려두면 외몽골에 영향을 주고, 내몽골까지 확산돼 베이징을 직접 위협할 것이라 고 경고했다.[11] 정부는 1년에 수백만 냥이 들어도 서북부 정벌을 지속해 야 한다는 좌종당의 주장에 찬성했다. 왕조의 제한된 자원으로는 리훙 장과 지방 관료 한두 사람이 구상한 새로운 해군 강화 계획을 추진할 수 없게 됐다.

리훙장이 강화만에서 일본과 조선이 벌인 협상을 더욱 관심 있게 주 시하게 된 배경에는 마거리 사건을 기화로 청과 전쟁을 벌이겠다는 영국

---

8 자세한 사항은 Immanuel C. Y. Hsu, "The Great Policy Debate in China, 1874 : Maritime Defense Vs. Frontier Defense," 212~228쪽 ; 劉石吉, 「淸季海防與塞防之爭的硏究」, 37~59쪽 참조.

9 『籌辦夷務始末─同治朝』, 99,14a~b.

10 左宗棠, 『左宗棠公全集』, 46,32a~35b.

11 Kwang-Ching Liu and Richard J. Smith, "The Military Challenge : The Northwest and the Coast," in Denis Twichett and John K. Fairbank, eds., *The Cambridge History of China*, Vol. 11.

의 위협과 청의 재정상태가 있었다. 당시 강력한 행동을 할 수 없던 청은 일본과 조선에 간접적인 영향력만 행사할 수 있을 뿐이었다. 1876년 총리아문과 리훙장이 일본 공사 모리와 회담하면서 단호한 자세를 보인 것은 일본 정부를 억제하는 데 영향을 줬을 것으로 생각된다. 동시에 청은 조선에 조약을 수락함으로써 일본과 처참한 파국을 피하라고 강력히 권고할 수밖에 없었다. 고종 정부는 청의 조언과 지원에 힘입어 국내의 강력한 반대와 그 자신의 불안감을 이기고 일본과 조약을 체결하는 어려운 결정을 내렸다.

조선의 국제적 지위가 마지막인 세 번째 단계로 진입하면서 일본의 전진정책은 일시적으로 둔화됐다. 일본 정부는 사쓰마 반란 같은 국내의 위기 때문에 조선에서 활발한 외교를 지속할 수 없었다. 그럼에도 일본은 북방에서 러시아가 침입하는 새로운 위협에 맞서 조선에서 외교적·상업적 이익은 물론 전략적 위치를 강화하려고 했다. 1880년대 초반 일본은 한성에 공사관을 설치하고 부산 외에 원산과 인천을 더 개항시킴으로써 한반도에서 자신의 위치를 견고히 했다. 공식적으로는 조선에 대한 청의 종주권을 계속 거부했지만, 일본은 그것에 거의 이의를 제기하지 않았다. 반대로 일본은 조선에서 청의 주도권을 인정하고 한반도에 대한 러시아의 위협을 물리치는 데 청과 협력하려고 했다. 근대적 국제법이 있지만 조선에 대한 청의 종주권은 무시할 수 없는 역사적 사실이라는 것을 일본 정부는 깨달았다.

강화도조약의 영향은 광범했지만, 조선은 전통적 대청관계와 외교관계에 대한 태도를 즉시 바꾸지는 않았다. 그 조약은 일본과의 옛 관계를 회복하는 절차라고 생각한 조선 정부는 1880년 말까지 한성에 일본 공사관 설치를 허락하지 않았다. 서양 국가들과도 공식관계를 수립하려고 하지 않았다. 강화도조약에서 자주성이 선포됐지만, 조선은 그것을 조약체제에서 역사적으로 사실이었던 것을 다시 확인한 것이라고만 여겼다. 1870년대부터 1880년대 초반까지 자신의 나라가 중국과 "대등"하거나 "독립적"이라고 생각한 조선인은 거의 없었다.

그러나 강화도조약을 체결한 뒤 조선에 대한 일본과 러시아의 위협은 계속 커져 "천년 동안 전례 없던 상황"이 나타났으며, 동일하게 전례 없던 대응이 필요해졌다. 청이 조선을 보호해 동북아시아에서 자신의 전략적 지위를 보장하려면 한반도 문제에 개입하지 않는다는 전통적인 정책을 폐기하거나 과감히 바꾸고 상황의 심각성에 어울리는 적극적인 정책을 새로 채택해야 한다는 사실은 아주 분명해지기 시작했다. 리훙장은 중국 북부의 안보를 책임진 주요 관원으로서 전통적으로 그 지역의 "동쪽 방벽"으로 여겨진 조선을 방어하는 정책을 입안하는 책임을 맡게 됐다. 대규모의 근대적 해군이나 만주를 거쳐 조선 국경에 이르는 철도—둘 모두 청이 조선을 방어하는데 필요했다—를 건설하는 데 충분한 자원을 확보할 수 없었던 리훙장은 주로 외교에 의존할 수밖에 없었다. 그가 한반도를 보호하는 데 조약체제를 사용하려는 생각을 굳힌 것은 이런 상황 때문이었다. 조선을 유도해 서양 열강과의 조약 관계 안으로 들어오게 하고 그런 열강이 조선에서 충분한 무역 이익을 올린다면 그들은 한반도에 대한 일본과 러시아의 구상을 견제하는 기능을 할 수 있을 것이라고 리훙장은 판단했다.

리훙장의 새로운 조선 전략은 역사적으로 내륙 아시아 국경 안팎에 있는 유목민족에 대해 자신의 우위를 유지하는 데 이용한 고대 중국의 이이제이와 비슷했다. 중국은 그 지역의 이른바 오랑캐 가운데 하나나 그 이상의 집단을 이용해 좀더 강한 오랑캐를 견제하거나, 강력한 오랑캐를 번갈아 이용해 약한 집단을 통제했다.[12] 리훙장이 좀더 직접적인 영향을 받은 것은 당시 청이 서양 열강을 상대한 경험이었다. 1876년 가을 영국과 협상해 마거리 사건을 타결하는 동안 그는 다른 서양 열강이 영국을 통제한 방법을 살펴볼 수 있었다.[13] 당시 중국에 관심을 둔 서양 열강이 세력 균형을 이룬 상황은 청에 유리하게 작용했기 때문에 리훙장은 서양 열강이 한반도에서 무역적 이익을 획득하게 함으로써 일본과 러시아를 견제하는 세력이 되게 하려고 했다. 그는 부하인 마건충 등이 자세히 설명한 유럽의 세력 균형 개념에 영향을 받았다. 러시아-튀르크 전쟁에서 영국이 개입해 터키를 멸망에서 건진 일에 깊은 인상을 받은 리훙장 세력은 일본과 러시아로부터 조선을 보호하는 데 동일한 세력 균형의 원리를 적용할 수 있다고 믿었다.

리훙장의 조선 전략과 당시 유럽의 세력 균형 원리 사이에는 중요한 차이가 있었다. 유럽의 세력 균형 외교의 실천국—빅토리아 시대의 영국이나 비스마르크 시대의 독일 같은—은 강국이었고, 적대세력이 유럽·근동·아프리카를 지배하는 것을 막을 수 있는 힘이 있었다. 아울러 비슷한 상황 아래서 유럽의 세력 균형 실천국들은 공식적 또는 비공식적 동맹이나 협약을 추구했지만, 적어도 1870년대와 1880년대 초반까지 리훙장 세력은 그런 합의를 숙고하지도 시도하지도 않았다. 청의 정책 입안자들은 실용주의를 지향하고 근대 국제외교를 점차 많이 이해해갔지만 아직도 "내륙 아시아의 오랑캐를 다뤘던" 방식으로 "서양 오랑캐를

---

12 Ying-Shih Yu, *Trade and Expansion in Han China*, 14~16쪽.
13 협상에서 리훙장의 역할은 S. T. Wang, *The Margary Affair and the Chefoo Agreement* 참조.

다루려고" 생각했다. 청은 조선과 공식적으로 연합하지 않으면서 조선에서 조약체제가 발전하기를 바랐지만, 1882년 초여름 조선에서 군사력을 사용했다.

아무튼 리훙장의 조선 정책은 단순히 "이이제이를 사용한" 것은 아니었다. 내륙 아시아 국경지대의 국가들은 강력해 다루기 힘든 때가 많았지만 청은 무역이나 그 밖의 실질적 이익을 희생하면서 자신의 종주권이나 우위를 유지하기 위해 이런 전략을 사용했고, 그들은 대체로 청의 조종과 통제를 받아들였다. 그러나 1870년대 서양 열강은 중국의 우위를 인정하지 않았을 뿐 아니라 불평등조약 덕분에 중국에서 큰 이익을 누렸다. 그들은 청이 통제할 수 있는 범위를 훨씬 넘어선 존재들이었다. 사실 리훙장의 정책은 조선에서 조약체제의 이점을 제시해 서양 열강을 "이용"하려는 것이었다. 조약체제가 중국의 제도가 아니라는 것을 고려하면 리훙장의 전략은 전통적 중국의 경세론을 벗어난 이이제이 원리의 다른 형태였다.

리훙장의 조선 전략은 이런 이단성을 갖고 있었기 때문에 조심스럽게 실행해야 했다. 원래 조선 문제를 처리하는 권한은 리훙장이 아니라 보수적인 예부가 계속 갖고 있었다. 리훙장은 조선이 서양 국가들을 혐오한다는 것을 알고 있었다. 그는 국내 문제든 외교 사안이든 새 정책을 조선에 적용하는 것은 청이 전통적으로 견지해온 불간섭원칙과 반대된다는 사실도 알고 있었다. 아무리 좋은 뜻이라도 요청하지 않았거나 반갑지 않은 청의 조언은 조선의 반감이나 저항을 불러와 원래의 목적에서 벗어날 수도 있었다. 끝으로 리훙장은 앞으로 조선이 서양 국가들과 맺을 관계가 결국은 자신이 조선에 적용한 주요 방식인 조공체제의 조·중 관계를 어렵게 만들 수 있다는 사실을 알고 있었다. 이런 이유들 때문에 리훙장은 조선 상황이 긴박하다고 느꼈음에도 조선 정부가 서양 국가들과 조약을 체결하도록 유도하는 수단으로서 이유원과 개인적으로 서신을 주고받는 비공식적 접근방법을 선택한 것이었다.

예상대로 리훙장의 간접적 접근에 대한 조선의 반응은 부정적이었다. 이 시기의 조선 역사를 살펴보면 리훙장이나 청 정부가 조선에서 좀더 강력한 주도권을 장악했더라도 결과는 크게 달라지지 않았을 것임을 알 수 있다. 무력한 국왕과 극도로 보수적인 관원들, 배외주의를 열렬히 주장하는 유림이 지배하던 조선이 리훙장의 제안을 긍정적으로 받아들였을 가능성은 희박한데, 그것은 쇄국의 전통에서 어쩔 수 없이 더 이탈하는 것—강화도조약이 조금씩 실행되는 것을 지켜보는 것—을 의미했기 때문이다.

전통을 깨고 새로운 조선 정책을 시작하면서 청 정부는 이리를 둘러싼 러시아와의 분쟁과 1879년 일본의 류큐 점령이라는 이중적 외교 위기에 부딪쳤다. 앞의 사건은 러시아의 위협을 생생하게 보여줬으며 뒤의 사건은 일본이 앞으로 조선에 대해 어떤 일을 할 것인지 분명하게 경고했다. 근거가 희박한 배타적 종주권을 내세우면서 일본이 류큐를 완전히 합병한 사건은 조선에 대해 훨씬 진정한 종주권을 갖고 있던 청이 조선과 어떤 일을 할 수 있거나 해야 하는지 몇몇 중국 관원에게 알려줬을지도 모른다.[14] 청이 조선을 설득해 서양 국가들과 조약관계에 진입하도

---

14 광둥수사제독廣東水師提督 오경장의 참모로 조선에 와 있던 장건張騫이 조선을 청의 행정구역으로 통합해야 한다고 제안한 것은 적어도 부분적으로는 일본의 류큐 합병에 영향을 받을 것으로 생각된다. 조선의 외교와 국방 업무를 청이 인수하자는 우서자 장패륜張佩綸의 제안도 비슷한 영향을 받은 것 같다. 장패륜의 제안은 『淸光緖朝中日交涉史料』, 4.28a~29b 참조. 田保橋潔, 『近代日鮮關係の硏究』 1권, 861~864쪽도 참조.

록 하겠다고 결정하면서 나타난 결과는 한·중관계사에서 전례 없는 것이었다. 그러나 그 결정에는 전통의 흔적도 분명히 있는데, 그 새로운 정책조차도 조공체제 아래서 중국의 권위를 인정해야만 시행할 수 있었기 때문이다. 청의 정책은 점진적이지만 분명하게 변화했다. 1879년 리훙장은 북양 통상대신의 권한으로 예부와 총리아문을 거치지 않고 조선 문제를 처리할 수 있게 됐다. 처음에 리훙장은 이유원과 개인적으로 연락하라는 지시를 받았는데, 청 정부가 조선 내정에 공식적으로 개입하기를 꺼렸음을 보여준다. 그러나 3년도 안 돼 리훙장은 전통적 한·중관계에서 종주국이 행사한 권한의 관행을 깨뜨리면서 청 황제의 허락을 받아 공식적으로 개입했다.

그러므로 조선이 자신의 외교정책을 지도하려는 리훙장의 시도를 거부한 것은 놀라운 일이 아니다. 그러나 곧 조선은 외교관계에서 리훙장의 조언을 받아들이기로 결정했다. 부분적인 이유는 많은 조선 관원이 제 나라의 국제적 위치의 위험성을 깨달은 데 있었다. 그래도 청이 아니라 이를테면 일본이 조언하는 것은 생각할 수 없었다. M. 프레더릭 넬슨이 정확히 지적한대로 이것은 종주국의 권한이 이론적으로는 절대적이라는 측면을 보여준다.[15]

처음에는 감지하기 어려웠지만 조선 사안에 대한 청의 개입은 점차 늘었다. 처음에 리훙장은 조선 정부가 서양 열강과 조약을 협상하는 데 단순히 조언하는 역할로 상정했다. 그 뒤 일본이 조선과 미국을 중재해 허를 찌르자 그는 미국과의 협상에 직접 개입하기로 결정했다. 조선 정

---

15 M. Frederick Nelson, *Korea and the Old Orders in Eastern Asia*, 여러 부분.

부가 근대 국제 외교에 무지하고 단호하게 행동하지 못하자 마침내 그는 전권대사의 역할을 자임했다. 그는 조선 정부와 거의 상의하지 않고 미국 대표와 직접 협상했다. 조선 당국은 리훙장의 결정을 모두 동의하거나 묵인했다.

은자의 왕국이 몇 세기에 걸친 고립을 끝내고 서양 국가들에게 문호를 개방하게 만든 결정적 요인은 임박한 서양의 위협도 일본의 압력도 아니고 청의 주도권과 지도력이었다. 그러나 조선 정부가 이 사건들에 완전히 수동적으로 참여한 것은 아니었다. 이 시기 조선의 광신적 애국주의와 배외주의—특히 오래 지속된 반청 감정—를 생각하면, 리훙장의 주도만으로 특정한 시기에 평화적인 방법으로 한반도를 개항시킬 수 있었는지는 의심스럽다. 젊고 개혁적인 소수의 조선 관원들은 젊은 고종의 지원을 받아 리훙장의 노력이 성공하도록 만드는 데 중요한 역할을 했다. 급속히 근대화되고 있던 일본이 이런 조선의 초기 개혁자 가운데 많은 사람에게 영향을 줬다는 것을 간과해서는 안 된다.[16]

1882년 초여름 조선이 미국·영국·독일과 조약을 체결함으로써 청의 새로운 조선 정책은 주요 목표를 달성했다. 리훙장 세력은 이런 조약들을 이용해 조선에서 중국의 전통적 권력을 강화하려고 했지만 성공하지 못했다. 리훙장은 조선에 대한 청의 종주권을 중요하게 생각했는데, 그것은 청이 한반도 문제에 개입할 수 있는 합법적 근거가 됐기 때문이다. 리훙

---

16 서양 열강과의 외교관계 수립을 포함해 1881년 조선에서 추진된 정부 개혁은 한번 이상 일본을 방문한 적이 있는 김홍집·어윤중 같은 관원들이 시작했다. 田保橋潔, 『近代日鮮關係の研究』 1권, 746~747쪽 ; 정옥자, 「신사유람단고」, 139~140쪽 ; Martina Deuchler, *Confucian Gentlemen and Barbarian Envoys*, 101~102쪽 ; 도원상공기념사업추진위원회, 『개화기의 김총리』, 87~100쪽 참조.

장은 조공체제에서 청의 주장을 교조적으로 관철하려고 하지 않았다. 그는 타이완 위기가 지속되던 1874년 류큐 영유권에 대해 일본과 타협하려고 했으며, 그 뒤에는 베트남과 관련해 프랑스와 타협했다. 그러나 조선에서는 중국의 전통적 종주권을 융통성 있게 적용하고 확대하면서 유지하려고 했는데, 그것은 그가 조선 정치에 영향력을 행사할 수 있는 주요한 지렛대였기 때문이다. 처음에 리훙장은 슈펠트와 조미수호조약을 협상하면서 조선이 청의 조공국이라는 사실을 인정하는 문구를 조약에 포함시키려고 했다. 슈펠트가 그런 문구를 거부하자 리훙장은 조선 국왕이 미국 대통령에게 서신을 보내 조선에 대한 청의 종주권을 인정해야 한다고 주장했다. 리훙장의 정책은 조선에서 조약체제를 수립하되 중국이 전통적으로 조선을 장악해왔다는 사실을 유지하려는 것이었다.

리훙장 세력은 조선이 서양 열강과 체결한 조약이 청의 신하국이라는 조선의 위상에 큰 영향을 주지 않기를 바랐다. 그러나 청이 그 조약들을 거의 완전히 지휘하고 협상했다는 바로 그 사실은 조선에 대한 청의 종주권을 본질적으로 변화시켰다. 청은 조선의 외교정책을 직접 수행하기로 결정하면서 중국은 조선 문제에 개입하지 않는다는 전통적 관행에서 전례 없이 벗어났다. 청은 자신의 행동과 조선의 즉각적인 묵인에 힘입어 도덕적·의례적儀禮的이었던 권한을 정치적 권한으로 변모시켰다. 아울러 1882년 7월 불행히도 임오군란이 일어난 결과 일본과 조선의 긴장이 발생하면서 조선의 대외관계를 도맡던 청의 영향력이 조선의 국내 정치에까지 고압적으로 개입하는 상황으로 이어졌다. 청은 조선 정부와 미리 상의하지 않고 조선에 파병했으며, 그 군대는 의심스러운 상황에서 이뤄지기는 했지만 국가의 합법적 통치자가 일종의 수상으로 임명한 대원군을 납치했다. 이런 청의 행동은 몇 년 전에는 생각할 수 없는 것이었다.

상황은 청이 조선에 대해 도덕적·의례적 권한을 행사했던 전통적 방식이 아니라 식민권력처럼 지배하는 형태로 행동하도록 강요했다.

청의 단호한 행동은 조선에 대한 일본의 보복적 군사행동을 방지했으며 조선과 서양 열강의 새로운 조약이 체결됐다는 사실을 확실히 입증했다. 그러나 청과 조선 모두 새로운 "조약체제" 정책을 추진한 대가를 치러야 했는데, 일본은 임오군란에서 입은 피해를 해결하면서 한반도에서 자신의 지위를 강화했다. 아울러 서양이 조선에 큰 관심을 가질 것이라는 예상이 빗나가면서 청은 강화된 일본의 세력에 균형을 맞추기 위해 한반도를 군사적·정치적으로 계속 통제할 수밖에 없게 됐다. 처음에는 일시적인 군사적 개입으로 생각했지만 장기적 점령으로 바뀌면서 조선인들은 청을 증오하고 그들로부터 독립을 갈망하게 됐다. 청과 조선의 전통적 종주국-속국 관계는 제국주의 세력과 의존적 식민지라는 새로운 형태의 관계에 밀려났다. 리훙장의 원래 바람과는 반대로 미국은 조선에 공사관을 개설하고자 하는 서양의 조약 열강 가운데 하나였을 뿐이었으며 조선에 대한 청의 종주권을 인정하지 않고 조선이 청으로부터 독립하도록 고무했다.[17] 이런 동향은 한반도에서 일본의 영향력이 커진 상황과 맞물리면서 1884년 12월 일본이 지원하는 소수의 급진적 조선 개혁파는 반청 정변을 일으켰다.[18] 청군은 그 정변을 진압했지만, 이듬해 봄 톈진에서 리훙장과 이토 히로부미가 외교적 타결을 이루면서 일본은

---

17 조미수호조약 체결 이후 미국의 조선 정책은 Tyler Dennett, *Americans in Eastern Asia*, 466~487쪽 ; Fred Harvey Harrington, *God, Mammon, and the Japanese* ; Lee Yur-Bok, *Diplomatic Relations Between the United States and Korea* 참조.

18 1884년 갑신정변은 田保橋潔, 『近代日鮮關係の硏究』 1권, 946~991쪽 ; Harold F. Cook, *Korea's 1884 Incident* ; 유홍렬, 「갑신정변」, 최영희 등, 『한국사』 16, 500~550쪽 참조.

사실상 청과 동일하게 한반도에 개입할 수 있는 권리를 획득했다. 조선의 오랜 종주국은 그것의 통제와 지배를 노리는 열강 가운데 하나로 축소됐다.[19]

동아시아 세계질서의 선구적인 연구자인 넬슨은 1882년 이후 청이 조선에서 전개한 행동은 조선이 서양 국가들과 새로 형성한 관계에 영향 받지 않고 조선에 대해 전통적인 종주권 이론을 적용한 "표시"라고 지적했다.[20] 조공체제에서 종주권의 개념은 신축적이라는 측면을 감안하면 이런 견해가 완전히 틀린 것은 아니다. 그러나 넬슨은 적어도 13~14세기 원이 한반도를 지배한 이후 청의 종주권 행사는 조·중관계사에서 선례가 없었다는 사실을 강조하지 않았다. 1882년 이후 청의 정책은 조선에 대한 중국의 변함없는 권위를 표시한 것이라기보다는 한반도에 대한 중국의 권위가 근본적으로 변형된 것이었다. 청의 새로운 정책은 대원군의 배외정책 뿐 아니라 긴급한 국제적 상황에서 발생한 필요성 때문에 입안된 것이었지만[21] 서양이 아시아에서 보여준 사례와 일본이 류큐를 병합한 사건으로 고무된 일종의 전진적 정책으로 볼 수도 있다. 조선과 청의 조공체제는 외형적으로 분명히 계속 유지됐고, 조선 조정은 10여 년 동안 천자에게 의례를 올리며 숭배했다. 그러나 그동안 조·중관계의 특징이었던 조화·화목·가족애 등은 상호 불신과 의심, 나아가 적대감으로 빠르게 대체됐다. 전통적인 조·중관계를 지배한 유교적

---

19 리훙장과 이토의 회담은 田保橋潔, 『近代日鮮關係の硏究』1권, 1097~1133쪽 ; 山邊健太郎, 「日淸天津條約について」, 1~46쪽 참조.

20 Nelson, *Korea and the Old Orders in Eastern Asia*, 152~163쪽.

21 그러나 대원군은 하나부사와 회담하면서 자신은 이전의 반외세 정책으로 돌아가지 않을 것이라고 시사했다. 田保橋潔, 『近代日鮮關係の硏究』1권, 806쪽 참조.

예절 대신 힘과 탐욕, 국익이 두 나라의 관계를 점차 지배했다.[22] 프랑스가 통킹Tongking을 점령한 결과 1880년대 중반 베트남이 중국의 조공체제에서 이탈한 것과 함께 조·중관계의 변형은 동아시아의 기존 세계질서의 종언과 새로운 국제질서의 도입을 가져왔다.

이 책에서 서술한 조선의 국제적 위상 변화는 조선에만 중요한 것이 아니다. "제국의 소용돌이"라는 조선의 위치는 일본뿐 아니라 청도 팽창주의로 유도했다. 주도권을 쥔 일본은 팽창주의 정책을 좀더 뚜렷이 추진했다. 조선으로 진출하려는 청의 정책은 본질적으로 방어적이었지만 그래도 정력적으로 추진됐다. 청의 정중한 관원들 가운데 오경장은 젊은 위안스카이袁世凱─1885년부터 조선 주재 총리교섭통상대신總理交涉通商大臣으로 재직했으며 적어도 하나부사만큼 오만했던─였다.[23]

조선의 개항을 처음 추동하고 주도한 세력은 서양 열강─주로 프랑스와 미국─이었지만 일본과 청이 그 자리를 대체했다. 앞서 서양의 팽창주의에 거의 수동적으로 대응한 청과 일본의 개항과 달리 조선의 개항은 일본의 행동주의와 청의 혁신, 조선이 청의 결정에 동의하면서 빚어진 결과였다. 이런 발전 과정은 1870년대와 1880년대 초반 청과 일본─그들이 전통적 동아시아 세계질서에서 어떤 위치를 차지했든─이 새로운 국제적 상황과 직면했다는 사실을 보여준다. 조선의 운명은 동아시아라는 지역의 패권을 차지하려는 정치의 중심에 있었다. 러시아·영국·미국 같은 열강은 한반도에서 벌어진 국제적 경쟁의 다음 국면에 뛰

---

22 1882년 이후 청의 정책은 林明德,『袁世凱與朝鮮』참조.

23 조선에서 위안스카이의 활동은 같은 책 ; Harrington, *God, Mammon, and the Japanese*, 여러 부분 ; 藤岡喜久男,「朝鮮時代の袁世凱」, 1~51쪽 참조.

어들었으며, 청은 그 뒤 10여 년 동안 조선을 지배했지만 마지막 승자는 일본이었다. 조선에서 청과 일본이 벌인 경쟁의 과정은 특정한 제도와 편향성이 지속됐기 때문에 동아시아의 전통적 국제질서에 비춰서 파악해야 한다. 그러나 1880년 12월 한성에 일본 공사관이 설치되고 1882년 8월 청군이 도착하면서 동아시아 세계질서의 마지막 국면은 끝났다. 그 뒤에는 국제적 권력 경쟁이라는 새로운 사조가 지역 내부의 긴장을 조성한 국제질서가 이어졌다.

참고문헌

한국어

고려대학교 아세아문제연구소,『구한국외교문서』, 전24권, 1965~1969.

국사편찬위원회 편,『조선왕조실록』, 전48권, 1955~1958.

권석봉,「영선사행에 대한 일고찰」,『역사학보』17·18, 1962, 277~312쪽.

_____,「리홍장의 대조선열국입약권도책對朝鮮列國立約勸導策에 대하여」,『역사학보』21, 1963, 101~130쪽.

_____,「임오군변」, 최영희 등,『한국사』16, 국사편찬위원회, 1975, 392~441쪽.

김경태,「개항 직후의 관세권 회복문제」,『한국사연구』8, 1972. 9, 81~112쪽.

김기수,『일동기유日東記游』,『수신사일기』, 국사편찬위원회 편,『수신사기록』, 탐구당, 1971, 1~148쪽.

김성칠,「연행소고燕行小攷―조중교섭사의 일척一齣」,『역사학보』12, 1960, 1~79쪽.

김용기,「조선초기의 대명조공관계고」,『부산대 논문집』14, 1972, 131~182쪽.

김윤식,『음청사陰晴史』, 조선사편수회, 1938.

김종원,「조청상민수륙무역장정朝淸商民水陸貿易章程에 대하여」,『역사학보』32, 1966. 12.

김홍집,『수신사일기』, 국사편찬위원회 편,『수신사기록』, 탐구당, 113~193쪽.

_____,『김홍집유고』, 고려대학교 중앙도서관 편, 고려대학교 출판부, 1976.

도원상공道園相公기념사업추진위원회,『개화기의 김총리金總理』, 서울, 1977.

박규수, 『환재집』, 김윤식 편, 1911.

성낙훈, 「한국당쟁사」, 『한국문화사대계』 2, 고대민족문화연구소, 1965, 220~383쪽.

신국주, 『근대조선외교사연구』, 탐구당, 1965.

신기석, 『한말외교사연구』, 일조각, 1967.

신석호, 「조선왕조 개국 당시의 대명관계」, 『국사상의 제문제』 1, 1959, 93~134쪽.

유홍렬, 『고종 치하의 서학수난의 연구』, 을유문화사, 1962.

_____, 『한국천주교회사』, 가톨릭출판사, 1962.

_____, 「갑신정변」, 최영희 등, 『한국사』 16, 국사편찬위원회, 1975, 500~550쪽.

이광린, 『한국개화사연구』, 일조각, 1999.

이능화, 『조선기독교와 외교사朝鮮基督敎及外交史』, 영인본, 학문각, 1968.

이병도, 「광해군의 대후금정책」, 『국사상의 제문제』 1, 1959, 135~175쪽.

이보형, 「슈펠트 제독과 1880년의 조미교섭」, 『역사학보』 15, 1961. 9, 61~91쪽.

이상백, 『한국사―근세후기편』, 을유문화사, 1965.

이선근, 『한국사―최근세편』, 을유문화사, 1961.

이익, 『성호사설星湖僿說』, 전2권, 경희출판사, 1967.

이현종, 『한국 개항장 연구』, 일조각, 1975.

『일성록』 고종편, 전44권, 서울대학교 출판부, 1967~1972.

전해종, 『한중관계사연구』, 일조각, 1970.

_____, 『동아문화의 비교사적 연구』, 일조각, 1976.

정옥자, 「신사유람단고」, 『역사학보』 27, 1965. 4, 105~142쪽.

조항래, 『개항기 대일관계사연구』, 형설출판사, 1973.

최석우, 「병인양요 소고」, 『역사학보』 30, 1966. 4. 109~110쪽.

_____, 「천주교의 수용」, 최영희 등, 『한국사』 14, 『한국사』 16, 국사편찬위원회, 1975, 88~
        123쪽.

최유길, 「이조 개항 직후의 한일무역의 동향」, 『아세아연구』 15.3, 1972. 9. 175~221쪽.

최창규, 『한국인의 정치의식』, 한국문화연구소, 1971.

_____, 「척사론과 그 성격」, 최영희 등, 『한국사』 16, 국사편찬위원회, 1975, 288~314쪽.

최태호, 『개학 전기의 한국관세제도』, 한국연구원, 1976.

한우근, 『한국 개항기의 상업 연구』, 일조각, 1970.

_____, 『동학란 기인에 관한 연구』, 한국연구원, 1971.

_____, 「개항 당시의 위기의식과 개화사상」, 『한국사연구』 2, 1969. 12, 105~139쪽.

『해행총재海行摠載』, 전4권, 京城 : 朝鮮古書刊行會, 1928.

일본어

姜在彦, 『朝鮮近代史研究』, 東京 : 日本評論社, 1970.

姜在彦, 『近代朝鮮の思想』, 東京 : 紀伊国屋書店, 1971.

金城正篤, 『琉球處分論』, 沖縄タイムス社, 1978.

勝安芳, 『勝海舟全集』, 전22권, 江藤淳 編, 東京 : 改造社, 1970~1977.

煙山專太郎, 『征韓論實相』, 東京 : 早稻田大學出版部, 1907.

小林茂, 「德川時代の朝鮮通信使における助郷問題―淀藩の場合」, 『朝鮮學報』 43, 1967. 5,
　　　49~82쪽.

小堀桂一郎, 『鎖國の思想』, 東京 : 中央公論社, 1974.

國分胤之, 『魚水實錄』, 전2권, 東京 : 舊高梁藩親睦會, 1911.

木戶孝允, 『木戶孝允文書』, 전8권, 東京 : 日本史籍協會, 1930~1931.

＿＿＿, 『木戶孝允日記』, 전3권, 東京 : 日本史籍協會, 1932~1933.

＿＿＿, 『木戶孝允遺文集』, 妻木忠太 編, 東京 : 泰山房, 1942.

菊田貞雄, 『征韓論の眞相とその影響』, 東京 : 東京日日新聞社, 1941.

中村榮孝, 『日鮮關係史の研究』, 전3권, 東京 : 吉川弘文館, 1965~1969.

中島昭三, 「江華島事件」, 『國學院法學』 8.3, 1971. 3, 324~359쪽.

『日本外交文書』, 日本外務省 編, 東京 : 日本国際協會, 1936~.

『日本歷史大辭典』, 전12권, 東京 : 河出書房, 1970.

田中健夫, 『中世對外關係史』, 東京 : 東京大學出版會, 1975.

田中健夫, 「鎖國成立期日朝關係の性格」, 『朝鮮學報』 34, 1965. 12, 29~62쪽.

多田好問 編, 『岩倉公實記』, 전44권, 東京 : 原書房, 1968.

田保橋潔, 『近代日鮮關係の研究』, 전2권, 京城 : 朝鮮總督府中樞院, 1940.

＿＿＿, 「日支新關係の成立―幕末維新期に於ける」(上), 『史學雜誌』 44.2, 1933. 2, 163~199쪽
　　　 ; (下), 44.3, 1933. 3, 314~338쪽.

圭室諦成, 『西鄉隆盛』, 東京 : 岩波書店, 1960.

鄭永寧, 「副島大使適清槪略」, 『明治文化全集』 11, 東京 : 日本評論社, 1955~74, 61~72쪽.

德富猪一郎, 『公爵山縣有朋』, 東京 : 原書房, 1967.

『明治文化資料叢書』, 전13권, 東京 : 明治文化資料叢書刊行會, 1962~1964.

『明治文化全集』, 전32권, 明治文化研究會 編, 東京 : 日本評論社, 1955~1974.

毛利敏彦, 「明治初期外交の朝鮮觀」, 『國際政治』 51, 1974, 25~42쪽.

丸山幹治, 『副島種臣伯』, 東京 : 大日社, 1936.

升味準之輔, 『日本政黨史論』, 전4권, 東京 : 東京大學出版會, 1965~1968.

向井淳郎, 「幕末に於ける支那經略論の發展とその性質」, 『史林』(上), 25.4, 1940. 10., 481~498쪽

　　　　; (下), 26.1, 1941. 6., 103~113쪽.

三國谷宏, 「琉球歸屬に關するグランドの調停」, 『東方學報』 10.3, 1939. 10, 29~64쪽.

三宅英利, 「德川政權初回の朝鮮信使」, 『朝鮮學報』 82, 1977. 12, 101~132쪽.

坂野正高, 「フランス留學時代の馬建忠」, 『國家學會雜誌』, 84.5~6, 1971. 7, 257~293쪽.

西鄕隆盛, 『大西鄕全集』, 전3권, 東京: 大西鄕全集刊行會, 1926~1927.

『松菊木戶公傳』, 전2권, 東京: 木戶公傳記編纂所, 1927.

朝尾直弘, 『鎖國』, 東京: 小學館, 1975.

安部健夫, 『中國人の天下觀念』, 京都: 同志社東方文化講座委員會, 195.

山口正之, 『朝鮮西敎史 ─ 朝鮮キリスト敎の文化史的硏究』, 東京: 雄山閣, 1967.

山田正次, 「征韓論·自由民權論·文明開化論」, 『朝鮮史硏究會論文集』 7, 1970. 6, 117~141쪽.

山田方曲, 『山田方曲全集』, 전3권, 山田準 編, 山田方谷全集刊行會, 1951.

山邊健太郎, 『日韓倂合小史』, 東京: 岩波書店, 1966.

_____, 『日本の韓國倂合』, 東京: 太平出版社, 1966.

_____, 「日淸天津條約について」, 『アジア硏究』 7.2, 1960. 11, 1~46쪽.

山路愛山, 『勝海舟』, 東京: 東亞堂, 1911.

海老澤有道, 『日本キリシタン史』, 東京: 塙選書房, 1966.

大江志乃夫, 『木戶孝允』, 東京: 中央公論社, 1968.

奧平武彦, 『朝鮮開國交涉始末』, 東京: 刀江書院, 1969.

大久保利通, 『大久保利通日記』, 전2권, 東京: 日本史籍協會, 1927.

『大久保利通文書』, 전10권, 東京: 日本史籍協會, 1927~1929.

『大隈文書』, 전5권, 東京: 早稻田大学社會科学硏究所, 1958~1962.

和辻哲郎, 『鎖國』, 東京: 青空文庫, 1951.

外務省, 『日露交涉史』, 東京: 原書房, 1968.

吉田松陰, 『吉田松陰全集』, 10권, 東京: 山口県教育會, 1934~1936.

海老澤有道, 『日本キリシタン史』, 東京: 塙書房, 1966.

稻葉岩吉, 『光海君時代の滿鮮關係』, 京城: 大阪屋號書店, 1933.

井上淸, 『日本現代史』, 전4권, 東京: 東京大學出版會, 1951.

_____, 『日本の軍國主義』, 전2권, 東京: 東京大學出版會, 1953.

_____, 『明治維新』, 井上光貞 等 編, 『日本の歷史』 전26권, 東京: 中央公論社, 1966.

家永三郎, 『近代日本の爭點』, 전3권, 東京: 每日新聞社, 1972.

岩生成一, 『鎖國』, 東京: 中央公論社, 1966.

『岩倉具視關係文書』, 전9권, 東京: 日本史籍協會, 1927~1934.

許世楷, 「臺灣事件, 1871-1874」, 『國際政治』 28, 1964, 38~52쪽.

彭澤周, 『明治初期日韓淸關係の硏究』, 東京: 塙書房, 1969.

原口淸,『日本近代國家の形成』, 東京：岩波書店, 1968.

橋本左內,『橋本景岳全集』, 전2권, 京都：景岳會, 1943.

林子平,『林子平全集』, 山本饒 編, 東京：生活社, 1943.

旗田巍,『日本人の朝鮮觀』, 東京：勁草書房, 1969.

_____,「近代における朝鮮人の日本觀」,『思想』520, 1967. 10., 59~73쪽.

藤村道生,「朝鮮における日本特別居留地の起源」,『名古屋大學文學部研究論集』35, 1965. 3,
    21~76쪽.

_____,「明治初期における日淸交涉の一斷面」,『名古屋大學文學部研究論集』47, 1967. 3,
    1~8쪽.

_____,「明治初期におけるアジア政策の修正と中國」,『名古屋大學文學部研究論集』53, 1968. 3,
    3~24쪽.

_____,「琉球分島交涉と對アジア政策轉換」,『歷史學研究』373, 1971. 3, 1~13쪽.

藤岡喜久男,「朝鮮時代の袁世凱」,『東洋學報』52.4, 1973. 3, 1~51쪽.

藤塚鄰,『淸朝文化東傳の研究』, 東京：國書刊行會, 1975.

日野淸三郎,『幕末における對馬と英露』, 東京：東京大学出版會, 1968.

廣瀬靖子,「江華島事件の周邊」,『國際政治』37, 1967, 23~40쪽.

중국어

馬建忠,『東行三錄』, 臺北：廣文, 1967.

_____,『適可齋紀言紀行』, 臺北：文海, 1968.

薛福成,『薛福成全集』, 전3권, 臺北：廣文, 1963.

梁嘉彬,「琉球亡國中日爭持考實」(上),『大陸雜誌』48.5, 1974. 5, 193~218쪽；(下), 48.6, 1974.
    6, 263~290쪽.

溫廷敬 編,『茶陽三家文鈔』, 臺北：文海, 1966.

劉石吉,「淸季海防與塞防之爭的研究」,『故宮文獻』2.3, 1971. 6, 37~59쪽.

李鴻章,『李文忠公全書』, 吳汝綸 輯, 南京, 1908.

林明德,『袁世凱與朝鮮』, 臺北：中央研究院近代史研究所, 1970.

張存武,『淸韓宗藩貿易(1637-1894)』, 臺北：中央研究院近代史研究所, 1978.

_____,「淸韓關係, 1637~1894」,『故宮文獻』4.1, 1972. 12, 15~37쪽; 4.2, 1973, 15~35쪽.

_____,「淸代中國對朝鮮文化之影響」,『中央研究院近代史研究所集刊』4.2, 1974. 12, 551~599쪽.

張之洞,『張文襄公全集』, 王樹枏 編, 臺北：文海, 1963.

左宗棠,『左宗棠公全集』, 臺北：文海, 1964.

『籌辦夷務始末―同治朝』, 北平：故宮博物館院, 1930.

『籌辦夷務始末―道光朝』, 北平：故宮博物館院, 1930.

陳三井,「略論馬建忠的外交思想」,『中央研究院近代史研究所集刊』3.2, 1972.12, 546~556쪽.

『清光緒朝中日交渉史料』, 전2권, 臺北：文海, 1970.

『清季中日韓關係史料』, 전11권, 臺北：中央研究院近代史研究所, 1972.

영어

Beasley, W. G., *The Meiji Restoration*, Stanford : Stanford University Press, 1972.

Brown, Sidney Devere, "Ōkubo Toshimichi : His Political and Economic Policies in Early Meiji Japan, *The Journal of Asian Studies* 21.2, 1962. 2, 183~197쪽.

Castel, Albert and Nahm, Andrew C., "Our Little War with the Heathen, *American Heritage* 19.3, 1968. 4, 19~23, 72~75쪽.

Chien, Frederick Foo, *The Opening of Korea : a Study of Chinese Diplomacy 1876-1885*, Hamden, Connecticut : Shoe String Press, 1967.

Choe, Ching Young, *The Rule of the Taewŏngun, 1864-1873 : Restoration in Yi Korea*, Cambridge, Mass. : Harvard University Press, 1972.

Chun, Hae-jong, "Sino-Korean Tributary Relations during the Ch'ing Period," in Fairbank, ed., *The Chinese World Order*, 90~111쪽.

Cook, Harold F., *Korea's 1884 Incident*, Cheng & Tsui Co., 1982.

Conroy, Hilary, *The Japanese Seizure of Korea : 1868-1910*, Philadelphia : University of Pennsylvania Press. 1960.

_____, "Government versus 'Patriot' : The Background of Japan's Asiatic Expansion, *Pacific Historical Review* 20.1, 1951. 2, 31~42쪽.

Craig, Albert M., *Chōshū in the Meiji Restoration*, Cambridge, Mass : Harvard University Press, 1967.

_____, "Kido Koin and Okubo Toshimichi : A Psychohistorical Analysis," in Albert M. Craig and Donald H. Shively, eds., *Personality in Japanese History*, Berkeley : University of California Press, 1970. 264~308쪽.

Dennett, Tyler, *Americans in Eastern Asia : A Critical Study of the Policy of the United States with Reference to China, Japan and Korea in the 19th Century*, Reprint, New York : Barns & Noble, 1963.

Deuchler, Martina, *Confucian Gentlemen and Barbarian Envoys : The Opening of Korea, 1875-1885,* Seattle : University of Washington Press, 1977.

Fairbank, John King, *The Chinese World Order—Traditional China's Foreign Relations,* Cambridge, Mass : Harvard University Press, 1968.

_____, "The Early Treaty System in the Chinese World Order," in John K. Fairbank, ed., The *Chinese World Order,* Cambridge, Mass : Harvard University Press, 1968, 257~275쪽.

Fairbank, John K. and S. Y. Teng, "On the Ch'ing Tributary System," *Harvard Journal of Asiatic Studies* 6, 1941, 135~246쪽.

Fletcher, Joseph, "The Heyday of the Ch'ing Order in Mongolia, Sinkiang, and Tibet," in Denis Twitchett and John K. Fairbank, eds., *The Cambridge History of China* 10, Cambridge : Cambridge University Press, 1969, 351~408쪽.

Fox, Grace, *Britain and Japan, 1858-1883,* London : Oxford University Press, 1969.

Fraser, Andrew, "The Osaka Conference of 1875," *Journal of Asian Studies* 26.4, 1967. 8, 589~610쪽.

Han, Woo-keun, *The History of Korea,* Seoul : Eul-Yoo Publishing Co., 1970.

Harootunian, H. D., *Toward Restoration : The Growth of Political Consciousness in Tokugawa,* Japan. Berkeley : University of California Press, 1970.

Harrington, Fred Harvey, *God, Mammon, and the Japanese : Dr. Horace N. Allen and Korean-American Relations, 1884-1905,* Madison : University of Wisconsin Press, 1966.

Hsu, Immanuel C. Y., *China's Entrance into the Family of Nations : The Diplomatic Phase, 1858-1880,* Cambridge, Mass : Harvard University Press, 1960.

_____, *The Ili Crisis : A Study of Sino-Russian Diplomacy, 1878-1881,* London : Oxford University Press, 1965.

_____, "The Great Policy Debate in China, 1874 : Maritime Defense Vs. Frontier Defense," *Harvard Journal of Asiatic Studies* 25, 1964~65, 212~228쪽.

Ike, Nobutaka, "The Triumph of the Peace Party in Japan in 1873," *Far Eastern Quarterly* 2.3, 1943. 5, 286~295쪽.

Iwata, Masakazu, *Okubo Toshimichi : The Bismarck of Japan,* Berkeley : University of California Press, 1964.

Jansen, Marius B., "Modernization and Foreign Policy in Meiji Japan," in Robert E. Ward, ed., *Political Development in Japan,* Princeton : Princeton University Press, 1968, 149~188쪽.

Kang, W. J., "Early Korean Contact with Christianity and Korean Response," in

Yung-hwan Jo, ed., *Korea's Response to the West*, Kalamazoo : The Korea Research and Publications, Inc., 1971, 43~56쪽.

Keene, Donald, *The Japanese Discovery of Europe, 1720-1830*. Stanford : Stanford University Press, 1969.

Kublin, Hyman, "The Attitude of China during the Liu-ch'iu Controversy, 1871-1881," *Pacific Historical Review* 18.2, 1949. 5, 213~231쪽.

Kuo, Ting-yee and Kwang-Ching Liu, "Self-strengthening : the Pursuit of Western Technology," in *Cambridge History of China*, vol. 10, 491~542쪽.

Kuno, Yoshi S., *Japanese Expansion on the Asiatic Continent*, 2 vols. Berkeley : University of California Press, 1940.

Han, Woo-keun, *The History of Korea*, Seoul : Eul-Yoo Publishing Co., 1970.

Ledyard, Gari, "Korean Travelers in China over Four Hundred Years," *Occasional Papers on Korea* 2, 1974. 3, 1~42쪽.

Lee, Yur-Bok, *Diplomatic Relations Between the United States and Korea, 1866-1887*, New York : Humanities Press, 1970.

Leung, Pak-Wah(Edwin), "China's Quasi-War with Japan : The Dispute over the Ryukyu (Liu-Ch'iu) Islands, 1871-1881," Ph.D. diss., University of California, Santa Barbara, 1978.

Liu, Kwang-Ching, "Li Hun-chang in Chihli : The Emergence of a Policy, 1870-1875," in Albert Feuerwerker, et al., eds., *Approaches to Modern History*, Berkeley : University of California Press, 1967, 68~104쪽.

_____, "The Ch'ing Restoration," in Denis Twichett and John K. Fairbank, eds., *The Cambridge History of China*, Vol. 10. Cambridge : Cambridge University Press, 1978, 409~490쪽.

Liu, Kwang-Ching and Smith, Richard J., "The Military Challenge : The Northwest and the Coast," in Denis Twichett and John K. Fairbank, eds., *The Cambridge History of China*, Vol. 11. Cambridge : Cambridge University Press, 1979.

Mayo, Marlene J., "The Korean Crisis of 1873 and Early Meiji Foreign Policy," *The Journal of Asian Studies* 31.4, 1972. 8, 793~819쪽.

McCune, George M., "Korean Relations with China and Japan, 1800-1864," Ph.D. diss., University of California, Berkeley, 1941.

_____, "The Exchange of Envoys between Korea and Japan during the Tokugawa Period," *The Far Eastern Quarterly* 5.3, 1946. 5, 308~325쪽.

McWilliams, Wayne C., "Soejima Taneomi : Statesman of Early Meiji Japan, 1868-1874," Ph.D. dissert., University of Kansas, 1973.

_____, "East Meets East. The Soejima Mission to China, 1873," *Monumenta Nipponica* 30.3, 1975. 8, 237~275쪽.

Meng, S. M., *The Tsungli Yamen : Its Organization and Functions*, Cambridge, Mass : Harvard University Press, 1962.

Nelson, M. Frederick., *Korea and the Old Orders in Eastern Asia*, Baton Rouge : Louisiana State University Press, 1945.

Nish, Ian, *Japanese Foreign Policy, 1869-1942 : Kasumigaseki to Miyakezaka*, London : Routledge and Kegan Paul, 1977.

Palais, James B., *Politics and Policy in Traditional Korea*, Cambridge, Mass : Harvard University Press, 1975.

_____, "Korea on the Eve of the Kanghwa Treaty, 1873-76," Ph.D. diss., Harvard University, 1968.

Paullin, Charles Oscar, *Diplomatic Negotiations of American Naval Officers, 1778-1883*, Johns Hopkins University Press, 1912.

Reischauer, Edwin O. and John K. Fairbank, *East Asia : The Great Tradition*, Boston : Houghton Mifflin Company, 1960.

Sakai, Robert K., "The Ryukyu Islands as a Fief of Satsuma," in Fairbank, ed., *The Chinese World Order*, 112~134쪽.

Sohn, Pow-key, "Power versus Status : The Role of Ideology in the Early Yi Dynasty," 『東方學志』 10, 1969. 12, 437~444쪽.

Steinberg, David I., *Korea : Nexus of East Asia—An Inquiry into Contemporary Korea in Historical Perspective*, New York : American-Asian Educational Exchange, 1968.

Stephan, John. J., *Sakhalin : A History*, Oxford: Clarendon Press, 1971.

Thomson, Sandra Caruthers, "Filibustering to Formosa : General Charles LeGendre and the Japanese," *Pacific Historical Review* 40.4, 1971. 11, 442~456쪽.

Toby, Ronald P., "Korean-Japanese Diplomacy in 1711 : Sukchong's Court and the Shogun's Title," 『朝鮮學報』 74, 1975. 12, 231~256쪽.

_____, "Reopening the Question of Sakoku," *The Journal of Japanese Studies* 3.2, Summer, 1977, 323~363쪽.

Treat, Payson J., *Diplomatic Relations Between the United States and Japan, 1853-1895*, 3 vols. Palo Alto : Stanford University Press, 1932~1938.

Tsiang, T. F., "Sino-Japanese Diplomatic Relations, 1870-1894," *Chinese Social and Political Science Review* 17.1, 1933. 4, 1~106쪽.

Tsunoda, Ryusaku, et al., eds., *Sources of Japanese Tradition*, (paperback), 2 vols. New York : Columbia University Press, 1964.

Walker, Hugh Dyson, "The Yi-Ming Rapprochement : Sino-Korean foreign relations, 1392-1592," Ph.D. dissert., University of California, Los Angeles, 1971.

Wang, S. T., *The Margary Affair and the Chefoo Agreement*, London : Oxford University Press, 1940.

Ward, Robert E., ed., *Political Development in Japan*, Princeton : Princeton University Press, 1968.

Weems, Benjamin B., *Reform, Rebellion, and the Heavenly Way*, Tucson : University of Arizona Press, 1964.

Wilson, George, "The Bakumatsu Intellectual in Action : Hashimoto Sanai and the Political Crisis of 1858," in Albert M. Craig and Donald H. Shively, eds., *Personality in Japanese History*, Berkeley : University of California Press, 1970, 234~263쪽.

Woodside, Alexander B., *Vietnam and the Chinese Model, A Comparative Study of Nguyen and Ch'ing Civil Government in the First Half of the Nineteenth Century*, Cambridge, Mass. : Harvard University Press, 1971.

Wright, Mary C., "The Adaptability of Ch'ing Diplomacy : The Case of Korea," *The Journal of Asian Studies* 17.3, 1958. 5, 363~381쪽.

Yen, Sophia Su-fei, *Taiwan in China's Foreign Relations, 1836-1874*, Hamden, Connecticut : The Shoe String Press, 1965.

Yim, Dong-jae, "The Abduction of the Taewongun, 1882," *Papers on China* 21, 1968. 2, 99~130쪽.

Yu Ying-Shih, *Trade and Expansion in Han China : A Study in the Structure of Sion-Barbarian Economic Relations*, Berkeley : University of California Press, 1967.

옮긴이의 글

　살면서 중요한 여러 일 가운데 두 가지는 고난이나 어려움을 마주하는 태도와 기억을 처리하는 방법이 아닐까 싶다. 우리는 모두 고난이나 어려움을 싫어하고 되도록 피하려고 하지만 그것은 공기처럼 언제나 옆에 있고 몸과 마음으로 스며든다. 그러나 "힘들지 않으면 아무 것도 얻을 수 없다No pain, no gain"라는 널리 알려진 진리처럼 삶에서 가치 있고 소중한 일은 거의 모두 고난이나 어려움을 통과해야 이룰 수 있다.

　이런 역설은 기억의 처리―나아가 삶 전체―에도 적용될 것이다. 좋은 기억은 오래도록 간직하고 싶고 그렇게 힘이 되지만, 좋지 않은 기억은 되도록 빨리 떨쳐버리고 싶다. 하지만 그것은 끈질기게 남아 마음과 몸을 갉아먹는다. 안 좋은 말은 좋은 말보다 마음에 다섯 배 정도 깊은 흔적을 남긴다는 말을 듣고 놀란 적이 있다. 적잖은 위로가 되기도 했다. '그래서 내가 안 좋은 기억에 그렇게 오래 시달리는구나. 그리고 그게 아주 이상한 것은 아니구나' 하는 생각이 들었다.

안 좋은 기억을 서둘러 떨쳐버리는 것만이 잘 하는 일은 아닐 것이다. 가만히 생각해보면 우리는 성취보다 실패에서 더 많이 배운다. "공부 잘 하는 사람은 같은 문제를 두 번 틀리지 않는 사람"이라고 학창 시절 선생님이 자주 하시던 말씀은 그런 진리를 꿰뚫고 있다. 왜 어디서 틀렸는지 찬찬히 되새겨보고 그 이유와 지점을 깨달아 기억한 뒤 다시 비슷한 일이 닥쳤을 때 그 기억을 되살려 대처해야 같은 실수를, 그래서 실패를 반복하지 않을 수 있다. 그런 기억을 간직하고 떠올리는 것은 쓰린 상처를 헤집는 것처럼 아픈 일이지만 그러지 않으면 치유와 극복과 발전으로 조금씩이라도 나아갈 수 없을 것이다.

한 가지 더, 그만큼 중요한 것은 그런 과거에 얽매이지 않는 것이다. 상처는 자꾸 들춰보지 말아야 한다. 치료에 필요한 만큼만 살펴보고 그 다음은 아물도록 내버려둬야 한다. 기억의 처리와 관련해 무척 어렵지만 가장 현명한 방법은 잊지 않되 얽매이지 않는 것이 아닐까 싶다.

우리나라, 나아가 동양의 근대사를 되짚어 보는 것은 쓰라리고 서글픈 일이다. 그것은 오랜 문명을 구축한 넓은 지역이 짧은 시간 안에 속절없이 무너지는 과정을 지켜보는 일이기 때문이다. 식민지가 됐다는 사실이 보여주듯 우리나라의 운명은 특히 가혹했다. 그러나 방금 말한 기억의 처리에 관련된 역설을 생각하면 그것은 반드시 되짚어 보고 반복하지 말아야 할 과거다. 그리고 기억하되 얽매이지 말아야 할 과거이기도 할 것이다.

제목이 보여주듯 이 책은 오랫동안 동아시아를 지배한 세계질서가 무너지고 새로운 체제로 이행하는 과정을 분석한 연구다. "그 사람을 알려면 친구를 보라"는 속담처럼 어떤 대상을 정확히 파악하려면 그 대상 자체를 연구하는 것도 중요하지만 주위의 상황을 폭넓게 살펴봐야 한다.

이 책은 조선을 중심에 두면서도 그 이웃 나라인 일본·중국과의 관계를 폭넓게 분석함으로써 이 시기의 전체적 역사상을 잘 보여주고 있다. 세 나라에서 복잡하게 일어난 사건들의 인과 관계를 차분하고 합리적으로 설명한 문장들을 읽고 번역하면서 '아, 이래서 그랬구나'하는 느낌을 여러 번 받았다. 저자와 이 책의 명성은 오래 전부터 들어왔다. 번역을 계기로 그것이 좀더 널리 알려지면 좋겠다.

가족에게 감사와 사랑의 마음을 보낸다. 그들과 산길을 오래 걷고 싶다. 먼저 떠나신 아버지께서 늘 평안하시길, 어머니께서 오래오래 건강하시길 기원한다.

2021년 12월

김범

찾아보기